- 3000
- 2000
- 1000
+1
1000
2000
HISTOIRE
Naissance de l'écriture
Les Égyptiens
Les Hébreux
Les Grecs
L'empire d'Alexandre
Les Romains
Les déb
LITUANIE
RUSSIE
KAZA
BIÉLORUSSIE
Mer d'Aral
OUZBÉKISTAN
UKRAINE
Mer Caspienne
TURKMÉNISTAN
Les Grecs
ROUMANIE
Mer Noire
Les Hébreux
AZERBAÏDJAN
BULGARIE
ACÉDOINE
TURQUIE
L'empire d'Alexandre
GRÈCE
SYRIE
IRAN
CHYPRE
LIBAN
IRAK
KOWEIT
ISRAËL
JORDANIE
Golfe Persique
ÉGYPTE
QATAR
ÉMIRATS-ARABES-UNIS
ARABIE SAOUDITE
Les Égyptiens
La naissance de l'écriture
Mer Rouge

Histoire Géographie 6e

Sous la direction d'Alain **Barbé**

HISTOIRE

Alain Barbé
professeur à l'IUFM de Rouen

Philippe Castejon
professeur au collège Robespierre à Épinay-sur-Seine

Françoise Dartois
maître de conférences à l'IUFM de Paris

Marie-Agnès Monteil
professeur au collège Paul Valéry à Paris

Alain Soubigou
professeur au lycée Albert Schweitzer au Raincy

GÉOGRAPHIE

Gilles Achard
professeur au collège du Pavin à Besse et au collège des Prés à Issoire

Gilles Marion
professeur au lycée Blaise Pascal à Clermont-Ferrand

Bernard Perriaux
professeur au lycée Blaise Pascal à Clermont-Ferrand

Renée Vaggiani
professeur au collège La Fayette au Puy-en-Velay

Avec la collaboration de Valérie Fert,
journaliste de la presse jeunesse

Bordas

AVANT-PROPOS

Nous avons souhaité, avec ce manuel, proposer une réelle démarche inductive, fondée sur l'analyse de documents, et favoriser l'articulation entre les pratiques de l'école élémentaire et l'exigence de contenus et de méthodologie du collège.

En histoire comme en géographie, les documents sont au cœur de la démarche d'apprentissage. Aussi occupent-ils ici une place centrale. En histoire, l'iconographie est riche et variée : photographies, choisies pour leur pertinence et leur caractère incontournable, illustrations, schémas ou reconstitutions scientifiques. Des textes accessibles complètent cet ensemble documentaire. En géographie, planisphères et paysages permettent d'acquérir une méthode de lecture de cartes et d'analyse de paysages, à l'aide, pour ces derniers, de croquis d'interprétation. La cartographie, pour les deux disciplines, est particulièrement soignée : simple, adaptée à la compréhension d'un enfant de sixième, elle présente des aperçus synthétiques et originaux de l'espace historique et géographique. Enfin, ces différents documents sont accompagnés d'un questionnement progressif qui guide le cheminement de l'élève. Outil pour la classe, ce manuel constitue également une ressource pour le travail autonome de l'élève.

Dix-sept chapitres traitent la totalité du programme dans le respect des *Instructions officielles*. Ils sont organisés en plusieurs séquences, d'une double page en histoire, de deux en géographie, chacune pouvant être traitée en une heure de cours. Ces doubles pages ont une structure simple, avec des intertitres qui mettent les documents en cohérence, et se concluent toujours par une courte synthèse des connaissances essentielles. Des pages d'exercices permettent de réinvestir les acquis les plus importants et « d'aller plus loin » grâce à des prolongements cognitifs ou méthodologiques. Une activité de production écrite est systématiquement proposée.

Chaque chapitre se clôt par une double page offrant une approche différente de nos disciplines. Dans un style vivant et imagé empruntant au documentaire ou au reportage, la page *Enquête* traite un sujet qui propose un éclairage nouveau sur le contenu du chapitre. La dernière page, enfin, est une synthèse originale. Tantôt *Récit de l'histoire* pour tracer les grands traits, à la manière du récit, de la période venant d'être étudiée ; tantôt *Carnet du géographe* pour expliciter la démarche du géographe et souligner l'actualité de son questionnement sur le monde.

Ce manuel a été pensé et pour l'élève et pour le professeur. Nous avons aussi souhaité qu'il soit un outil qui va à l'essentiel des savoirs pour transmettre une culture commune et citoyenne accessible à tous.

Les auteurs

I.S.B.N. 2.04.729240.9

Sommaire

HISTOIRE
Le monde antique

GÉOGRAPHIE
Cartes et paysages du monde

HISTOIRE

Détail de l'*Inondation du Nil*, mosaïque du Ier siècle avant J.-C.

1 · La mesure du temps

A. Se repérer dans le temps

Doc. 1 Courte et longue durée

Selon le temps que l'on mesure, on ne choisit pas la même unité.

Le temps de notre vie quotidienne
La semaine
Le mois
L'année

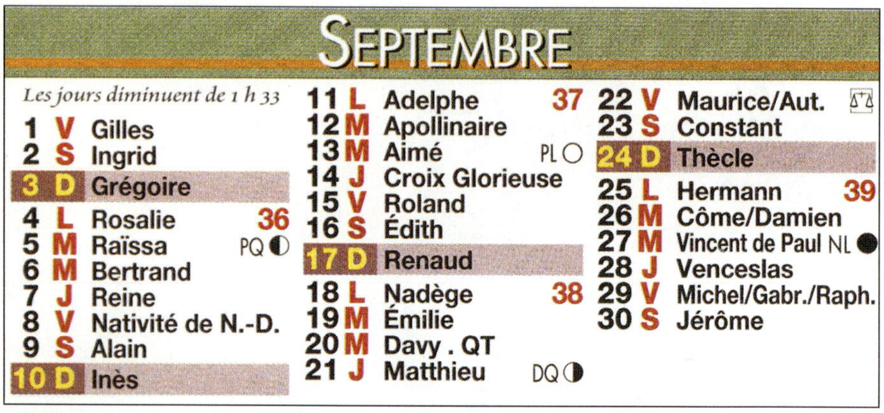

■ Le calendrier des postes

Le temps d'une vie
La décennie (10 ans)
Le siècle (100 ans)

■ Une classe en 1899

Le temps de l'histoire
Plusieurs siècles
Le millénaire (1 000 ans)

■ Les pyramides d'Égypte, construites il y a 5 000 ans

Doc. 2 Le calendrier chrétien

Pour compter les années, chaque civilisation adopte un système différent de datation. Souvent, on prend comme point de départ un événement fondateur. Les Romains comptaient les années à partir de la fondation de Rome. L'Europe a adopté à partir du VIe siècle une datation qui prend comme point de départ la naissance de Jésus.

Il y a donc des événements qui se sont produits avant cette naissance. Par exemple, Jules César a été assassiné 44 ans avant la naissance de Jésus. Cette date s'écrit ainsi : 44 avant Jésus-Christ, abrégé en 44 av. J.-C., ou – 44. Plus le chiffre est important, plus l'événement est éloigné de nous dans le passé. Ainsi la mort de Ramsès II, en 1213 avant J.-C., est plus éloignée de nous que l'assassinat de Jules César.

Les années qui ont suivi la naissance de Jésus sont aussi comptées « après Jésus-Christ », abrégé en apr. J.-C. Comme elles s'additionnent, plus le chiffre est important, plus elles sont proches de nous : 1990 c'était hier, 1789 et la Révolution française il y a beaucoup plus longtemps.

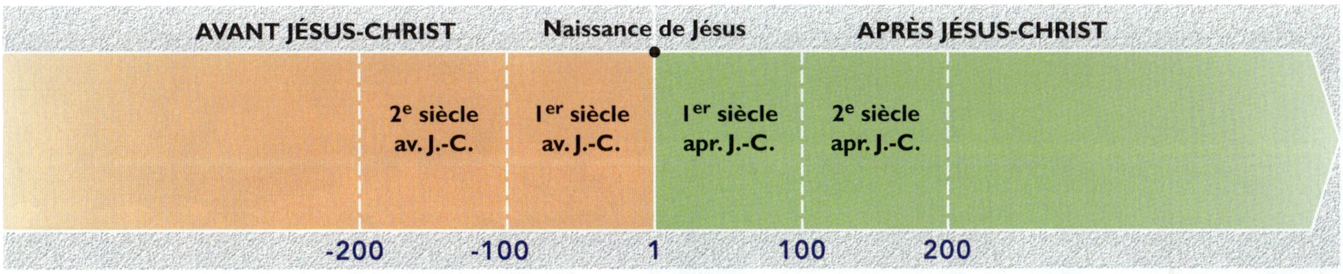

B. Se repérer dans l'histoire

Doc. 3 Une autre manière de compter : les chiffres romains

Les historiens ont l'habitude d'utiliser les chiffres romains pour les siècles et les numéros des rois. Par exemple, Louis XIV est le 14e roi de France à avoir porté le prénom Louis.

1 = I	6 = VI	20 = XX
2 = II	7 = VII	30 = XXX
3 = III	8 = VIII	40 = XL
4 = IV	9 = IX	50 = L
5 = V	10 = X	100 = C

Extrait de *le Tour de Gaule d'Astérix*, par Goscinny et Uderzo, 1973.

Doc. 4 Les grandes périodes de l'histoire

CHAPITRE 1

LA NAISSANCE D

Doc. 1 Jerf el-Ahmar, en Syrie

Situé sur les bords de l'Euphrate, c'est le plus vieux village du monde. En 1995, les archéologues y ont retrouvé des maisons bâties vers 9 500 av. J.-C.

L'AGRICULTURE ET DE L'ÉCRITURE

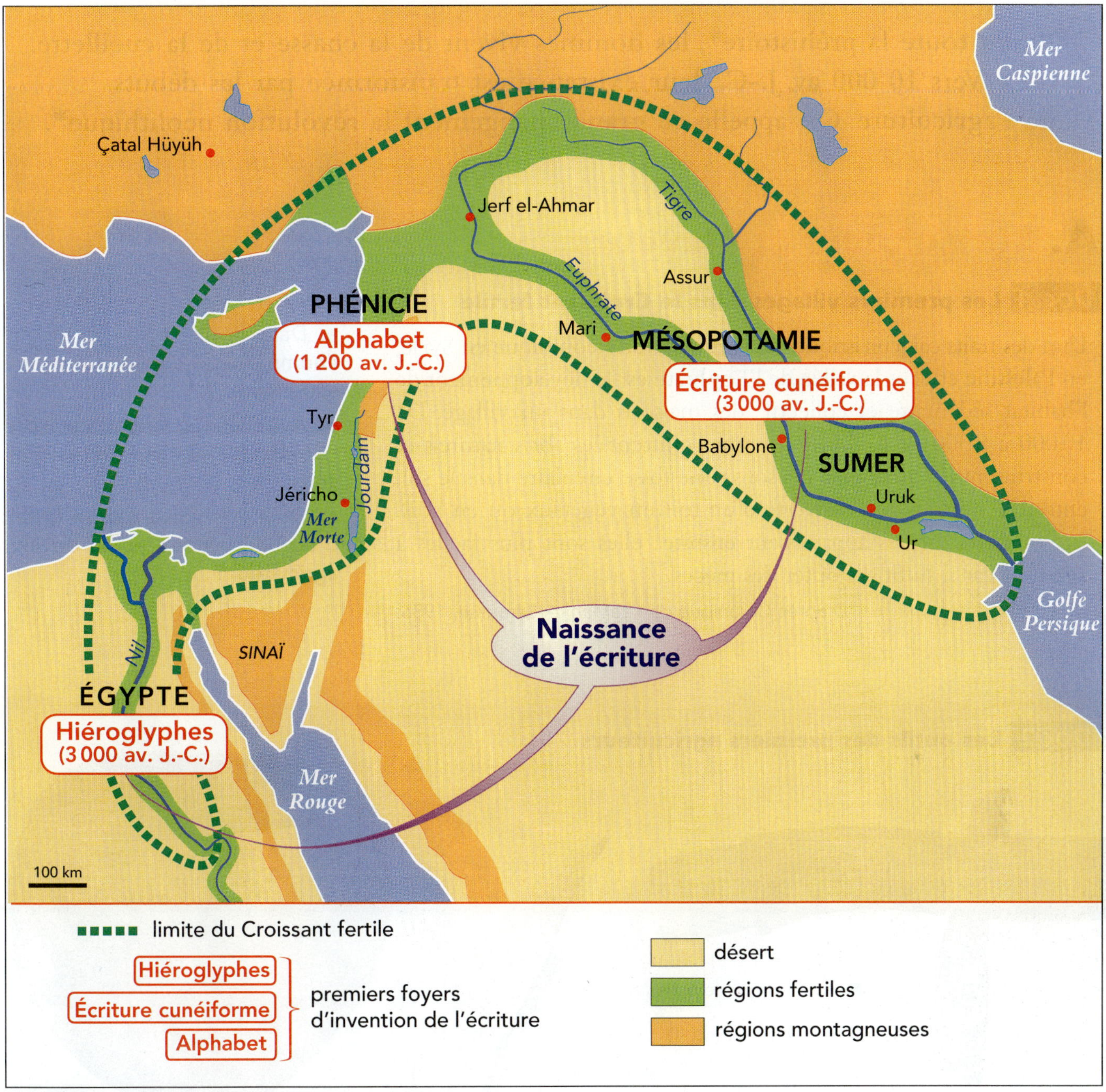

Doc. 2 Le Croissant fertile

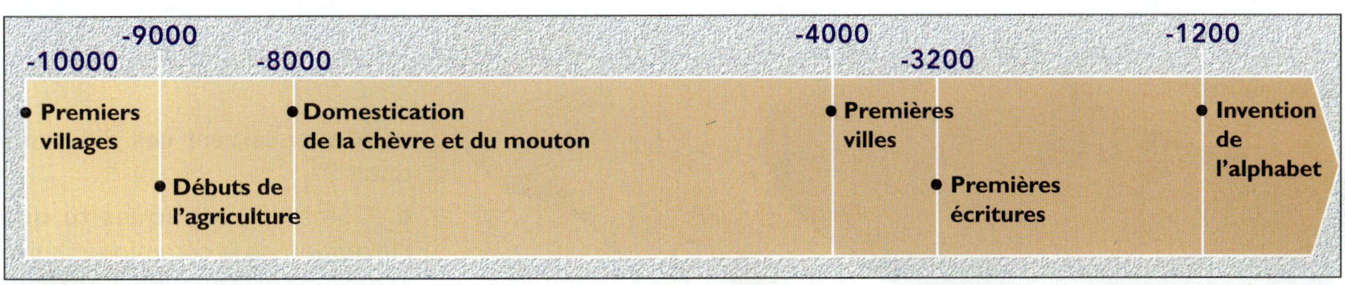

Doc. 3 Des premiers villages à l'invention de l'alphabet

1 · La révolution néolithique

Durant toute la préhistoire*, les hommes vivent de la chasse et de la cueillette. Vers 10 000 av. J.-C., leur existence est transformée par les débuts de l'agriculture. On appelle ce grand changement la révolution néolithique*.

A. Agriculteurs et éleveurs

Doc. 1 Les premiers villages dans le Croissant fertile

L'un des traits caractéristiques de la révolution néolithique en Syrie, en Palestine et dans la vallée de l'Euphrate est le développement de l'habitat sédentaire et collectif: des maisons dans un village. De 10 000 à 8 300 av. J.-C., les hommes quittent les abris naturels et construisent les premières maisons : une fosse circulaire dans le sol, entourée d'un muret, couverte d'un toit en végétaux ou en bois. Les maisons carrées apparaissent ensuite : elles sont plus faciles à agrandir car il suffit d'ajouter des pièces.

D'après *Chronique de l'humanité*, Larousse, 1986.

a. Dans quelle région du monde l'homme a-t-il commencé à être sédentaire* ?

b. Avec quels matériaux sont construites les premières maisons ?

c. Quel lien vois-tu entre le fait d'être sédentaire et de devenir agriculteur ?

Doc.2 Les outils des premiers agriculteurs

■ Hache de pierre polie

■ Faucille : les lames sont en silex taillé et le manche est un os d'animal

■ Vase en céramique

■ Meule

a. À quoi servent ces différents outils ?

b. Comment expliques-tu que l'invention de la céramique* suive rapidement celle de l'agriculture ?

La préhistoire : la période qui va des origines de l'homme à l'invention de l'écriture.

Le néolithique : dernière époque de la préhistoire. L'âge de la « nouvelle pierre », la pierre polie, plus résistante que la pierre taillée.

Un sédentaire : qui habite toujours au même endroit, contrairement au nomade qui se déplace.

Une céramique : du grec « argile », une poterie en terre cuite.

Doc. 3 La domestication des animaux

La domestication des animaux sauvages entraîne peu à peu la modification de leur apparence.

■ Crâne de chèvre sauvage d'Iran et crâne de chèvre domestique

a. Quelle différence vois-tu entre ces deux chèvres ?

b. Pourquoi cette différence est-elle un avantage pour l'homme ?

B. Du village à la ville

Doc. 4 La cité d'Habouba Kabira (Syrie)

Habouba Kabira, découverte il y a 35 ans en Syrie, date de 3 400 ou 3 300 av. J.-C. Elle s'étirait sur 700 mètres le long de l'Euphrate et fut sans doute fondée par les Mésopotamiens venus d'Uruk. Elle sera détruite par un incendie 100 ans après sa création.

a. Pourquoi peut-on dire qu'il s'agit d'une ville et non pas d'un village ?

b. En quoi les progrès de l'agriculture expliquent-ils l'apparition des villes ?

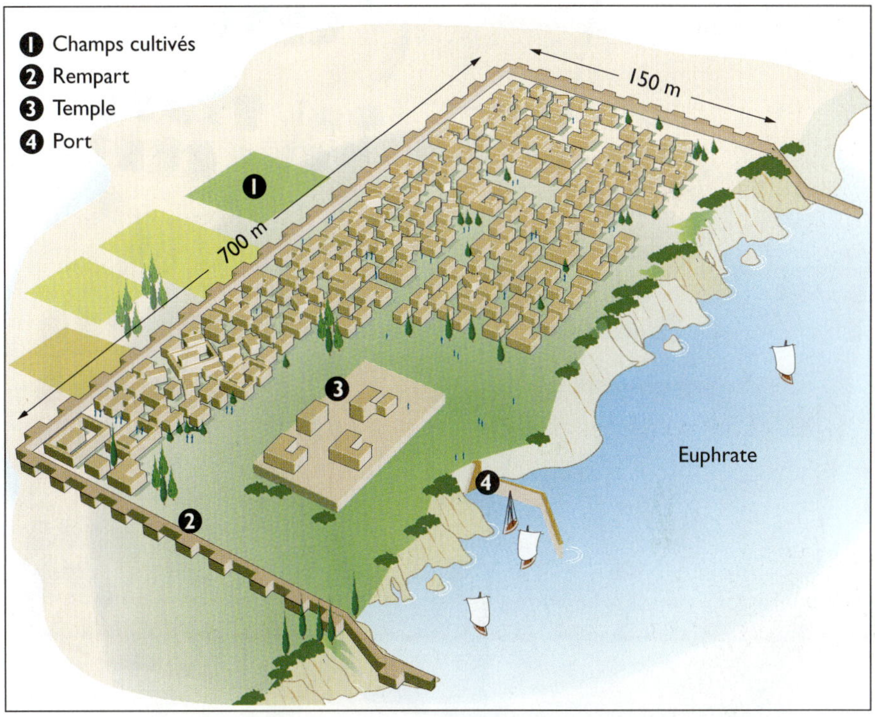

je fais le point

Les hommes deviennent sédentaires vers 10 000 av. J.-C. et fondent les premiers villages dans la région du Croissant fertile, en Mésopotamie. Peu à peu, ils deviennent des agriculteurs et des éleveurs.

On appelle cette époque le néolithique, c'est-à-dire l'âge de la pierre polie. En effet, ces paysans fabriquent des outils de pierre polie pour les travaux agricoles : la hache pour abattre les arbres et préparer les champs (défricher), la houe pour retourner la terre, la faucille pour moissonner, la meule pour moudre les grains. Ils transforment donc leur environnement. L'apparence des animaux domestiques et des végétaux cultivés se modifie peu à peu. **L'invention de la poterie de céramique permet de conserver les récoltes** pour nourrir une population de plus en plus nombreuse. Vers 4 000 av. J.-C., les premières villes apparaissent dans le Croissant fertile. Les hommes y construisent des temples.

2 · La naissance de l'écriture

Vers 3 300 av. J.-C., les habitants des villes de Mésopotamie décident de compter leurs marchandises et leurs récoltes. Ils dessinent les produits et leur nombre sur des tablettes d'argile. C'est la naissance de l'écriture.

A. La Mésopotamie, berceau de l'écriture

Doc. 1 Une tablette sumérienne de pictogrammes*

Il s'agit d'un compte de produits agricoles : le rond signifie 10 et l'encoche en demi-cercle 60.

a. À quoi sert cette tablette ?

b. Pourquoi ces premières tablettes sont-elles apparues d'abord dans les villes marchandes de Mésopotamie comme Uruk et Sumer ?

Doc. 3 Un contrat du Ier millénaire av. J.-C. en écriture cunéiforme*

a. Compare ce document avec le document 1. Y a-t-il encore des points communs ?

b. Lequel des deux systèmes permet-il d'écrire plus de choses ?

Doc. 2 L'évolution des pictogrammes

Dates approximatives	-3300	-2800	-2400	-1800	-700
La tête de vache		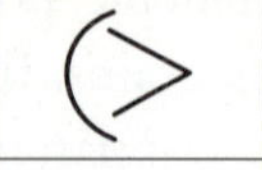			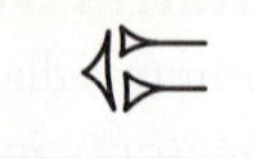
L'épi d'orge	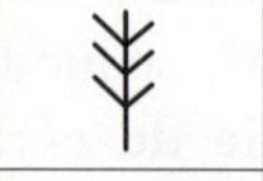	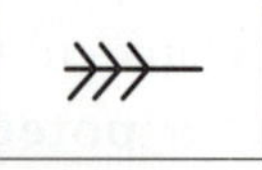	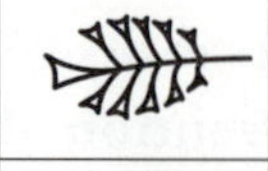		
Le poisson		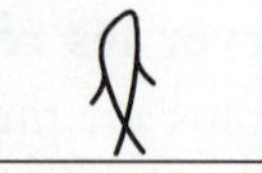			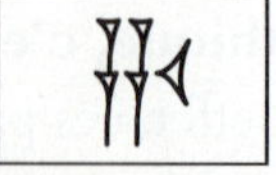

a. Pourquoi parle-t-on d'écriture en forme de clous ?

b. Est-on passé rapidement des pictogrammes aux signes cunéiformes ?

B. L'histoire* commence avec l'écriture

Doc. 4 L'inventaire d'un temple d'Ur

En déchiffrant une tablette écrite vers 2 100 av. J.-C., les archéologues ont pu établir la liste des meubles d'un temple.*

1 récipient de bronze,
1 boîte en bronze,
5 paniers en cuivre,
1 pièce de lin usagée,
1 vêtement de lin,
2 fauteuils de sanctuaire,
2 tables précieuses en bois de cèdre,
3 lits en bois de palmiers.

a. Quels renseignements nous donne cette tablette sur la vie quotidienne en Mésopotamie ?

b. Quels sont les matériaux utilisés ?

c. Que t'indiquent-ils sur une découverte faite par les hommes depuis la naissance de l'agriculture ?

Doc. 5 Un clou de fondation (vers 2 400 av. J.-C.)

En Mésopotamie, des textes gravés sur de l'argile cuite étaient enfoncés dans les murs des temples. Ils rappelaient des événements importants. Le texte gravé sur ce clou est le plus vieux traité connu.

En ce temps-là, Entemena, prince de Lagash, et Lugal-Kinishedudu, prince d'Uruk, firent un traité de fraternité.

a. Sans l'écriture, pourrions-nous connaître cet événement et le nom de ces hommes ?

b. Pourquoi dit-on que l'histoire commence avec l'écriture ?

Doc. 6 L'apparition de la littérature

Le premier grand récit raconte les exploits d'un roi légendaire, Gilgamesh, qui affronte le déluge.

Les dieux décidèrent d'engloutir la terre entière dans un grand déluge. Ils firent pleuvoir les eaux du ciel et le soleil ne se montra plus. Tous les hommes moururent. Les eaux montèrent six jours et sept nuits au milieu de la tempête. Un ouragan épouvantable détruisit tout, mais lorsque le soleil brilla de nouveau, notre barque flottait toujours.

D'après un texte sumérien, vers 1 700 av. J.-C.

Vocabulaire

Un pictogramme : dessin simplifié qui représente un être vivant ou un objet.

Un cunéiforme : du latin « coin », signe en forme de clous de l'écriture des Mésopotamiens.

L'histoire : la vie des hommes depuis l'invention de l'écriture jusqu'à nos jours.

Déchiffrer : arriver à lire les écritures du passé.

Un idéogramme : signe qui représente une idée ou un son.

je fais le point

L'écriture apparaît vers 3 300 av. J.-C. dans les grandes villes marchandes de Mésopotamie, comme Sumer et Uruk. Il s'agit d'abord de pictogrammes, de simples dessins qui permettent de compter les marchandises et les produits agricoles. Mais ce sont surtout des aide-mémoire et il est difficile d'exprimer beaucoup de choses.

En simplifiant ces dessins, les Sumériens inventent des signes en forme de clous, les cunéiformes. Il y en a 600. On les grave sur des tablettes d'argile. Ce sont des idéogrammes* : ils ne représentent plus des choses concrètes, comme un objet ou un animal, mais ils traduisent des sons et des idées abstraites ou des sentiments, des souvenirs.

La naissance de l'écriture fait entrer les hommes dans l'histoire. Quand nous arrivons à déchiffrer les écritures du passé, nous pouvons comprendre comment vivaient les hommes avant nous.

3 · Des hiéroglyphes à l'alphabet

L'écriture continue d'évoluer. Les Égyptiens découvrent d'abord un nouveau support, le papyrus*. Environ 2 000 ans plus tard, les Phéniciens inventent l'alphabet*, un système beaucoup plus simple qui se généralise rapidement.

A. En Égypte, papyrus et hiéroglyphes*

Doc. 1 Un papyrus égyptien

Les Égyptiens écrivent à l'encre sur des feuilles de papyrus, une espèce de roseau. Ils voient dans les hiéroglyphes un cadeau des dieux.

a. Quelle est la grande différence entre la manière d'écrire en Mésopotamie et en Égypte ? Compare avec le document 3 p. 14.

b. Est-il facile ou difficile d'apprendre à lire et à écrire les hiéroglyphes ?

Doc. 2 Le scribe*, un personnage important

Être scribe est vraiment la plus grande de toutes les professions. Même s'il est encore un enfant, déjà on le salue. Heureux est un scribe compétent ! Il y a peu de fonctions où l'on n'ait pas un supérieur, sauf celle de scribe. C'est lui qu'on écoute. Si donc tu sais écrire, tout ira très bien pour toi.

D'après la *Satire égyptienne des métiers*.

a. Quels sont les avantages de la profession de scribe ?

b. Tout le monde peut-il devenir scribe ?

Doc. 3 Lire les hiéroglyphes

A 

A désigne le son « ba » ou le mot « âme ».

B 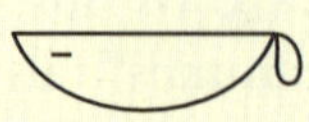

B désigne le son « k » ou le pronom « tu ».

C 

C ne se prononce pas mais indique que l'on parle d'un homme (et non d'une femme). C'est aussi le pronom « je ».

ABC se lit donc « bak », ce qui veut dire « serviteur ».

● Pourquoi les hiéroglyphes sont-ils plus difficiles à utiliser qu'un alphabet ?

Vocabulaire

Un papyrus : une sorte de papier fabriqué à partir de la plante du même nom, qui pousse au bord du Nil.

Un alphabet : une écriture utilisant un nombre limité de signes pour reproduire les sons d'une langue.

Un hiéroglyphe : du grec « signes sacrés », nom des caractères utilisés par les Égyptiens.

Un scribe : spécialiste de l'écriture dans l'Antiquité.

B. L'alphabet, un système simple

Doc. 4 Inscription phénicienne
(900 av. J.-C., Sardaigne)

Les Phéniciens découvrent un nouveau système d'écriture : un alphabet de 22 lettres. Chacune représente un son : on peut tout écrire.

a. Quel changement apporte l'alphabet phénicien par rapport aux écritures précédentes ?

b. Pourquoi un peuple de marins et de marchands a-t-il inventé une telle écriture ?

Doc. 5 Les alphabets dérivés du phénicien

Phénicien	Grec	Nom grec	Latin	Phénicien	Grec	Nom grec	Latin
𐤀	A	alpha	A	𐤎	Ξ	xi	X
𐤁	B	bêta	B	𐤏	O	omicron	O
𐤂	Γ	gamma	C, G	𐤐	Π	pi	P
𐤃	Δ	delta	D	𐤑			
𐤄	E	epsilon	E	𐤒			Q
𐤅			F	𐤓	P	rhô	R
𐤆	Z	dzéta	Z	𐤔	Σ	sigma	S
𐤇	H	êta	H	𐤕	T	tau	T
𐤈	Θ	thêta		𐤅	Y	upsilon	U, V
𐤉	I	iota	I		Φ	phi	
𐤊	K	kappa	K		X	khi	
𐤋	Λ	lambda	L		Ψ	psi	
𐤌	M	mu	M		Ω	oméga	
𐤍	N	nu	N				

a. Combien de lettres utilise chaque alphabet ?

b. Observe le nom des lettres grecques. D'où vient le mot alphabet ?

c. Quel alphabet utilisons-nous ?

je fais le point

Née vers 3 150 av. J.-C., l'écriture égyptienne utilise les hiéroglyphes. Chaque signe peut désigner une réalité concrète (un être vivant, un animal ou un objet), un son ou une idée. On en compte près de 5 000. Ils se combinent entre eux pour former d'autres mots.

L'apprentissage de l'écriture, long et difficile, est réservé aux scribes. Ce sont des personnages importants, proches des rois et des prêtres. Ils écrivent à l'encre sur des feuilles de papyrus, fabriquées à partir d'une plante qui pousse sur les bords du Nil.

Vers 1 200 av. J.-C., les Phéniciens, un peuple de marchands, inventent l'alphabet. Cette écriture utilise un petit nombre de lettres pour traduire uniquement les sons. Elle s'apprend facilement et elle peut être adaptée à toutes les langues.

L'usage de l'alphabet se répand autour de la Méditerranée. Les Grecs, puis les Romains, adoptent des alphabets. Nous utilisons toujours l'alphabet romain.

Exercices

VÉRIFIER SES CONNAISSANCES

1 J'ai appris à me repérer dans le temps

a. À quoi correspond un siècle ? un millénaire ? une décennie ? une génération ?

b. Quand commence le Ier millénaire av. J.-C. ? Et le IIIe millénaire apr. J.-C. ?

c. Quelles sont les dates du Ve siècle av. J.-C. ? Et du XIVe siècle apr. J.-C. ?

2 J'ai appris à reconnaître des objets du passé

Voici quatre objets utilisés par les premiers agriculteurs. Retrouve leur nom et à quoi ils servaient.

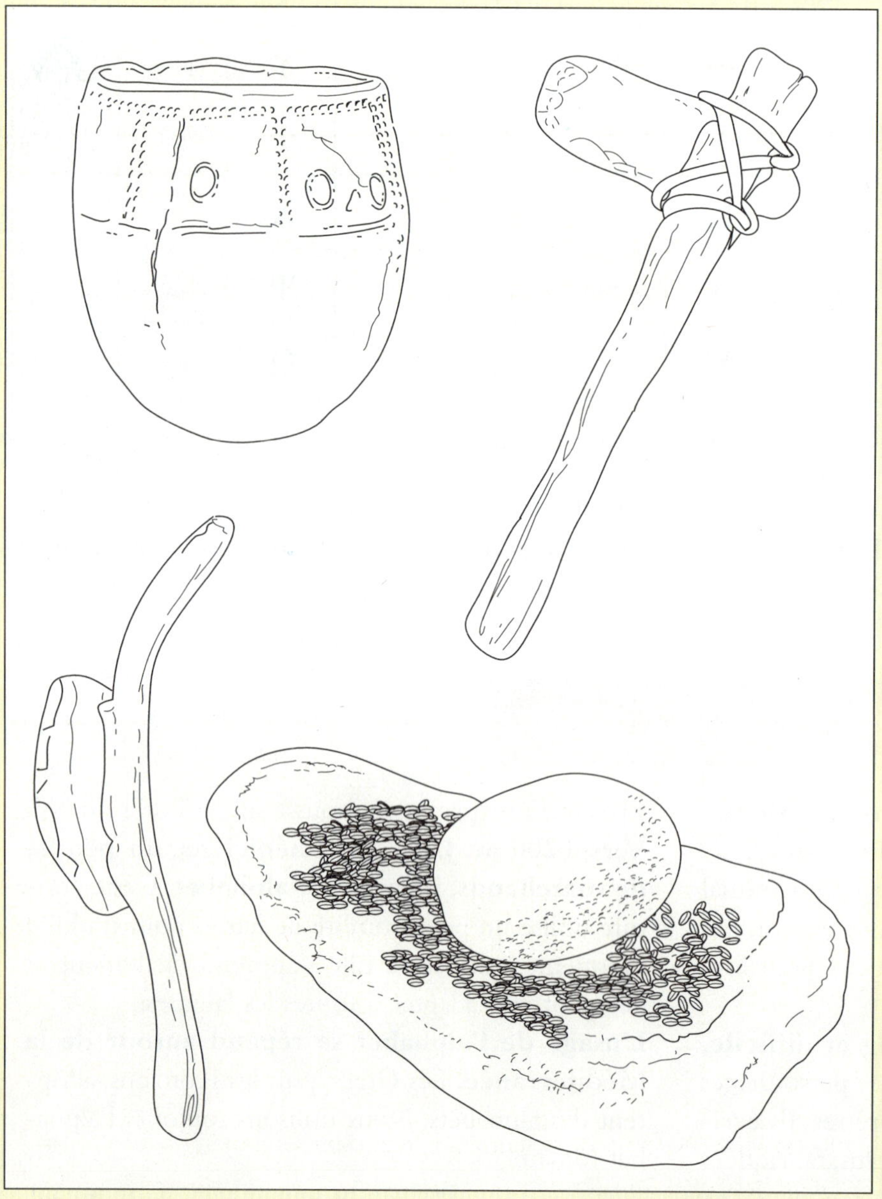

3 J'ai appris à distinguer des formes d'écritures anciennes

a. Essaie de les reproduire dans ton cahier puis de les reconnaître.

b. Classe-les chronologiquement, de la plus ancienne à la plus récente.

ALLER PLUS LOIN

4 **D'autres monuments de l'époque néolithique**

En Europe de l'Ouest, entre 4 000 et 2 000 av. J.-C., les premiers agriculteurs édifient des monuments gigantesques de pierres levées. Ce sont des mégalithes, d'un mot grec signifiant « très grande pierre ».

a. Ces paysans bâtisseurs de mégalithes connaissaient-ils l'écriture ? Recherche qui a implanté son usage sur le territoire de notre pays.

b. Dans quelle bande dessinée célèbre parle-t-on des menhirs ? À quelle époque est-elle censée se passer ? Compare avec les dates données ici. Qu'en conclus-tu ?

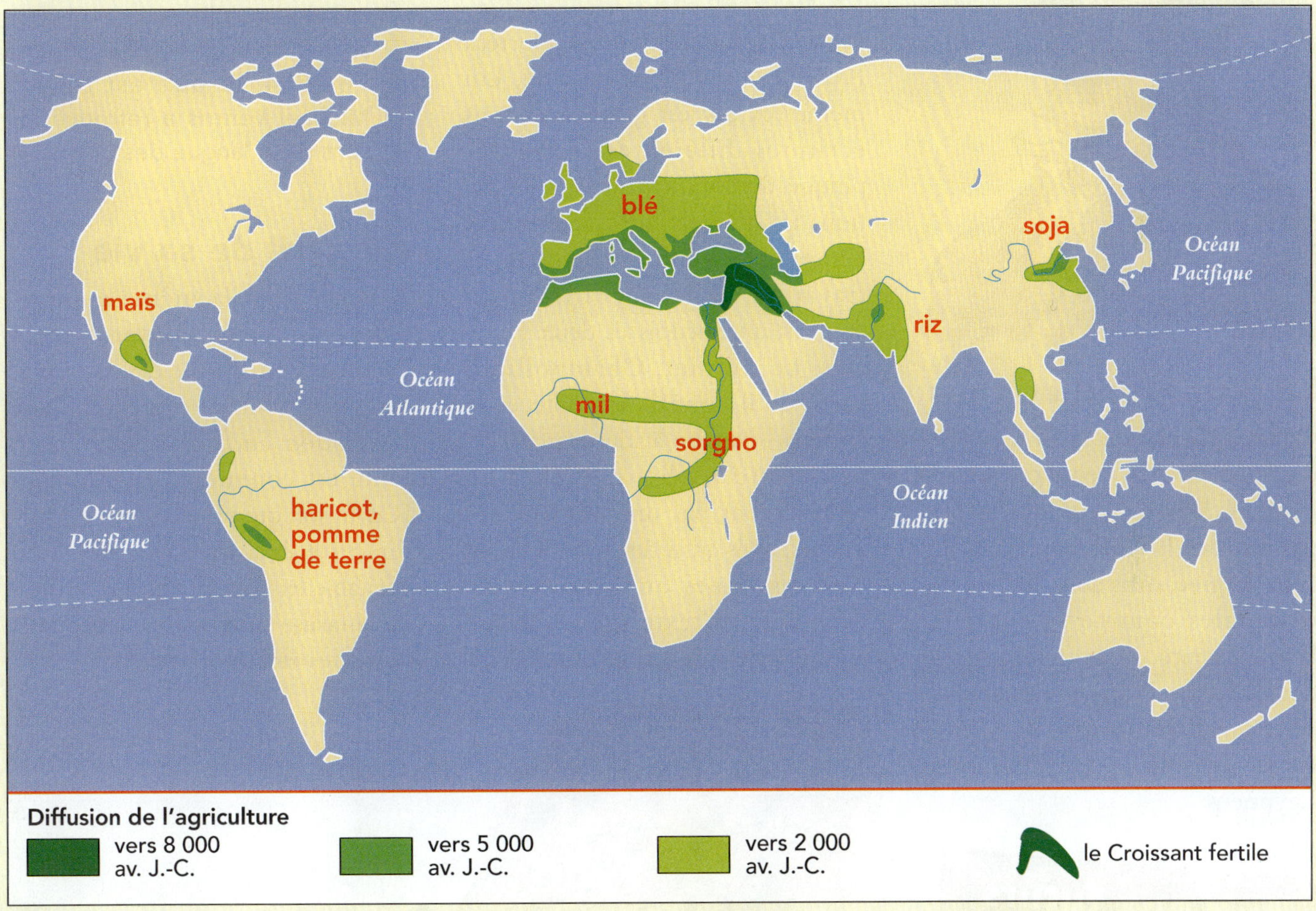

5 **La naissance de l'agriculture, un phénomène mondial**

a. À part le Croissant fertile, y a-t-il eu d'autres foyers de développement de l'agriculture ?

b. Quelles régions ont été touchées en dernier ?

c. Établis la liste des premières plantes cultivées et des premiers animaux domestiqués. Certaines restent-elles encore très consommées dans leur pays d'origine ?

S'EXERCER À RÉDIGER

6 Recherche au CDI de ton collège les différentes écritures en usage aujourd'hui en Europe. Rédige la liste de ces écritures et présente rapidement le pays où elles sont utilisées.

Enquête

Déchiffrer les écritures anciennes

Quand plus personne ne sait lire l'écriture d'une civilisation, c'est beaucoup de sa mémoire qui est perdue. Heureusement, des hommes ont cherché, et parfois trouvé, le sens de ces suites de signes, à première vue incompréhensibles.

Le plus grand de tous

Champollion reste le plus célèbre des déchiffreurs, celui des hiéroglyphes. Dès son enfance, il a la passion des langues anciennes. Le latin, le grec, mais aussi les langues orientales comme le copte, la langue écrite en caractères grecs des chrétiens d'Égypte. D'ailleurs, à 16 ans, il démontre que cette langue descend de celle des anciens Égyptiens.

Quatre hommes et une pierre

En 1799, on découvre une pierre, à Rosette, près d'Alexandrie. Un même texte y est gravé dans trois écritures différentes : hiéroglyphique, démotique (une simplification des hiéroglyphes) et grecque. Vingt ans plus tard, quatre hommes travaillent à le déchiffrer : un Anglais, un Suédois et deux Français. Le dernier, Champollion, parce qu'il connaît le copte et le chinois – langue à idéogrammes – pense que les hiéroglyphes ne représentent pas uniquement des images, mais aussi des sons. Il compare les signes qu'il croit avoir déchiffrés au texte grec et perce ainsi le secret de la pierre.

Une vocation précoce

Au début du siècle, John Evans donne une conférence à Londres. Il a découvert en Crète des tablettes couvertes d'une écriture inconnue. Dans la salle, un collégien de 14 ans se jure de la déchiffrer un jour. En 1954, le pari est tenu : Michael Ventris a retrouvé le sens de la langue des Crétois.

Au péril de sa vie

À peu près à la même époque, d'autres savants s'intéressent à l'écriture cunéiforme des Assyriens. Eux aussi sont en présence d'une inscription en trois langues, dont l'une est connue. C'est l'Anglais Rawlinson qui parviendra à déchiffer cette écriture, à l'issue d'un véritable exploit sportif : l'ascension de la falaise sur la paroi de laquelle les textes étaient gravés !

Avis aux futurs déchiffreurs !

Les écritures anciennes sont loin d'être toutes déchiffrées.

Voici quelques pistes à explorer :
- l'étrusque
- l'aztèque
- le maya

La naissance de l'agriculture et de l'écriture

Pendant toute la Préhistoire, les hommes vivaient en se déplaçant. Selon le temps, ils campaient ou se réfugiaient dans des grottes, chassant, cueillant des baies et des racines. Dix mille ans av. J.-C., dans la région du Proche-Orient que l'on appelle le Croissant fertile, ils commencèrent à construire des maisons. Ils devinrent ainsi des « hommes qui s'asseyent », des sédentaires, d'après le latin *sedere*, s'asseoir.

Ne se déplaçant plus, ils chassèrent moins, ne trouvèrent plus assez à cueillir autour de leurs villages. Pour se nourrir, ils domestiquèrent des animaux et cultivèrent des plantes. Pour défricher la forêt, y délimiter des champs et les cultiver, les hommes durent perfectionner leurs outils. Aussi fabriquèrent-ils des haches pour abattre les arbres, des houes pour travailler la terre, des faucilles pour couper le blé, des meules pour moudre le grain. Comme tous ces outils étaient taillés et polis dans la pierre, nous appelons cette époque le néolithique, d'après les mots grecs *néos*, nouveau, et *lithos*, pierre. Sans ce changement révolutionnaire des modes de vie au néolithique, rien de ce qui suit n'aurait été possible.

Mieux nourris et protégés des intempéries, les hommes devinrent plus nombreux. Ils fondèrent des villes. La vie en société s'organisa, avec différents métiers : agriculteurs, potiers, forgerons, marchands. Les échanges se développèrent et le besoin de compter et de garder une trace apparut. Vers 3 000 av. J.-C., à Sumer comme en Égypte, les hommes se mirent à dessiner des aide-mémoire en forme de tête de vache, d'épi de blé... Peu à peu, ces pictogrammes devinrent des signes représentant à la fois des sons et des idées : les idéogrammes.

Avec les 600 cunéiformes de Sumer et les 5 000 hiéroglyphes d'Égypte, on pouvait tout raconter : la vie des dieux, la gloire des rois... ; on pouvait aussi conserver et transmettre ces textes. L'Histoire était née. Cependant, il fallait des années pour apprendre à écrire. Les Phéniciens cherchèrent un système plus rapide, applicable à n'importe quelle langue. Vers 1 200 av. J.-C., ils inventèrent 22 signes correspondant à 22 sons. Cet alphabet se répandit dans toute la Méditerranée, sauf en Égypte où l'usage des hiéroglyphes fut conser[vé] pendant plus de trois mille ans.

Hier et aujourd'hui

Ce que nous devons à cette période :

- la révolution néolithique : l'agriculture, l'élevage, la modification de la nature par l'homme ;
- les premières villes : les métiers, l'organisation de la société ;
- la naissance de l'écriture : la trace écrite, la possibilité de connaître le passé, les livres, l'école pour apprendre à lire et à écrire, la possibilité d'échanger des messages, de communiquer à distance.

CHAPITRE 2 L'ÉGYPTE

Doc. 1 **Les pyramides de Gizeh**

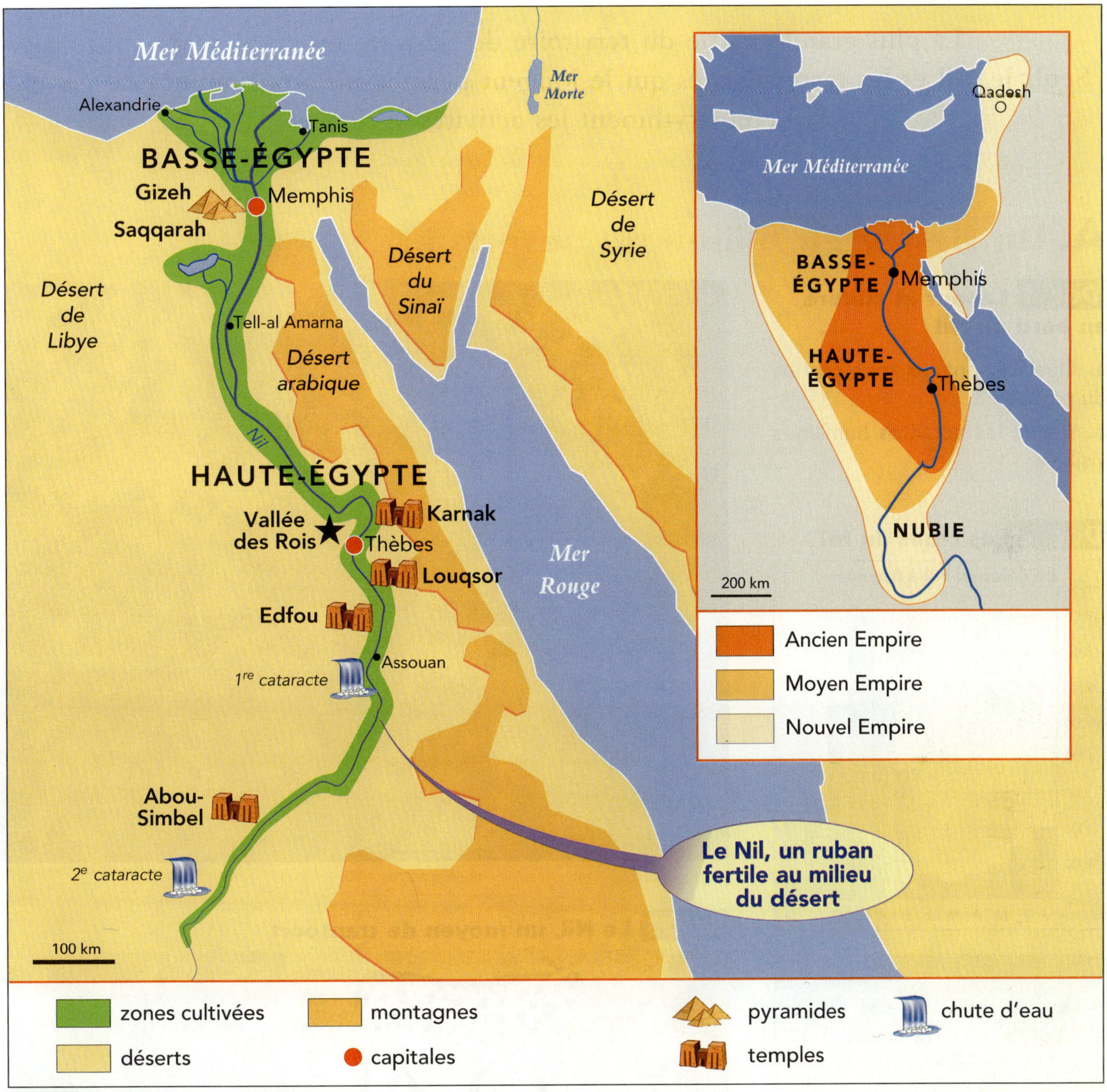

Doc. 2 L'Égypte ancienne

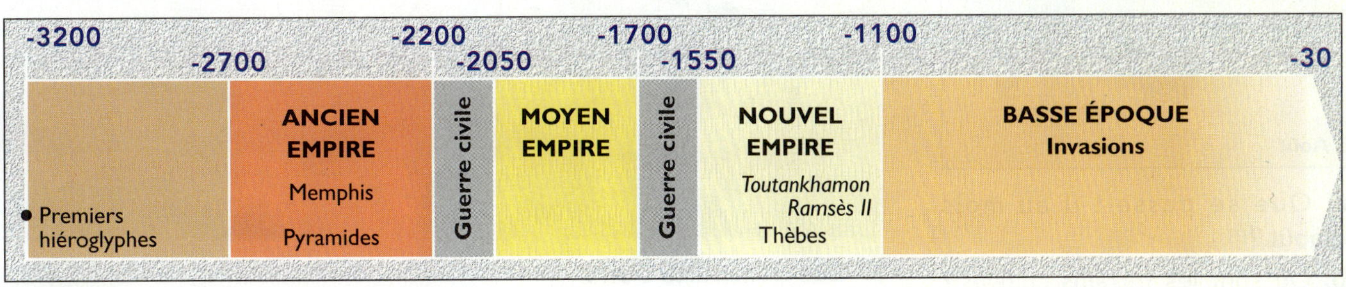

Doc. 3 La civilisation égyptienne

1 · L'Égypte, don du Nil

La plus grande partie du territoire de l'Égypte est un désert*. Seuls le Nil et les terres fertiles qui le longent permettent aux hommes de vivre. Ses crues rythment les activités agricoles.

A. Un fleuve au milieu du désert

Doc. 1 Labour et culture au bord du Nil

a. Quelles sont les trois parties du paysage ?

b. Décris les activités humaines visibles.

Doc. 2 Les crues du Nil

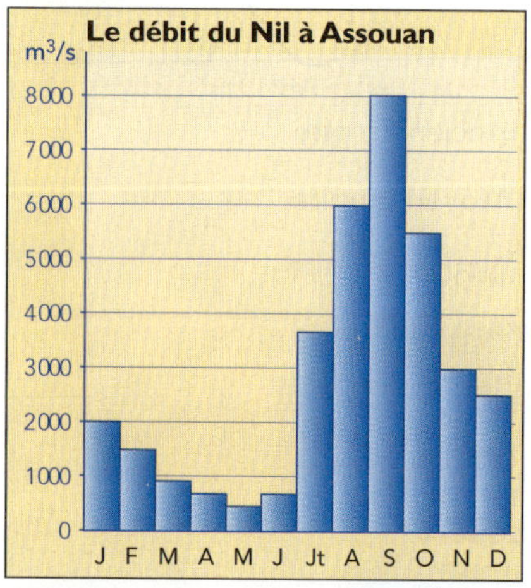

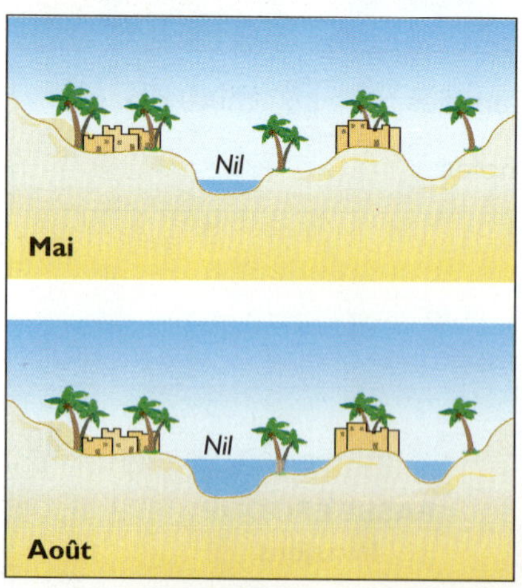

a. Que se passe-t-il au mois d'août ?

b. Où sont les terrains cultivés ? Pourquoi ?

Doc. 3 Le Nil, un moyen de transport

a. Que transporte-t-on ?

b. Décris les bateaux.

B. Les richesses du Nil

Doc. 4 L'utilisation du papyrus

a. Où pousse le papyrus ?

b. Imagine les usages très variés que pouvaient en faire les Égyptiens.

Doc. 5 Le Nil invoqué comme un dieu

Salut à toi, ô Nil, issu de la terre, venu pour faire vivre le pays, toi qui inondes les champs que Rê [dieu du soleil] a créés pour faire vivre tous les animaux, toi qui produis l'orge et fais pousser le blé afin que les temples soient en fête. Si le Nil est paresseux, les nez s'asphyxient, tout le monde s'appauvrit. S'il se soulève, le pays est dans l'exultation et chacun est en joie.

D'après un texte du Nouvel Empire.

a. À quoi fait référence la phrase « toi qui inondes les champs » ?

b. Imagine ce qui se passe lorsque survient une année de sécheresse exceptionnelle.

Doc. 6 Le Nil et les activités agricoles

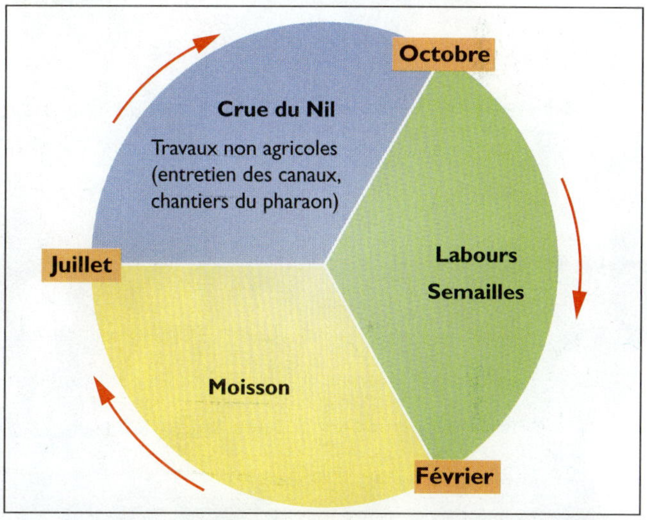

a. Montre que les activités agricoles s'organisent autour du Nil.

b. Que font les paysans pendant la crue ?

Vocabulaire

Un désert : une région très sèche où les plantes sont rares.

Un delta : une embouchure de fleuve à plusieurs bras.

Le limon : une boue fine et calcaire apportée par le Nil qui rend le sol fertile et permet une croissance plus rapide des plantes.

L'irrigation : les techniques pour amener de l'eau aux cultures pendant la saison sèche.

je fais le point

L'Égypte est un pays chaud et sec, environné de déserts. Mais il comporte une région fertile autour du Nil et de son delta*, au nord du pays. Le Nil est considéré comme un dieu, car il permet les cultures. Il est en crue quatre mois par an et dépose alors une boue fertile, le limon*, dans les champs. Des réservoirs et des digues retiennent l'eau, des canaux irriguent* les champs et le chadouf à balancier sert à tirer l'eau des puits.

Les Égyptiens exploitent toutes les richesses du Nil. Ils l'utilisent pour transporter les hommes et les marchandises. Ils récoltent le lotus et le papyrus, qui poussent dans les zones marécageuses du delta. Le papyrus peut atteindre 4 à 5 mètres de haut et sert à faire des voiles, des tresses, des vêtements, des bateaux et à fabriquer du papier. Le Nil est si important pour les Égyptiens que l'historien grec Hérodote appelle l'Égypte « le don du Nil ».

2 · Paysans et artisans

La plupart des Égyptiens sont des paysans. Grâce à leur travail, l'Égypte est un pays riche. Mais leur vie est souvent pénible. Les artisans sont réputés pour leur habileté.

A. Une société agraire

Doc. 1 Les travaux agricoles (Fresque de la tombe d'Ounsou, Nouvel Empire)

a. Quels sont les travaux agricoles représentés ?

b. Comment sont habillés les paysans ?

c. Avec quels instruments travaillent-ils la terre ?

Doc. 2 Le triste sort du paysan

La sauterelle s'abat sur le champ, le bétail dévore le grain et les petits oiseaux pillent. Et voici que le scribe débarque pour taxer la récolte. Les agents ont des bâtons. Ils disent : « Donne les grains ! » Il n'y en a pas. Alors ils frappent le laboureur étendu par terre. Il est chargé de liens est jeté dans le fossé ; il patauge, la tête en bas. Sa femme et ses enfants sont enchaînés devant lui.

D'après *la Satire des métiers*, vers 2 100 av. J.-C.

B. Les richesses de l'artisanat

Doc. 3 Une maquette d'atelier de menuiserie

a. Combien d'artisans travaillent dans cet atelier ?

b. Quels outils utilisent-ils ?

Doc. 4 La rude vie des artisans vue par un scribe

J'ai vu le forgeron au travail devant l'ouverture de sa forge, avec ses doigts semblables à de la peau de crocodile. L'orfèvre travaille au ciseau dans toutes sortes de matériaux très durs. À force de rester assis, son dos est voûté. Celui qui coupe les roseaux dans le delta, ses bras sont dévorés par les moustiques des marais. Le potier travaille dans la terre gluante, il est plus sale qu'un porc, ses vêtements sont toujours dégoûtants. Quant au maçon, il doit travailler par tous les temps et ses bras sont déformés par le rude labeur. Le blanchisseur nettoie sur la rive, mais il a le crocodile pour voisin ! Tous ces métiers ont des inconvénients, sauf celui de scribe.

D'après *la Satire des métiers*, vers 2 100 av. J.-C.

a. Est-il agréable d'être un artisan ?

b. Quel est, selon l'auteur, le seul métier valable ?

Doc. 5 Le travail dans les mines d'or

Ces malheureux travaillent jour et nuit. Les galeries qu'ils creusent se tordent en suivant les filons. Les mineurs portent des flambeaux attachés au front. Ils font tomber les fragments de roche. Ils sont constamment surveillés par des gardiens qui les accablent de coups. De jeunes enfants ramassent et portent au-dehors le minerai que brisent, dans les mortiers de pierre, des ouvriers âgés de plus de trente ans. Tous travaillent entièrement nus.

D'après Agatharchide de CNIDE, *Périple de la mer Érythrée* (vers 150 av. J.-C.).

Vocabulaire

Une araire : une charrue très simple qui ne laboure pas profondément la terre.

a. Pourquoi le travail dans les mines est-il pénible ?

b. À quoi servira l'or extrait de la mine ? Trouve des objets en or dans ce chapitre.

je fais le point

La plupart des Égyptiens sont des paysans. La crue du Nil rythme leurs travaux dans les champs, les vignes et les vergers. Leur vie est souvent difficile. Ils travaillent la terre avec des instruments en bois comme la houe et l'araire*. Quand il n'est pas possible de travailler aux champs, ils sont obligés d'entretenir gratuitement les digues et les canaux. Les scribes surveillent et taxent les récoltes au nom du pharaon, l'unique propriétaire de la terre.

Les artisans sont nombreux. Les tisserands tissent une plante, le lin, pour faire des vêtements. Les menuisiers et les potiers fabriquent les objets de la vie quotidienne. Les orfèvres utilisent l'or, l'argent, le cuivre et les pierres précieuses extraits des mines égyptiennes ou provenant de pays étrangers. Les artistes (peintres, sculpteurs) travaillent pour la gloire de pharaon et des dieux. Les artisans transmettent souvent leur métier à leurs fils.

3 · Le pharaon, le roi-dieu

Le pharaon est le maître tout-puissant de l'Égypte.
Considéré comme un dieu parmi les hommes, il est extrêmement respecté.
Les scribes administrent le pays en son nom.

A. Le maître incontesté de l'Égypte

Doc. 1 Ramsès II poursuit les Hittites à Qadesh

Bas-relief du temple de Karnak.
En 1274 av. J.-C., le pharaon Ramsès II affronte l'Empire hittite à Qadesh, en Syrie. Les Égyptiens remportent une difficile victoire, avec de lourdes pertes.

a. Comment est représenté Ramsès II ?

b. Quel aspect du rôle du pharaon est ici évoqué ?

Doc. 2 Les couronnes du pharaon

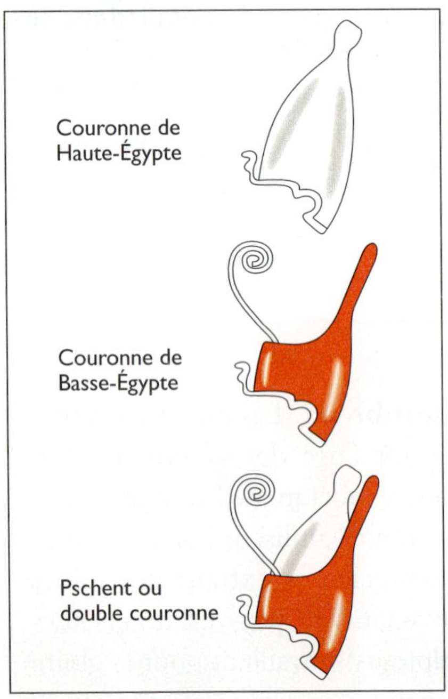

a. Que symbolise la réunion des deux couronnes ?

Doc. 3 Les insignes du pouvoir du pharaon

Sarcophage de Toutankhamon.

B. Gouverner au nom du pharaon

Doc. 4 Le scribe Nebmertouf protégé par le dieu Thot

a. Quelle est la position du scribe ?
b. Pourquoi est-il protégé par un dieu ?

Doc. 5 Le vizir*

Le pharaon Sethi Ier (père de Ramsès II) nomme Paser au poste de vizir.

Sa majesté se réjouit de chacune de tes paroles. Tu es les yeux du roi de Haute-Égypte et les oreilles du souverain de Basse-Égypte, un homme bénéfique pour ton maître. Tu connais parfaitement les affaires et ton enseignement se répand dans les ateliers des artisans.

a. Qu'est-ce qui montre que le poste de vizir est très important ?
b. Le pharaon a-t-il confiance dans son vizir ?

Vocabulaire

Le vizir : le principal ministre du pharaon.

Un fonctionnaire : une personne qui travaille pour l'État.

Doc. 6 Les tâches du vizir

Le vizir Rekhmirê a fait inscrire dans sa tombe le récit de sa carrière.

Le vizir sort au lever du jour pour accomplir d'abord les cérémonies religieuses rituelles puis pour écouter les plaintes du peuple. C'est lui qui nomme les magistrats de Haute et de Basse-Égypte. Ils doivent venir lui rendre compte des affaires de leur territoire au début de chaque saison. C'est lui qui définit les impôts à payer. C'est lui qui envoie des conseillers pour établir de nouveaux canaux d'irrigation. On fait au vizir un rapport sur l'état des forteresses du sud et du nord. On doit lui faire un rapport sur la crue du Nil.

D'après C. Lalouette, *les Hommes illustres du temps des Pharaons*, Flammarion, 1996.

a. Montre que les tâches du vizir sont très variées.
b. Montre qu'il contrôle tout.

je fais le point

Pour les Égyptiens, le pharaon est un dieu sur la terre. Grâce à lui, l'harmonie règne dans le monde et les dieux protègent l'Égypte. C'est aussi un roi guerrier, qui mène l'armée au combat. Lors de son couronnement, le pharaon reçoit les symboles de sa puissance : la double couronne, qui symbolise l'union de la Haute et de la Basse-Égypte, la barbe postiche, symbole d'immortalité, le bâton et le fouet.

De nombreux fonctionnaires* gouvernent au nom du pharaon. Le plus important est le vizir*, l'homme de confiance du pharaon, qui l'aide à gouverner dans les provinces et veille aux dépenses de l'État. Les scribes administrent les domaines du roi et des temples. Ils perçoivent les impôts, gèrent les réserves de grains et redéfinissent les limites des champs après chaque crue.

4 · La religion égyptienne

Les Égyptiens adorent de très nombreux dieux. Les plus importants sont honorés dans toute l'Égypte, les autres seulement dans une région. Les prêtres organisent le culte dans les temples.

A. Une religion polythéiste*

Doc. 1 Les principaux dieux

● Sous quelle forme sont représentés les dieux égyptiens ?

Doc. 2 Des règles spéciales pour les prêtres

Les prêtres doivent veiller à ne pas mécontenter les dieux. C'est pourquoi ils observent des règles de propreté très sévères : ils se rasent le corps entier tous les deux jours, afin que ni pou ni vermine ne s'attachent à eux pendant qu'ils servent les dieux. Ils se lavent deux fois chaque jour à l'eau froide et deux fois chaque nuit. Ils ne mangent ni poisson ni fèves. Mais on cuit pour eux des pains sacrés, chaque jour on leur donne une grande abondance de viandes de bœuf et d'oie, ainsi que du vin de raisin.

D'après HÉRODOTE, *Histoires*, II, 37.

Doc. 3 Le grand prêtre présente des offrandes

Tombe de Ramsès IX, Vallée des Rois.

a. Décris le costume du grand prêtre.

b. Pourquoi les prêtres doivent-ils observer des règles précises ?

c. Sont-ils nourris de la même manière que la plupart des Égyptiens ?

B. Le temple égyptien

Doc. 4 La cour du temple d'Horus à Edfou

Doc. 5 Le plan d'un temple égyptien

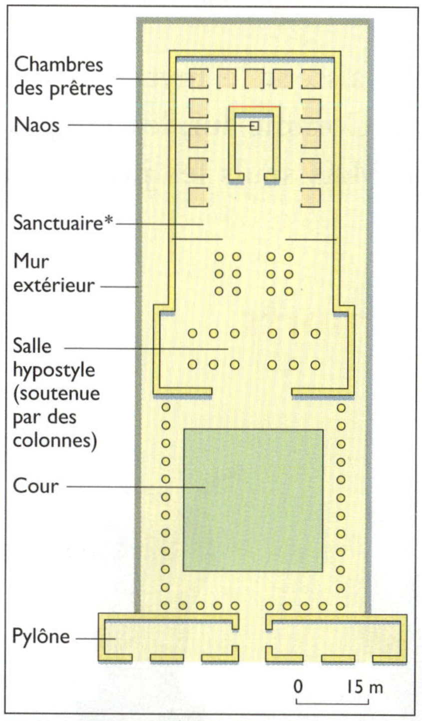

Vocabulaire

Polythéiste : du grec « plusieurs » et « dieux », une religion qui reconnaît plusieurs dieux.

Le sanctuaire : la partie la plus secrète du temple, réservée à quelques prêtres.

Un sphinx : un animal imaginaire à corps de lion et à tête d'homme ou de bélier.

Un hymne : un chant qui célèbre les dieux.

a. En t'aidant du plan, retrouve les grandes parties du temple.

b. Situe sur le plan l'endroit d'où est prise la photo.

Doc. 6 La salle hypostyle et le naos du temple d'Horus

a. Que penses-tu de la taille des colonnes ? Quels sentiments peut-on ressentir en entrant dans cette salle ?

b. Où est située la statue du dieu ? Pourquoi ?

Je fais le point

Les Égyptiens sont polythéistes. On compte près de 700 dieux car chaque ville a le sien. Les principaux sont adorés dans tout le pays : Rê, le dieu solaire, Amon-Rê, Osiris, Isis, Thot, Horus. Les dieux sont généralement représentés avec la tête d'un animal : le faucon pour Rê et Horus, l'ibis ou le babouin pour Thot, la lionne pour Sekhmet, le chacal pour Annubis.

Le temple est la demeure du dieu. Bâti dans un riche domaine près du Nil, entouré d'un mur d'enceinte, il est défendu par un pylône massif. Une allée bordée de sphinx* y conduit. Le peuple apporte des offrandes à l'entrée du temple. Seuls quelques prêtres peuvent pénétrer dans le sanctuaire. Ils récitent des hymnes* et des prières et encensent la statue du dieu, abritée au fond du naos.

5 · Le mythe d'Osiris

Tous les Égyptiens connaissent le mythe* d'Osiris, ramené à la vie grâce à sa femme Isis. Comme lui, les Égyptiens espèrent revivre après la mort. Mais seuls les justes y auront droit.

A. Osiris, le dieu des morts

Doc. 1 Osiris, Isis et Horus

Statue en or et lapis-lazuli, vers 850 av. J.-C.

a. Osiris est représenté au centre : quelle est sa position ? quels insignes porte-t-il ?

b. Qui sont les deux personnages à côté de lui ? À quoi les reconnais-tu ?

Doc. 2 Le mythe d'Osiris

Osiris, Seth et Isis sont les enfants de Geb, la terre, et de Nout, le ciel. Souverain des premiers temps, Osiris a appris aux hommes à cultiver la terre. Seth, dieu du désert sans vie, jaloux de son frère Osiris, le fait enfermer par ruse dans un coffre, qu'il jette dans le Nil. La magicienne Isis, sœur et épouse d'Osiris, le retrouve. Mais Seth, qui veut l'assassiner et s'en débarrasser, le découpe en quatorze morceaux qu'il répand à travers toute l'Égypte. Isis rassemble amoureusement les morceaux épars ; grâce à l'aide de sa mère Nout et d'Anubis, elle fabrique la première momie, qui promet à Osiris une seconde vie. Osiris devient dieu des morts et de la résurrection. Anubis préside à la momification. Horus à tête de faucon, fils d'Isis et d'Osiris, vengeur de son père, est l'ancêtre et le protecteur de tous les pharaons.

a. Qu'est-il arrivé à Osiris ?

b. Comment son épouse Isis est-elle venue à son secours ?

c. Pourquoi l'histoire d'Osiris intéresse-t-elle les Égyptiens ?

B. Le jugement des morts

Doc. 3 La pesée du cœur (Papyrus du *Livre des morts*, vers 1250 av. J.-C.)

a. Qui est le dieu à tête de chacal ? Que fait-il ?

b. Reconnais-tu le dieu situé derrière lui ? Qu'écrit-il ?

c. Observe le monstre à droite : de quels animaux est-il composé ?

Doc. 4 Le défunt proclame son innocence

Salut à toi, grand dieu ! Je te connais et je connais le nom des dieux qui sont avec toi. Je n'ai pas commis l'injustice. Je n'ai pas maltraité les gens. Je n'ai pas fait le mal. Je n'ai pas blasphémé les dieux. Je n'ai pas privé un pauvre de ses biens. Je n'ai pas fait ce que les dieux détestent. Je n'ai pas calomnié un inférieur auprès de son maître. Je n'ai pas fait de peine. Je n'ai pas affamé. Je n'ai pas fait pleurer. Je n'ai pas tué. Je n'ai fait de tort à personne.

D'après *le Livre des morts*.

Vocabulaire

Un mythe : un récit imaginaire qui cherche à expliquer le monde et à répondre aux grandes questions des hommes.

a. De quelles qualités le défunt a-t-il fait preuve durant sa vie ?

b. Pourquoi en dresse-t-il la liste ?

Je fais le point

Le mythe d'Osiris fonde la croyance des Égyptiens en une vie après la mort. En effet le dieu, assassiné par son frère Seth, réussit à revivre grâce à sa femme Isis, qui retrouve son corps. Dans le royaume des morts, Osiris accueille désormais les défunts. Le mythe d'Osiris est l'un des textes les plus importants de la civilisation égyptienne.

Le défunt passe en jugement devant le tribunal d'Osiris. Son cœur est mis en balance avec la plume de la vérité. Si le défunt s'est mal conduit pendant sa vie, il est dévoré par un monstre. S'il s'est bien conduit, Osiris le fait accéder à la vie éternelle. Le *Livre des morts* guide le défunt dans l'au-delà pour qu'il triomphe de toutes ces épreuves.

6 · La vie après la mort

Les Égyptiens croient à une vie après la mort. Mais il faut que le corps soit conservé grâce à la momification*. Pour le pharaon et les plus riches, on construit de somptueux tombeaux.

A. Conserver le corps

Doc. 1 Une momie dans son sarcophage*

Momie provenant de Thèbes, vers 1 000 av. J.-C.

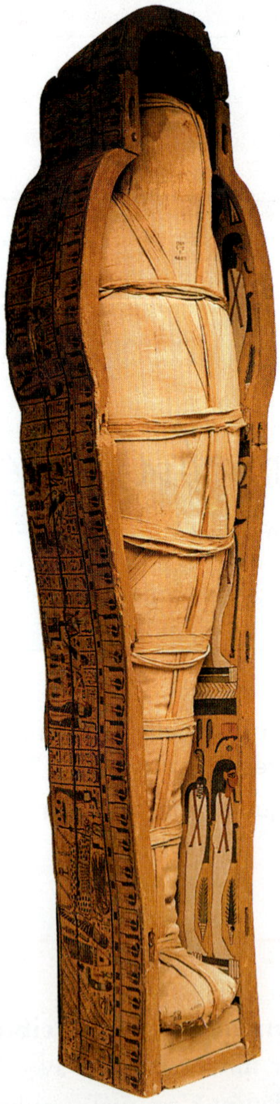

a. Comment se présente le corps ?

b. En quoi est fait le sarcophage ?

c. Que remarques-tu à l'intérieur et à l'extérieur ?

Doc. 2 La momification

D'abord, à l'aide d'un crochet, les embaumeurs extraient le cerveau par les narines. Ensuite, avec une pierre tranchante, ils font une incision le long des flancs et retirent les intestins qu'ils nettoient. Ils purifient l'abdomen avec du vin de dattier et une seconde fois avec des aromates broyés. Puis ils remplissent le ventre de myrrhe pure broyée, de cannelle et d'autres aromates et le recousent. Ensuite, ils salent le corps en le recouvrant de natron durant soixante-dix jours. Passé ce délai, ils lavent le corps et l'enveloppent de bandes découpées dans du tissu de lin très fin. Les parents font faire un coffre de bois de figure humaine dans lequel ils le déposent.

D'après HÉRODOTE, *Histoires*, II, 86.

a. Quelles sont les principales opérations de la momification ?

b. Combien de temps faut-il pour momifier un corps ?

Doc. 3 Une barque funéraire

a. Où est placé le corps du défunt ?

b. Pourquoi le transporte-t-on ?

B. Des « demeures d'éternité »

Doc. 4 **Une reconstitution de l'ensemble de Gizeh**

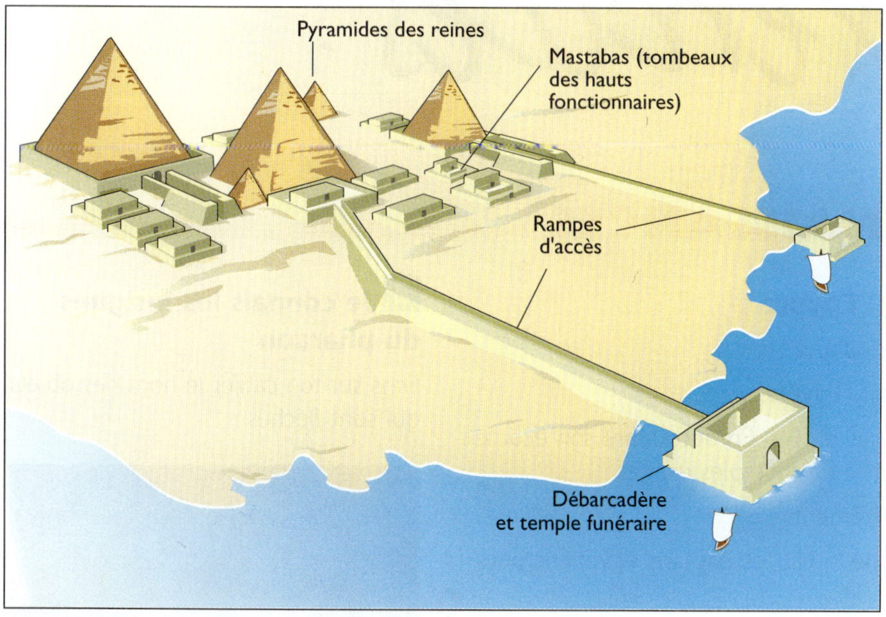

Vocabulaire

La momification : l'ensemble des opérations qui visent à conserver un cadavre en l'entourant de bandelettes.

Un sarcophage : un cercueil de bois ou de pierre où on place le corps du défunt.

a. Quelles sont les personnes enterrées à cet endroit ?

b. À quoi sert le temple funéraire ?

Doc. 5 **L'évolution du tombeau égyptien**

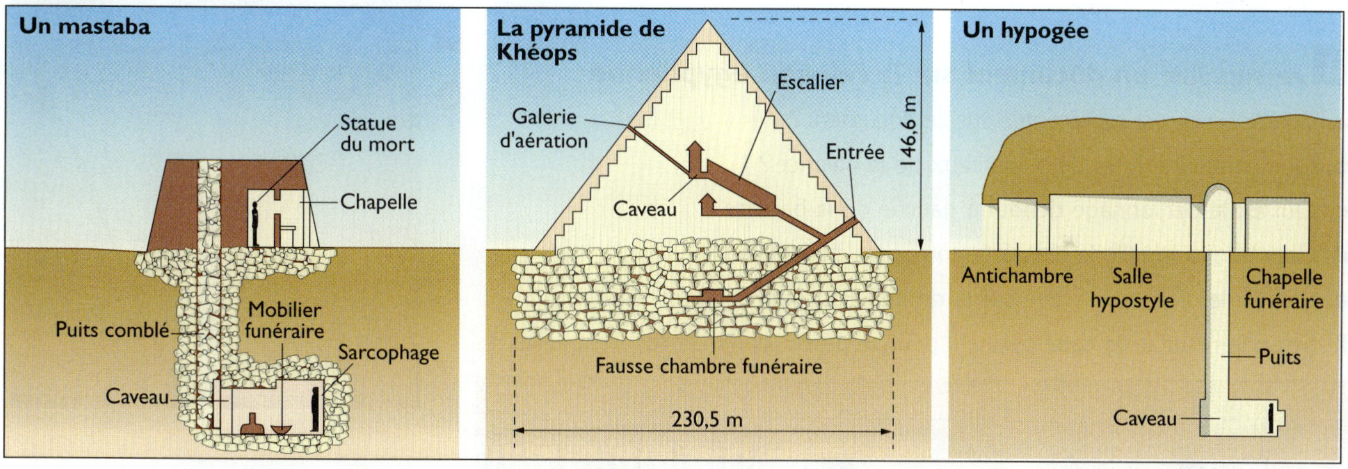

a. Quel monument est le plus long à construire ?

b. Quels sont les éléments qui ne changent pas ?

je fais le point

Pour revivre, le corps doit être conservé. C'est pourquoi les Égyptiens ont mis au point la momification. Le cadavre est confié à des prêtres. Ils enlèvent les organes, conservés dans les vases canopes. Ils utilisent des produits chimiques pour dessécher le corps, qui est entouré de bandelettes. Des formules magiques sont récitées à chaque étape. Selon les moyens de la famille du mort, la momification est plus ou moins complète et soignée.

La momie est placée dans un sarcophage puis déposée dans un tombeau. Les plus beaux sont ceux des pharaons. Ils prennent d'abord la forme de mastabas puis d'impressionnantes pyramides, que l'on met des années à construire. L'hypogée marque le retour à une forme plus simple et moins coûteuse. Un temple funéraire est toujours construit près du tombeau. Il permet de célébrer les cérémonies nécessaires pour que le mort ne manque de rien.

Exercices

VÉRIFIER SES CONNAISSANCES

1 Je connais le cadre naturel de l'Égypte

Donne les mots qui correspondent aux définitions.

a. Les deux grandes régions qui composent l'Égypte.

b. Une plante qui pousse dans les marécages du Nil. En découpant son écorce en lamelles, on fabrique un support qui sert à de multiples usages.

c. Une autre plante, qui sert à tisser des vêtements.

d. Grâce à ce phénomène naturel qui touche le Nil, les paysans égyptiens peuvent cultiver les champs.

e. La capitale de l'Égypte sous le Moyen et le Nouvel Empire.

2 Je connais les insignes du pharaon

Écris sur ton cahier le nom des objets qui sont fléchés.

3 Je sais lire un document sur la religion égyptienne

a. Quelle scène est représentée sur ce document ?

b. Que contiennent les deux plateaux de la balance ?

c. Qui est le personnage debout à gauche de la balance ?

d. Comment s'appelle le dieu à genoux près de la balance ?

e. Qui est le dieu qui se tient sur la droite ? Pourquoi est-il représenté ici ?

f. Selon le résultat de cette pesée, il peut se passer deux choses : lesquelles ?

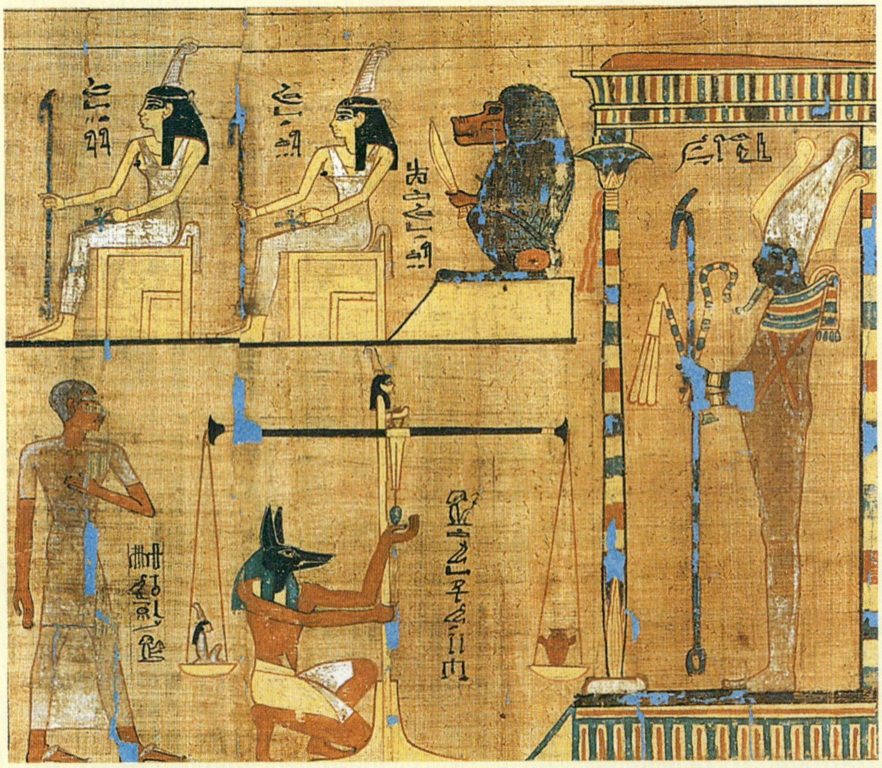

4 Je connais la société égyptienne

Dessine sur ton cahier une pyramide montrant que la société égyptienne est très hiérarchisée. Place en bas le groupe le plus nombreux et le moins bien considéré. Voici les éléments à faire figurer : paysans, scribes et prêtres, vizir, artisans, pharaon.

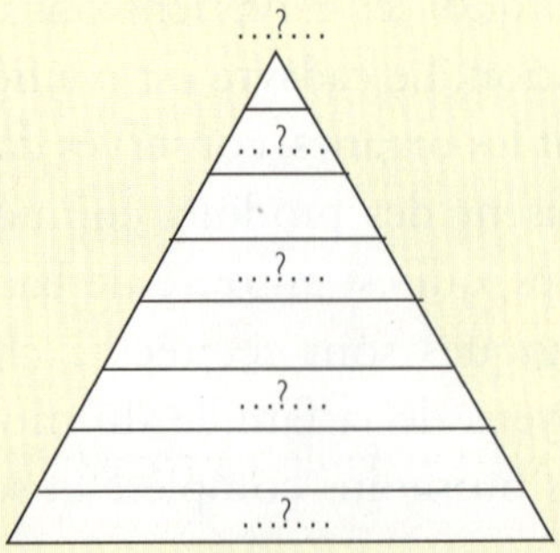

ALLER PLUS LOIN

5 J'étudie un texte égyptien

Vers 1 300 avant J.-C., un scribe adresse à un de ses amis sa description enthousiaste de Per-Ramsès (« la maison de Ramsès »), la capitale fondée par Ramsès II. C'est l'un des premiers paysages de l'histoire.

Je suis arrivé à la Maison-de-Ramsès-aimé-d'Amon et je l'ai trouvé extrêmement riche. C'est un endroit très beau qui ne ressemble à aucun autre. La vie dans la ville est agréable : ses champs regorgent de toutes sortes de bons produits. Ses canaux sont pleins de poissons et ses étangs d'oiseaux ; ses prairies abondent en herbages bien verts, qui atteignent une coudée et demi de hauteur (80 cm) ; ses fruits ont le goût du miel. Ses greniers sont remplis d'orge et de blé ; les oignons et les poireaux s'amassent, les fleurs sont nombreuses dans les jardins, ainsi que les grenades, les pommes, les olives et les figues dans les vergers. Le vin est plus doux que le miel.

Texte cité par C. LALOUETTE, *les Hommes illustres du temps des pharaons*, Flammarion, 1996.

a. Aujourd'hui, il ne reste aucune trace de Per-Ramsès, mais on sait que la ville était située dans l'est du delta, près de Tanis. Retrouve cet endroit sur la carte p. 23.

b. Essaie de décrire le paysage de Per-Ramsès à partir du texte.

c. D'après les produits agricoles énumérés par l'auteur, trouve ce que mangeaient les Égyptiens. Est-ce très différent de notre propre nourriture ?

d. Relève tous les éléments qui montrent la présence de l'eau. Pourquoi est-ce très important en Égypte ?

e. Qu'est-ce qui frappe le plus l'auteur : la beauté ou la richesse du paysage ? Avons-nous le même regard sur un paysage aujourd'hui ?

6 J'étudie un autre temple égyptien : Abou Simbel

a. Cherche sur la carte p. 23 où est situé Abou Simbel.

b. Les statues colossales représentent Ramsès II. Que sais-tu de ce pharaon ? Cherche dans le chapitre les documents qui l'évoquent.

c. Pourquoi un pharaon peut-il se faire représenter sur un temple ?

d. Il est arrivé quelque chose de particulier au temple d'Abou Simbel. Fais une recherche au CDI sur ce sujet.

S'EXERCER À RÉDIGER

7 Explique en un paragraphe (4-5 lignes) comment les Égyptiens espéraient gagner l'éternité. Que faisaient-ils pour cela de leur vivant et après leur mort ? Utilise le plus possible de mots nouveaux.

Toutankhamon, le tombeau inviolé

Depuis la fin du XIXe siècle, les égyptologues étaient persuadés que la Vallée des Rois, près de Thèbes, n'avait plus rien à livrer. En effet, depuis la fin du Nouvel Empire, les tombes royales ont été pillées et les prêtres ont mis les momies des pharaons à l'abri dans une cache découverte en 1881. Alors, pourquoi l'archéologue anglais Howard Carter s'obstine-t-il à fouiller cette région ?

Des années d'efforts pour rien ?

D'ailleurs, depuis 1917, il sonde, creuse, sans résultat. En cet automne 1922, découragé, il décide de tout arrêter. Mais, le 4 novembre, un coup de pioche révèle la première marche d'un escalier. Très vite, on le déblaie. Au bout, il y a une porte, scellée !

Carter envoie aussitôt un télégramme à Londres. Pas question de procéder à l'ouverture sans lord Carnavon qui finance les fouilles ! Dès son arrivée, on dégage la porte. Derrière, un couloir encombré de gravats mène à... une seconde porte.

Des merveilles !

Carter y perce un trou, en approche une bougie. D'abord, il ne voit rien. Puis, dans un scintillement d'or il aperçoit des statues, des meubles, des vases. « Vous voyez quelque chose ? », lui demande Carnavon. « Oui, des merveilles ! » Des coffres peints, des chars en or, des bijoux somptueux... Le tombeau, presque intact, recèle un véritable trésor. C'est celui de Toutankhamon (1347-1327 av. J.-C.), pharaon qui, de presque inconnu, va devenir extraordinairement célèbre. Pendant trois ans, tout va être photographié, dessiné, répertorié. En octobre 1925, Carter ouvre enfin le sarcophage et les trois cercueils qu'il renferme. Il découvre le fabuleux masque d'or de Toutankhamon. Mais la momie du pharaon est brûlée par les onguents utilisés pour l'embaumement.

La médecine au chevet des momies

Les techniques médicales modernes permettent de radiographier les momies, mais aussi d'étudier les tissus de leur peau, de déterminer leur groupe sanguin. On apprend ainsi comment les embaumeurs procédaient exactement, de quelles maladies souffraient les Égyptiens, ce qu'ils mangeaient. On peut même, comme dans le cas de Ramsès II, les « soigner » par radiations quand elles sont attaquées par des parasites !

le récit de l'histoire

L'Égypte

L'une des plus brillantes civilisations de l'histoire a pris naissance et s'est épanouie dans le désert, mais un désert traversé sur plus de 1000 kilomètres par un fleuve majestueux, le Nil. C'était la seule grande voie de circulation et l'on y trouvait du poisson, du gibier d'eau et des papyrus pour fabriquer aussi bien du papier que des bateaux. Surtout, le Nil débordait chaque année, quatre mois durant, abreuvant la terre et y déposant un limon qui fertilisait les champs. La vie des Égyptiens, paysans pour la plupart, était ainsi rythmée par les saisons du fleuve. Quand ils ne pouvaient travailler la terre, ils entretenaient les canaux et les digues permettant de retenir l'eau pour irriguer les cultures entre deux crues.

Tout cela s'accomplissait sous le regard des scribes, ces fonctionnaires du pharaon qui administraient ses domaines, surveillant les récoltes, en prélevant une bonne part au titre de l'impôt. Car le pharaon était l'unique maître des terres d'Égypte. Et il était aussi bien plus que cela ! Son sceptre, son fouet, sa double couronne indiquaient qu'il commandait à la Haute- et la Basse-Égypte. Maître de l'armée, roi tout-puissant, sa barbe postiche disait qu'il était immortel, dieu parmi les hommes, garant de la protection du pays par les autres dieux.

Des dieux, l'Égypte en comptait des centaines, chaque région ayant les siens ! Cependant, des dieux communs à tous, tels Anubis, Rê ou Isis, étaient honorés partout. Des temples immenses, où seuls quelques prêtres et le pharaon avaient le droit de pénétrer, leur étaient consacrés. Le peuple, lui, déposait ses offrandes et priait à l'entrée. L'un de ces dieux, Osiris, avait une importance particulière. À sa mort, sa femme, Isis, avait rassemblé les morceaux dispersés de son corps et fabriqué ainsi la première momie. Osiris devint alors roi du royaume des morts. Les Égyptiens trouvaient dans ce mythe l'assurance d'une vie après la mort, à condition, bien sûr, d'avoir mené une existence juste et fait momifier son corps. Croyance en la vie éternelle, prise en compte de la moralité, tentation d'attribuer à quelques dieux plus de pouvoir qu'aux autres, certains ont vu dans la religion égyptienne le premier pas vers le monothéisme que les Hébreux adopteront après un séjour de plusieurs siècles en Égypte.

Hier et aujourd'hui

Ce que nous devons à cette période :

- des formes architecturales comme celles de la pyramide ou de l'obélisque ;
- la redécouverte, grâce à l'archéologie, d'une civilisation brillante qui a duré 3000 ans.

CHAPITRE 3

LES HÉBREUX,

DOC. 1 L'Exode : Moïse fait traverser la mer Rouge aux Hébreux

Fresque de la synagogue de Doura-Europos (Syrie), IIe siècle apr. J.-C.

LE PEUPLE DE LA BIBLE

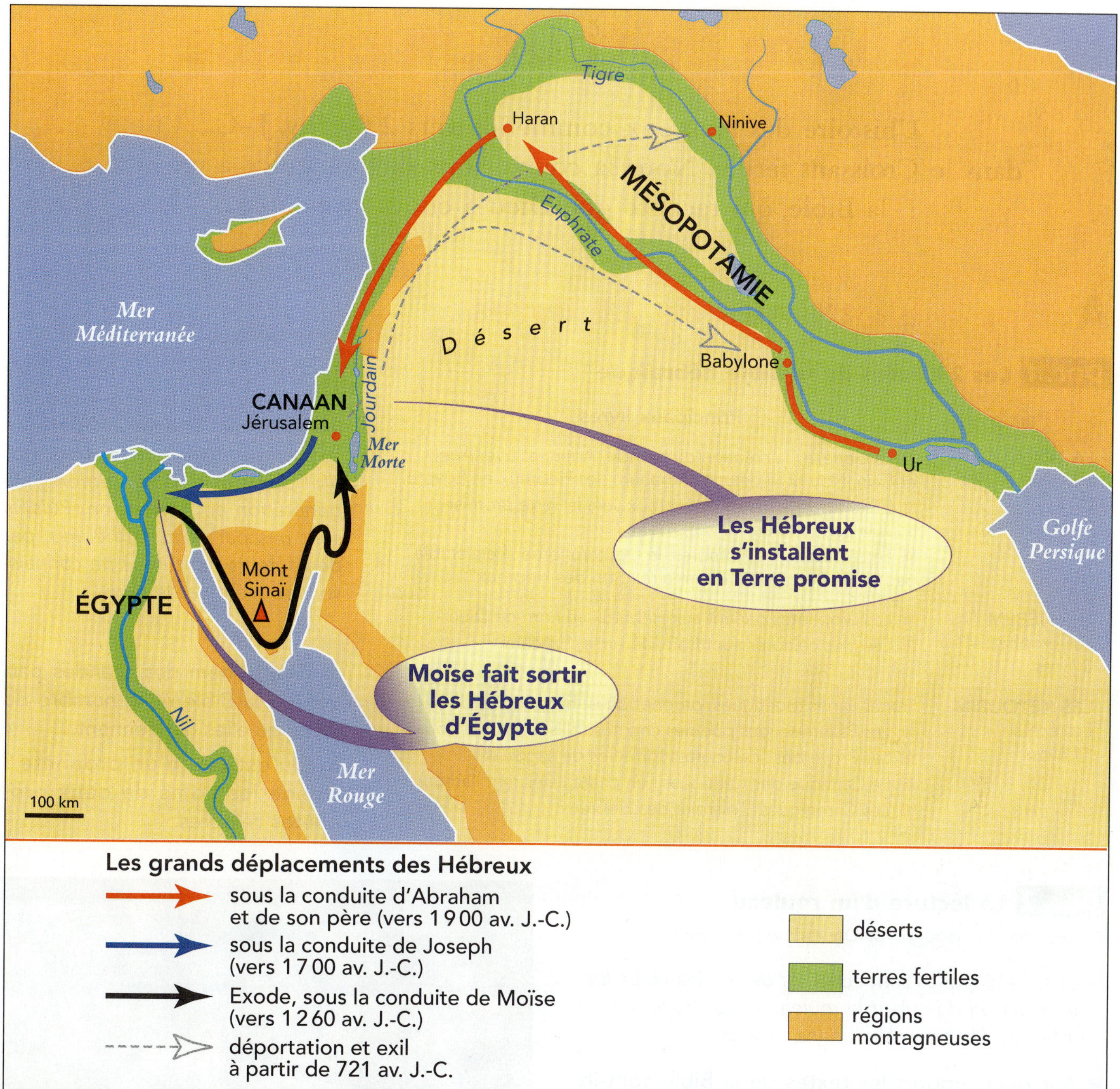

Doc. 2 Les migrations des Hébreux

Doc. 3 L'histoire mouvementée des Hébreux

1 • La Bible, le livre de tout un peuple

L'histoire des Hébreux commence vers 2 000 av. J.-C., dans le Croissant fertile. Nous la connaissons surtout grâce à un livre, la Bible, qui raconte que Dieu a choisi ce peuple.

A. Une bibliothèque de 24 livres

Doc. 1 Les 24 livres de la Bible hébraïque

Partie	Principaux livres
LA TORA* « Enseignement, Loi » *5 livres*	■ La Genèse : la création du monde, Adam et Ève, Abel et Caïn, Noé et le déluge, Abraham, les Hébreux en Égypte. ■ L'Exode : le retour des Hébreux vers la Terre promise, sous la conduite de Moïse. ■ Le Lévitique, les Nombres, le Deutéronome : l'ensemble des lois qui règlent la vie et la religion des Hébreux.
LES NÉBIIM Les prophètes* *8 livres*	■ Les prophètes parlent aux Hébreux au nom de Dieu. ■ Les plus célèbres sont Isaïe, Jérémie, Ézéchiel.
LES KÉTOUBIM Les écrits *11 livres*	Textes variés (poétiques, prophétiques, historiques) dont : ■ Les Psaumes : des poèmes chantés utilisés pour la prière. ■ Les Proverbes : de courtes formules de sagesse. ■ Le Cantique des Cantiques : un chant célébrant l'amour. ■ Les Chroniques : l'histoire des Hébreux.

Chaque livre de la Bible est divisé en chapitres, chaque chapitre en versets. Les textes de la Bible sont d'abord transmis oralement, de génération en génération. Puis ils sont mis par écrit, en hébreu, par des auteurs dont nous ne connaissons souvent pas le nom.

a. Cite le nom des grandes parties de la Bible et le nombre de livres qu'elles contiennent.

b. Qu'est-ce qu'un prophète ? Donne les noms de deux prophètes célèbres.

Doc. 2 La lecture d'un rouleau

Fresque de la synagogue de Doura-Europos (Syrie)

Les textes bibliques sont écrits sur des rouleaux. La lecture se fait en déroulant le rouleau de la droite vers la gauche, car l'hébreu s'écrit dans ce sens.

● Sur quel support les textes de la Bible sont-ils écrits ?

■ Manuscrit d'Isaïe Ier siècle ap. J.-C.

B. Un livre religieux

Doc. 3 L'Alliance entre Dieu et Abraham

Dieu dit à Abraham : « Quitte ton pays, ta famille et la maison de ton père et va vers le pays que je te montrerai. Je ferai de toi une grande nation et je te bénirai. »

[Plus tard, Dieu fait alliance avec Abraham.] Il lui dit : « Tu deviendras le père d'un grand nombre de peuples. J'établirai mon alliance entre moi et toi, et tes descendants après toi. Ce sera une alliance pour toujours. Je serai ton Dieu et celui de tes descendants. »

D'après *Genèse* 12, 1-3 et 17,3-8.

Vocabulaire

La Tora : de l'hébreu « enseignement, Loi », la première partie de la Bible.
Un prophète : une personne que Dieu a choisie pour parler en son nom.
Monothéiste : du grec « seul » et « dieu », une religion qui ne reconnaît qu'un seul dieu.

● Quelle est la promesse de Dieu à Abraham ?

Doc. 4 Moïse reçoit les Tables de la Loi sur le mont Sinaï

(Marc Chagall, musée du Message biblique, Nice)

● Comment le peintre montre-t-il l'importance de Moïse et des Tables de la Loi ?

Doc. 5 Les dix commandements (ou Décalogue)

1. Tu n'auras pas d'autre dieu que moi.
2. Tu ne feras pas d'images.
3. Tu ne prononceras pas à la légère le nom du Seigneur ton Dieu.
4. Tu travailleras six jours, mais le septième jour, c'est le sabbat du Seigneur ton Dieu : tu ne feras aucun travail.
5. Honore ton père et ta mère.
6. Tu ne tueras pas.
7. Tu ne tromperas pas ta femme ou ton mari.
8. Tu ne voleras pas.
9. Tu ne feras pas de faux témoignages.
10. Tu ne convoiteras pas ce qui appartient à quelqu'un d'autre.

D'après *Exode* 20, 2-17.

a. Quel commandement prouve que les Hébreux sont monothéistes* ?

b. Cite les commandements qui concernent les relations des hommes avec Dieu et les relations des hommes entre eux.

c. Explique ce que signifie « *Exode* 20, 2-17 ».

je fais le point

La Bible hébraïque est un recueil de 24 livres écrits en hébreu, à partir de traditions orales plus anciennes. Les auteurs de la Bible sont nombreux et souvent anonymes. La Bible contient des textes très variés : des lois, des prières, des récits, des poèmes. La Tora est la partie la plus importante car on y trouve les 10 commandements, ou Décalogue.

La Bible est d'abord un livre religieux. Elle fonde le premier monothéisme de l'Histoire. Elle raconte l'Alliance entre le peuple hébreu et un Dieu unique, par l'intermédiaire d'Abraham et de Moïse. Pour les croyants, la Bible est la parole même de Dieu : on l'appelle donc aussi l'écriture sainte.

La Bible est aussi un livre d'histoire, la mémoire des Hébreux et de leurs descendants. Elle a inspiré de nombreuses œuvres d'art. Aujourd'hui, elle est traduite en de nombreuses langues. Elle appartient donc au patrimoine de tous les hommes.

2 · Grands récits bibliques

Dans la Bible, on trouve de nombreuses histoires. Certaines racontent le passé des Hébreux, d'autres sont des mythes qui répondent aux questions des hommes de tous les temps. Voici les plus célèbres.

A. Adam et Ève, le premier couple

Doc. 1 le récit de la Création

La création d'Adam

Dieu modela l'homme avec la poussière du sol, il mit dans ses narines un souffle de vie, et l'homme devint un être vivant.

La création de la femme

Dieu dit : « Il n'est pas bon que l'homme soit seul. Je vais lui faire une aide qui soit comme lui. » [...] Dieu fit tomber un profond sommeil sur l'homme. Il prit une de ses côtes, en façonna une femme et l'amena à l'homme.

La tentation

[L'homme et la femme vivaient heureux dans le jardin d'Éden. Dieu leur avait seulement interdit de manger le fruit de l'arbre de la connaissance du bien et du mal.]

Le serpent était le plus rusé de tous les animaux. Il dit à la femme : « Si vous mangez de ce fruit, vous ne mourrez pas ! Au contraire, vous serez comme des dieux ! » La femme prit le fruit et mangea. Elle en donna aussi à l'homme et il mangea.

La punition

Dieu chassa Adam et Ève du jardin d'Éden. Il dit à la femme : « Tu mettras tes enfants au monde dans la souffrance et ton mari te dominera. » À l'homme, il dit : « Le sol sera maudit à cause de toi. Tu en tireras ta nourriture dans la peine. Tu mangeras ton pain à la sueur de ton visage, jusqu'à ce que tu retournes au sol. Car tu es poussière et tu retourneras à la poussière. »

D'après *Genèse* 2 et 3.

Doc. 2 Une représentation de la Création

Enluminure du IXe siècle.

a. Comment Dieu crée-t-il l'homme puis la femme ?

b. Comment le serpent persuade-t-il la femme de manger le fruit défendu ?

c. Quelle est la punition divine ?

d. Que signifie la dernière phrase du texte ?

B. La tour de Babel

Doc. 3 La ziggourat d'Our (Mésopotamie)

Une ziggourat est un temple composé de plates-formes superposées. On pense que cette construction impressionnante a inspiré l'histoire de la tour de Babel. Celle-ci date de 2 100 av. J.-C.

a. Quel est le lien entre une ziggourat et la tour de Babel ?

b. D'après cet exemple, les mythes bibliques sont-ils seulement nés de l'imagination ?

Doc. 4 Quand les hommes parlaient une seule langue...

Les hommes parlaient tous la même langue. Ils se dirent l'un à l'autre : « Construisons une ville et une tour qui monte jusqu'au ciel. » Dieu se dit : « Tous les hommes forment un seul peuple et parlent une même langue. Ils pourront réussir tous leurs projets. Je vais brouiller leur langue pour qu'ils ne se comprennent plus les uns les autres. » Dieu les dispersa sur toute la terre et ils arrêtèrent de bâtir la ville.

D'après *Genèse* 11.

a. Pourquoi les hommes ne peuvent-ils finir la tour ?

b. Parler une seule langue est-il forcément une bonne chose ?

Doc. 5 La construction de la tour de Babel

Peinture de Pierre Bruegel le Jeune (1564-1636)

a. L'époque du tableau est-elle celle de la Bible ?

b. Compare ce tableau avec le document 3.

je fais le point

La Bible contient de nombreux récits, dont certains sont très célèbres. Ce sont des mythes : ils nous font réfléchir sur les grandes questions que se posent les hommes. Ils cherchent à comprendre le mystère de la vie et de la mort, du bien et du mal. Pour les croyants, ils disent comment Dieu entre en relation avec l'homme.

Les récits bibliques ont inspiré beaucoup d'artistes, à toutes les époques. Ils ont même laissé des traces dans notre manière de parler : nous utilisons toujours des expressions et des images tirées de la Bible. C'est pourquoi la Bible est un livre important. Elle est l'une des bases de la civilisation européenne.

3 • L'histoire des Hébreux

Les Hébreux sont d'abord un petit peuple nomade de Mésopotamie à la recherche d'une terre où s'installer. Confrontés à de puissants voisins, ils connaissent une histoire mouvementée.

A. Les Hébreux nomades

Doc. 1 Les patriarches*

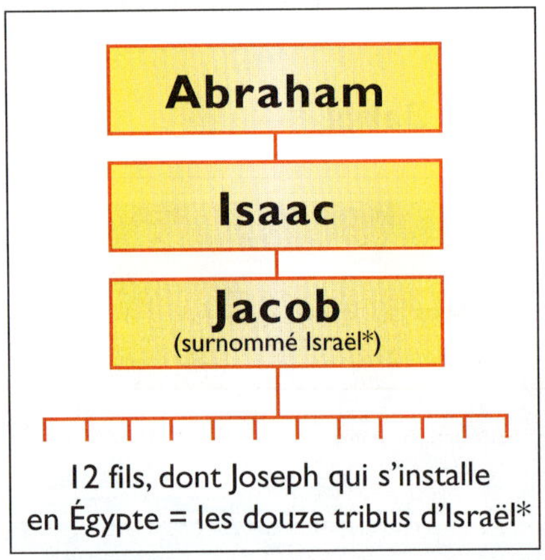

a. Pourquoi Abraham compte-t-il beaucoup pour les Hébreux ?

b. D'où viennent les douze tribus ?

Doc. 2 L'Exode*, un événement très important

Mon père était un nomade. Il est descendu en Égypte où il a vécu en émigré avec le petit nombre de gens qui l'accompagnaient. Là, il était devenu une grande nation, puissante et nombreuse. Mais les Égyptiens nous ont maltraités, ils nous ont mis dans la pauvreté, ils nous ont imposé un dur esclavage. Alors, nous avons crié vers le Seigneur, le Dieu de nos pères, et le Seigneur a entendu notre voix. Le Seigneur nous a fait sortir d'Égypte sous la conduite de Moïse, par sa main forte et son bras étendu, par des signes et des actions extraordinaires.

D'après *Deutéronome* 36, 5-8.

a. Qu'est-ce que l'Exode ?

b. Qui en est le personnage principal ?

c. Reporte-toi au document 1 p. 40. Comment est représenté l'Exode ?

B. Les Hébreux sédentaires

Doc. 3 Le pays de Canaan, la Terre promise

Le Seigneur ton Dieu te fait entrer dans un bon pays, un pays de torrents, de sources, d'eaux souterraines jaillissant dans la plaine et dans la montagne, un pays de blé et d'orge, de vignes, de figuiers et de grenadiers, un pays d'huile d'olive et de miel, un pays où rien ne te manquera, où il y a des pierres de fer et d'où tu extrairas le bronze dans la montagne. Tu mangeras, tu te rassasieras et tu béniras le Seigneur ton Dieu en cet heureux pays qu'il t'a donné.

D'après *Deutéronome* 8, 7-10.

a. Relève les éléments qui montrent que le pays de Canaan est une terre fertile et cultivée avant l'installation des Hébreux.

b. Qu'est-ce que cette installation change dans la vie des Hébreux ?

c. Pourquoi la présence de l'eau est-elle si frappante pour les Hébreux ?

Doc. 4 Le roi David

Mosaïque de la synagogue de Gaza, IVe siècle apr. J.-C.

Doc. 5 Salomon, un roi puissant

David régna quarante ans sur Israël. Salomon s'assit sur le trône de David, son père, et sa royauté fut bien établie. Il devint le gendre de Pharaon, roi d'Égypte : il prit la fille de Pharaon et l'emmena à la cité de David jusqu'à ce qu'il eût fini de bâtir son palais, le Temple et la muraille autour de Jérusalem. Salomon dominait tous les royaumes depuis l'Euphrate jusqu'à la frontière de l'Égypte.

D'après le *Premier Livre des Rois* 2, 3 et 5.

a. De qui Salomon est-il le fils ?

b. Qu'est-ce qui prouve que Salomon est un roi puissant ?

Doc. 6 Les deux royaumes des Hébreux ▶

a. Que devient le royaume de Salomon à sa mort ?

b. Quand le royaume d'Israël s'écroule-t-il ?

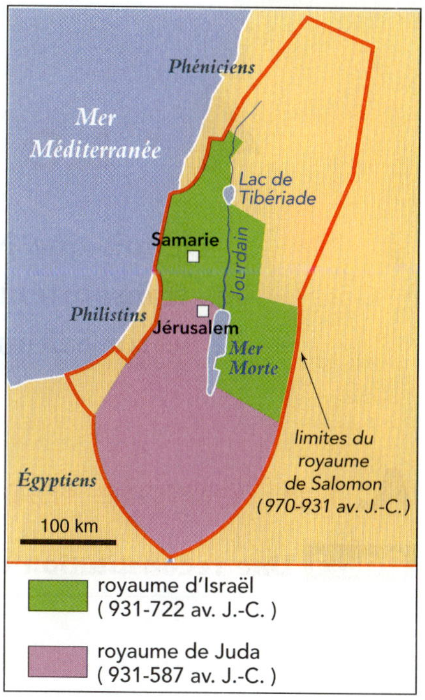

C. Les Hébreux dispersés

Doc. 7 L'exil et les débuts de la diaspora*

En 587 av. J.-C., Jérusalem est assiégée et prise par les Babyloniens.

Nabuchodonosor, roi de Babylone, fit égorger les fils du roi de Juda. Il creva les yeux du roi et l'emmena en captivité à Babylone. Puis il brûla le Temple, le palais du roi, et toutes les maisons de Jérusalem, il démolit la muraille. Il déporta à Babylone tous ceux qui avaient échappé à l'épée, et ils devinrent ses esclaves.

D'après le *Second Livre des Rois* 25, versets 7, 9 et 11.

a. Que se passe-t-il en 587 av. J.-C ?

b. Quelles sont les conséquences de cet événement ?

Vocabulaire

Un patriarche : un ancêtre, un chef de tribu.

Israël : de l'hébreu « fort contre Dieu », le surnom donné au patriarche Jacob puis nom que se donnent les Hébreux et nom de leur royaume.

Un exode : la fuite d'un peuple hors de son territoire.

La diaspora : du grec « semer », la dispersion d'un peuple hors de son territoire d'origine.

je fais le point

L'histoire des Hébreux commence avec les patriarches. Abraham est d'abord un nomade venu de Mésopotamie. Ses descendants se donnent le nom d'Israël et s'organisent en douze tribus. Ils habitent plusieurs siècles en Égypte mais ils deviennent esclaves. La Bible raconte que Dieu les fait sortir d'Égypte sous la conduite de Moïse : c'est l'Exode.

Les Hébreux s'installent au pays de Canaan, qu'ils appellent la Terre promise, et fondent un royaume vers le Xᵉ siècle av. J.-C. David choisit Jérusalem pour capitale. Son fils, Salomon, fait d'Israël un État puissant. Mais après sa mort, le royaume s'affaiblit et se divise : au nord le royaume d'Israël ; au sud le royaume de Juda. Entourés de puissants voisins, ils ne résistent pas longtemps. Le royaume d'Israël est le premier à perdre son indépendance en 722 av. J.-C.

En 587 av. J-C., c'est la déportation à Babylone. Le peuple d'Israël est exilé hors de sa terre. Il commence à se disperser autour du bassin méditerranéen : c'est la diaspora.

4 · Le Temple de Jérusalem

Depuis que Moïse a reçu les Tables de la Loi, les Hébreux les transportent avec eux dans l'Arche d'alliance. À Jérusalem, le roi Salomon construit le Temple pour abriter l'Arche.

A. Le Temple est le centre du culte

Doc. 1 Une reconstitution du Temple de Salomon

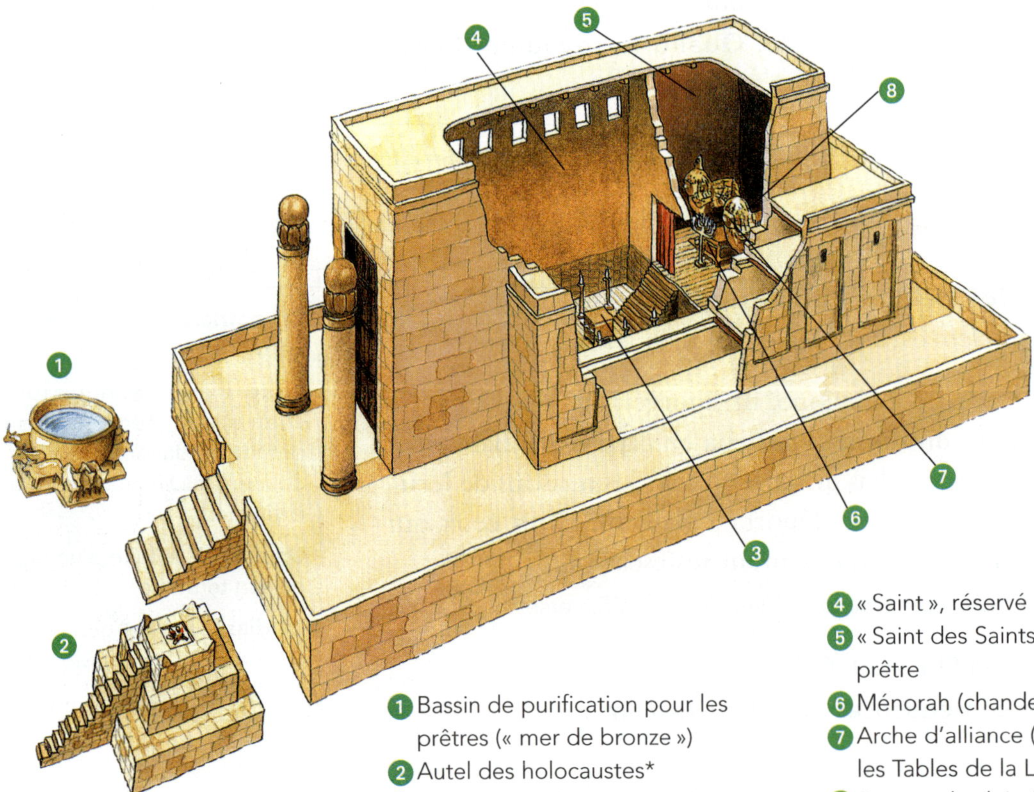

1 Bassin de purification pour les prêtres (« mer de bronze »)
2 Autel des holocaustes*
3 Autel des parfums (encens)
4 « Saint », réservé aux prêtres
5 « Saint des Saints », réservé au grand prêtre
6 Ménorah (chandelier à 7 branches)
7 Arche d'alliance (coffre contenant les Tables de la Loi)
8 Statues de chérubins (sorte d'anges)

a. Où ont lieu les sacrifices ?
b. Le Temple est-il ouvert à tout le monde ?
c. Qu'y a-t-il à l'intérieur du Temple ?

Doc. 2 Un Temple richement décoré ▶

a. Calcule les dimensions en mètres du Temple et des chérubins.
b. Qu'est-ce qui montre que la décoration du Temple est luxueuse ?

Le Temple que le roi Salomon bâtit pour Dieu avait 60 coudées [1 coudée = environ 0,45 m] de long, 20 de large et 25 de haut. Salomon garnit les murs intérieurs de planches de cèdre sculpté et il couvrit le sol de planches de cyprès. Il recouvrit d'or le Saint des Saints. Il fit dans le Saint des Saints deux chérubins de 10 coudées de haut en olivier sauvage recouvert d'or. Les prêtres introduisirent l'Arche d'alliance sous les ailes déployées des chérubins.

D'après le *Premier Livre des Rois* 6 et 8.

B. Les malheurs du Temple

Doc. 3 La destruction et le pillage du Temple par les Romains Bas-relief de l'arc de Titus, Rome

Détruit en 587 av. J.-C., le Temple est reconstruit en 525 av. J-C. Le roi Hérode l'agrandit et l'embellit en 20 av. J.-C. C'est ce temple que les Romains détruisent.

a. Comment s'appelle l'objet que portent les soldats ?

b. Retrouve sur le document 1 à quel endroit du Temple il était placé.

Doc. 4 Le mur des Lamentations

Le mur des Lamentations est tout ce qui reste du Temple. Il est un lieu de mémoire et de prière pour les juifs du monde entier.*

a. Que reste-t-il du Temple ?

b. À ton avis, d'où vient le nom de « mur des Lamentations » ?

Vocabulaire

Un holocauste : un sacrifice où l'animal offert à Dieu est entièrement brûlé.

Un juif : le nom que l'on donne aux Hébreux à partir de l'Exil, puis à toute personne de religion juive.

je fais le point

Le roi Salomon fait construire à Jérusalem, sa capitale, un Temple magnifique. Les matériaux les plus précieux sont utilisés pour la décoration. C'est le centre de la vie religieuse d'Israël. On y offre différentes sortes de sacrifices, dont les holocaustes. Le Saint des Saints abrite l'Arche d'alliance, un coffre contenant les Tables de la Loi reçues par Moïse. Seul le grand prêtre peut entrer dans le Saint des Saints.

Le Temple est définitivement détruit par les Romains en 70 apr. J.-C. Pour les juifs, c'est un choc terrible car il est désormais impossible d'offrir à Dieu les sacrifices qu'exigeait la Loi. Le Temple ne sera plus reconstruit. Aujourd'hui, il ne reste plus rien du Temple, sauf le mur des Lamentations. C'est un lieu de prière et de mémoire pour les juifs du monde entier.

5 · La religion juive

Après la destruction du Temple, la religion juive a beaucoup changé. Mais elle est toujours fondée sur la foi en un Dieu unique et sur des pratiques héritées de la Bible.

A. La foi et les pratiques

Doc. 1 Une prière juive

Écoute Israël [en hébreu *Shema Israël*], l'Éternel, notre Dieu est le seul Dieu. Tu aimeras l'Éternel, ton Dieu de tout ton cœur, de toute ton âme et de tout ton pouvoir. Ces paroles que je te donne aujourd'hui [les dix commandements], qu'elles restent dans ton cœur ! Apprends-les à tes fils, récite-les à tout moment. Attache-les comme un signe sur ta main, en bandeau sur ton front. Écris-les sur les murs de ta maison et sur tes portes.

D'après *Deutéronome* 6, 4-9.

a. Que signifie *Shema Israël* ?

b. D'après ce texte, quel est le commandement essentiel de la religion juive ?

c. Les juifs pratiquants portent sur le front un phylactère*. Cite la phrase du texte qui explique pourquoi.

Doc. 2 Des pratiques héritées de la Bible

Le repos du sabbat (du vendredi soir au samedi soir)
Pendant six jours, vous travaillerez, mais le septième jour, c'est le sabbat, le jour du repos. Vous ne ferez aucun travail.

D'après *Lévitique* 23, 3.

La circoncision*
La circoncision sera le signe de l'alliance entre moi et vous. À l'âge de huit jours, tout garçon chez vous sera circoncis.

D'après *Genèse* 17, 11-12.

Des règles alimentaires
Vous ne mangerez ni la graisse, ni le sang des animaux. Voici les animaux terrestres que vous pourrez manger : ceux qui ont le sabot fendu et qui ruminent, vous en mangerez. Vous ne mangerez donc pas le porc, car il a le sabot fendu mais ne rumine pas : pour vous, il est impur.

D'après *Lévitique* 7 et 11.

a. D'où viennent les règles que les juifs doivent observer ?

b. Montre que ces règles s'appliquent dans la vie de tous les jours.

c. La circoncision concerne-t-elle toutes les personnes juives ?

Doc. 3 Une cérémonie dans une synagogue* ▶

a. Qu'est-ce qu'une synagogue ?

b. Reporte-toi au document 1 pour expliquer ce que porte le jeune juif sur la main.

B. Les fêtes juives

Doc. 4 Les principales fêtes de l'année juive

Roch-ha-Shana (septembre)	Nouvel An. Célébration de la création du monde.
Yom Kippour (septembre ou octobre)	Grand Pardon. Journée de jeûne et de prières pour les péchés.
Soukkot (octobre)	Fête des « cabanes ». Rappel de la traversée du désert.
Pessah (mars, avril)	Pâque. Rappel de l'Exode (la sortie d'Égypte).
Shavouoth (50 jours après Pessah)	Pentecôte. Célébration du don de la Loi à Moïse, sur le Sinaï.

a. Quand commence l'année pour les juifs ?

b. Certaines fêtes rappellent les grands événements de l'histoire du peuple juif. Lesquelles ?

Doc. 5 Le jeûne du Yom Kippour

Le jour du Yom Kippour, les croyants doivent jeûner, c'est-à-dire ne rien manger ni boire. Un peu avant l'âge de la majorité religieuse (vers 12 ans), les enfants commencent à s'habituer au jeûne. Ce jour-là, chacun réfléchit à la manière dont il vit et regrette ses péchés. Les croyants vont prier à la synagogue. Tout travail est interdit car le Yom Kippour est le « sabbat des sabbats ». Cette fête est largement observée, même par des personnes qui ne sont pas des pratiquants réguliers.

a. Quel est le sens du jeûne du Kippour ?

b. Connais-tu d'autres religions où le jeûne est pratiqué ?

Doc. 6 Le repas de Pessah dans une famille juive

a. Que célèbre la fête de Pessah ?

b. Toutes les fêtes juives sont-elles célébrées à la synagogue ?

Vocabulaire

Un phylactère : une sorte de petite boîte carrée qui contient le texte du *Shema Israël*.

La circoncision : une petite opération pratiquée sur le sexe des garçons pour rappeler l'alliance avec Dieu.

Une synagogue : du grec « assemblée, lieu de réunion », un lieu où les juifs se rassemblent pour prier.

Un rabbin : de l'hébreu « mon maître », le chef religieux d'une communauté juive.

je fais le point

Les juifs sont monothéistes : ils croient en un Dieu unique qui a fait alliance avec leurs ancêtres Abraham puis Moïse. La Bible est le livre essentiel du judaïsme. Elle contient en particulier les dix commandements, des prières et des règles pour bien se conduire. La prière la plus importante est le *Shema Israël*. Les juifs prient à la synagogue sous la conduite du rabbin*.

Un juif pratiquant doit respecter certaines règles. Elles s'appliquent dans la vie quotidienne : le repos du jour du sabbat, le fait de ne pas manger certains aliments. Les garçons juifs sont circoncis peu après leur naissance.

Les fêtes juives rappellent l'action de Dieu en faveur de son peuple. La plus importante est la fête de Pessah (Pâque), qui se rapporte à l'Exode. Elle est célébrée à la maison, en famille, au cours d'un repas spécial qui comporte des aliments précis. Aujourd'hui, la religion juive est pratiquée par environ 15 millions de personnes dans le monde.

Exercices

VÉRIFIER SES CONNAISSANCES

1 Je connais les grands événements de l'histoire des Hébreux

a. Replace dans l'ordre chronologique les événements suivants : la construction du Temple, l'Exode, la déportation à Babylone, la vie d'Abraham.

b. Associe à chaque personnage un événement important de l'histoire des Hébreux et un lieu où il a vécu.
Attention ! Pour l'un de ces personnages, il y a deux événements importants et deux lieux.

- Les personnages : Moïse, Salomon, Abraham.
- Les événements : Alliance, Exode, don des Tables de la Loi, construction du Temple.
- Les lieux : Mésopotamie, mont Sinaï, Jérusalem, Égypte.

2 Je reconnais des objets ou des symboles

Voici quatre objets ou symboles juifs. Donne leur nom et indique à quoi ils servent.

3 Je connais la Bible hébraïque

Vrai ou faux ?

a. La Bible a été écrite en latin.

b. L'hébreux se lit de la droite vers la gauche.

c. Israël signifie « fort contre Dieu ».

d. Jérémie est un prophète.

e. La Bible ordonne de faire des statues de Dieu.

Aller plus loin

4 J'étudie un texte biblique : le combat de David et Goliath

Les Philistins rassemblèrent leurs soldats pour faire la guerre au peuple d'Israël. Un géant sortit des rangs philistins. Il s'appelait Goliath. Sa taille était de 6 coudées [1 coudée = 0,45 m]. Il avait sur la tête un casque de bronze et il était revêtu d'une cuirasse. Il avait une grande lance, une épée et un javelot. Il cria aux soldats d'Israël : « Choisissez un homme et qu'il combatte avec moi. S'il gagne, nous serons vos serviteurs ; s'il perd, c'est vous qui serez nos serviteurs. » Les soldats d'Israël furent effrayés. Un jeune berger, David, prit cinq pierres dans le torrent et s'avança vers Goliath sa fronde à la main. Goliath se moqua de lui. Mais David lui dit : « Tu marches contre moi avec une épée, une lance et un javelot mais moi je marche contre toi au nom de Dieu. Aujourd'hui même, Dieu te livrera à moi. » David prit une pierre et la lança avec sa fronde. La pierre frappa le Philistin au front et elle s'enfonça dans sa tête. David courut, prit l'épée du Philistin et lui trancha la tête.

D'après le *Premier Livre de Samuel* chapitre 17.

a. Qui est Goliath ?

b. Calcule la taille de Goliath. Décris son armement.

c. Qui est David au moment de la bataille ?

d. Comment David est-il équipé ?

e. Qui gagne le combat ? Pourquoi ?

f. Que deviendra David plus tard ?

5 J'étudie une œuvre d'art

Enluminure de Pol de Limbourg, Les *Très Riches Heures* du duc de Berry, XVe siècle.

a. De quelle histoire biblique s'agit-il ?

b. Dans quel sens se lit-elle ?

c. Identifie les personnages.

d. Raconte chaque épisode.

S'exercer à rédiger

6 En utilisant un dictionnaire, retrouve le sens des mots ou des expressions bibliques suivantes, puis emploie-les dans une phrase :

un bouc émissaire, des jérémiades, vieux comme Mathusalem, le benjamin de la famille, remonter au Déluge.

Les manuscrits de la mer Morte

En 1947, en Palestine, un jeune berger, Mohamed ad Dhib, pénètre dans une grotte dissimulée dans une falaise qui surplombe la mer Morte. Il découvre alors de vieilles jarres brisées d'où sortent des rouleaux de cuir enroulés dans de fines bandelettes de tissu…

Le plus vieux manuscrit de la Bible

Les rouleaux contiennent des textes différents. Mais le plus grand renferme un livre entier de la Bible, celui du prophète Isaïe. En le déchiffrant et en le comparant à la Bible hébraïque, on constate que les deux textes sont semblables, à quelques détails près. Ainsi, pendant des siècles, les scribes ont copié des écrits datant du VIIIe et du VIe siècle av. J.-C. avec une exactitude minutieuse. La Bible connue est bien celle des origines.

Quelle est cette écriture étrange ?

Bien que très abîmés, ces rouleaux sont couverts d'inscriptions auxquelles Mohamed ne comprend rien. Il les apporte au chef d'une tribu arabe qui pense qu'il s'agit de syriaque, la langue de prière des chrétiens du Moyen-Orient. Les rouleaux passent alors de main en main, jusqu'à ce qu'un spécialiste de la Bible identifie la langue mystérieuse. Il s'agit d'hébreu ancien datant du Ier siècle avant J.-C.

La transmission des textes de la Bible

Le texte de la Bible hébraïque, tel que nous le connaissons, a été fixé par des savants juifs, entre le VIIe et le XIe siècle apr. J.-C.
À cette époque, l'hébreu n'était déjà plus parlé depuis plus de dix siècles. Comme cette langue ne s'écrit qu'avec des consonnes, l'une de leurs tâches a été d'inventer des signes pour les voyelles afin que l'on sache comment prononcer les mots.

Comment conserve-t-on les manuscrits anciens ?

Après une restauration lente, délicate, les manuscrits sont placés entre deux papiers de soie, pris eux-mêmes entre deux cartons. Afin d'éviter le noircissement, ils ne sont jamais exposés au jour. Pour les étudier, on utilise des microfilms ou bien on les regarde sous des lumières à infrarouge. On les manipule le moins possible et ils restent dans des meubles à température constante de 20 °C, avec un taux d'humidité de 50 à 55 %.

le récit de l'histoire

Les Hébreux, le peuple de la Bible

La Bible fut le premier livre imprimé. Elle reste l'ouvrage le plus traduit et le plus vendu dans le monde. En fait, la Bible regroupe 24 livres. Ils contiennent des lois religieuses et sociales, des récits historiques et mythiques, des poèmes, des prophéties et des écrits de réflexion. Après avoir été transmis oralement, ils ont été fixés par écrit entre le XIe et le IXe siècle av. J.-C., en hébreu. En effet, ces livres sont d'abord les textes sacrés de ce petit peuple originaire de Mésopotamie, parti à la recherche d'une terre, et qui fut le premier à adorer un Dieu unique, sans image ni statue. Aussi, pour tous les croyants des religions monothéistes qui ont foi en ce Dieu, la Bible est le livre qui représente la parole de Dieu. Mais elle est aussi, pour les juifs descendants des Hébreux, un livre de mémoire qui raconte les débuts de leur histoire.

Selon la Bible, au commencement, il y eut les patriarches – les premiers avec qui Dieu fit alliance – Abraham, Isaac et Jacob. Chassés de la terre de Canaan, où ils étaient nomades, par une famine, les fils de Jacob et leurs familles se réfugièrent en Égypte. D'abord bien accueillis, ils y devinrent esclaves. Quelques siècles plus tard, Moïse les libéra et les guida hors d'Égypte : ce fut l'Exode. Pendant quarante ans, ils vécurent dans le désert du Sinaï où Dieu apparut à Moïse pour lui transmettre les lois qu'il ordonnait à son peuple de suivre. Il y en avait dix, les dix commandements, gravés sur des tables de pierre qui furent placées dans un coffre en bois, l'Arche. Les Hébreux, organisés en 12 tribus, portaient cette Arche lorsqu'ils revinrent en Canaan, la Terre promise, et s'y installèrent.

Sous le règne du roi Salomon, un temple fut construit pour abriter l'Arche. Israël était alors un État puissant, mais s'affaiblit à la mort de Salomon et se divisa en deux royaumes qui devinrent la proie de leurs puissants voisins. Incendié une première fois par les Babyloniens en 587 av. J.-C., reconstruit et agrandi, le Temple fut définitivement détruit par les Romains en 70 apr. J.-C. Ayant été, au cours des siècles, dispersés autour de la Méditerranée, les juifs adaptèrent leur religion. Ils remplacèrent le Temple de Jérusalem par des lieux de réunion et de prière, les synagogues, les prêtres du Temple par des chefs religieux, les rabbins, les sacrifices d'animaux par l'étude des textes. C'est cette religion que suivent toujours aujourd'hui 15 millions de juifs répartis dans le monde, héritiers du peuple de la Bible.

Hier et aujourd'hui

Ce que nous devons à cette période :

- la Bible ;
- trois religions monothéistes : le judaïsme, le christianisme et l'islam ;
- un patrimoine artistique qui se lit dans les cathédrales, les peintures, les livres.

CHAPITRE 4

LE MONDE GREC

Doc. 1 **Le théâtre d'Épidaure**

- cités grecques
- sanctuaires communs à tous les Grecs (sanctuaires panhelléniques)
- *ATTIQUE* régions de la Grèce antique

altitudes
- plus de 1 000 m
- de 200 à 1 000 m
- moins de 200 m

Doc. 2 La Grèce

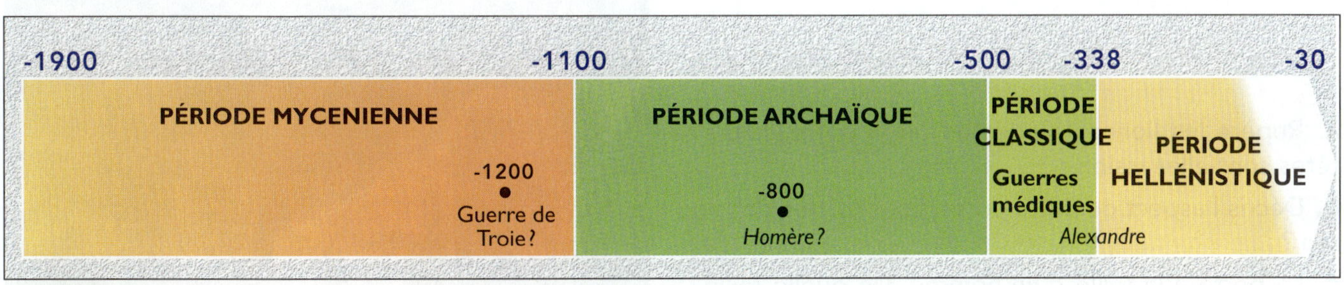

Doc. 3 Les grandes étapes de la civilisation grecque

1 · La naissance du monde grec

La Grèce est un des lieux de naissance de la civilisation européenne. Ses habitants successifs ont adapté leur mode de vie au climat de la Méditerranée et au relief montagneux.

A. Une civilisation méditerranéenne

Doc. 1 L'île de Cos, dans les Cyclades

a. Les paysans grecs ont-ils beaucoup d'espace pour l'agriculture ?
b. Quel moyen de transport faut-il utiliser pour se déplacer ?

Doc. 2 La cueillette des olives

a. Décris les gestes des paysans.
b. Que nous apprend ce document sur le climat d'Athènes ?

B. Une histoire ancienne

Doc. 3 La porte des Lionnes à Mycènes

De 2 000 à 1 100 av. J.-C., le royaume de Mycènes était très riche et très puissant. La première période du monde grec s'appelle donc mycénienne.

a. Repère les lionnes au-dessus de la porte. Leurs têtes sont-elles visibles ?
b. Décris l'aspect de cette porte. Est-elle très décorée ?
c. La porte a la taille d'un homme. De quelle taille sont les pierres ?

Doc. 4 Les colonies* grecques en Méditerranée

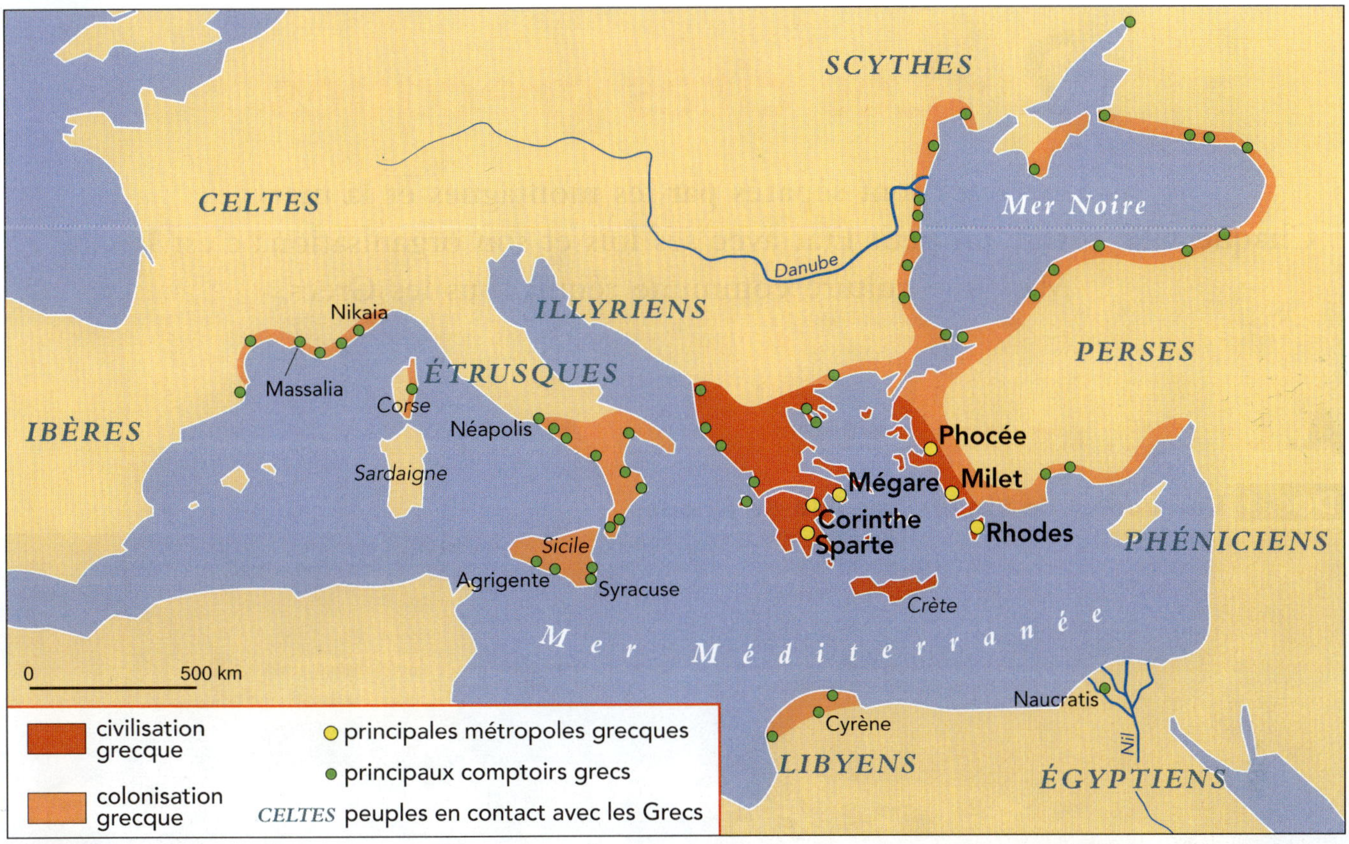

a. Dans quelles directions sont partis les Grecs ?

b. Repère une ville du sud de la France fondée par les Grecs. Quel est son nom actuel ?

Vocabulaire

Une colonie : une nouvelle ville fondée par les Grecs hors de Grèce.

Doc. 5 Le serment des fondateurs de la colonie de Cyrène

Sur ordre d'Apollon, les habitants de Théra s'embarqueront avec le roi Battos pour coloniser Cyrène. Un fils dans la force de l'âge sera choisi dans chaque famille de Théra. Celui qui ne voudra pas s'embarquer sera exécuté. Tout homme libre pourra aussi s'embarquer. Ils recevront chacun une terre vacante à Cyrène. En cas d'échec, après un délai de cinq ans, ils pourront revenir à Théra, avec droit de cité.

D'après une inscription de Cyrène gravée au IVe siècle av. J.-C. reproduisant le décret de fondation.

a. Qui est à l'origine de la fondation de la colonie ?

b. Qui doit partir ? Quelle garantie ont les partants ?

je fais le point

La Grèce est un pays au relief montagneux. Il y a donc peu de place pour l'agriculture. Le climat méditerranéen est très doux. Il permet aux premiers paysans grecs de cultiver la vigne, le blé et l'olivier. La mer est partout présente en Grèce. Il est plus facile de circuler par la mer que par la terre.

L'histoire du monde grec commence avec la période mycénienne, à partir de 2000 av. J.-C. La Grèce est occupée par un peuple venu du Nord, les Achéens. Ils construisent de puissantes forteresses comme celle de Mycènes. Un nouveau peuple, les Doriens, remplace les Achéens vers 1 100 av. J.-C.

Les Grecs fondent des colonies autour de la Méditerranée car ils sont devenus trop nombreux. Ils occupent principalement les rivages de la mer Noire, la Sicile et le sud de l'Italie. Ils vont jusque dans le sud de la France. Cette période archaïque de l'histoire grecque se termine vers 500 av. J.-C.

2 · Les cités grecques

Les Grecs sont séparés par les montagnes et la mer.
Chaque ville forme un petit État avec ses lois et son organisation : c'est la cité*.
Mais une culture commune réunit tous les Grecs.

A. La cité, un petit État

Doc. 1 L'acropole* de Lindos, sur l'île de Rhodes

a. Où se trouve l'acropole ?
b. Pourquoi les Grecs construisent-ils leur ville sur une colline ?

Doc. 2 La cité et son territoire

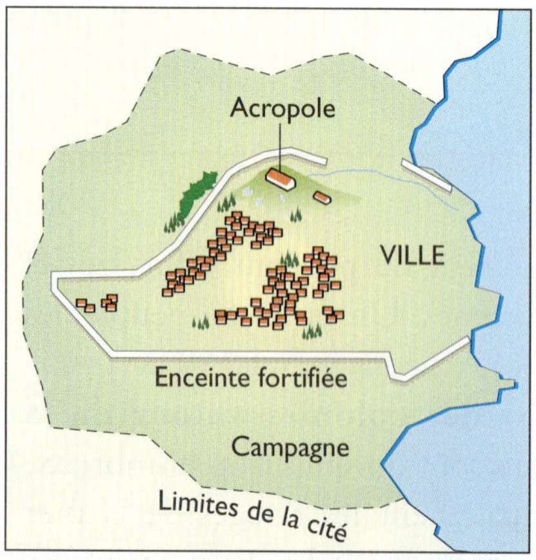

● Pourquoi est-ce important pour la cité d'avoir accès à la mer ?

Doc. 3 Deux organisations politiques*

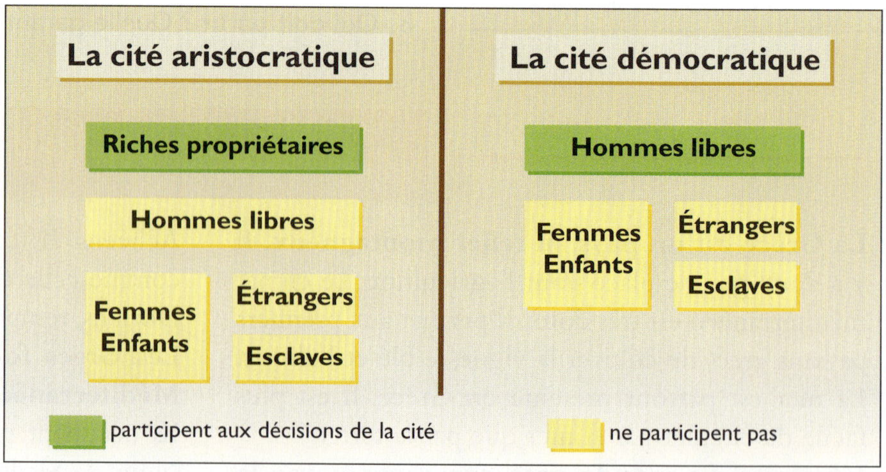

a. Quelle est la différence entre la cité aristocratique* et la cité démocratique* ?
b. Quelles personnes ne participent jamais à la vie politique ?

B. La culture commune des Grecs

Doc. 4 L'éducation des jeunes Grecs

Les parents envoient leurs enfants à l'école. Ils chargent un maître de leur enseigner la lecture et la cithare et plus encore de veiller au bon comportement de leurs enfants. Les maîtres agissent en conséquence. Les enfants apprennent d'abord l'écriture. Lorsqu'ils sont sur le point de comprendre les mots écrits, avant même de savoir les lire, ils sont gavés d'œuvres de grands poètes. Lorsqu'ils sont assis en classe, ils doivent les réciter par cœur. Dans ces œuvres, ils rencontrent des avertissements, des descriptions, des louanges des grands hommes des temps passés, que les garçons ambitieux se doivent d'imiter.

D'après Platon, *Protagoras*.

a. Qu'apprennent les jeunes Grecs à l'école ?

b. Pourquoi est-il important de lire les grands poètes ?

Vocabulaire

Une cité : une ville et son territoire, formant un petit État.

Une acropole : du grec « ville haute », une ville fortifiée construite sur une colline.

Politique : du grec « ville », qui concerne la vie de la cité et l'organisation du pouvoir.

Une aristocratie : du grec « pouvoir des meilleurs », un État gouverné par quelques familles.

Une démocratie : du grec « pouvoir du peuple », un État gouverné par l'ensemble des citoyens.

Un citoyen : un homme libre qui participe aux décisions de sa cité.

Doc. 5 Le stade d'Olympie

Tous les quatre ans, les Grecs de toutes les cités se retrouvent pour les jeux Olympiques, en l'honneur de Zeus.

a. Où pouvaient se trouver les spectateurs ?

b. À quoi sert la ligne au sol ?

c. À quoi te fait penser l'expression « jeux Olympiques » ?

je fais le point

La Grèce compte plus de 500 cités-États indépendantes. Le centre de la cité est la ville, entourée de remparts et dominée par l'acropole. Les terres cultivables sont situées autour de la ville. Le port permet d'avoir accès à la mer.

Chaque cité a sa propre organisation. La plupart des cités sont des royaumes ou des aristocraties : le pouvoir appartient à une seule personne ou à quelques familles. Certaines cités, comme Athènes, sont des démocraties : tous les citoyens* peuvent participer aux décisions politiques. Mais partout les esclaves, les étrangers et les femmes sont exclus de la vie politique.

Les Grecs partagent une culture commune malgré leurs différences. Ils parlent une même langue, le grec. Ils reçoivent une éducation fondée sur l'étude des grandes œuvres poétiques. Tous les quatre ans, ils participent à des jeux sportifs à Olympie : les guerres entre les cités doivent alors s'interrompre. Ils adorent aussi les mêmes dieux.

3 · La religion grecque

Les Grecs sont polythéistes. Ils croient que les dieux et les déesses interviennent dans la vie des hommes. C'est pourquoi ils les honorent dans les cités ou dans les sanctuaires panhelléniques*.

A. Les Grecs sont polythéistes

Doc. 1 Dieux et déesses

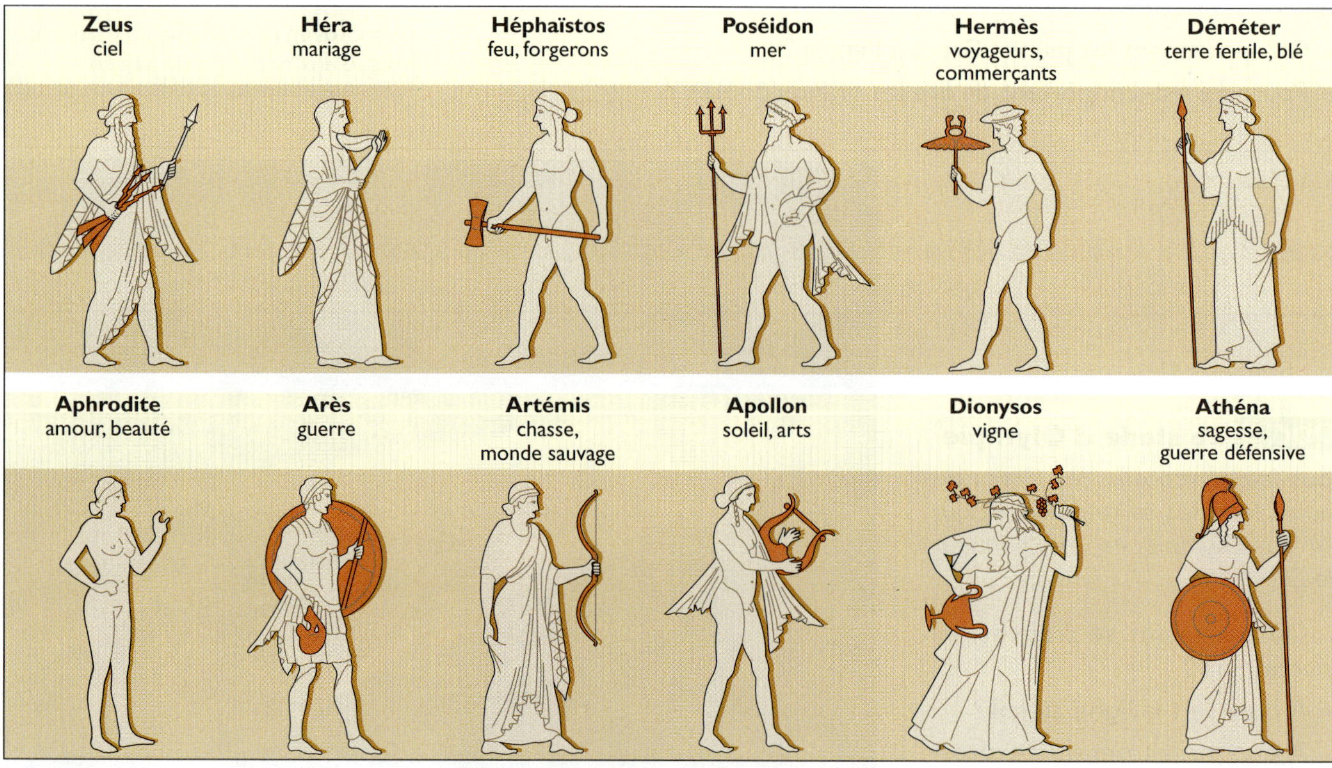

a. Quelle forme ont ces dieux ?

b. À quels objets reconnaît-on Zeus, Poséidon, Apollon, Athéna ?

c. Comment s'appelle le dieu de la Guerre ? La déesse de l'Amour ?

Doc. 2 Un sacrifice à Athènes ▶

Frise des Panathénées, ve siècle av. J.-C.

a. Quel est le matériau de cette frise ?

b. Observe le style des corps. Est-il réaliste ou déformé ?

c. À quoi servent les sacrifices ?

B. Un grand sanctuaire panhellénique : Delphes

Doc. 3 Le site de Delphes

Vocabulaire

Un sanctuaire panhellénique : du grec « tout » et « grec », un sanctuaire (lieu consacré à un dieu) où tous les Grecs peuvent venir.

Un oracle : la réponse d'un dieu à une question posée par un homme.

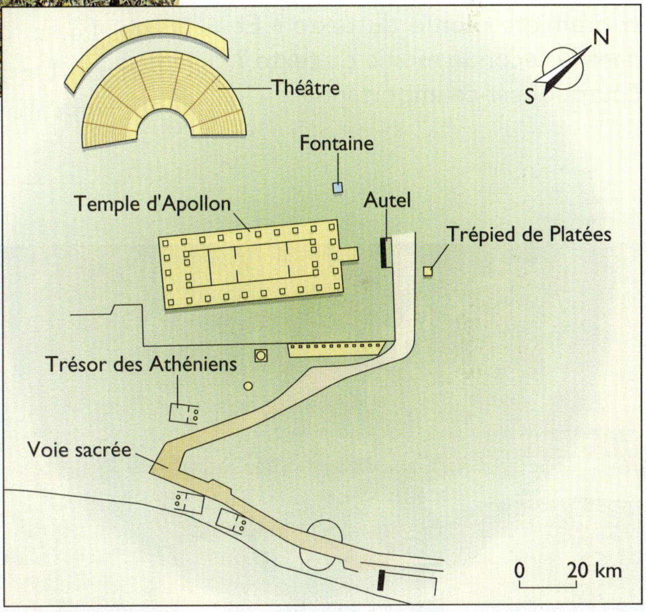

Doc. 4 Le plan du sanctuaire de Delphes

a. À quel dieu est consacré ce sanctuaire ?

b. En t'aidant du plan, trouve dans quelle direction la photo a été prise.

c. Quel monument se trouve au premier plan ?

d. Les Athéniens déposaient leurs offrandes de métal précieux dans le Trésor des Athéniens. Retrouve-le sur la photo.

je fais le point

Les Grecs sont polythéistes. Leurs dieux ressemblent aux hommes, à la fois par l'aspect physique et par le caractère. Chaque dieu a une fonction. On appelle les principaux dieux les olympiens, car ils habitent sur le mont Olympe. Zeus, le roi des dieux, commande la foudre. Son épouse Héra est la déesse du Mariage. Leurs enfants sont eux aussi dieux ou déesses. Les Grecs racontent de nombreux mythes sur leurs dieux.

La religion est très présente dans la vie des Grecs. Les dieux interviennent en bien et en mal dans la vie des hommes. C'est pourquoi il faut les honorer par des fêtes et des sacrifices. Certaines cités se placent sous la protection d'un dieu particulier : ainsi Athènes et Athéna. Mais il existe aussi des sanctuaires panhelléniques où tous les Grecs peuvent venir. Delphes, dédié à Apollon, est le plus célèbre. Les dieux expriment leur volonté par des oracles*.

4 · L'Iliade et l'Odyssée

Tous les Grecs connaissent et admirent *l'Iliade* et *l'Odyssée*.
Ces deux œuvres du poète Homère sont à la base de l'éducation des enfants.
Elles inspirent aussi de nombreuses œuvres d'art.

A. *L'Iliade,* le récit de la guerre de Troie

Doc. 1 Le combat entre Achille et Hector

a. Comment sont armés les deux combattants ?

b. À quel endroit du corps Achille atteint-il Hector ?

c. Qui est qualifié de divin dans la première moitié du texte ? Et dans la seconde moitié du texte ? Pourquoi est-ce important ?

Hector s'élança, brandissant son glaive aigu. Achille se rua aussi, le cœur plein d'une ardeur sauvage. Par-devant, il couvrait sa poitrine de son bouclier, beau, bien ouvragé. Il secouait son casque brillant. [...] Achille regardait la belle peau du divin Hector pour voir où elle céderait le mieux. Or partout la peau était couverte de belles armes de bronze. Elle apparaissait toutefois là où les clavicules séparent le cou des épaules, à la gorge, par où l'âme s'échappe le plus vite. Là, le divin Achille poussa impatiemment sa pique contre Hector. De part en part, à travers le cou tendre, la pointe passa. Hector s'abattit dans la poussière et le divin Achille triompha.

D'après HOMÈRE, *l'Iliade*, chant XXII.

Doc. 2 Achille traîne derrière son char le cadavre d'Hector

Vase du IVe siècle av. J.-C.

Achille perça les tendons des deux pieds du cadavre d'Hector par-derrière, du talon à la cheville. Il y attacha des courroies. Il les lia à son char et laissa traîner la tête. Puis, montant sur son char, il fouetta pour pousser les chevaux.

D'après HOMÈRE, *l'Iliade*, XXII, 370.

a. Décris le char d'Achille.

b. Le fait de traîner ainsi le cadavre d'un ennemi représente pour les Grecs une terrible vengeance. À ton avis pourquoi ?

B. *L'Odyssée*, récit du retour d'Ulysse

Doc. 3 Le cheval de Troie, la ruse d'Ulysse

Les Grecs assiègent Troie depuis dix ans sans succès.

Épéios construisit un grand cheval de bois, que le fameux Ulysse remplit de guerriers [...]. Les autres Grecs remontèrent sur leurs navires et quittèrent le rivage. Les plus courageux d'entre eux étaient restés dans le cheval avec Ulysse le rusé. Le cheval fut bientôt entouré de Troyens qui le traînèrent à grands efforts dans leur ville. Les Troyens hésitaient. Certains voulaient détruire le cheval, mais d'autres voulaient l'offrir aux dieux. Ces derniers l'emportèrent. Dans la nuit, les Grecs sortirent en grand nombre du cheval et saccagèrent la ville.

D'après Homère, *l'Odyssée*, chant VIII.

a. Depuis combien de temps durait le siège de Troie ?

b. Quel adjectif qualifie Ulysse ?

c. Les Troyens sont-ils tous heureux du cadeau du cheval ?

Doc. 4 La toile de Pénélope

Vase attique du Ve siècle av. J.-C.

Restée seule vingt ans en l'absence de son époux Ulysse, Pénélope repousse les prétendants à sa main. Elle promet finalement d'épouser l'un d'eux lorsqu'elle aura terminé de tisser une belle toile. Mais, chaque nuit, elle défait ce qu'elle a tissé le jour...

a. Pourquoi Pénélope est-elle restée si longtemps seule ?

b. Quelle est l'expression de son visage ?

c. Quelle qualité a-t-elle en commun avec Ulysse ? Aide-toi du document 3.

Doc. 5 Ulysse aveugle le cyclope

Ulysse fit boire encore une coupe de vin au cyclope, qui tomba endormi. Ulysse poussa un tronc sous la cendre épaisse, jusqu'à ce qu'il fût dur. Il encouragea ses compagnons. Il retira le tronc du feu, l'appuya sur l'unique œil du cyclope. Tous ensemble, ils l'enfoncèrent. Le sang jaillit. Le cyclope hurla. Mais il était devenu aveugle.

D'après Homère, *l'Odyssée*, IX, 370.

a. Pourquoi Ulysse fait-il boire du vin au cyclope ?

b. Quelle est la principale caractéristique du cyclope ?

c. Le cyclope pourra-t-il empêcher Ulysse et ses compagnons de s'échapper ?

je fais le point

***L'Iliade* et *l'Odyssée* sont deux œuvres du poète Homère.** *L'Iliade* raconte l'expédition des Grecs contre la ville de Troie (ou Ilion) pour venger l'enlèvement d'Hélène par le Troyen Pâris. Les dieux aussi interviennent dans la guerre, en prenant parti pour l'un des deux camps. Dans les combats, Achille est le plus courageux des Grecs et il tue le prince troyen Hector. Après dix ans de siège, les Grecs réussissent à conquérir Troie grâce à une ruse d'Ulysse.

***L'Odyssée* raconte le long retour d'Ulysse.** Avec l'aide des dieux, il surmonte de nombreux obstacles et affronte des créatures monstrueuses. Il arrive enfin dans son île d'Ithaque et retrouve son épouse Pénélope.

Ces récits servent à l'éducation de tous les jeunes Grecs. Ils y apprennent à lire, mais aussi à bien se conduire et à être courageux. De nombreuses œuvres d'art représentent des épisodes tirés de ces deux œuvres d'Homère.

Exercices

VÉRIFIER SES CONNAISSANCES

1 J'ai appris à connaître les cités grecques

Vrai ou faux ?

a. Il y a beaucoup de cités en Grèce.

b. Le port de la cité s'appelle l'acropole.

c. Dans les cités aristocratiques, tout le monde peut participer à la vie politique.

d. Dans certaines cités, les esclaves sont citoyens.

e. La déesse Athéna est la protectrice d'Athènes.

f. Retrouve les éléments A, B, C sur la photo ci-dessous.

2 J'ai appris à reconnaître les dieux grecs

Voici cinq objets. Donne pour chacun le nom du dieu ou de la déesse qu'il symbolise.

Athéna, Poséidon, Héphaïstos, Zeus, Apollon

3 J'ai appris à connaître *l'Iliade* et *l'Odyssée*

*Voici cinq personnages de l'*Iliade *et de l'*Odyssée*. Indique pour chacun ce qu'il a fait.*

Pénélope, Hector, Achille, Hélène, Ulysse

a. Son enlèvement est à l'origine de la guerre de Troie.

b. Il est le héros de *l'Odyssée*.

c. Elle attend le retour de son mari.

d. C'est le plus fort et le plus courageux des guerriers grecs.

e. C'est un prince troyen tué au combat.

ALLER PLUS LOIN

4 Je cherche des expressions d'origine grecque

Tu connais déjà le sens de certaines expressions d'origine grecque : une odyssée, un cheval de Troie.

En t'aidant d'un dictionnaire, cherche le sens d'autres expressions :
spartiate, laconique, écouter les sirènes, le talon d'Achille.

5 J'étudie un épisode de *l'Odyssée* : Ulysse et les sirènes

La magicienne Circé avertit Ulysse d'un grand danger.

Tu vas arriver chez les sirènes dont la voix ensorcelle les humains qui les approchent. Celui qui, par ignorance, les aborde et les écoute, jamais sa femme ni ses petits-enfants ne le reverront. Elles sont assises dans leur prairie. Autour d'elles, le rivage est jonché d'os, de corps décomposés dont la peau part en lambeaux. Pars au large, bouche les oreilles de tes compagnons en pétrissant de la cire au goût de miel. Aucun d'entre eux ne doit entendre les sirènes.

D'après *l'Odyssée*, chant XII.

Vase grec du Ve siècle av. J.-C.

a. Quel danger guette ceux qui écoutent les sirènes ?

b. Regarde le vase. Ulysse est au centre. Qu'a-t-il fait pour écouter les sirènes sans danger ?

c. Les sirènes ressemblent-elles aux sirènes que l'on imagine habituellement ?

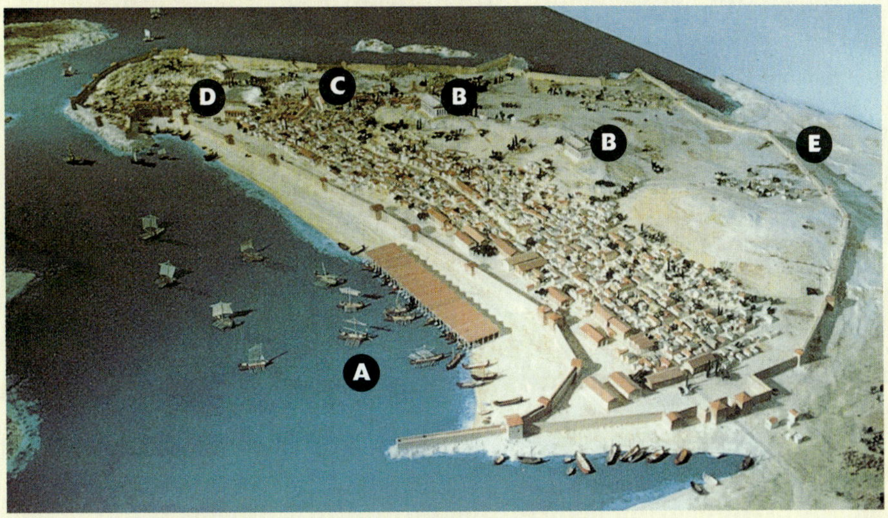

A : le port – **B** : temples – **C** : l'agora – **D** : le théâtre – **E** : les remparts

6 J'étudie la maquette de Marseille, une colonie grecque

La cité de Massalia fut fondée vers 600 av. J.-C. par des Grecs de Phocée venus d'Asie Mineure.

a. Comment la ville est-elle délimitée ?

b. Quelle est son activité principale ?

c. Quels sont les bâtiments qui montrent que Marseille est une colonie grecque ?

d. Recherche quel adjectif rappelle aux Marseillais le nom de la cité des fondateurs.

S'EXERCER À RÉDIGER

7 Charmé par la voix des sirènes, Ulysse demande à ses compagnons de le détacher. Heureusement, ils refusent ! Imagine leur dialogue.

Enquête

Schliemann et la découverte de Troie

En 1866, les étudiants de la Sorbonne, à Paris, découvrent un étonnant camarade. C'est un homme d'affaires de 44 ans. Il a arrêté ses études à 13 ans pour travailler dans une épicerie, mais a appris seul une dizaine de langues, dont le grec ancien. S'il suit les cours de l'Université, c'est pour parfaire ses connaissances et se consacrer désormais à l'archéologie.

La colline oubliée

Schliemann veut mettre à jour les vestiges, les objets qui prouveront que les héros d'Homère ont bel et bien existé. Pour cela, il se rend en Asie Mineure, à la recherche de la Troie de *l'Iliade*. Se moquant de l'opinion des autres archéologues, il procède à des sondages sur la colline d'Hisarlik. Les auteurs anciens ne l'ont-ils pas désignée comme le site de la ville d'Ilion, l'autre nom de Troie ?

Un amateur de génie

Il ne s'est pas trompé ! Un premier forage révèle les traces d'une ville romaine, elle-même construite sur une cité plus ancienne. Schliemann va ainsi découvrir neuf couches d'habitats superposés, de la préhistoire à l'Empire romain. C'est la deuxième couche, où sont dispersés 800 objets d'or, qu'il identifie comme étant la Troie de *l'Iliade*. En cela, il fait erreur. Cette cité-là est antérieure de mille ans à l'époque où Homère situe la guerre de Troie (1250 av. J.-C.). Des fouilles récentes nous apprendront que si cette guerre a bien eu lieu, seuls les habitants de la septième couche, détruite par un incendie, ont pu la vivre.

Tous les métiers mènent à l'archéologie !

- dentiste : pour dater les dentitions, déterminer l'alimentation.
- médecin spécialiste des os : pour dater les squelettes, déceler les maladies.
- biologiste : pour étudier les traces de pollen, les colorants.
- mais aussi architecte, dessinateur : pour reconstituer des plans de constructions, de sites, dessiner les objets découverts... et bien d'autres métiers encore.

L'inventeur de l'archéologie moderne

Des erreurs, Schliemann en commet bien d'autres. Par exemple, dans sa hâte à aller au plus profond, il détruit les parties les plus récentes. Mais il essaie de réparer ses fautes en expérimentant de nouvelles méthodes, en se faisant aider par des collaborateurs qui ne sont pas archéologues. Et c'est ainsi qu'il va inventer l'archéologie moderne, celle d'un travail d'équipe rigoureux et minutieux où interviennent des scientifiques de tous domaines.

Le monde grec

Les Grecs imaginaient les dieux à l'image des hommes, avec leurs bons et leurs mauvais côtés, leurs amours et leurs jalousies. Comme les hommes, ces divinités avaient pour résidence une montagne, l'Olympe, à l'exception de Poséidon, qui régnait sur la mer. En effet, la montagne et la mer sont très présentes dans l'histoire de la Grèce.

La montagne n'a jamais laissé beaucoup de terres cultivables et les villages accrochés à ses flancs ne peuvent pas toujours s'étendre au point d'atteindre la taille d'une cité respectable. Venus du Nord, attirés par la richesse de villes comme Mycènes, les Achéens puis les Doriens, comme les populations qu'ils avaient envahies entre 1 600 et 1 100 av. J.-C., furent rapidement confrontés au problème du surpeuplement. Ils partirent alors à travers la mer, à la recherche d'une autre terre où s'installer et fonder une colonie. C'est ainsi que les Grecs commencèrent à émigrer sur les bords de la mer Noire, dans le sud de l'Italie, en Sicile et jusque sur la rive méditerranéenne de la Gaule où ils créèrent Nikaïa (Nice), Agathé (Agde) ou encore Massilia (Marseille).

Pour ceux restés au pays natal, la montagne et la mer jouaient un rôle tout aussi important. Chaque cité était indépendante dans son enclave, séparée des autres cités par des montagnes, avec pour seul débouché la mer. Il n'y avait pas moins de 500 cités-États avec leurs lois, leurs rois ou leurs groupes de familles gouvernantes, leurs acropoles, leurs murailles. Une seule cité se distinguait dans cet ensemble, à cause de son mode de gouvernement : Athènes. Là, pas de monarchie ni d'aristocratie, mais une démocratie où les citoyens réunis décidaient tous ensemble de la politique de la cité.

Cependant, à Athènes comme dans les autres cités, et malgré leurs rivalités, les Grecs partageaient la même culture. Ils parlaient la même langue, avaient les mêmes dieux qu'ils pouvaient honorer dans des temples panhelléniques, comme celui de Delphes, où tout Grec était accueilli. Tous les quatre ans, ils envoyaient leurs champions aux jeux Olympiques. Leurs enfants recevaient la même éducation, apprenant à lire puis à réciter *l'Iliade* et *l'Odyssée* d'Homère, longs poèmes mêlant légendes et histoire, qui les incitaient à imiter la valeur et le courage des héros. Ainsi, c'est par leur culture que les Grecs entrèrent et demeurèrent dans l'histoire de la civilisation européenne.

Hier et aujourd'hui

Ce que nous devons à cette période :

- l'alphabet, transmis aux Grecs par les Phéniciens et aux Romains par les Grecs ;
- *l'Iliade* et *l'Odyssée* qui appartiennent au patrimoine de tous les hommes ;
- en France, les villes de Nice, Agde, Antibes et Marseille.

CHAPITRE 5

ATHÈNES AU Ve

Doc. 1 Une vue aérienne du Parthénon, sur l'Acropole d'Athènes

SIÈCLE AVANT J.-C.

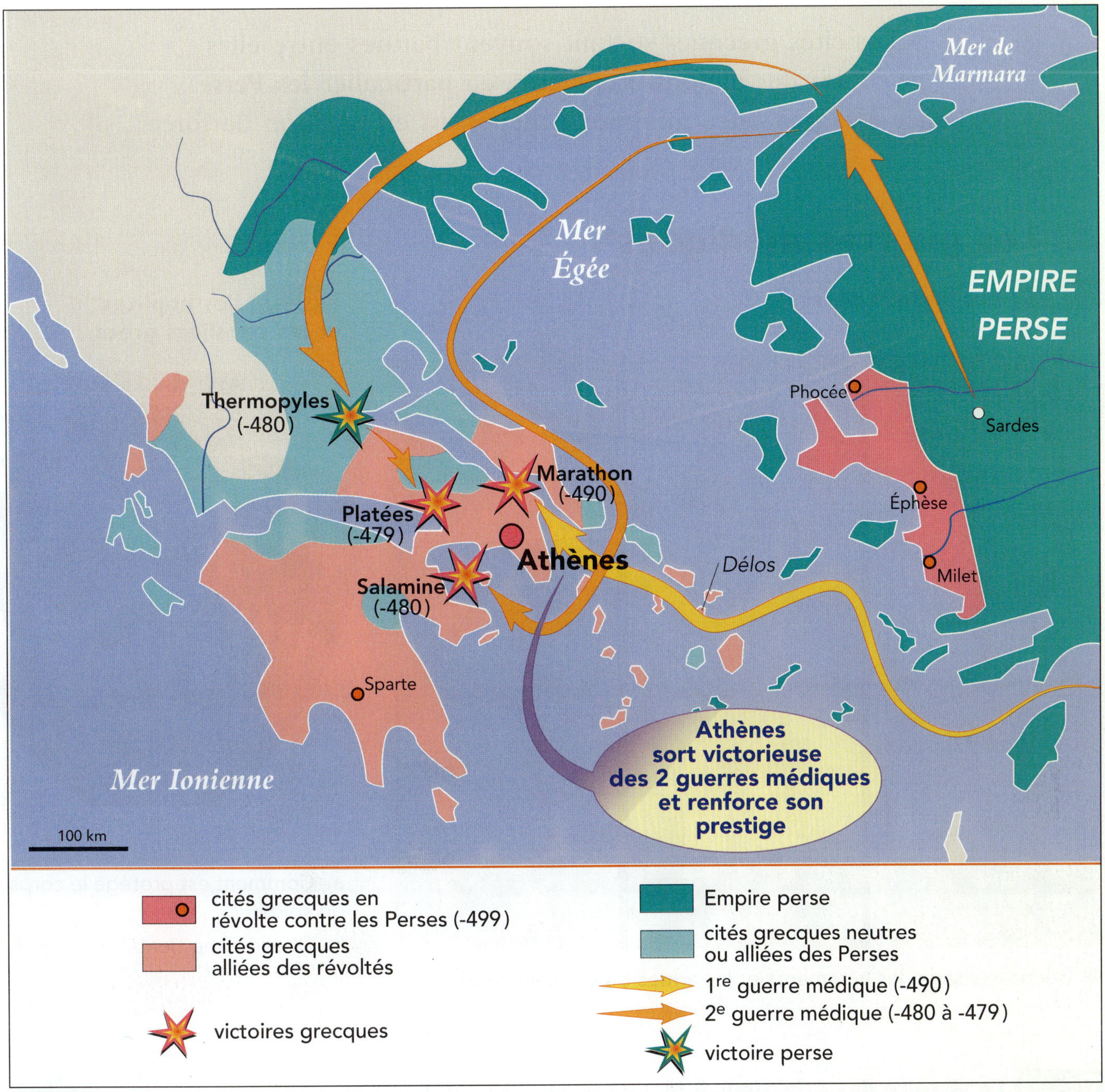

Doc. 2 **Athènes victorieuse des Perses**

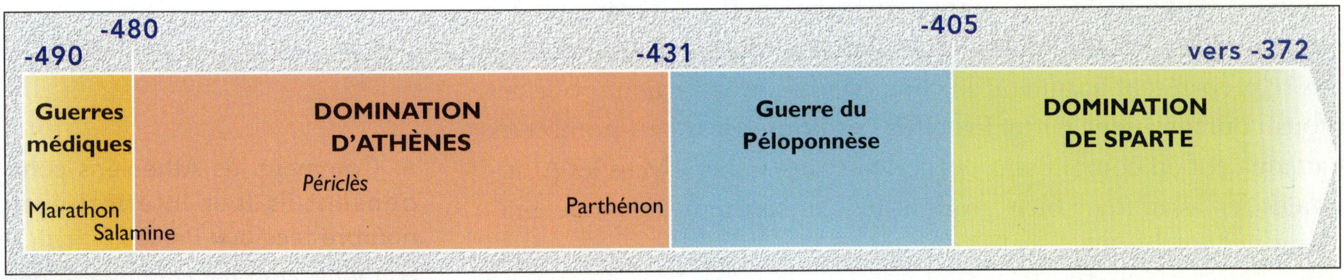

Doc. 3 **La puissance d'Athènes contestée par Sparte**

1 · La puissance d'Athènes

Les cités grecques se sont souvent battues entre elles et contre des nations étrangères, en particulier les Perses. Grâce à sa puissance militaire, Athènes est en position de force.

A. Les guerres médiques*

Doc. 1 Les archers perses

Frise en terre cuite du Ve siècle av. J.-C.

- Décris le visage, les vêtements et les armes de ces soldats perses.

Doc. 2 Les hoplites* et les cavaliers grecs

a. Comment est protégé le corps du soldat ?

b. Quelle arme tient-il en main ?

Doc. 3 La victoire des Athéniens à Marathon (490 av. J.-C.)

Les hommes avaient pris position, les sacrifices étaient favorables. Alors les Athéniens, lâchés contre les Barbares*, les chargèrent en courant. Huit stades au moins [environ 1 500 m] séparaient les deux armées. Quand les Perses les virent arriver au pas de course, ils se préparèrent à soutenir le choc. Mais ils les prenaient pour des fous courant à leur perte. En effet, ces hommes si peu nombreux attaquaient en courant sans cavalerie et sans archers. Mais les Athéniens les assaillirent bien groupés et combattirent avec une bravoure admirable.

D'après Hérodote, *Histoires*, VI, 112.

a. Comment les Athéniens compensent-ils leur infériorité en nombre face aux Perses ?

b. Quels sont les sentiments des Perses ?

B. La guerre du Péloponnèse

Doc. 4 Sparte contre Athènes

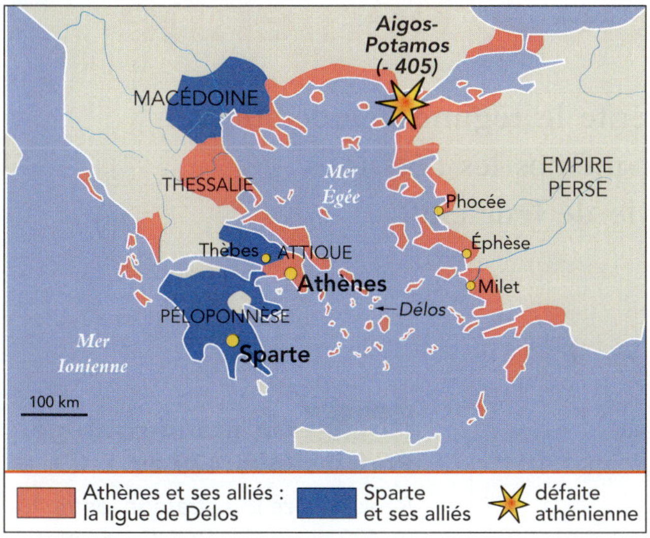

a. Quelles cités n'entrent pas dans la ligue* de Délos dominée par Athènes ?

b. Comment se termine la guerre ?

Doc. 5 La défaite des Athéniens

La guerre du Péloponnèse menée par Sparte et ses alliés contre Athènes commence en 431 av. J.-C. Elle s'achève par la défaite d'Athènes en 404 av. J.-C. Le philosophe athénien Platon raconte cette défaite.

Les autres Grecs devinrent si jaloux d'Athènes qu'ils osèrent négocier avec leur pire ennemi, le Grand Roi [des Perses]. Ils rassemblèrent contre notre cité tous les Grecs et les Barbares. Les nôtres montrèrent un grand courage. Mais nous fûmes victimes d'un sort injuste : ce sont nos propres divisions, non les armes d'autrui, qui triomphèrent de nous.

D'après Platon (428-348 av. J.-C.), *Ménexène*, 243-245.

a. À qui Sparte s'allie-t-elle pour vaincre Athènes ?

b. Selon Platon, quelle est la cause de la défaite des Athéniens ?

Doc. 6 La trière, un navire de combat

a. Repère les trois rangées de rameurs qui donnent son nom à la trière.

b. Quel est l'avantage de ce dispositif ?

Vocabulaire

Les guerres médiques : les guerres menées par les Grecs contre les Perses, appelés aussi Mèdes.

Un hoplite : un soldat grec combattant à pied.

Un Barbare : le nom que les Grecs donnent à une personne qui ne parle pas le grec.

Une ligue : une association de cités.

je fais le point

Les guerres sont fréquentes dans le monde grec. Pour préserver leur liberté, les cités se défendent contre leurs rivales. Mais les Grecs ont aussi des ennemis communs chez les Barbares. Chaque citoyen doit se mettre au service de sa cité. Ses armes dépendent de sa richesse. La plupart des citoyens sont des hoplites.

Les guerres médiques opposent les Grecs aux Perses. Au début du Ve siècle av. J.-C., l'empire perse de Darius menace les Grecs. Les cités grecques s'unissent sous la conduite d'Athènes, la plus puissante d'entre elles. Elles gagnent ainsi deux batailles, sur terre à Marathon en 490 av. J.-C. et sur mer à Salamine en 480 av. J.-C.

Athènes organise la ligue de Délos. Elle oblige 200 autres cités à entrer dans cette alliance et à lui verser de l'argent pour entretenir la flotte athénienne. La domination d'Athènes est contestée par Sparte dans la guerre du Péloponnèse (431-404 av. J.-C.), qui finit par la défaite d'Athènes.

2 · La démocratie athénienne

Au Ve siècle av. J.-C., Athènes invente le régime démocratique : les citoyens prennent eux-mêmes les décisions qui concernent la vie de leur cité.

A. Qu'est-ce que la démocratie ?

Doc. 1 L'organisation de la démocratie à Athènes

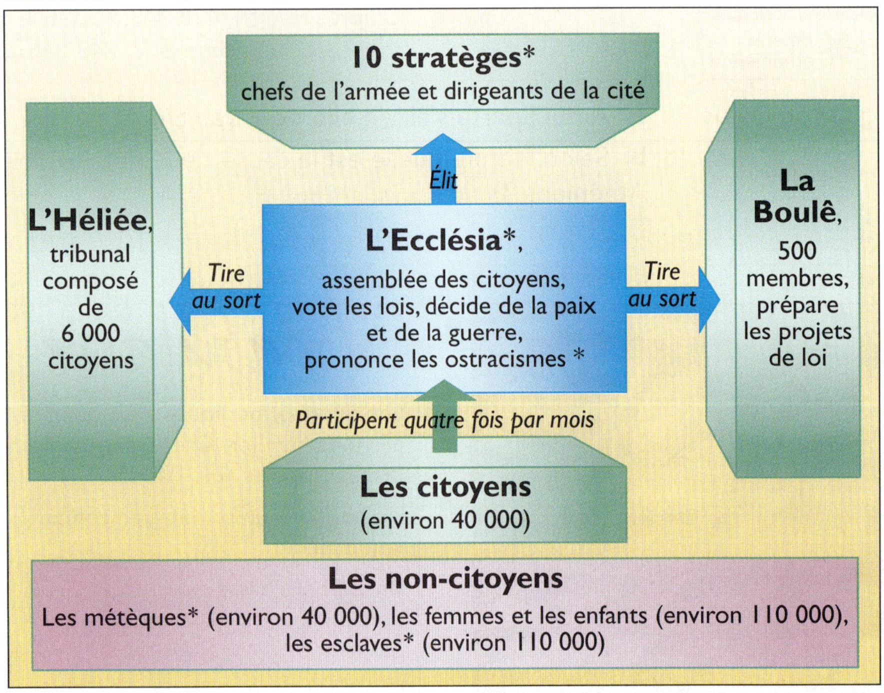

a. Qui prend les décisions à Athènes ?

b. Quelle proportion de la population représentent les citoyens ?

c. Quelles sont les deux manières de choisir ceux qui vont exercer une fonction particulière ?

Doc. 2 Un grand stratège, Périclès (495-429 av. J.-C.)

Réélu quinze fois stratège (entre 462 et 429 av. J.-C.), Périclès domine la vie d'Athènes au Ve siècle av. J.-C.

● Quel détail rappelle que Périclès est un stratège ?

Doc. 3 Périclès fait l'éloge de la démocratie

La Constitution qui nous gouverne n'a rien à envier aux autres peuples : elle leur sert de modèle et ne les imite pas. Elle a reçu le nom de démocratie, parce que son but est l'intérêt du plus grand nombre, et non d'une minorité. Tout citoyen méritant, même pauvre, peut rendre service à la cité. J'ose le dire, Athènes est l'école de la Grèce.

D'après THUCYDIDE, *la Guerre du Péloponnèse*, II, 37.

a. Selon Périclès, quels sont les avantages de la démocratie ?

b. La démocratie est-elle répandue en Grèce, d'après ce texte ?

B. Les citoyens, acteurs de la démocratie

Doc. 4 La colline de la Pnyx

C'est là que les citoyens athéniens se réunissent pour former l'Ecclésia.

a. Où se place l'orateur (celui qui s'adresse aux citoyens) ?

b. Il n'y avait pas de bâtiment pour abriter l'Ecclésia. D'après ce que tu sais du climat d'Athènes, pourquoi ?

Vocabulaire

Un stratège : un dirigeant élu, spécialement chargé de l'armée.

L'Ecclésia : l'assemblée des citoyens.

Un ostracisme : un vote qui condamne à l'exil un citoyen dangereux pour la démocratie.

Un métèque : un étranger qui vit à Athènes mais qui n'est pas citoyen.

Un esclave : une personne qui n'est pas libre et qui est considérée comme une marchandise.

Un magistrat : un citoyen désigné pour exercer une fonction publique.

Doc. 5 Des citoyens paresseux…

Jamais je n'ai eu les yeux brûlés par la poussière comme aujourd'hui car la Pnyx était vide. Malgré la convocation matinale d'une assemblée plénière, les citoyens restaient traîner à bavarder sur l'agora. Les dirigeants de la cité eux-mêmes ne sont pas encore là. Ils seront en retard et joueront mutuellement des coudes en arrivant pour se disputer la première place. Le moyen de faire la paix, ils s'en moquent. Moi je suis toujours le premier à l'assemblée et je m'assieds. Comme je suis seul, je soupire, je bâille, je m'étire, je m'embête, je dessine des bâtons, je compte jusqu'à mille. Patrie, pauvre patrie !

D'après ARISTOPHANE, *les Acharniens* (425 av. J.-C.).

a. À quel moment de la journée commencent les séances de l'Ecclésia ? Pourquoi ?

b. Que préfèrent faire beaucoup de citoyens ?

c. Pourquoi est-ce un danger pour la démocratie ?

je fais le point

Athènes est une cité démocratique. Les citoyens participent aux décisions importantes qui concernent la cité. Né à Athènes, le citoyen y possède une terre. Ni les esclaves, ni les métèques, ni les femmes ne sont citoyens : ils n'ont donc aucun droit politique.

Tous les citoyens sont membres de l'Ecclésia, l'assemblée du peuple. Réunie sur la colline de la Pnyx, près de l'Acropole, quatre fois par mois, elle détient tous les pouvoirs. Elle vote les lois. Elle décide de la paix ou de la guerre. Par l'ostracisme, elle peut obliger quelqu'un à quitter Athènes pour une durée de dix ans. Un conseil, la Boulê, prépare les débats de l'Ecclésia en rédigeant des propositions de lois. La justice est rendue par l'Héliée, un tribunal composé de citoyens tirés au sort.

Les magistrats* sont élus par l'Ecclesia. Les plus importants sont les stratèges. Périclès est le plus grand stratège de cette période. Il gouverne Athènes de 462 à 429 av. J.-C.

3 · La ville d'Athènes

Sous la direction de Périclès, Athènes est à son apogée*. Elle se couvre de monuments magnifiques, qui sont parmi les plus beaux de la Grèce antique. Le plus célèbre est le Parthénon, sur l'Acropole.

A. Une ville puissante et riche

Doc. 1 Le plan d'Athènes

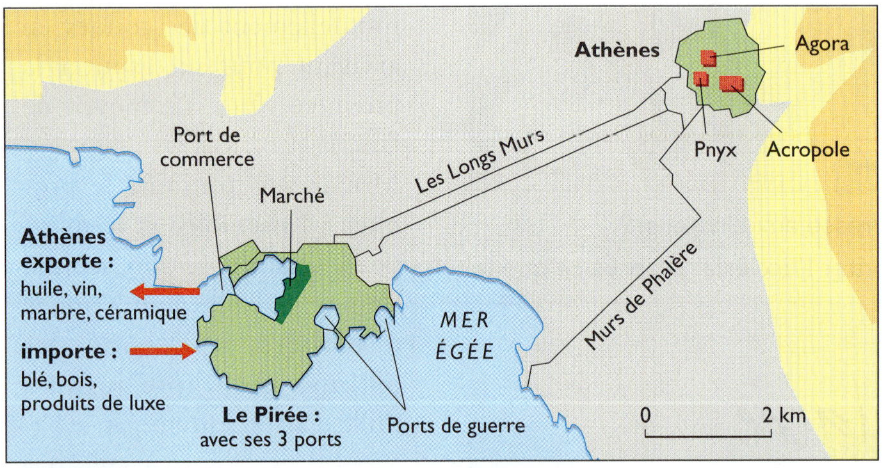

a. Comment est protégée la ville ? Pourquoi ?

b. Pourquoi Le Pirée est-il important pour Athènes ?

c. À quelle distance se trouve Le Pirée par rapport à Athènes ?

Doc. 2 L'Agora, le centre d'Athènes

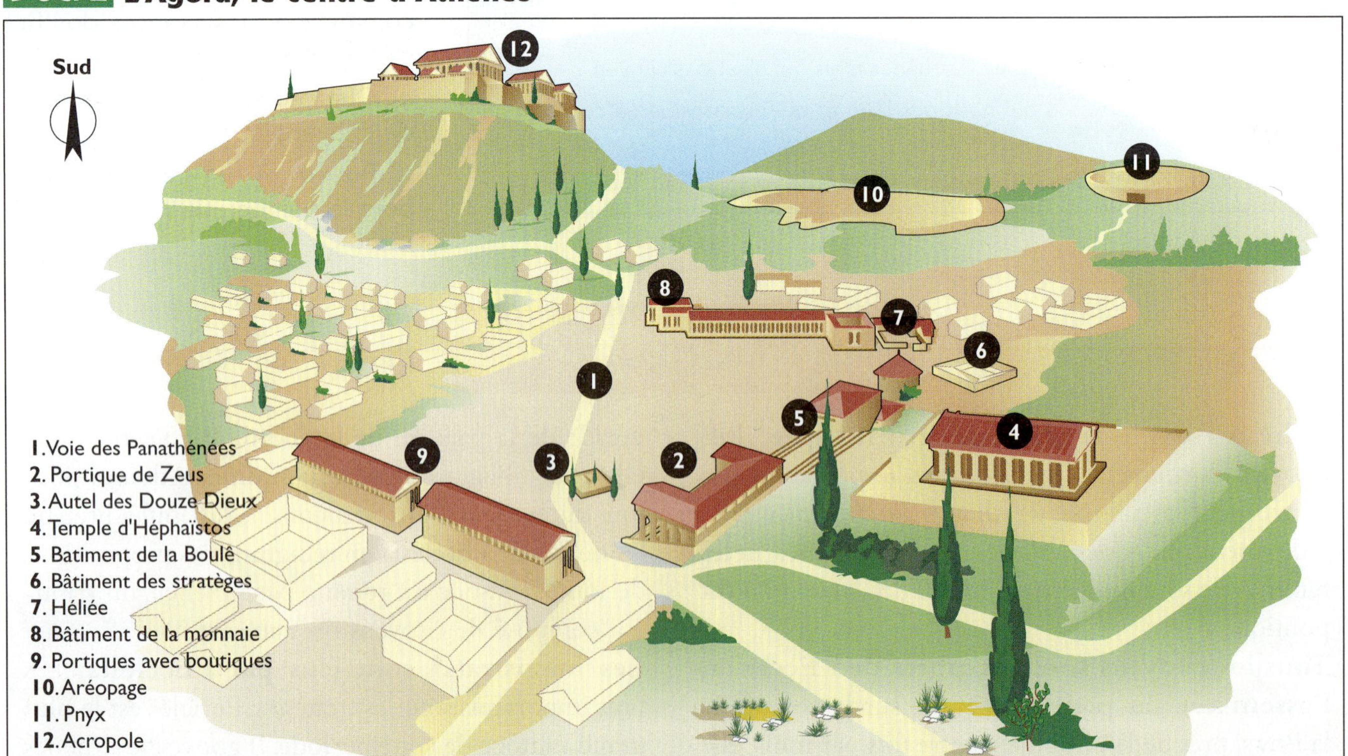

- Classe les bâtiments de l'Agora selon leur fonction politique, religieuse ou économique.

B. L'Acropole, la gloire d'Athènes

Doc. 3 Les monuments de l'Acropole

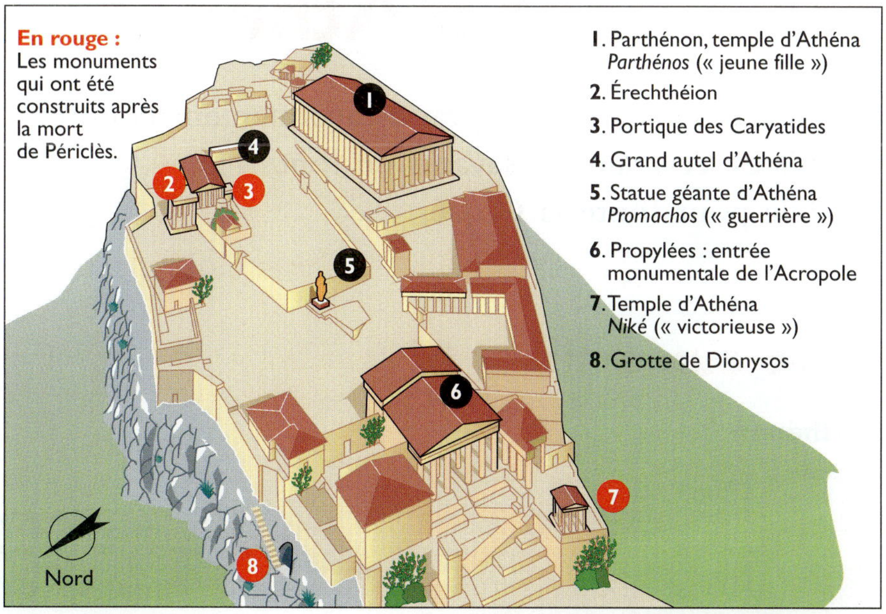

Vocabulaire

L'apogée : la période la plus brillante d'un pays ou d'une civilisation.

Une agora : une place publique où se rencontrent les citoyens.

a. À quelle hauteur se trouve ce quartier religieux par rapport au reste de la ville ? Pourquoi ?

b. Quels sont les grands monuments de l'Acropole ?

Doc. 4 Le Parthénon, le temple d'Athéna

a. Décris l'aspect du Parthénon.

b. Quel reste de décoration distingues-tu ?

je fais le point

L'Agora est le centre de la vie athénienne. Cette place est bordée par de nombreux monuments politiques et religieux ; c'est aussi un marché. L'accès au port du Pirée est protégé par des remparts, les Longs Murs. Ce port, très actif et bien aménagé, permet le commerce avec les colonies et les villes de toute la Méditerranée. En temps de guerre, il sert aussi à abriter la flotte militaire des 200 trières d'Athènes et de ses alliés dans la ligue de Délos.

L'Acropole est le centre de la vie religieuse. Le temple principal, le Parthénon, est dédié à Athéna, la déesse protectrice qui donne son nom à Athènes. On y trouve aussi le petit temple d'Athéna Niké (c'est-à-dire victorieuse) et l'Érechthéion. La plupart des monuments de l'Acropole sont construits à l'initiative de Périclès, au Ve siècle av. J.-C. Le grand artiste Phidias, qui est à la fois sculpteur et architecte, dirige ces travaux.

4 · Le rayonnement d'Athènes

La puissance militaire d'Athènes s'accompagne d'un grand rayonnement culturel. De nombreux artistes, écrivains et savants en font un modèle pour toute la Grèce.

A. Une ville accueillante aux artistes

Doc. 1 Phidias, le sculpteur du Parthénon

Les cavaliers, détail de la frise nord des Panathénées.

a. Quelle est l'autre spécialité de Phidias ?

b. Comment donne-t-il une impression de vie et de mouvement ?

Doc. 2 Les progrès de la peinture

Athènes a été pour bien des arts une mère et une nourrice bienveillante : soit elle les a découverts et révélés la première, soit elle leur a apporté force, prestige et développement. Mais c'est surtout la peinture qui doit le plus à Athènes : ici elle a progressé et produit ses plus belles œuvres. Le peintre Apollodore, qui inventa le fondu des couleurs et les ombres en dégradé, était athénien. Ses œuvres portent cette inscription : on pourra le critiquer, mais pas l'imiter.

D'après PLUTARQUE (v. 50- v. 125 apr. J.C.), *la Gloire des Athéniens*.

a. D'après ce texte, Athènes est-elle une ville favorable aux arts ?

b. Qu'a inventé le peintre Apollodore ?

B. Un grand centre intellectuel

Doc. 3 Deux philosophes* réfléchissent sur la démocratie

Quand il faut discuter du gouvernement de la cité, chacun se lève pour donner son avis, charpentier, cordonnier, marchand, alors qu'ils n'ont jamais étudié.

D'après PLATON (427-347 av. J.-C.), *Protagoras*.

Certes, chacun ne possède pas toutes les qualités nécessaires pour gouverner. Mais réunies, des personnes simples peuvent être plus compétentes que des gens de haute naissance, parce que l'intelligence de chacun complète celle des autres pour former une intelligence collective supérieure.

D'après ARISTOTE (384-322 av. J.-C.), *la Politique*.

a. Quel est l'objet du débat entre Platon et Aristote ?
b. Quel est l'inconvénient de la démocratie selon Platon ?
c. Aristote est-il d'accord avec lui ?

Doc. 5 L'histoire

Hérodote expose ici le résultat de son enquête [*historia* en grec] pour empêcher que les actes des hommes, Grecs et barbares, ne s'effacent avec le temps.

D'après HÉRODOTE (484-425 av. J.-C.), *Histoires*.

Je n'ai rapporté les événements de la guerre du Péloponnèse ni d'après le témoignage du premier venu, ni d'après mon opinion. Je n'ai écrit que ce dont j'avais été témoin et j'ai complété par des informations aussi exactes que possible. Cette recherche n'était pas facile, parce que ceux qui ont assisté aux événements ne les rapportaient pas de la même manière et parlaient selon les intérêts de leur parti ou bien selon leurs souvenirs variables.

D'après THUCYDIDE (vers 460-400 av. J.-C.), *la Guerre du Péloponnèse*.

a. D'où vient le mot « histoire » ?
b. Que cherche à obtenir Thucydide ? Par quelle méthode ?

Vocabulaire

Un philosophe : du grec « ami de la sagesse », un penseur qui réfléchit aux grandes questions que se posent les hommes.

Doc. 4 L'invention du théâtre : le poète tragique Euripide

a. Que tient Euripide ?
b. Pourquoi ces deux objets évoquent-ils le théâtre ?

je fais le point

Athènes est le principal centre artistique et culturel de la Grèce. De grands artistes, nés à Athènes ou venus d'autres cités, y travaillent. Les dirigeants les aident et des concours poussent les artistes à se surpasser. L'architecture et la sculpture sont particulièrement appréciées. Le style classique cherche la simplicité, l'élégance et l'équilibre. Les artistes athéniens deviennent célèbres dans toute la Méditerranée et ils servent souvent de modèles.

Les Grecs inventent aussi la philosophie, le théâtre et l'histoire. Les philosophes s'interrogent sur le meilleur régime politique. Les auteurs de théâtre célèbrent la puissance d'Athènes. Les historiens cherchent à raconter et à comprendre le passé. Enfin, des savants font des découvertes importantes en mathématiques, en physique ou en astronomie. Nous sommes les héritiers de la culture et de la pensée des Grecs.

Exercices

VÉRIFIER SES CONNAISSANCES

1 J'ai appris à connaître l'histoire de l'empire athénien

a. Comment s'appellent les guerres entre les Grecs et les Perses ?

b. Cite les deux victoires des Athéniens contre les Perses. Quelles sont leurs dates ?

c. Qu'est-ce que la ligue de Délos ?

d. Quelles cités se battent pendant la guerre du Péloponnèse ?

e. Quelles sont les armes d'un hoplite ? Dessine un hoplite sur ton cahier.

3 J'ai appris à connaître le régime politique d'Athènes

Donne le mot qui correspond à chaque définition.

a. Un étranger qui vit à Athènes et qui n'a pas de droits politiques.

b. Un dirigeant d'Athènes qui s'occupe en particulier de l'armée.

c. Un homme libre, né à Athènes, qui a le droit de participer à la vie politique.

d. Une condamnation à l'exil prononcée contre une personne qui met la démocratie en danger.

2 J'ai appris à connaître les principaux monuments d'Athènes

Pour chacun de ces monuments, indique s'il est situé sur l'Acropole ou sur l'Agora.

a. Le Parthénon

b. Le bâtiment du Conseil

c. Le temple d'Athéna Niké

d. L'atelier de la monnaie

e. Les Propylées

f. L'Érechthéion

ALLER PLUS LOIN

4 J'étudie un jeton d'ostracisme

a. Qu'est-ce que l'ostracisme ? Qui peut le prononcer ?

b. Que se passe-t-il pour la personne qui a été ostracisée ?

c. D'habitude, les citoyens votaient à main levée. Pourquoi utilise-t-on ici un jeton ?

d. Sur la première ligne, peux-tu lire le nom de la personne que l'on a voulu ostraciser ? Voici un indice : c'est un homme politique très célèbre d'Athènes.

e. À ton avis, pourquoi a-t-on voulu l'ostraciser ?

f. Cherche au CDI de ton collège si l'ostracisme a été finalement voté.

5 J'étudie un temple grec

Les temples grecs sont de trois styles d'architecture, reconnaissables à la frise et aux chapiteaux en haut des colonnes : on parle des trois ordres dorique, ionique et corinthien.

a. De quels éléments se compose une colonne ?

b. Comment évolue la décoration des chapiteaux ?

c. À quel style appartient le Parthénon ? Regarde le document 4 p. 77.

d. Retrouve le nom des éléments fléchés sur le temple d'Athéna Niké.

e. À quel style appartient-il ?

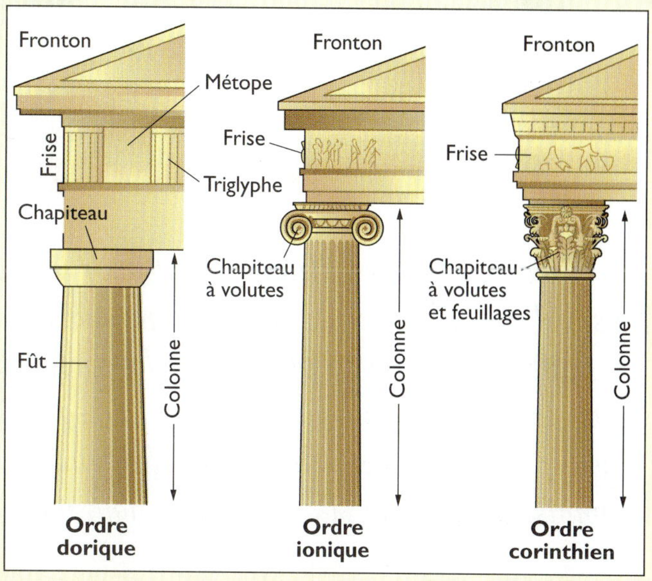

Le temple d'Athéna Niké, sur l'Acropole d'Athènes.

S'EXERCER À RÉDIGER

6 Relis le débat entre Platon et Aristote sur la démocratie (document 3 p. 79). Avec lequel de ces deux avis es-tu d'accord ? Explique pourquoi.

En Grèce, le passé fait toujours recette

La Grèce, quel merveilleux endroit pour passer des vacances ! Le soleil, une mer bleue... Mais, on ne choisit pas la Grèce pour les seuls plaisirs de la plage. Sur les sites célèbres de l'Antiquité, le touriste vient aussi rencontrer son passé, le pays où l'histoire de l'Europe a commencé. Cependant, à la croisée des chemins de l'histoire et du tourisme, tout n'est pas simple.

Quand la pollution s'en mêle

Dans les années 1970, on s'est rendu compte que les monuments de l'Acropole souffraient d'une maladie bien de notre époque.
En effet, la pollution athénienne attaquait le marbre des temples. Aussitôt les autorités grecques ont imposé des mesures d'urgence et ont interdit les abords du site ont à la circulation automobile.

Sauver les héritages du passé

Des travaux comme ceux de la restauration de l'Acropole coûtent très cher. Souvent les finances du pays concerné ne suffisent pas. Il fait alors appel à l'UNESCO un organisme international chargé, de la sauvegarde du patrimoine de l'humanité qui peut débloquer l'argent nécessaire. Le sauvetage de l'Acropole, par exemple, a coûté 50 millions de francs.

Drôles d'admirateurs

Lorsqu'on aime un pays, que l'on admire ses oeuvres d'art, on a envie d'en rapporter un souvenir. C'est ce qui se passe pour la Grèce depuis l'Antiquité. Le seul problème, c'est que les Romains, puis, du XVIe siècle au début du XXe, les Italiens, les Français, les Anglais, les Allemands ont emporté, en guise de souvenirs, des statues, des panneaux entiers de frises sculptées. Résultat, la Vénus de Milo se trouve aujourd'hui au Louvre et la frise principale du Parthénon au British Museum à Londres.

Dégradations en tous genres

À ces grands pillages se sont ajoutés, avec le développement plus récent du tourisme de masse, les petits pillages des centaines de personnes, voire davantage, qui ont un jour glissé dans leur poche un morceau de marbre ou une pierre. De plus, on s'est aperçu que le rocher de l'Acropole et ses temples souffraient des milliers de piétinements des touristes, de toutes ces mains qui, à force de toucher, caresser les pierres, les usaient. Aussi les visiteurs ont-ils été priés d'admirer de loin. Des échafaudages ont été dressés et l'on a entrepris de restaurer les monuments.

le récit de l'histoire

Athènes au Ve siècle avant J.-C.

Jalouses de leur indépendance, rivales les unes des autres, les cités-États de la Grèce antique se combattaient souvent. Néanmoins, elles acceptaient de s'unir lorsque des Barbares, c'est-à-dire ceux qui ne parlaient pas grec, les menaçaient. Au Ve siècle, l'ennemi était les Perses, ou Mèdes. Emmenés par la cité la plus puissante de l'époque, Athènes, les Grecs repoussèrent les Perses au cours des guerres médiques, marquées par la victoire de Marathon, en 490 av. J.-C., et celle de Salamine, en 480 av. J.-C.

Sa puissance d'alors, Athènes la devait à sa supériorité militaire et à sa richesse. Cette période est marquée par un homme, Périclès, qui gouverna la cité pendant plus de trente ans. Celui-ci fut en effet réélu quinze fois de suite à la plus haute fonction, celle de stratège. Car Athènes avait pour particularité d'être une démocratie où les citoyens – c'est-à-dire tous les hommes libres nés à Athènes et y possédant une terre – participaient directement au gouvernement de la cité. Quatre fois par mois, ils se réunissaient sur une colline, la Pnyx, dans une assemblée nommée Ecclésia. Lors de débats préparés par un conseil, la Boulé, les citoyens décidaient de la guerre ou de la paix, élisaient les magistrats ou exilaient ceux qu'ils jugeaient dangereux. La justice aussi était rendue par une assemblée de citoyens, tirés au sort : l'Héliée.

La vie athénienne se concentrait autour de l'Agora, tout à la fois place publique et marché. Le Pirée, actif port de commerce de la cité, où arrivaient des produits de toute la Méditerranée, était aussi un port de guerre. Enfin, dominant l'Acropole, le temple d'Athéna, le Parthénon, construit par Périclès, symbolisait la richesse, la puissance et toute la vie intellectuelle et artistique d'une cité qui brillait autant par ses philosophes que par ses architectes ou ses sculpteurs.

Convaincu du rôle prédominant qu'Athènes devait jouer en Grèce, Périclès constitua une alliance de 200 cités, la ligue de Délos, qui devait contribuer à l'entretien de la flotte de guerre athénienne. Sparte, vieille rivale d'Athènes, contesta alors ce projet. Elle déclencha alors près de trente ans d'une guerre dite du Péloponnèse, marquée par une épidémie de peste dont la plus célèbre victime fut Périclès. La lutte contre les Perses allait cependant continuer et ouvrir le chemin de l'histoire à l'un des plus grands conquérants : Alexandre le Grand.

Hier et aujourd'hui

Ce que nous devons à cette période :

- la démocratie, gouvernement des citoyens par les citoyens ;
- la philosophie, c'est-à-dire tout ce qui conduit les hommes à essayer de mieux se comprendre eux-mêmes et à comprendre ce qui les entoure.

CHAPITRE 6

LE MONDE

Doc. 1 **La bataille d'Issos entre Alexandre et Darius III** (333 av. J.-C.)
Mosaïque provenant de la maison du Faune, à Pompéi

D'ALEXANDRE

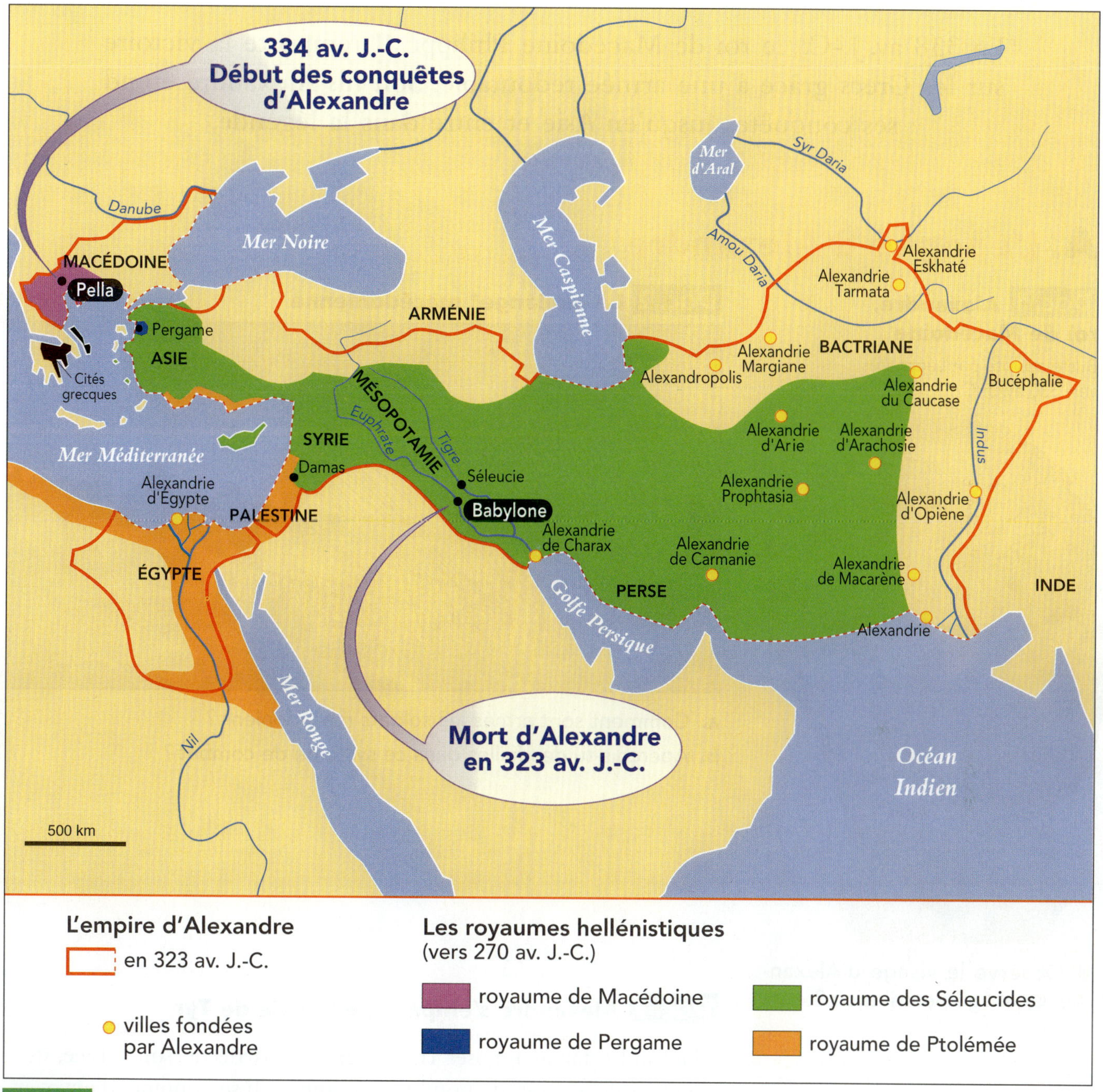

Doc. 2 **L'empire d'Alexandre**

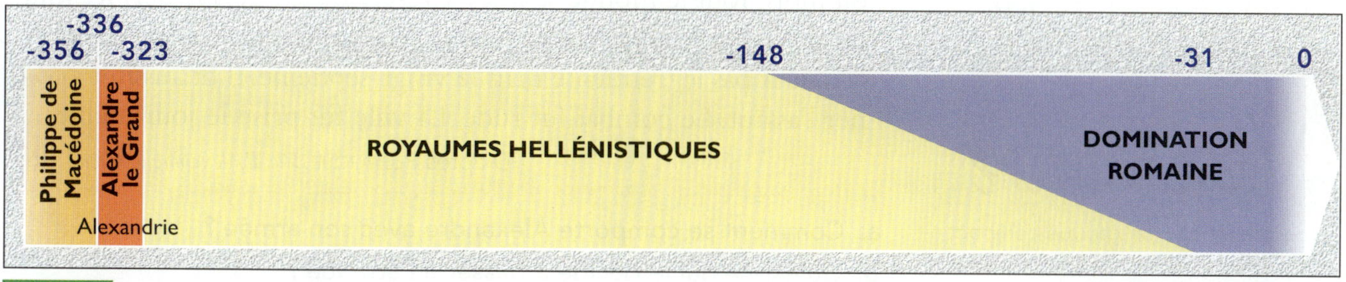

Doc. 3 **Les conquêtes d'Alexandre**

1 · Alexandre le Grand

En 338 av. J.-C., le roi de Macédoine Philippe II remporte la victoire sur les Grecs grâce à une armée redoutable. Son fils Alexandre étend ses conquêtes jusqu'en Asie et entre dans la légende.

A. L'épopée d'Alexandre

Doc. 1 Alexandre, roi de Macédoine

Buste sculpté par Léocharès vers 330 av. J.-C.

● Observe le visage d'Alexandre. Quel âge peut-il avoir ?

Doc. 2 La phalange* macédonienne

a. Comment sont armés les soldats macédoniens ?

b. Aperçois-tu des failles dans ce système de combat ?

Doc. 3 Alexandre s'empare de la ville de Tyr

Alexandre faisait reposer la plus grande partie de son armée, qui était fatiguée après de nombreux combats. Il se contenta d'envoyer quelques soldats pour empêcher les Tyriens d'en faire autant. Un jour, le devin Aristande affirma que la ville serait prise avant la fin du mois. Tout le monde se mit à rire, car c'était déjà le dernier jour du mois. Par respect pour le devin, Alexandre décida que ce jour-là n'était pas le trentième mais le vingt-septième. Il fit aussitôt donner l'assaut. Le combat fut rude. La ville fut prise le jour même.

D'après PLUTARQUE, *Vie d'Alexandre le Grand*, 46.

a. Comment se comporte Alexandre avec son armée ?

b. Qu'est-ce qui le décide à passer à l'attaque ?

c. Que pensait Alexandre de l'art des devins ?

Vocabulaire

Une phalange : un groupe compact de 256 hommes armés chacun d'une longue lance.

B. Un empire entre Europe et Asie

Doc. 4 Les soldats d'Alexandre épousent des femmes perses

a. Regarde la carte (document 5). Où se trouve Suse ?

b. Combien Alexandre a-t-il d'épouses ? Qui sont-elles ?

c. Que montrent ces mariages sur l'attitude d'Alexandre vis à vis des peuples vaincus ?

À Suse, Alexandre célébra des mariages, les siens et ceux de ses compagnons. Lui-même épousa la fille aînée de Darius. Il prit aussi pour femme Parysatis, la plus jeune fille d'Ochos [ancien roi des Perses]. Il avait déjà épousé Roxane, la fille du Bactrien Oxyartès. Il donna à ses compagnons les filles des plus célèbres familles perses et mèdes, au nombre de quatre-vingts. Les mariages furent célébrés selon la coutume perse : on avait disposé plusieurs rangs de fauteuils pour les futurs époux et, après qu'ils eurent bu à la santé les uns des autres, les futures épouses vinrent s'asseoir chacune à côté de son fiancé. Ils les prirent par la main et les embrassèrent, le roi ayant donné l'exemple.

D'après ARRIEN (95-175 ap. J.-C.), *Expédition d'Alexandre*, VII, 4.

Doc. 5 L'immense empire d'Alexandre

a. Compare la Macédoine et l'empire conquis par Alexandre en dix ans.

b. Regarde vers l'est. Jusqu'à quel grand fleuve Alexandre est-il parvenu ? À quel pays appartient aujourd'hui ce fleuve ?

je fais le point

Alexandre devient roi de Macédoine à 20 ans, en 336 av. J.-C. Deux ans plus tard, il entraîne les Grecs et les Macédoniens à la conquête de l'empire perse. Il se révèle un homme de guerre exceptionnel. Alexandre libère d'abord les cités grecques d'Asie mineure dominées par les Perses. Puis avec son armée peu nombreuse, mais puissante et bien organisée en phalanges*, il s'empare en onze ans de l'immense empire du roi perse Darius.

Alexandre veut unir les civilisations des Grecs et des Perses. Il respecte les vaincus et il encourage ses soldats à épouser des femmes perses. Il construit de nombreuses villes comme Alexandrie en Égypte. Après avoir atteint l'Indus, il revient vers la Mésopotamie. Alexandre, appelé le Grand, est considéré comme un héros parmi les Grecs. Mais il meurt sans héritier à 32 ans à Babylone, en 323 av. J.-C. Ses généraux se partagent alors son empire.

2 · Alexandrie d'Égypte

Fondée par Alexandre, la ville d'Alexandrie, en Égypte, est l'une des plus brillantes de son temps. Capitale de l'Égypte, elle abrite des monuments célèbres. Elle attire artistes et savants.

A. Une ville magnifique

Doc. 1 Le plan d'Alexandrie

1 Le musée
2 La bibliothèque
3 Le théâtre
4 Le gymnase
5 L'agora
6 Le temple d'Isis
7 Le temple de Sérapis (Sérapeum)
8 Le stade
9 L'hippodrome

— Tracé du rempart

0 ___ 1 km

a. Quels monuments indiquent qu'Alexandrie est une ville grecque ?

b. Quels autres peuples sont présents à Alexandrie ?

c. Quelle règle a été appliquée pour tracer le plan de la ville ?

Doc. 2 Le phare d'Alexandrie

Reconstitution du CNRS et coupe

a. Repère sur le plan le phare d'Alexandrie. Sur quelle mer est-il construit ? À quoi sert-il ?

b. Comment le phare était-il alimenté en combustible ?

Doc. 3 La capitale d'un riche royaume

Tous les rois ont tenu chacun à ajouter quelque embellissement aux édifices publics et à la demeure royale elle-même. On peut considérer aussi comme faisant partie des palais royaux le Musée, avec ses portiques et son vaste bâtiment où les savants prennent leur repas en commun. En un mot, Alexandrie est une agglomération de monuments et de temples.

D'après STRABON (v. 58 av. J.-C.- v. 25 ap. J.-C.), *Géographie*.

a. Pourquoi Alexandrie compte-t-elle de nombreux monuments ?

b. Retrouve sur le plan les monuments cités par Strabon.

B. Un centre artistique et scientifique

Doc. 4 Une danseuse

Bronze, fin du IIIe siècle av. J.-C.
Metropolitan Museum of Art, New York

a. Quels éléments suggèrent que cette femme est une danseuse ?

b. Comment l'artiste donne-t-il l'impression du mouvement ?

Doc. 5 Un traité d'astronomie

Papyrus d'Eudoxe, IIe siècle av. J.-C.

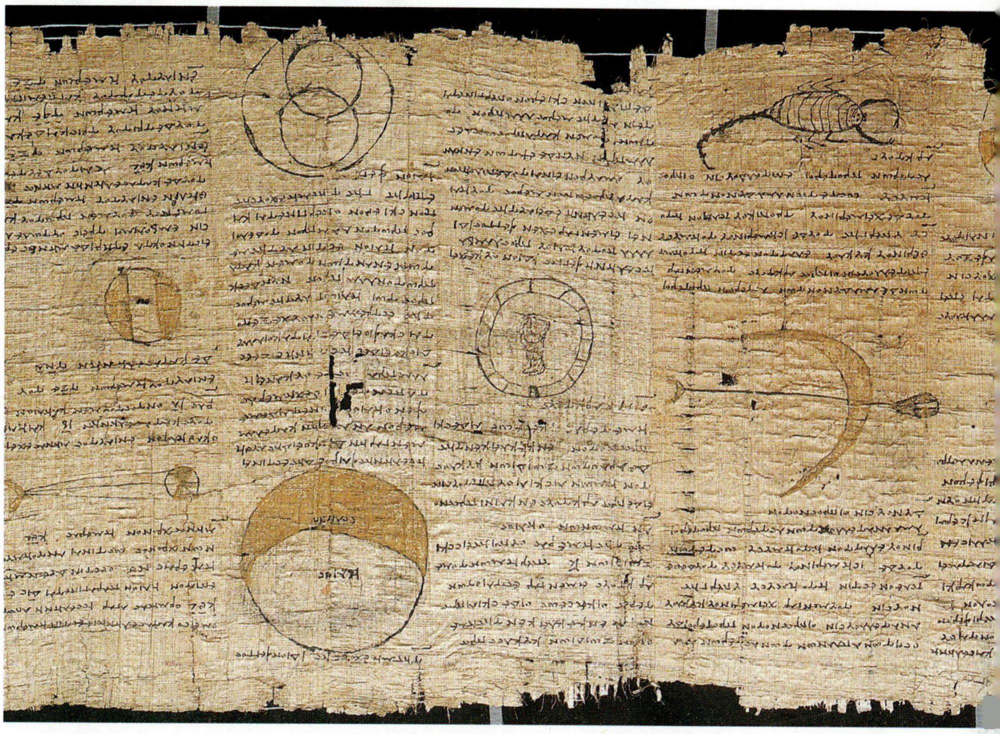

a. Quel est le support de ce document ?

b. À quoi vois-tu que ce document traite d'astronomie ?

Vocabulaire

Hellénistique : civilisation qui mélange les influences grecques et orientales. La période hellénistique va de l'expédition d'Alexandre (334 av. J.-C.) jusqu'à l'invasion romaine (31 av. J.-C.).

Cosmopolite : qui mélange les modes de vie et les idées de peuples variés.

je fais le point

Alexandrie porte le nom de son fondateur, Alexandre. Après la mort d'Alexandre, l'un de ses généraux, Ptolémée, s'installe en Égypte et choisit Alexandrie pour capitale. Lui et ses successeurs font construire à Alexandrie de nombreux monuments. Les plus célèbres sont le phare (considéré comme l'une des sept merveilles du monde antique), la grande bibliothèque et le Musée. Alexandrie devient la ville la plus peuplée de cette époque. Elle est très prospère, en particulier grâce à son port.

Alexandrie est le berceau de la civilisation hellénistique*. Elle attire les plus grands savants, hébergés dans le Musée : l'astronomie, les mathématiques et la médecine font des progrès importants. Les meilleurs artistes viennent de tout le bassin méditerranéen. La ville abrite aussi une importante communauté juive : c'est là que la Bible hébraïque est traduite pour la première fois, en grec, au IIe siècle av. J.-C. Ce mélange des peuples et des cultures fait d'Alexandrie une ville très cosmopolite*.

Exercices

VÉRIFIER SES CONNAISSANCES

1 J'ai appris à connaître l'épopée d'Alexandre

a. De quel roi Alexandre est-il le fils ?

b. Quand Alexandre a-t-il commencé son expédition ?

c. Jusqu'où Alexandre est-il allé ?

d. Qu'est devenu son empire après sa mort ?

2 J'ai appris à connaître la civilisation hellénistique

Vrai ou faux ?

a. La civilisation hellénistique mélangent des éléments grecs et orientaux.

b. La période hellénistique se termine à la mort d'Alexandre.

c. Les historiens d'aujourd'hui pensent que le phare d'Alexandrie est une légende.

d. La bibliothèque d'Alexandrie ne contenait que des œuvres littéraires.

e. Il y avait à Alexandrie un important quartier juif.

ALLER PLUS LOIN

3 J'étudie un texte littéraire : l'épisode du nœud gordien

À son arrivée dans la ville de Gordion, en Phrygie, Alexandre eut envie de voir le char de Gordias. Il y avait une légende au sujet de ce char : celui qui déferait le nœud par lequel le joug était fixé au char, celui-là serait nécessairement le maître de l'Asie. Or on ne voyait ni où le nœud commençait, ni où il finissait. Alexandre n'avait aucun moyen de le défaire, mais il ne voulait pas le laisser intact. Alors il le coupa en deux d'un coup d'épée et s'écria : « Le voilà dénoué ! »

D'après ARRIEN, *Histoire d'Alexandre*, II, 3-6.

a. Où se trouve la ville de Gordion ? Regarde la carte p. 83.

b. Pourquoi Alexandre veut-il absolument défaire le nœud gordien ?

c. Comment y arrive-t-il finalement ?

d. Explique pourquoi une histoire comme celle-là montre qu'Alexandre était considéré comme une personne de légende.

4 J'étudie une pièce de monnaie

■ Monnaie d'argent à l'effigie d'Alexandre

a. Quel détail de la coiffure montre qu'il s'agit d'Alexandre ?

b. Explique pourquoi ce document montre qu'Alexandre voulait encourager le commerce.

c. À ton avis, cette pièce représente-t-elle une faible ou une forte valeur ?

d. On appelle ce genre de pièce un tétradrachme. De quelle langue vient ce mot ? Est-ce étonnant à propos d'Alexandre ?

5 J'étudie une autre ville hellénistique : Pergame

Maquette de Pergame au IIIe siècle apr. J.-C.

a. Où se trouve Pergame ? Regarde la carte p. 83.

b. Quels monuments montrent que Pergame est une cité grecque ?

c. Qu'est-ce qui permet de savoir que Pergame est la capitale d'un royaume hellénistique ?

d. Combien de bâtiments religieux comptes-tu ?

e. Pourquoi y a-t-il un temple de Dionysos près du théâtre ?

La déesse Nyx lance un vase entouré d'un serpent, frise du grand autel du temple hellénistique de Zeus à Pergame, vers 180 av. J.-C.

f. Retrouve le temple de Zeus sur la maquette ci-dessus.

g. Quelle position pouvait avoir le personnage de gauche ?

h. Observe les plis de la robe de la déesse : d'où vient le vent ?

S'EXERCER À RÉDIGER

6 Explique en quelques lignes pourquoi Alexandre était considéré comme un héros par les Grecs, à l'image des personnages d'Homère.

Enquête

Phare d'Alexandrie
La querelle des archéologues

Parmi les sept merveilles du monde figurait, dans l'Antiquité, le phare d'Alexandrie. Aujourd'hui encore, il continue de faire rêver et de passionner.

Des colosses au fond des flots

Au début des années 60, un plongeur égyptien découvre d'importants vestiges archéologiques au fond du port d'Alexandrie. Ils gisent près d'un îlot où pourrait s'être élevé le phare. D'ailleurs, le plongeur n'a-t-il pas découvert deux statues colossales, celles, peut-être, qu'apercevaient les navigateurs en approchant la côte !

Les deux colosses sont remontés, mais une question surgit aussitôt : ces vestiges sont-ils vraiment ceux du phare ? Ces blocs de pierre se sont-ils bien effondrés dans la mer lors du séisme de 1303 qui a détruit l'édifice ?

Une querelle de spécialistes

Pourquoi certains en doutent-ils ? C'est que, depuis l'Antiquité, le paysage d'Alexandrie a changé. Le sol s'est enfoncé de 5 à 6 mètres. Une partie de la ville de Ptolémée se trouve maintenant sous l'eau. Comment être certain que le phare n'a pas été construit sur un autre îlot, aujourd'hui invisible ? En 1994 et 1997, deux campagnes de fouilles sous-marines sont menées. Certains blocs de pierre retrouvés sont clairement antérieurs à la construction du phare et ne peuvent donc pas en être les vestiges. Mais pour une partie des chercheurs, cela ne prouve pas que les autres blocs, eux, n'en proviennent pas. Entre les deux positions, seule la rigueur scientifique permettra de trancher.

Un puzzle géant

C'est pourquoi une équipe de géophysiciens travaille actuellement à la reconstitution du paysage de l'ancienne Alexandrie. Objectif : désigner tous les lieux où le phare a pu s'élever. Parallèlement, les photos des blocs contemporains de la construction du phare sont assemblées, comme un puzzle géant, à l'aide d'ordinateurs. Résultat de ces recherches et début d'une réponse ou d'une nouvelle querelle, dans quelques années !

La Fouille Assistée par Ordinateur (FAO)

L'informatique est aujourd'hui l'un des outils de l'archéologie sous-marine.
Le site de fouille est photographié par des plongeurs ou par des caméras embarquées à bord de robots. On peut ainsi étudier des vestiges qui se trouvent à de très grandes profondeurs. Autre confort, au lieu de plonger et replonger, l'archéologue peut travailler devant son écran.

Le monde d'Alexandre

Les Grecs méprisaient les Macédoniens, peuple de montagnards du nord des Balkans qu'ils considéraient comme grossiers. Aussi, le roi Philippe II de Macédoine avait-il voulu que son fils, Alexandre, reçût une éducation grecque parfaite. Il lui avait donné comme professeur le plus grand philosophe grec de l'époque, Aristote. Il voulait également unir les Grecs contre les Perses qui les menaçaient depuis longtemps. Il fut assassiné avant d'en eu avoir le temps. Devenu roi à 20 ans, Alexandre décida de reprendre le projet de son père.

En 334 av. J.-C., il emmena Grecs et Macédoniens à l'assaut de l'Empire perse. Son armée était peu nombreuse, mais redoutable. Elle était organisée en phalanges, groupes de 256 hommes qui avançaient en tenant devant eux des lances immenses qui formaient un véritable mur de fer. Délivrant d'abord les cités grecques d'Asie Mineure qui vivaient sous la domination perse, Alexandre conquit en onze ans tout l'empire du roi Darius. Vers le sud, il alla jusqu'en Égypte et à Babylone. Vers l'est, il atteignit les rives de l'Indus. Persuadé qu'il était destiné à conquérir toute l'Asie, il était prêt à emmener ses troupes vers l'Inde et la Chine. Mais celles-ci, lasses de tant d'années de campagnes, refusèrent de le suivre et revinrent à Babylone où Alexandre mourut, sans héritier, à 32 ans. Ses généraux se partagèrent son empire, poursuivant son œuvre sur un autre plan que celui des armes.

Car Alexandre n'était pas seulement un conquérant exceptionnel. Pour renforcer sa domination, il voulait construire une nation mixte. Pour cela, il avait épousé des princesses perses et en avait fait épouser d'autres par ses généraux. Ainsi, symboliquement, il unissait les cultures grecque et orientale, donnant naissance à une nouvelle culture que l'on nommera, plus tard, hellénistique. C'est à Alexandrie, en Égypte, que cette culture fut la plus brillante.

Fondée par Alexandre, la ville devint la capitale de Ptolémée, le général qui s'était attribué l'Égypte. Un phare, un musée, une bibliothèque, des palais... Alexandrie était une ville de toute beauté, où vivaient des gens de toutes origines. Vers 200 av. J.-C., elle devint la ville du monde antique la plus peuplée avec son million d'habitants. C'est là que fut calculée pour la première fois la circonférence de la Terre. C'est là que des sages juifs traduisirent la Bible, écrite en hébreu, en grec.

Hier et aujourd'hui

Ce que nous devons à cette période :

- le personnage d'Alexandre a inspiré la littérature ;
- il est encore aujourd'hui le roi de trèfle de nos jeux de cartes ;
- le développement, après les Grecs, des mathématiques et de l'astronomie.

CHAPITRE 7

ROME

Doc. 1 Le centre de la vie politique à Rome : le forum

SOUS LA RÉPUBLIQUE

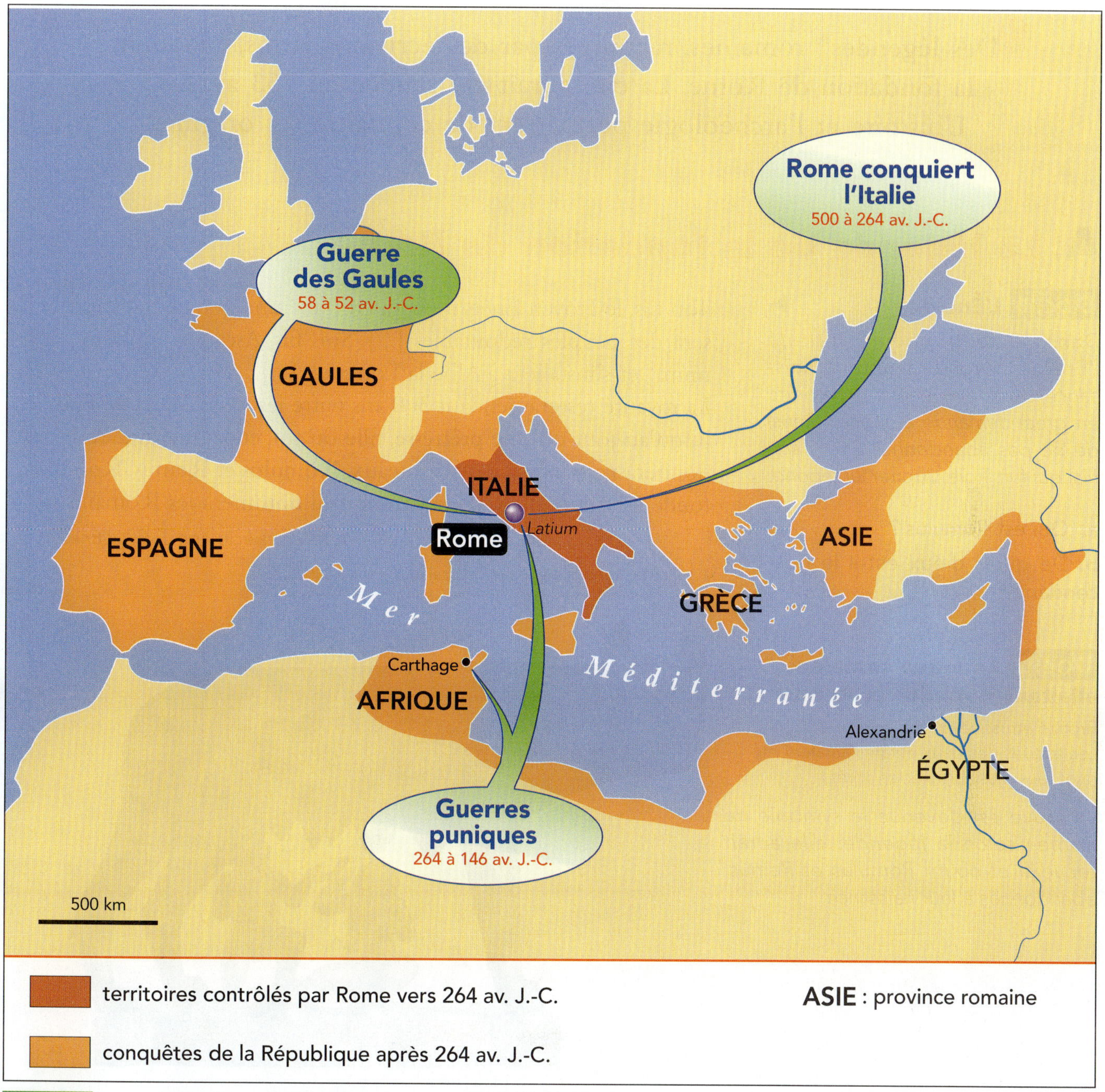

Doc. 2 **L'expansion de Rome sous la République** (fin du VIe siècle-31 av. J.-C.)

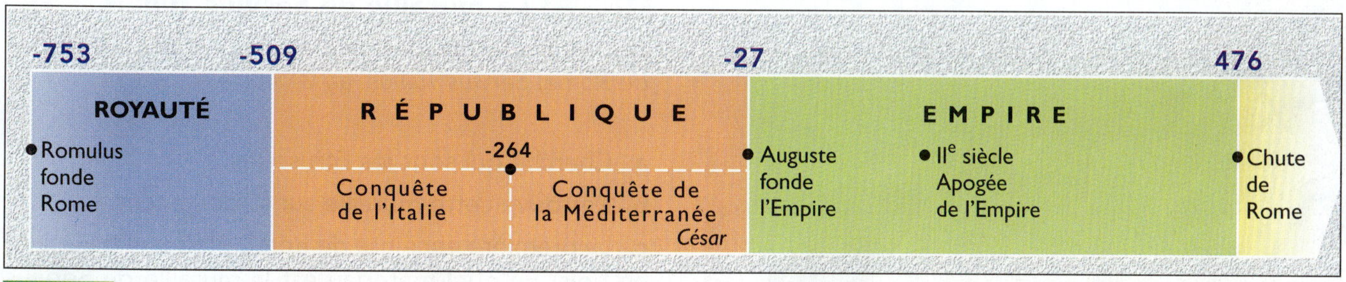

Doc. 3 **Les trois régimes politiques de Rome**

1 · Les origines de Rome

Des légendes* romaines, racontées par des écrivains latins, évoquent la fondation de Rome. La cité aurait été fondée en 753 av. J.-C. L'histoire et l'archéologie permettent de connaître ses origines.

A. La légende de la fondation de Rome

Doc. 1 L'Énéide

Dans le long poème intitulé l'Énéide, Virgile raconte la naissance de Rome. Vénus (Aphrodite en grec) demande à Jupiter (Zeus) de ne pas abandonner Énée, son fils, qui fuit Troie. Jupiter lui répond.

Ton fils, le Troyen Énée, mènera en Italie une grande guerre, il brisera des peuples redoutables [...]. Son fils, Ascagne, quittera Lavinium[1] et s'installera à Albe la Longue[1]. [...]
La royauté restera pendant 300 ans entre les mains de cette famille, jusqu'au jour où une prêtresse, fille du roi, enceinte du dieu Mars, donnera naissance à deux jumeaux, Romulus et Remus. Romulus, fondera les murailles, et de son nom il nommera les Romains.

D'après VIRGILE (Ier siècle apr. J.-C.), *l'Énéide*, I.

1. Villes du Latium, au centre de l'Italie.

a. Qui est Romulus ?

b. De quels dieux est-il le descendant ?

Doc. 2 La louve romaine allaitant Romulus et Remus

Bronze étrusque du Ve siècle av. J.-C.
Les statues des deux enfants auraient été rajoutées plusieurs siècles après.

La louve est devenue le symbole de Rome : selon la légende, elle aurait recueilli et nourri Romulus et Remus, abandonnés à leur naissance.

B. Une cité étrusque au cœur de l'Italie

Doc. 3 La muraille de Servius Tullius

Cette muraille fut construite par le second roi étrusque de Rome, Servius Tullius, au VIe siècle av. J.-C.

a. Cherche qui sont les Étrusques.

b. Retrouve cette muraille sur le document 4.

c. La première enceinte de Rome était une palissade en bois. En quel matériau est la muraille de Servius Tullius ? Que peut-on en déduire ?

Doc. 4 Rome à l'époque des rois étrusques

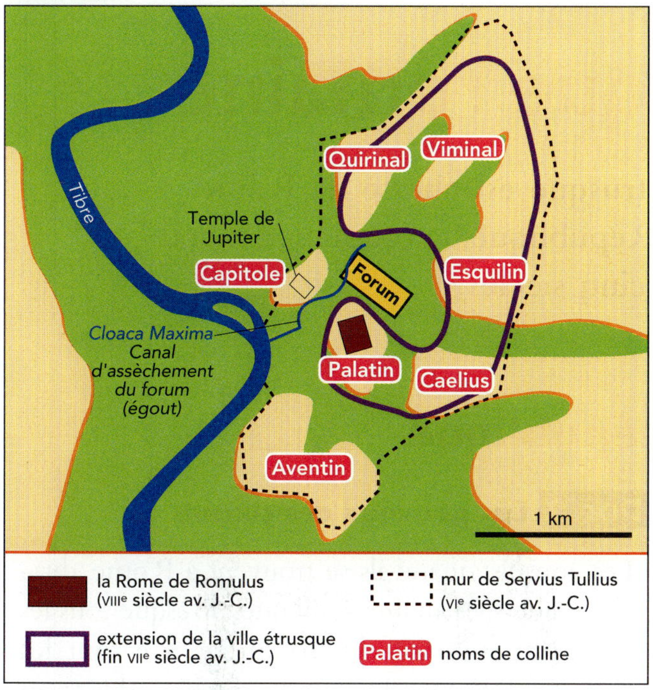

a. Quel est le fleuve près duquel Rome a été fondée ?

b. Combien de collines y a-t-il à Rome ? Nomme-les.

Doc. 5 L'Italie vers 600 av. J.-C.

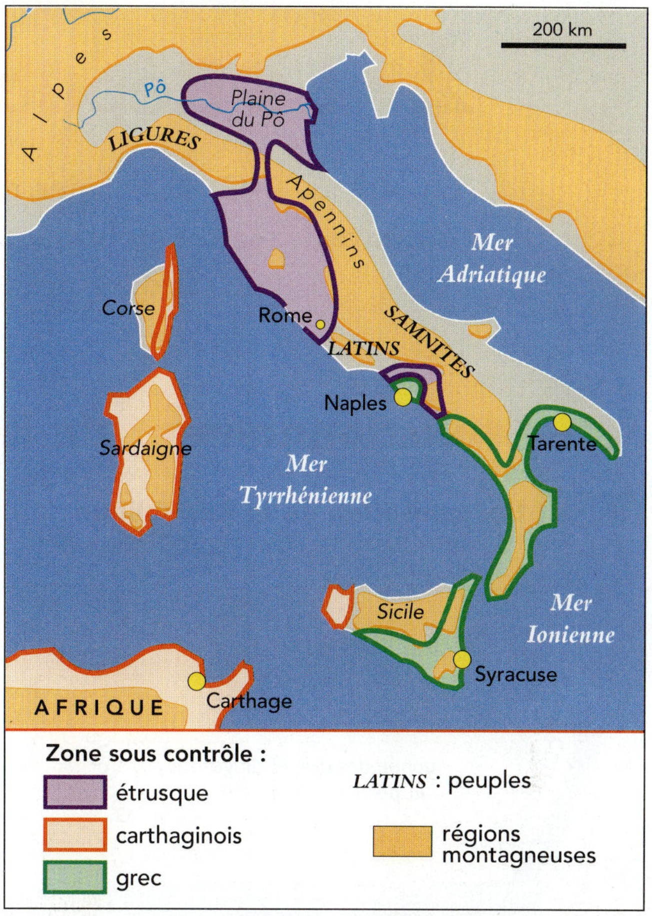

a. Quels peuples vivent en Italie vers 600 av. J.-C. ?

b. Rome est-elle une grande cité à cette époque ?

c. Quel peuple domine Rome vers 600 av. J.C. ?

Doc. 6 La fin de la monarchie étrusque

En 509 av. J.-C. les Romains chassent leur dernier roi étrusque. Tite-Live, historien romain, reconnaît cependant le mérite de ses prédécesseurs.

C'est la tyrannie* du dernier des rois qui rendit la liberté encore plus chère, car ses prédécesseurs méritent d'être considérés comme autant de fondateurs de Rome : chacun avait contribué à l'agrandissement de la cité en y faisant entrer des populations nouvelles.

TITE-LIVE, *Histoire romaine*, II,1.

Vocabulaire

Une légende : récit qui raconte un fait passé en le déformant et en l'embellissant.

Une tyrannie : un pouvoir autoritaire et cruel.

je fais le point

Selon la légende, Romulus aurait fondé Rome vers 753 av. J.-C. Fils du dieu Mars et descendant du Troyen Énée, il aurait tué son frère jumeau afin de régner sur la future ville. Celle-ci se trouve près d'un fleuve, le Tibre, dans le Latium, petite plaine du centre de l'Italie.

L'Italie est alors occupée par plusieurs peuples : les Grecs dans le sud, les Étrusques au nord, les Latins et les Samnites au centre… Au début du VIe siècle av. J.C., les Étrusques font la conquête du nord de l'Italie et du Latium.

Des rois étrusques dirigent Rome pendant un siècle. Ils assèchent les marécages et font venir des populations des environs afin de peupler la ville. L'un d'eux, Servius Tullius, fait construire une muraille qui englobe sept collines. Ainsi naît Rome, qui n'est alors qu'une petite cité italienne parmi beaucoup d'autres.

2 · La République romaine

En 509 av. J.-C., le dernier roi étrusque est chassé de Rome. Un nouveau régime politique, la République*, commence alors. Il dure près de cinq siècles.

A. Le fonctionnement de la République

Doc. 1 L'organisation de la République

a. Qui vote les lois à Rome ?
b. Qui gouverne la cité ?
c. Qui dirige les Affaires étrangères ?
d. Qui détient le pouvoir à Rome ?

Doc. 2 Les pouvoirs des consuls

Les consuls, quand ils se trouvent à Rome, dirigent toutes les affaires publiques. Presque tous les magistrats sont sous leurs ordres. Ce sont les consuls qui introduisent les ambassadeurs au Sénat et qui lui soumettent les questions importantes. Ce sont les consuls qui appliquent les décisions du Sénat.

Pour les opérations militaires, ils ont un pouvoir presque illimité. Ils nomment les officiers, enrôlent les soldats.

Les consuls ont cependant besoin du peuple et du Sénat. [Ils] sont privés de tout moyen d'action si le Sénat fait opposition.

D'après POLYBE (IIe siècle av. J.-C.), *Histoires*, VI.

a. Quels sont les pouvoirs militaires des consuls ?
b. Quels sont les pouvoirs des consuls à Rome ?
c. Ces pouvoirs sont-ils illimités ?

Doc. 3 Une république contrôlée par l'aristocratie*

Une petite minorité de familles riches décidait des questions de paix et de guerre. Seule elle disposait du Trésor public, des provinces, des magistratures, des honneurs, des triomphes. Le peuple n'avait pour lui que le fardeau du service militaire et de sa propre misère. Le produit de la guerre était accaparé par les généraux.

D'après SALLUSTE (Ier siècle apr. J.-C.), *Guerre de Jugurtha*, 41.

a. Tout le monde peut-il devenir magistrat à Rome ?
b. Qui constitue l'aristocratie qui détient le pouvoir ?

B. Le forum, centre de la vie politique

Doc. 4 L'orateur

Bronze, 90 av. J.-C.

À Rome, chaque magistrat devait s'adresser à un moment ou à un autre au peuple. Savoir bien s'exprimer, c'est-à-dire être un bon orateur, était donc une nécessité. Ce magistrat porte la toge, symbole de la citoyenneté romaine.

● Décris la toge. Qu'est-ce qui caractérise ce vêtement ?

Doc. 5 Le forum* sous la République

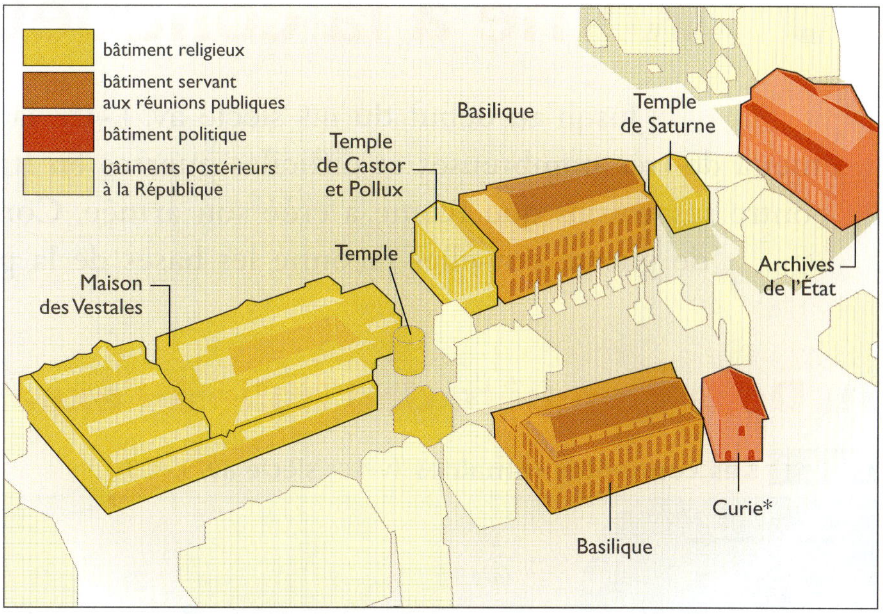

a. Où se réunit le Sénat ? Où se rencontrent les citoyens ?

b. À quoi servent les basiliques* ?

c. Quels sont les différents édifices religieux ?

Vocabulaire

La République : forme de gouvernement où le pouvoir est exercé par les personnes élues par les citoyens.

L'aristocratie : l'ensemble des plus anciennes familles romaines qui détiennent les richesses et les magistratures.

Le forum : la grande place de Rome, entourée de marchés, de temples et de bâtiments politiques.

La curie : lieu de réunion du Sénat.

Une basilique : bâtiment qui servait aux réunions publiques et au commerce.

je fais le point

La République romaine repose sur trois éléments : les citoyens, les magistrats et le Sénat. Le forum, grande place de Rome, est le lieu de rencontre des citoyens, le centre de la vie politique.

Les citoyens se réunissent dans des assemblées appelées comices qui votent les lois et élisent les magistrats. Tous les citoyens peuvent participer à ces assemblées, mais seuls les plus riches, qui forment l'aristocratie, peuvent devenir magistrats : les citoyens ne sont pas tous égaux.

Les magistrats sont élus par les citoyens, en général pour un an. Les plus importants sont les deux consuls qui dirigent les affaires de l'État et commandent l'armée.

Le Sénat est formé par les anciens magistrats : il donne son avis sur toutes les questions importantes, dirige la politique extérieure et contrôle les finances. La République est donc entre les mains de l'aristocratie.

3 · Rome à la conquête de l'Italie

Jusqu'au début du IIIe siècle av. J.-C., la cité de Rome mena de très nombreuses et difficiles guerres en Italie. C'est dans cette lutte contre ses voisins que Rome a créé son armée. Comment ces longues années de guerre ont-elles façonné les bases de la puissance romaine ?

A. De la conquête de l'Italie à l'expansion romaine

Doc. 1 Les conquêtes romaines (VIe-IIe siècle av. J.-C.)

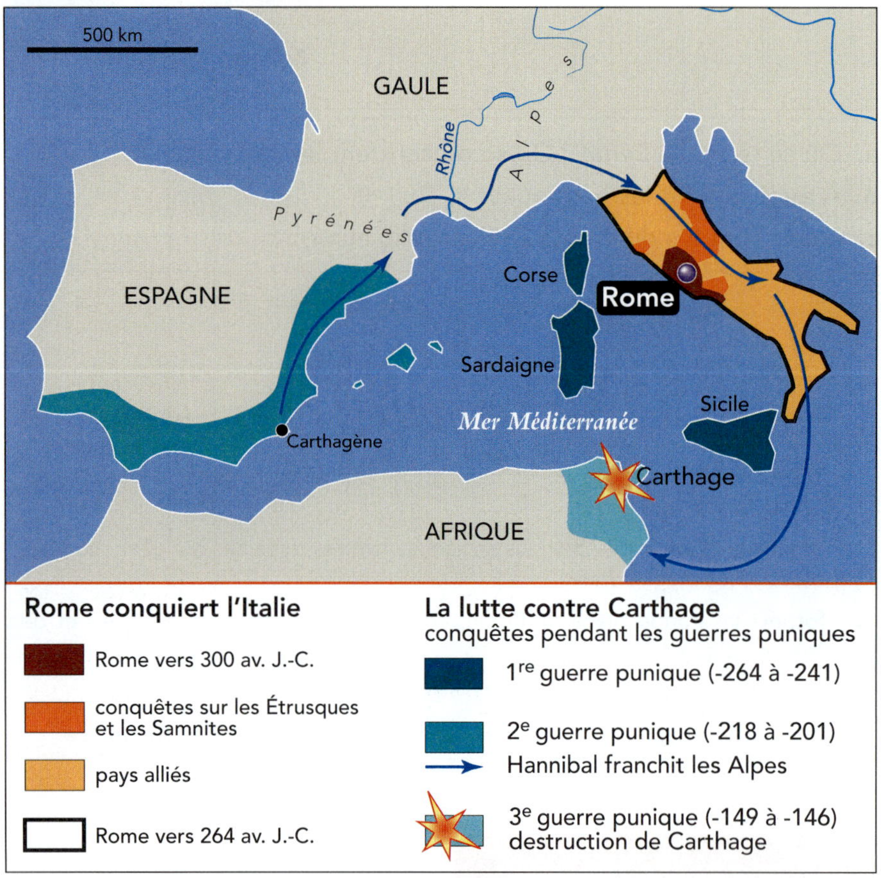

a. Où s'étendent les conquêtes de Rome au IIIe siècle av. J.-C. ?

b. Où se trouve Carthage ? Où sont implantées ses possessions ?

Doc. 2 Pourquoi Rome affronte Carthage ?

Les Romains, constatant que les Carthaginois avaient étendu leur domination non seulement sur les rivages de l'Afrique mais encore sur une bonne partie de l'Espagne et qu'ils étaient en outre maîtres de toutes les îles de la mer Tyrrhénienne, songeaient avec inquiétude que, si la Sicile tombait également en leurs mains, ils auraient là des voisins excessivement dangereux par lesquels ils se trouvaient encerclés.

POLYBE, *Histoires*, I, 10.

a. Que redoutent les Romains ?

b. En regardant la carte, pourquoi peut-on dire que l'affrontement entre Rome et Carthage était inévitable ?

Doc. 3 Le triomphe d'un consul ▶

En 293 av. J.-C. le consul Carvilius, vainqueur des Samnites et des Étrusques, célèbre son triomphe.

Cavaliers et légionnaires* défilèrent à pied et à cheval ; on regardait le butin pris aux Samnites, et on le comparait à celui rapporté autrefois par le père du consul [...]. Quelques prisonniers, célèbres par leurs exploits, marchaient entre leurs gardes ; des chariots portaient les lingots de cuivre, produit, disait-on, de la vente des prisonniers, et de l'argent pris aux villes. Tout ce cuivre et cet argent fut enfermé au Trésor public.

D'après TITE-LIVE, *Histoire romaine*, X.

B. L'armée au service de la conquête

Doc. 4 Une armée de citoyens

Les citoyens doivent obligatoirement, avant d'atteindre quarante-six ans, accomplir soit dix ans de service militaire comme cavaliers soit seize ans comme légionnaires, sauf les plus pauvres qu'on laisse servir dans la marine. Mais si jamais les circonstances l'imposent, les fantassins doivent vingt ans de service militaire. Nul ne peut devenir magistrat sans avoir accompli dix ans de service militaire. Lorsque les consuls s'apprêtent à lever une armé, ils annoncent au peuple romain assemblé en comices le jour où tous les Romains en âge de servir devront se présenter.

POLYBE, *Histoires*, VI.

a. Qui sont les soldats de Rome ? Est-ce une armée de métier ?

b. Combien de temps dure le service militaire ?

Doc. 5 Légionnaire romain

Bronze des IIe-Ier siècles av. J.-C.

● Le légionnaire doit fournir lui-même son équipement : de quoi est-il composé ?

Doc. 6 Un camp romain (deux légions*)

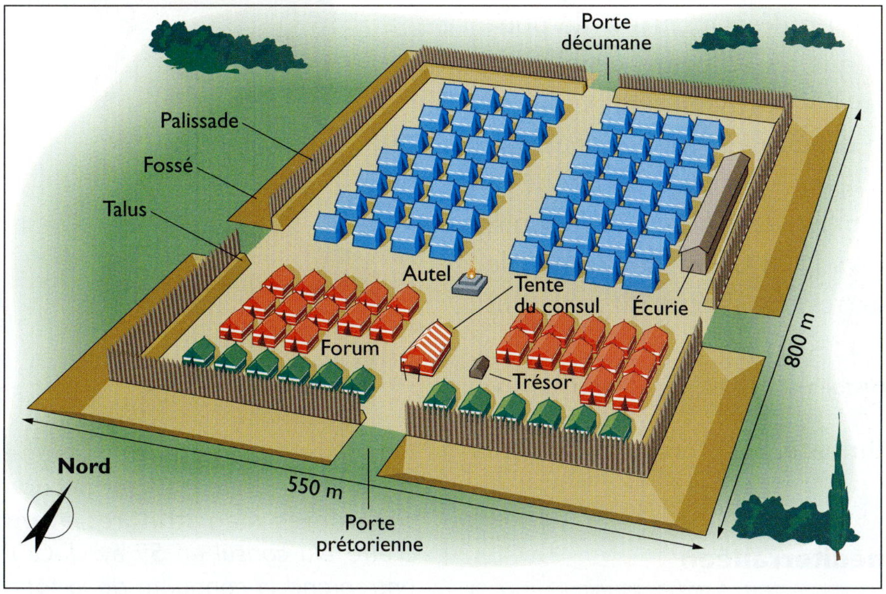

● Décris ce camp. Qu'est-ce qui le caractérise ?

Vocabulaire

Un légionnaire : citoyen romain effectuant son service militaire dans une légion.

Une légion : la principale unité de l'armée romaine qui compte près de 4 000 légionnaires.

je fais le point

Pendant près de quatre siècles, Rome affronte les autres peuples italiens. La cité doit d'abord défendre son territoire contre ses voisins immédiats. Rome cherche ensuite à s'étendre et se heurte aux Étrusques et aux Grecs du sud de l'Italie.

Au cours de ces nombreuses guerres Rome a créé une armée formée de citoyens âgés de 17 à 46 ans. Bien organisée et disciplinée, cette armée, constituée de plusieurs légions, permet à Rome de devenir une puissance militaire.

En 264 av. J.-C., Rome domine toute l'Italie. Elle s'oppose alors à la cité de Carthage qui contrôle la Sicile et la Sardaigne. Trois guerres se succèdent, les guerres puniques (264 à 146 av. J.-C.). Après avoir menacé la ville de Rome elle-même et dévasté l'Italie, les Carthaginois sont finalement vaincus, leur capitale détruite et leur empire (Sicile, Espagne, Afrique) annexé par Rome. Rome se lance alors à la conquête du bassin méditerranéen.

4 · Rome à la conquête du monde méditerranéen

Il a fallu plus de cinq siècles à la cité de Rome pour contrôler l'Italie. En deux siècles seulement Rome fait la conquête de toute la Méditerranée.

A. Les Romains maîtres de la Méditerranée

Doc. 1 L'impérialisme* romain vu par Mithridate

Mithridate, roi du Pont en Asie Mineure qui, au Ier siècle av. J.-C, combattit Rome, juge ainsi les conquêtes romaines.

Les Romains n'ont jamais eu qu'une seule raison de faire la guerre à tous les peuples, à tous les rois, c'est un désir insatiable de pouvoir et de richesses. [...] Tu sais bien que les Romains marchaient vers l'Occident et ont été arrêtés par l'océan ; c'est alors qu'ils se sont tournés contre nous. Depuis le début, ils n'ont rien fait que voler maisons, femmes, territoires, empires*. Aucune loi divine ni humaine ne saurait les empêcher de piller, de détruire alliés, amis, voisins ou éloignés, faibles ou puissants [...]. C'est par l'audace, le mensonge, c'est en enchaînant les guerres aux guerres qu'ils se sont agrandis.

SALLUSTE, *Histoires, « Lettre de Mithridate »*, V.

● Pour quelles raisons, d'après Mithridate, les Romains font-ils la guerre à d'autres peuples ?

Doc. 2 Jules César (vers 101-44 av. J.-C.)

Né dans une grande famille romaine de Rome, César occupe différentes magistratures avant d'être élu consul en 59 av. J.-C. Il entreprend la conquête de la totalité de la Gaule et en fait le récit au fur et à mesure pour entretenir sa gloire auprès des Romains. Il bat alors ses adversaires politiques et prend le pouvoir à Rome. Il meurt assassiné en 44 av. J.-C.

Doc. 3 La conquête du bassin méditerranéen

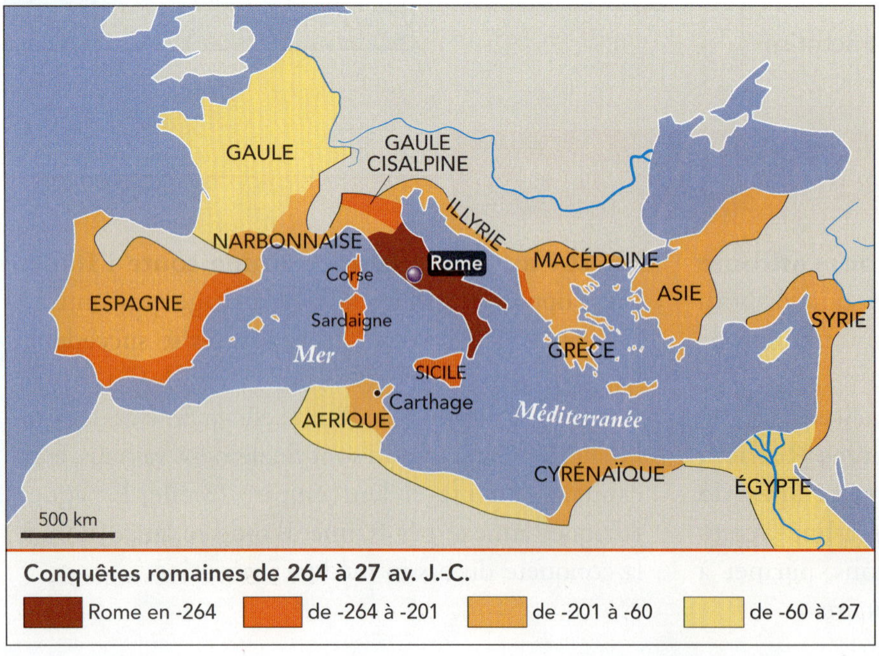

a. Quelles régions Rome domine-t-elle vers 264 av. J.-C. ?

b. Quelles régions Rome domine-t-elle vers 200 av. J.-C. ?

c. Quelles sont les régions conquises par Rome de 200 à 60 av. J.-C. ?

d. Quelles sont les régions conquises par César ?

B. César et la guerre des Gaules

Doc. 4 Les campagnes de César en Gaule

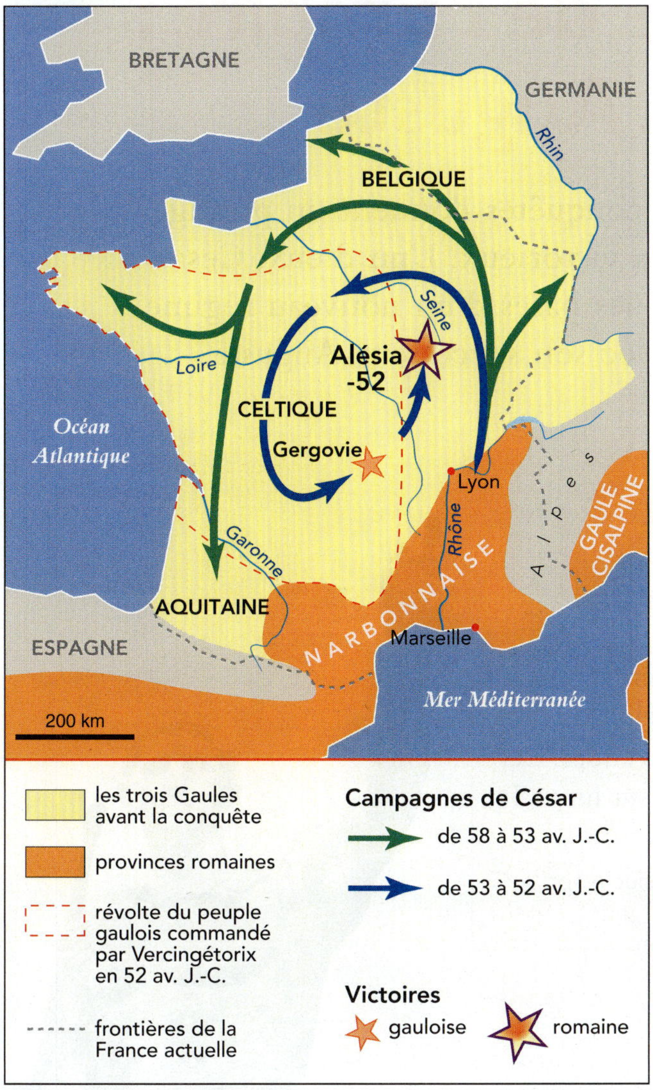

a. Combien de temps a duré la guerre contre les Gaulois ?

b. La conquête a-t-elle été facile ?

Doc. 5 Vercingétorix vu par César

Vercingétorix, fils de Celtillos, jeune homme qui était parmi les plus puissants du pays, convertit à sa cause tous ceux de ses compatriotes qu'il rencontre ; il les exhorte à prendre les armes pour la liberté de la Gaule. Ses partisans le proclament roi. [...] César parvint à Gergovie. Il désespéra de l'enlever de force. César, voyant que l'ennemi avait l'avantage du nombre, conçut des craintes pour la suite du combat. Le corps à corps était acharné. Les nôtres [les Romains], pressés de toutes parts, furent bousculés. Le lendemain [de la défaite romaine] César, ayant assemblé ses troupes, leur reprocha leur manque de réflexion et de sang froid.

[Après avoir perdu des batailles, Vercingétorix s'enferma dans Alésia et fut assiégé pendant deux mois par César qui réussit à le vaincre.]

Jules César, *la Guerre des Gaules*, VII.

a. Qui est Vercingétorix ?

b. Quels sont ses objectifs ?

c. Qui est d'abord vainqueur ?

d. Qui l'emporte finalement ?

Vocabulaire

L'impérialisme : la volonté d'un pays de dominer d'autres peuples ou cités.

Un empire : un vaste territoire où vivent des peuples différents contrôlés par une même autorité politique.

je fais le point

Avec les guerres puniques, Rome a commencé à s'étendre hors d'Italie et à agrandir son territoire en Méditerranée occidentale. Rome se tourne alors vers la Méditerranée orientale et fait la conquête des royaumes hellénistiques entre 200 et 30 av. J.-C.

Les conquêtes romaines ne s'effectuent pas sans résistance. Il faut neuf années et plusieurs campagnes militaires à Jules César pour soumettre la totalité de la Gaule. En 52 av. J.-C., le chef gaulois Vercingétorix réussit à soulever une partie des Gaulois contre les Romains. Après avoir, dans un premier temps, mis en échec les armées romaines, il est finalement vaincu à Alésia. Toute la Gaule devient alors romaine.

La conquête de toute la Méditerranée a duré moins de deux siècles. Rome est désormais à la tête d'un vaste empire.

5 · La naissance de l'Empire : de César à Auguste

Au cours du Ier siècle av. J.-C., les conquêtes donnent un prestige exceptionnel aux généraux romains victorieux. L'un d'eux, César, devient le maître de Rome et jette les bases d'un nouveau régime politique qui se met en place avec son successeur, Auguste.

A. De la République à l'Empire*

Doc. 1 L'assassinat de César

Accusé de vouloir rétablir la royauté, César est assassiné en 44 av. J.-C.

Lorsque César fut assis au Sénat, les conjurés l'entourèrent. Quand il vit de tous côtés des poignards levés sur lui, il s'enveloppa la tête de sa toge. C'est alors qu'il fut transpercé de vingt-trois coups. Certains ont rapporté qu'il dit à Marcus Brutus[1] se ruant sur lui : « Toi aussi, mon fils ! »

D'après SUÉTONE, *Vie des Douze Césars*, IIe siècle apr. J.-C.

1. Brutus est le fils adoptif de César.

- Pour quelle raison César est-il assassiné ?

Doc. 2 La carrière d'Octave (Auguste)

- Naissance en 63 av. J.-C. d'Octave, neveu de César.
- De 44 à 42 av. J.-C. Octave venge la mort de son oncle.
- En 43 av. J.-C. il partage l'Empire avec deux anciens généraux de César. Octave gouverne la partie occidentale de l'Empire.
- En 31 av. J.-C. Octave réussit à vaincre Marc Antoine qui gouvernait les provinces orientales.
- En 27 av. J.-C. Octave devient empereur, puis reçoit du Sénat le titre d'Auguste*.
- En 14 apr. J.-C. Auguste meurt.

a. À quel âge César et Auguste furent-ils consuls ?
b. Que peut-on en déduire ?
c. Qui a créé l'Empire ?

Doc. 3 L'empereur Auguste en Imperator* ►

Statue en marbre du Ier siècle av. J.-C.

a. Comment voit-on qu'Auguste est protégé par un dieu ?
b. Quels sont les vêtements que porte Auguste ? Que montrent-ils ?

B. La mise en place de l'Empire

Doc. 4 Les pouvoirs d'Auguste

Tous les pouvoirs du Sénat et du peuple passèrent à Auguste, et à partir de ce moment, une véritable monarchie fut établie. [...] Bien sûr, les Romains détestent tellement le nom de monarchie, qu'ils se refusent à appeler leurs empereurs du nom de roi. [...] Mais comme tout le gouvernement de l'État est entre leurs mains, on est bien obligé de considérer que ce sont des rois, même si, encore maintenant, on nomme aux magistratures selon les lois.

D'après Dion Cassius (vers 155-230 apr. J.-C.), *Histoire romaine*, LIII.

a. Dans ce nouveau régime, qui détient les principaux pouvoirs ?

b. Que signifie « on nomme aux magistratures selon les lois » ?

Doc. 5 L'organisation politique de l'Empire

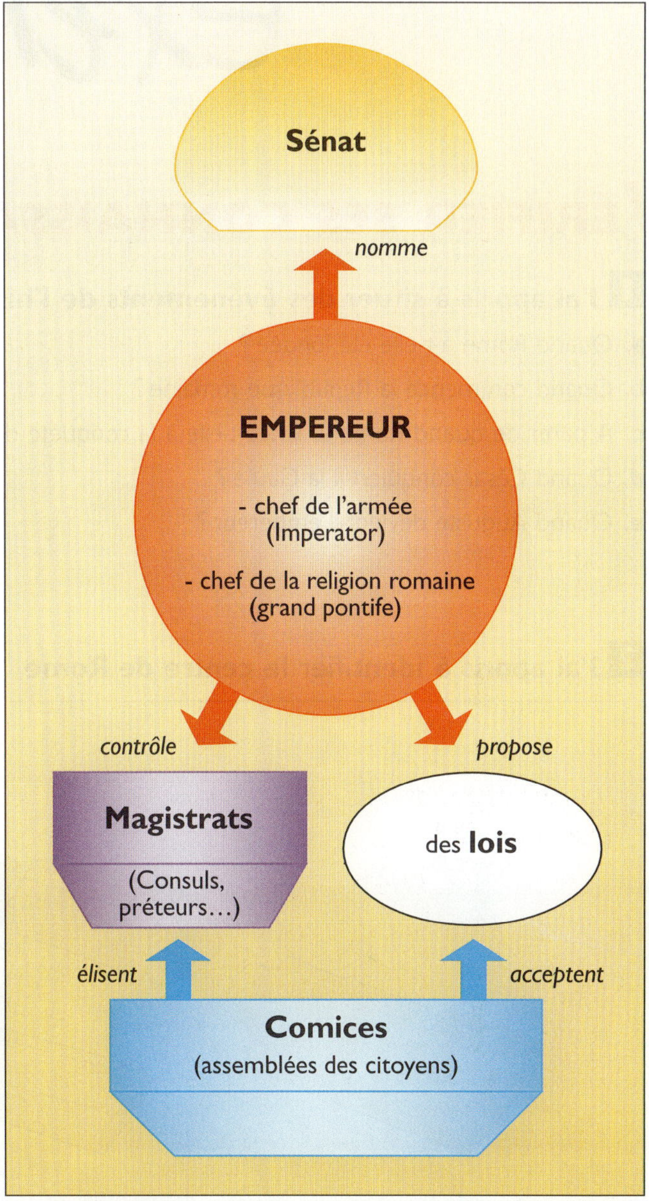

a. Quels sont les pouvoirs de l'empereur ?

b. Comparez ce schéma avec celui de la page 98.

Vocabulaire

L'Empire romain : régime politique fondé par Auguste et dirigé par un empereur. Le mot désigne aussi l'ensemble des territoires contrôlés par Rome.

Auguste : nom prestigieux donné par le Sénat à Octave qui signifie « élu des dieux ».

Imperator : titre donné aux généraux victorieux. Le mot désigne d'abord le chef des armées puis celui qui gouverne l'Empire, c'est-à-dire l'empereur.

Un dictateur : un magistrat de la République auquel le Sénat donne des pouvoirs exceptionnels, pour une durée de six mois, en cas de grave danger.

Le grand pontife : le chef de la religion romaine.

je fais le point

César, général victorieux, s'empare du pouvoir à Rome et se fait nommer dictateur* à vie. Il est assassiné en 44 av. J.-C. par des républicains qui redoutent le retour de la royauté.

Son neveu, Octave, lui succède. En 27 av. J.-C. il crée un nouveau régime politique, l'Empire dont il est le chef, l'empereur. Ne voulant pas subir le sort de César, il a l'habileté de maintenir les institutions de la République, mais le Sénat et le peuple perdent l'essentiel de leur pouvoir. Octave, qui s'est fait donner le surnom d'Auguste, est ainsi le chef de l'armée avec le titre d'Imperator. Il nomme les fonctionnaires, les magistrats et les sénateurs et propose les lois au peuple. Il est aussi grand pontife*, c'est-à-dire chef de la religion romaine.

Après sa mort, le pouvoir des empereurs se renforce et le régime politique mis en place sous Auguste restera inchangé jusqu'au IIIe siècle apr. J.-C.

Exercices

VÉRIFIER SES CONNAISSANCES

1 J'ai appris à situer des événements de l'histoire de Rome

a. Quand Rome a-t-elle été fondée ?

b. Quand commence la République romaine ?

c. À partir de quand Rome se lance-t-elle à la conquête de la Méditerranée ?

d. Quand César conquiert-il la Gaule ?

e. Quand Auguste devient-il empereur ?

2 J'ai appris à identifier le centre de Rome

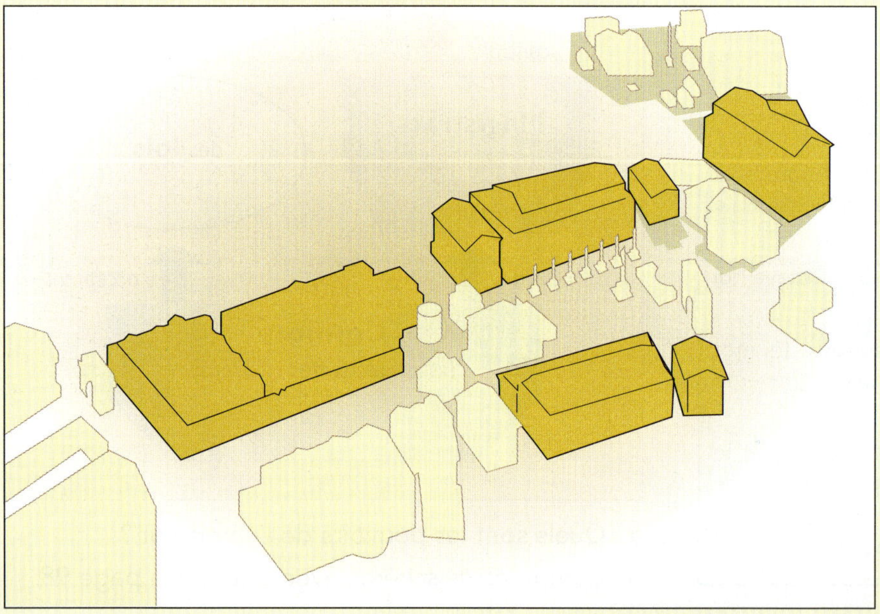

a. Comment se nomme ce lieu ?

b. Quels sont les principaux types de bâtiments ?

c. À quoi servent-ils ?

3 J'ai appris à reconnaître les armes des légionnaires romains

- À quelles armes correspondent les lettres A, B, C et D ?

Extrait d'*Astérix légionnaire* par Goscinny et Uderzo.

ALLER PLUS LOIN

4 La reddition de Vercingétorix (52 av. J.-C.)

D'après l'écrivain grec Plutarque.

Vercingétorix, le chef qui avait mené la guerre, prit ses plus belles armes, son cheval et sortit par les portes de la ville. Il fit un tour à cheval tout autour de César qui était assis, puis descendant de sa monture, il jeta ses armes à terre et alla s'asseoir aux pieds de César, où il ne bougea plus, jusqu'au moment où César le remit à ses gardes.

PLUTARQUE, *Vie de César*, IIe siècle apr. J.-C.

D'après César, qui, dans ses Mémoires, parle de lui-même à la troisième personne.

Vercingétorix convoque l'assemblée des Gaulois : il déclare que cette guerre n'a pas été entreprise par lui pour son intérêt personnel, mais pour conquérir la liberté de tous ; il s'offre à eux : ils peuvent à leur choix, apaiser les Romains par sa mort ou le livrer vivant. On envoie à ce sujet une députation à César. Il ordonne qu'on lui remette les armes et qu'on lui amène les chefs. Il installe son siège devant le camp : c'est là qu'on lui amène les chefs, que Vercingétorix est livré et que les armes sont jetées à ses pieds.

D'après CÉSAR, *la Guerre des Gaules*, VII, Ier siècle av. J.-C.

D'après Goscinny et Uderzo dans *Astérix et le bouclier arverne*, 1968.

a. Les auteurs de ces trois documents sont-ils contemporains de l'événement décrit ?

b. Comment Plutarque présente-t-il la victoire de César ?

c. Comment César présente-t-il la reddition de Vercingétorix ?

d. Quelles différences voyez-vous entre les versions de Plutarque et de César ?

e. Laquelle de ces versions a inspiré les auteurs d'*Astérix* ?

5 Je construis une frise chronologique

- Reproduis l'axe chronologique ci-dessous en plaçant les dates-clés des conquêtes romaines.

– 753 **14 apr.**

S'EXERCER À RÉDIGER

6 Recherche au CDI des informations sur l'une des légendes romaines suivantes :
- l'arrivée d'Énée en Italie,
- l'enlèvement des Sabines,
- Romulus et Remus.

Rédige un paragraphe pour la présenter.

Enquête

Pompéi, la redécouverte d'une civilisation

Le 24 août 79, Pompéi est rayée de la carte de l'Empire romain par une éruption brutale du Vésuve. Au fil des siècles, la nature reprend ses droits et l'herbe repousse sur les quatre mètres de cendres qui ont recouvert la ville. 1 800 ans plus tard, les rues, les maisons dégagées par les archéologues font renaître cette riche cité du sud de l'Italie.

Maîtres et esclaves

Pompéi compte 20 000 habitants, dont pas moins de 8 000 esclaves. Les hommes libres, ce sont les ouvriers qui louent leurs bras à la journée, et le travail ne manque pas depuis qu'un séisme a ébranlé la ville 17 ans plus tôt ! C'est aussi tout un peuple d'artisans, d'aubergistes, de commerçants, aidés de leurs épouses, qui prospèrent autour du forum ou du quartier des théâtres. Ce sont également les grands propriétaires. Ceux-ci concentrent entre leurs mains tout ce qui fait la richesse de la ville : les champs de blé, d'oliviers, les vignes dont on tire le vin exporté en Gaule ; les briqueteries et les tuileries dont on vend la production jusqu'en Dalmatie ; les ateliers où les esclaves foulent la laine des moutons.

Richesses et plaisirs

Nombreux sont les habitants de Pompéi qui s'enrichissent et mènent une vie très agréable. Ils font du sport dans les palestres d'où ils se rendent aux thermes : bains de vapeur, piscines d'eau froide, massages. Ils peuvent ensuite aller au cirque, assister aux combats d'hommes et de bêtes fauves, ou à l'odéon, écouter les déclamations d'un poète, ou encore organiser un banquet dans leur villa. Les Pompéiens ont un grand sens des plaisirs de la vie, comme en témoignent les fresques de leurs villas richement décorées, véritables musées remplis d'argenterie, de statues et de peintures.

Les dernières heures de Pompéi

Le 24 août 79 à 10 heures, le sommet du Vésuve explose. Bientôt, une pluie de cendres et de pierres s'abat sur la ville. L'air, rempli de soufre, devient irrespirable. Les habitants essaient de fuir vers la mer. Pendant deux jours, le ciel sera comme en pleine nuit, traversé seulement par les lueurs rouges du volcan. Quand le soleil sera de nouveau visible, des milliers de morts reposeront dans leur linceul de cendres.

le récit de l'histoire

Rome sous la République

Selon la légende, Rome fut fondée par Romulus, fils du dieu de la Guerre, Mars, et d'une descendante du Troyen Énée. L'archéologie nous fournit d'autres indications sur les origines de cette ville dont l'histoire marqua la civilisation occidentale. Les premiers maîtres de Rome furent des Étrusques. L'un d'eux, Servius Tullius, laissa une muraille englobant les sept collines de la ville. En 509, le dernier roi étrusque fut chassé et les Romains instituèrent une république.

La République reposait sur les citoyens, les magistrats élus par eux – dont les deux plus importants sont les consuls – et le Sénat composé d'anciens magistrats. Cependant, tous les citoyens n'étaient pas égaux. Seuls les plus riches pouvant élire les magistrats, le gouvernement de la République revenait en fait à une aristocratie de quelques familles. L'armée jouait un rôle très important. Tout citoyen devait accomplir un long service militaire et nul ne pouvait être élu à une magistrature sans avoir servi dix ans. Pendant des siècles, Rome combattit ses voisins, d'Italie d'abord, puis le royaume de Carthage. Son armée de citoyens, au service de la République, organisée et disciplinée fit de Rome une grande puissance militaire. En effet, elle se lança à l'assaut du monde méditerranéen, soumettant peu à peu les royaumes hellénistiques des héritiers d'Alexandre. Le prestige des généraux vainqueurs fut très grand et les incita à s'emparer du pouvoir. C'est ainsi que l'armée de la République devint l'instrument d'un empire.

Après avoir éliminé son rival, Pompée, Jules César, général victorieux de la guerre des Gaules, se fit nommer dictateur à vie. En 44 av. J.-C., il fut assassiné par des sénateurs républicains qui craignaient un retour à la monarchie. Son neveu, Octave, ayant éliminé à son tour un autre rival, Marc Antoine, parvint à instituer un nouveau régime politique, l'Empire, en 27 av. J.-C. Habilement, il sut conserver les lois de la République tout en réduisant considérablement les pouvoirs des citoyens et du Sénat. Chef des armées avec le titre d'Imperator, c'était lui qui nommait les fonctionnaires, les magistrats, les sénateurs et proposait les lois. Enfin, s'étant fait donner le nom d'Auguste qui signifie « élu des dieux », il devint aussi grand prêtre de la religion romaine. Un nouveau chapitre de l'histoire romaine s'ouvrait.

Hier et aujourd'hui

Ce que nous devons à cette période :

- la conquête de la Gaule par Jules César et la civilisation gallo-romaine ;
- le régime politique républicain ;
- la transmission de l'héritage hellénistique par Rome ;
- la notion d'empire.

CHAPITRE 8

L'EMPIRE

Doc. 1 Maquette du centre de Rome au IIe siècle

ROMAIN À SON APOGÉE

Doc. 2 **L'Empire au milieu du IIe siècle apr. J.-C.**

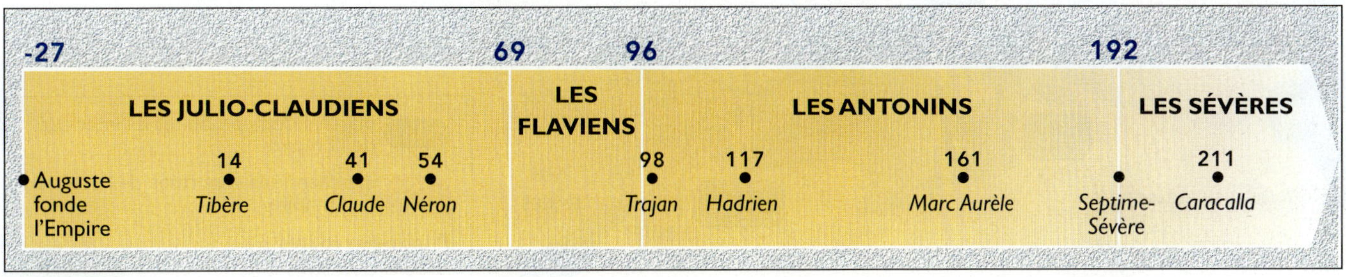

Doc. 3 **L'Empire, d'Auguste à Caracalla**

1 · La paix romaine

Les conquêtes romaines de la République, puis de l'Empire, ont fait de Rome le centre du monde méditerranéen. Comment la paix romaine* et la prospérité sont-elles assurées au sein de l'Empire ?

A. Un monde protégé

Doc. 1 Le limes* de Bretagne (mur d'Hadrien)

a. Où se trouve le mur d'Hadrien ?

b. De quelle époque date ce limes ? Existe-t-il d'autres limes dans l'Empire ?

Doc. 2 Barbare* contre Romain (IIe siècle apr. J.-C.)

a. Décris les deux combattants.

b. Comment reconnaît-on le Romain ?

B. Un monde prospère

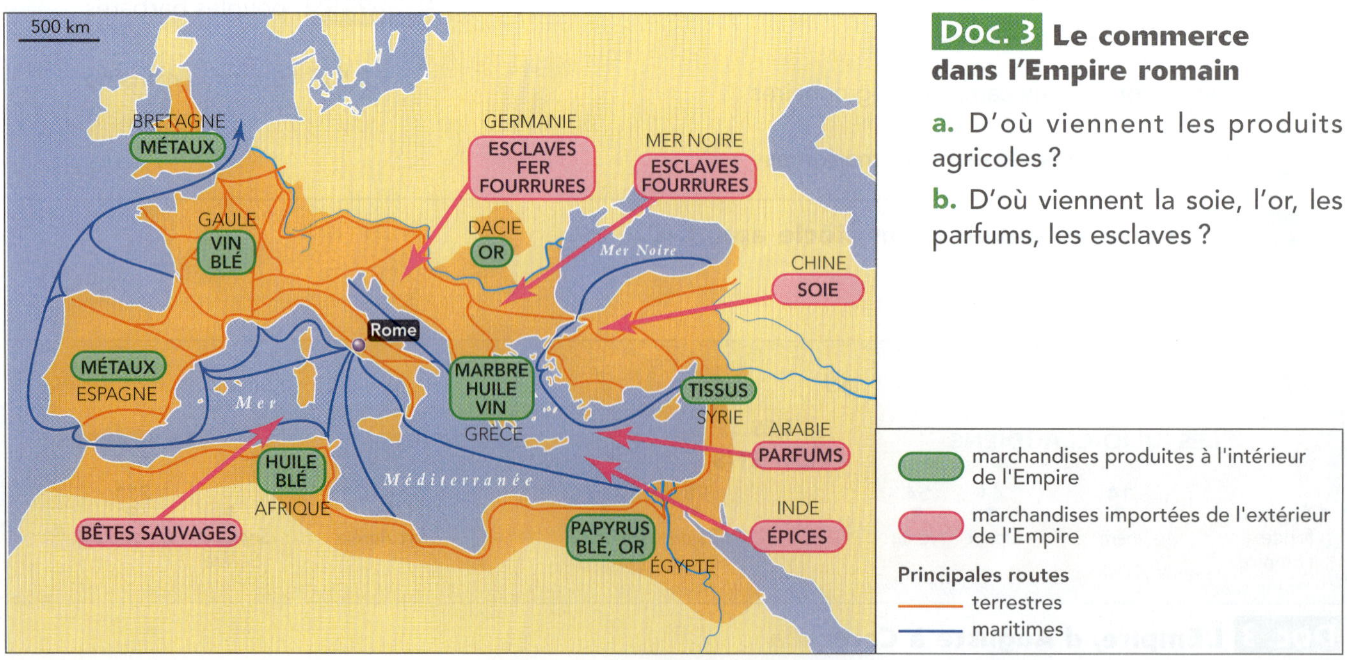

Doc. 3 Le commerce dans l'Empire romain

a. D'où viennent les produits agricoles ?

b. D'où viennent la soie, l'or, les parfums, les esclaves ?

Doc. 4 Un navire de commerce à Ostie (port de Rome)

● Que font les différents personnages sur ce navire ?

Vocabulaire

Un limes : une frontière du monde romain protégée par des fortifications.

Les Barbares : les peuples vivant à l'extérieur de l'Empire romain.

La paix romaine : la paix qui règne dans l'Empire romain, pendant les deux premiers siècles de notre ère, grâce aux légions.

Doc. 5 Une voie romaine en Syrie

Doc. 6 Éloge de l'Empire

De toute la terre et de toute la mer arrive chez vous [à Rome] tout ce que font pousser les saisons, tout ce que produisent les divers pays. Les navires apportent de partout toutes ces productions ici même chaque année à la belle saison comme au retour de l'automne. Et la ville est comme un marché commun de toute la terre. Les cargaisons venues de chez les Indiens, et même de chez les habitants de l'Arabie heureuse, on peut les voir ici. Les tissus de Babylone et les bijoux des pays barbares d'au-delà arrivent ici plus facilement qu'à Athènes. Vos champs, ce sont l'Égypte, la Sicile et la partie cultivée de l'Afrique. Dans votre port, les navires ne cessent d'arriver et de partir.

Aelius ARISTIDE (IIe siècle apr. J.-C.),
Éloge de Rome, discours XXVI.

a. De quelles régions proviennent les produits qui parviennent à Rome ?

b. Que signifie l'expression « d'au-delà » pour désigner les pays barbares ?

Doc. 7 Durées de parcours dans l'Empire

Par route : 30 km par jour.
Marchandises :
Par route, pour le service des postes impériales : 150 à 200 km par jour.
Par mer : en moyenne 5 nœuds, soit 9 km/heure.
Durée moyenne des traversées :

Tarragone - Ostie :	4 jours.
Carthage - Cadix :	7 jours.
Alexandrie - Ostie :	18 jours.

je fais le point

C'est au IIe siècle ap. J.-C. que l'Empire romain connaît sa plus grande extension. Les empereurs cherchent davantage à protéger leur territoire en fortifiant les frontières, le limes, qu'à faire de nouvelles conquêtes. Près de trente légions, soit environ 400 000 soldats, défendent l'Empire contre les peuples barbares qui vivent à ses portes.

La paix romaine assure la prospérité économique de l'Empire. Toutes sortes de marchandises (produits agricoles, métaux, tissus…) arrivent à Rome et dans les grandes villes par les voies maritimes et terrestres. Elles proviennent des différentes provinces de l'Empire, mais aussi de pays étrangers comme la Chine ou l'Inde.

80 000 km de routes pavées couvrent la totalité du territoire. Construites d'abord pour permettre aux légions de se déplacer rapidement dans tout l'Empire, elles sont aussi utilisées par les marchands.

2· Rome, capitale impériale

Au IIe siècle apr. J.-C. Rome, qui dépasse un million d'habitants, est la capitale politique et économique d'un vaste empire. On s'y distrait beaucoup, dans des lieux qui sont autant de monuments.

A. La plus grande ville du monde

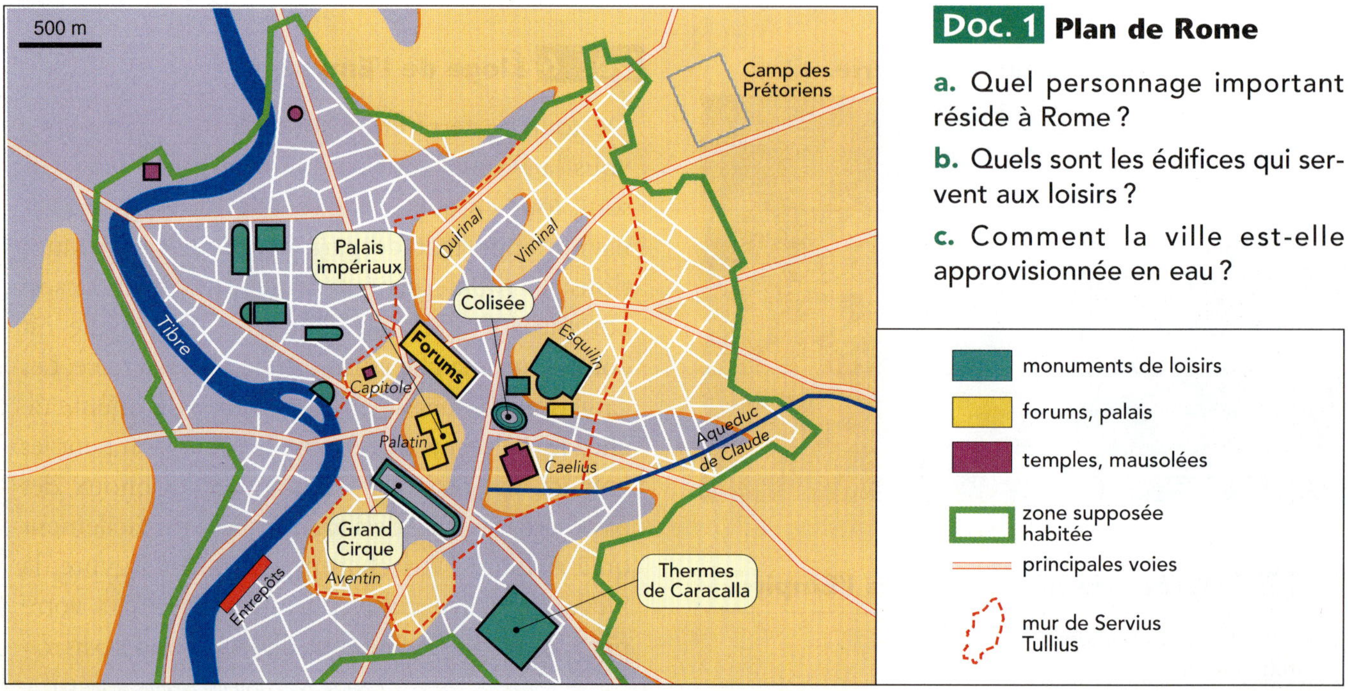

Doc. 1 Plan de Rome

a. Quel personnage important réside à Rome ?

b. Quels sont les édifices qui servent aux loisirs ?

c. Comment la ville est-elle approvisionnée en eau ?

Doc. 2 Le Colisée : le plus grand amphithéâtre* de Rome

Doc. 3 Une insula

Alors que les riches habitent de belles demeures, les pauvres s'entassent dans des immeubles à étages, les insulae.

B. Une ville de loisirs

Doc. 4 Le peuple de Rome

À présent que nul n'achète plus nos votes, le peuple a depuis longtemps banni tout souci. Le peuple, qui octroyait des commandements, des consulats, des légions et bien d'autres choses encore, ne se mêle plus aujourd'hui de rien et n'aspire qu'à deux choses : du pain et les jeux du cirque.

JUVÉNAL (60-130 apr. J.-C.), *Satires.*

a. De quelle période de l'histoire de Rome l'auteur parle-t-il ?

b. Quel changement l'auteur constate-t-il à son époque ? Comment l'explique-t-il ?

Doc. 5 Un combat de gladiateurs

Mosaïque romaine

a. Décris cette scène de combat.

b. Dans quels lieux se déroulent les combats ?

Vocabulaire

Un aqueduc : un canal qui permet de conduire l'eau d'un lieu à un autre.

Des thermes : des bains publics.

Un amphithéâtre : un bâtiment de forme ovale où se déroulent les combats de gladiateurs. Le plus célèbre est le Colisée.

Un arc de triomphe : un monument construit pour célébrer une victoire militaire ou un événement important.

Doc. 6 Les thermes* de Caracalla (début du IIIe siècle)

● Quelles activités les Romains pratiquent-ils dans les thermes ?

1. *Frigidarium* : bain froid. **2.** *Tepidarium* : bain tiède. **3.** *Caldarium* : bain chaud. **4.** Palestre. **5.** Stade. **6.** Gymnase. **7.** Jardins. **8.** Bibliothèque.

Je fais le point

Au IIe siècle apr. J.-C. Rome est la plus grande ville du monde. Elle compte plus d'un million d'habitants. Des produits de toutes les parties du monde méditerranéen y affluent et en font le cœur économique de l'Empire.

Rome est également la capitale politique. Les empereurs y demeurent et y dirigent l'Empire. Ils embellissent la ville et y construisent des forums, des arcs de triomphe*, des aqueducs*, mais aussi des lieux de loisirs comme les théâtres, les amphithéâtres, les thermes. Les courses de chars du cirque et les combats de gladiateurs du Colisée sont très populaires.

Les Romains ont de nombreux loisirs car ce sont leurs esclaves qui effectuent la plupart des tâches. L'empereur leur fait également livrer gratuitement du blé. Avec « le pain et les jeux », les empereurs ont réussi à détourner le peuple de la vie politique.

3 · Les villes romaines

Les empereurs romains ont fondé des villes dans tout leur vaste empire. Elles sont construites selon un même plan, reconnaissable à son quadrillage. En quoi ces villes sont-elles romaines ?

A. Une ville quadrillée : l'exemple d'Arles

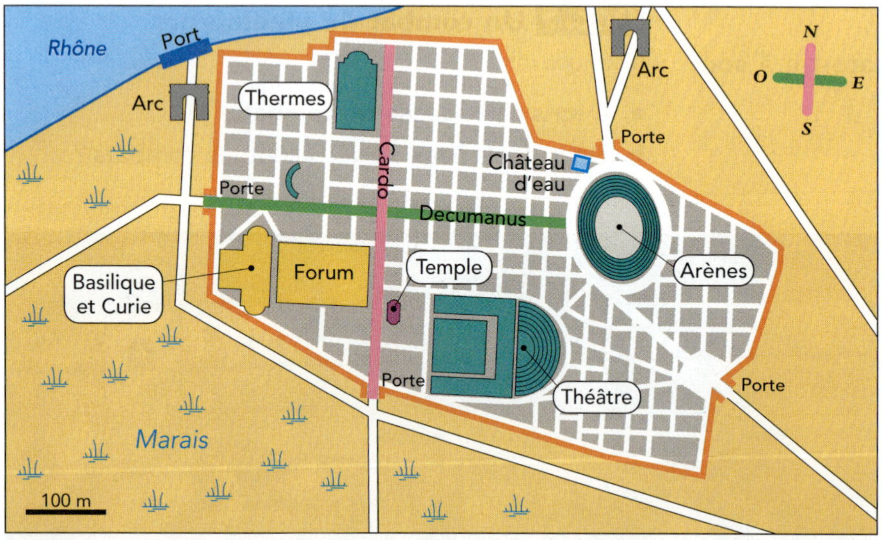

Doc. 1 Plan de la ville d'Arelate (Arles) au Ier siècle apr. J.-C.

a. Où se trouve Arles ?

b. Quelle forme ont les rues de la ville ?

c. Pourquoi parle-t-on de ville quadrillée ?

d. Repère les monuments semblables à ceux de Rome (document 1 p. 114).

Doc. 2 Vue aérienne d'Arles aujourd'hui

a. Quels monuments romains peut-on reconnaître ? À quoi servent-ils ?

b. En quoi leur architecture diffère-t-elle ?

B. Des villes à l'image de Rome

Doc. 3 **Le théâtre d'Orange** (France)

a. Rappelle à quoi sert un théâtre.

b. Qu'est-ce que cela nous apprend sur le mode de vie des habitants des villes de l'Empire romain ?

Doc. 4 **L'aqueduc de Ségovie** (Espagne)

■ D'une hauteur maximale de 128 m, il fut construit à l'époque d'Auguste et restauré au début du IIe siècle apr. J.-C.

a. À quoi servait cet aqueduc ?

b. Tous les aqueducs ont-ils cette architecture ? Qu'est-ce qui caractérise celui-ci ?

Doc. 5 **Une cité romaine de province**

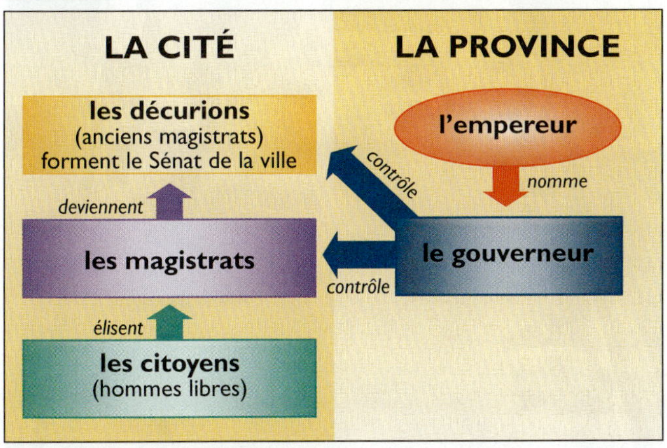

● Compare ce schéma avec celui des institutions de l'Empire, p. 103. Qu'en déduis-tu sur l'organisation des cités de l'Empire ?

Vocabulaire

Le cardo : dans une ville romaine, la rue principale, de direction nord/sud.

Le decumanus : dans une ville romaine, la rue principale, de direction est/ouest.

je fais le point

Les Romains ont fondé de nombreuses villes dans leur empire, en particulier dans sa partie occidentale et en Afrique.

Toutes ces villes s'inspirent de la capitale impériale : Rome. Elles s'organisent autour d'un forum. Les arcs de triomphe, les amphithéâtres, les thermes sont autant de monuments romains que l'on y retrouve. Toutefois, à la différence de Rome, ces villes, plus récentes, sont construites suivant un plan géométrique. Les deux voies principales, le cardo* et le decumanus* se coupent à angle droit et structurent la ville. Toutes les rues sont parallèles soit à l'une soit à l'autre.

Ces villes disposent d'une certaine autonomie par rapport à Rome. Un sénat local et des magistrats, choisis parmi les plus riches, les administrent. Le gouverneur de province, représentant de l'empereur, intervient peu dans les affaires de la ville.

4 • La Gaule romaine

En 52 av. J.-C. les Gaulois sont définitivement vaincus.
La totalité de la Gaule devient alors un territoire romain. En quelques siècles, ces provinces* se développent et s'intègrent au monde romain, donnant naissance à la civilisation gallo-romaine.

A. Des provinces romaines prospères

Doc. 1 La Gaule au IIe siècle apr. J.-C.

● En combien de provinces la Gaule est-elle divisée ? Dans quelle partie de la Gaule trouve-t-on le plus de villes ?

Doc. 2 Reconstitution d'une villa* gallo-romaine

Les villas sont au centre de vastes domaines agricoles dans les régions les plus riches.

a. Décris cette maquette.
b. Où se trouve la demeure du maître ?
c. À quoi servent, selon toi, les bâtiments du premier plan ?

Doc. 3 Une moissonneuse gauloise

Bas-relief de Buzenol-Montauban, Belgique

● En quoi peut-on dire que les campagnes gauloises ont profité de la domination romaine ?

B. La romanisation* des Gaulois

Doc. 4 Une famille gauloise romanisée

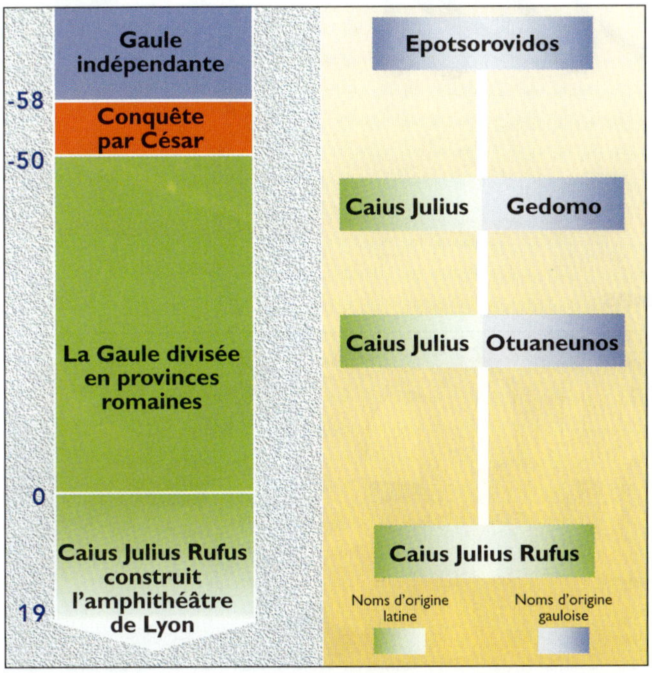

D'après une inscription en l'honneur de Caius Julius Rufus, magistrat de Saintes (Ier siècle apr. J.-C.)

a. Qui porte un nom totalement gaulois dans la famille de Julius Rufus ?

b. Qui porte un nom en partie romain ?

c. Qu'indique ce changement de nom ?

Doc. 5 Caius Julius Pacatianus

Bronze gallo-romain

a. Quel vêtement porte Caius Julius Pacatianus ?

b. Quelles indications cela donne-t-il sur ce personnage ?

Vocabulaire

Une province : unerégion conquise et administrée par Rome.

Une villa : un domaine constitué d'une riche maison et d'une exploitation agricole.

La romanisation : l'adoption du mode de vie, de la langue et des coutumes des Romains.

Doc. 6 Des Gaulois sénateurs à Rome

Voyez ces brillants jeunes gens ! Il n'y a pas de raison de regretter de les voir sénateurs. Si l'on considère que pendant dix ans les habitants de la Gaule chevelue ont tenu en haleine par la guerre le divin Jules, qu'on oppose à cela dix années de fidélité. Ce sont eux qui, quand mon grand-père Drusus soumettait la Germanie, assurèrent à ses arrières une paix sans inquiétude.

Discours de l'empereur CLAUDE, 48 apr. JC.

a. Qui sont les habitants de la Gaule chevelue et le divin Jules ?

b. Quels arguments utilise l'empereur Claude pour faire accepter les Gaulois au Sénat ?

je fais le point

Après avoir été conquise par César, la Gaule devient un territoire entièrement romain, organisé en plusieurs provinces. La paix romaine lui apporte la prospérité, dans les villes comme dans les campagnes.

De nombreux Gaulois, surtout parmi les plus riches, adoptent le mode de vie et les coutumes des Romains. Ils se rendent aux thermes et assistent aux combats de gladiateurs. Ils parlent le latin et prennent des noms romains. Les membres de l'aristocratie gauloise parviennent à obtenir la citoyenneté romaine et quelques-uns à devenir sénateurs à Rome.

Cette romanisation* concerne surtout ceux qui habitent en ville. Dans les campagnes, la grande majorité des Gaulois continuent à parler leur langue et gardent leurs traditions. Le mélange des deux cultures forme la civilisation gallo-romaine.

Exercices

VÉRIFIER SES CONNAISSANCES

1 J'ai appris à reconnaître des monuments romains

a. Ces quatre monuments se trouvent à Rome. Retrouve leur nom et à quoi ils servaient.

b. Dans quelles autres villes de l'Empire romain (indique également le pays) peut-on trouver un ou plusieurs de ces monuments ?

2 J'ai appris à comprendre la fonction d'un monument romain

a. Où se trouve ce monument ?

b. À quoi servait-il principalement ?

c. Quelles sont les autres activités qu'offrait ce lieu ?

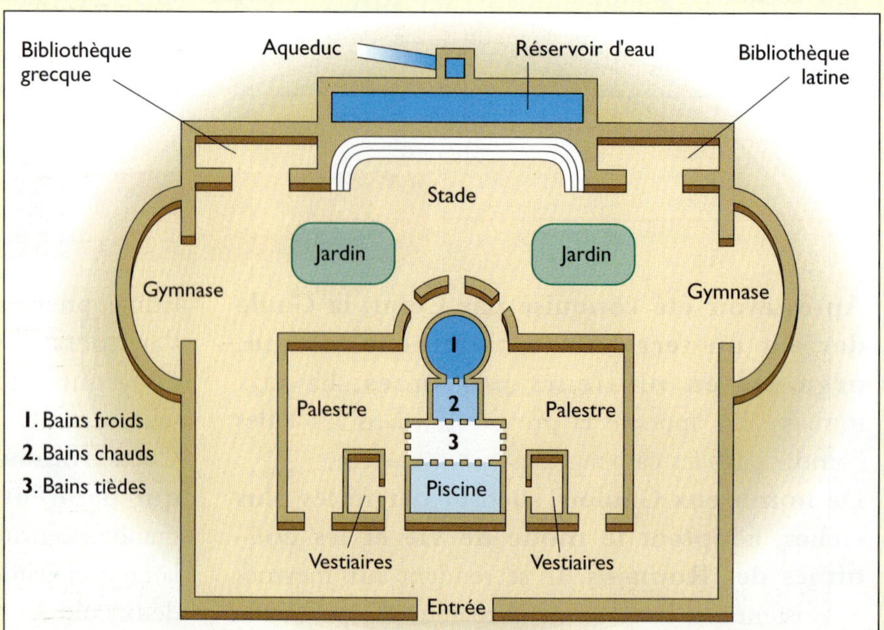

ALLER PLUS LOIN

3 La religion des Romains

Comme les Grecs, les Romains sont polythéistes. Cependant, trois dieux dominent leurs croyances : c'est la triade capitoline, composée de Jupiter, Junon et Minerve.

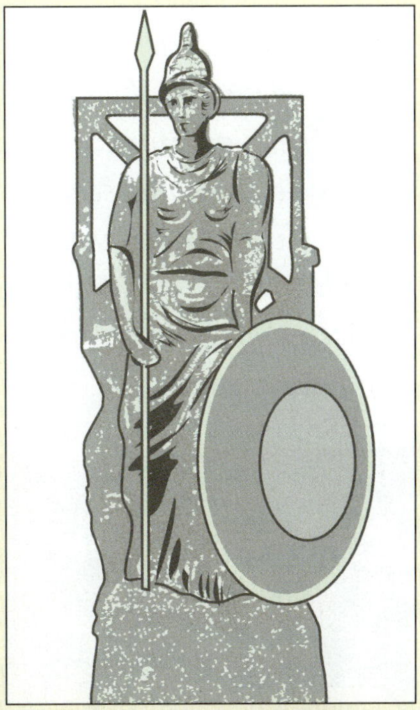

a. Observe Jupiter.
À quel Dieu grec peut-on l'identifier ?

b. À quelle déesse protectrice d'une grande cité grecque Minerve, avec son casque et sa lance, fait-elle penser ?

c. Junon est l'épouse de Jupiter. Trouve son nom grec.

d. Comme tu le vois, les dieux romains sont très proches des dieux grecs. En t'aidant du document 1 p. 62, recopie et complète le tableau suivant.

Dieu	Fonction	Attributs	Dieu grec
Jupiter	maître du ciel	foudre, aigle	
Junon	mariage	paon	
Minerve	sagesse	chouette, casque, lance	
Mars	guerre	armes	
Apollon			Apollon
Diane	lune, chasse	croissant, arc	
Vénus	beauté, amour	colombe	
Cérès	terre, fécondité	blé	
Vulcain	feu	marteau, enclume	
Mercure	commerce	ailes	
Bacchus	nature, vin	vigne	
Neptune	mer	trident	

e. Retrouve les noms des dieux romains qui désignent les planètes de notre système solaire.

f. Par l'intermédiaire de ces planètes, les dieux romains sont également à l'origine des noms des jours de la semaine : si samedi est le jour de Saturne, le dieu du temps, à quels dieux correspondent le mardi, le mercredi, le jeudi, le vendredi ?
Pour trouver le dieu qui se cache sous le dimanche, cherche le nom de ce jour en anglais.

S'EXERCER À RÉDIGER

4 Rédige un paragraphe sur les loisirs des Romains. Certains te choquent-ils ? Pourquoi ?
Compare-les avec les loisirs actuels.

Enquête

Les Gaulois font du commerce international

Une caisse intacte dans les cendres de Pompéi. À l'intérieur, des bols, des vases d'une belle couleur rouge et aux motifs identiques. Leur provenance ne fait aucun doute. Ils viennent des ateliers de la Graufesenque, dans la région du Rouergue, en Gaule. Comment des poteries gauloises sont-elles arrivées dans le Sud de l'Italie ? Témoignage d'une époque où l'exportation des techniques, l'industrie et le commerce international existaient déjà.

Une technique qui s'exporte

Ce sont des potiers d'Arezzo, en Italie, qui ont exporté en Gaule la technique du sceau. Cette technique consiste à reproduire à volonté sur les poteries des décors identiques en les imprimant dans la terre encore fraîche à l'aide de poiçons. Ce qui va donner lieu, dans la région de la Graufesenque, à une véritable industrie. En effet, ce ne sont pas moins de 400 potiers qui travaillent à cette production vendue dans tout l'Empire romain.

Un travail collectif

Tout commence par la collecte de la terre. Lavée, purifiée, elle est d'abord stockée. Ensuite, chaque potier fabrique ses pièces au tour ou dans un moule. De septembre à avril, il les apporte au four. Vient alors l'étape décisive et délicate de la cuisson. Le four est immense, de la taille d'une maison. Il peut contenir jusqu'à 40 000 bols, vases, plats et assiettes qui doivent cuire à 1 050 °C avec un feu que l'on a mis trois à quatre jours à préparer. Que sa température soit trop forte ou trop basse, et ce sont des milliers de pièces gâchées. Heureusement, les maîtres du feu de la Graufesenque ont la main sûre et l'on peut, chaque jour, remplir les caisses qui, du port de Narbonne, seront acheminées aux quatre coins de l'Empire.

D'autres productions gauloises

Verrerie taillée de Strasbourg, bronzes de Namur, draps de Moselle sont des productions gauloises très appréciées. De même que les salaisons de porc. Avant la conquête romaine, les Gaulois faisaient déjà du commerce avec d'autres peuples : ils vendaient aux Grecs installés à Marseille et aux Italiens chaudrons, bijoux, poteries et outils. Car les artisans gaulois étaient réputés. Habiles forgerons et menuisiers (ils auraient inventé le tonneau), on leur attribue aussi l'invention du matelas, de la chaussure et du savon.

le récit de l'histoire

L'Empire romain à son apogée

Au IIe siècle apr. J.-C., l'Empire romain connut son apogée. Le monde méditerranéen lui appartenait et ses frontières – le limes – avaient été repoussées très au nord, vers le Rhin et le sud de la Bretagne. Mais le souci des empereurs n'était plus de s'engager dans de nouvelles conquêtes. Ils cherchaient surtout à contenir les Barbares attirés par la richesse de l'Empire et à assurer la paix qui, seule, pouvait garantir sa prospérité. L'armée et un remarquable réseau de communications étaient au service de cette paix romaine. En effet, 400 000 hommes préservaient la tranquillité d'un empire que l'on pouvait rallier de bout en bout par 80 000 kilomètres de routes. Sur ces voies comme sur mer, les produits s'échangeaient dans tout l'Empire. Il en venait même d'au-delà, d'Inde et de Chine. On trouvait tout à Rome, la capitale, le lieu de résidence des empereurs, la plus grande ville du monde d'alors, avec plus d'un million d'habitants.

Capitale politique et économique, Rome donnait au visiteur l'image d'une ville bruyante et grouillante de monde. Elle était contrastée aussi : ses arcs de triomphe, ses forums, ses théâtres, ses palais, ses thermes, ses temples, à l'architecture monumentale, y côtoyaient les hautes insulae, logements locatifs en briques où s'entassaient les pauvres. C'était également une ville tournée vers les loisirs, auxquels tous pouvaient s'adonner ! Les riches parce que des esclaves travaillaient pour eux. Les autres parce qu'ils recevaient gratuitement la farine de leur pain. Ainsi, avec du pain et les jeux du cirque, les empereurs avaient ôté au peuple tout intérêt pour la vie politique.

Hors d'Italie, aussi bien en Occident qu'en Afrique, les « petites Rome » se multiplièrent. Bien que construites de toutes pièces, selon un plan géométrique, elles possèdent, à l'image de Rome, des aqueducs pour apporter l'eau aux thermes, des forums, des amphithéâtres, des arcs de triomphe... La Gaule profita particulièrement de cette urbanisation qui s'accompagna de la romanisation, en tout cas pour les plus riches des citadins. Lesquels parlaient latin, vivaient comme les Romains, faisaient latiniser leurs noms. Certains furent même nommés au Sénat, siégeant à Rome. Partout la loi romaine régnait, mais avec le souci d'intégrer les différentes populations dans la paix et le mode de vie romains. Cette politique favorisa certainement l'expansion du christianisme.

Hier et aujourd'hui

Ce que nous devons à cette période :

- la civilisation gallo-romaine et de nombreuses villes françaises ;
- la langue française ;
- un réseau de routes sur lequel bien d'autres furent tracées plus tard et l'expression « tous les chemins mènent à Rome » ;
- l'héritage du droit.

CHAPITRE 9

LES DÉBUTS

Doc. 1 Le Christ entre l'alpha et l'oméga

Peinture du cimetière de Commodilla, Rome.

Jésus est ici représenté entre l'alpha et l'oméga, première et dernière lettres de l'alphabet grec, ce qui signifie qu'il est pour les chrétiens le début et la fin de toute chose.

DU CHRISTIANISME

Doc. 2 La diffusion du christianisme dans l'empire romain

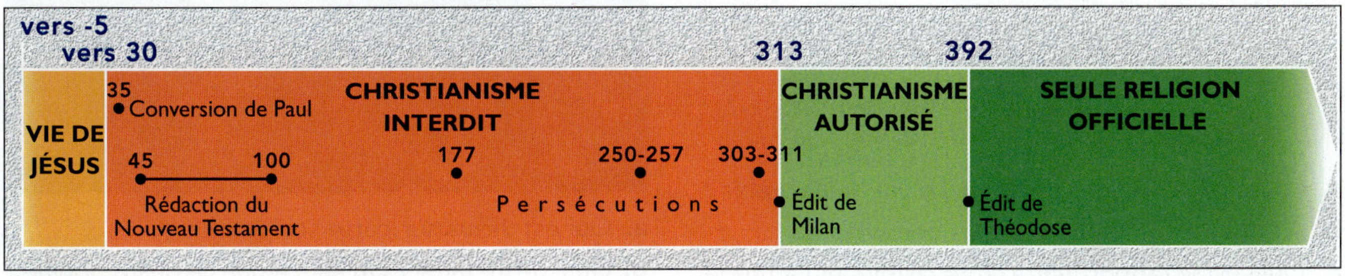

Doc. 3 De Jésus au christianisme

1 · Jésus de Nazareth

Dans la Palestine occupée par les Romains, les juifs attendent un sauveur envoyé par Dieu. Jésus de Nazareth pourrait-il être ce Messie* ? Il séduit les uns, mais il scandalise les autres.

A. La vie et le message de Jésus

Doc. 1 La naissance de Jésus annoncée aux bergers

Il y avait dans la région de Bethléem des bergers qui vivaient aux champs et gardaient leurs troupeaux durant la nuit. L'ange du Seigneur se tint près d'eux et leur dit : « Voici que je vous annonce une grande joie pour tout le peuple : aujourd'hui vous est né un Sauveur qui est le Christ Seigneur, dans la ville de David. Et ceci vous servira de signe : vous trouverez un nouveau-né enveloppé de langes et couché dans une mangeoire. » Et quand les anges les eurent quittés, les bergers se dirent : « Allons jusqu'à Bethléem et voyons ce qui est arrivé et que le Seigneur nous a fait connaître. » Ils vinrent donc en hâte et trouvèrent Marie, Joseph et le nouveau-né.

D'après *l'Évangile de Luc* 2, 8-16.

a. Où est né Jésus ?

b. Qui est-il d'après le message de l'ange ?

c. Pourquoi l'ange parle-t-il de David ?

Doc. 2 Le message de Jésus

Certains murmuraient contre Jésus : « Cet homme fait bon accueil aux pécheurs et il mange avec eux ! » Il leur dit alors cette parabole* : « Lequel d'entre vous, s'il a 100 brebis et vient à en perdre une, n'abandonne pas les 99 autres pour s'en aller après celle qui est perdue, jusqu'à ce qu'il l'ait retrouvée ? Et quand il l'a retrouvé, il la met, tout joyeux, sur ses épaules et, de retour chez lui, il assemble amis et voisins et leur dit : « Réjouissez-vous avec moi car je l'ai retrouvée, ma brebis qui était perdue ! » C'est ainsi, je vous le dis, qu'il y aura plus de joie dans le ciel pour un seul pécheur qui se convertit que pour 99 justes, qui n'ont pas besoin de conversion. »

D'après *l'Évangile de Luc* 15, 1-7.

a. Pourquoi le berger s'occupe-t-il d'une seule brebis ?

b. À quoi est comparée la brebis perdue ?

c. Quel est le rapport entre cette histoire et l'attitude de Jésus vis à vis des pécheurs ?

Doc. 3 Jésus guérit un aveugle

Sarcophage du IVe siècle.

a. Qui est Jésus sur cette sculpture ?

b. Quel geste fait-il ? Qu'est-ce que ce geste signifie ?

c. Pourquoi l'aveugle est-il représenté si petit ?

B. Procès, mort et résurrection ?

Doc. 4 La mort de Jésus

Devant d'autel de Cologne, vers 1330.

Condamné à mort, Jésus subit le supplice de la croix, réservé aux esclaves et à ceux qui sont pas citoyens romains. La mort est provoquée par une lente asphyxie.

a. Par quel supplice Jésus est-il mis à mort ?

b. Quel symbole chrétien trouve son origine dans cette mort ?

c. À quelles catégories de personnes ce supplice est-il réservé ?

Doc. 5 L'annonce de la résurrection de Jésus

Les femmes qui avaient suivi Jésus pendant sa vie allèrent à la tombe de grand matin pour embaumer son corps. Et elles se disaient : « Qui nous roulera la pierre hors de la porte du tombeau ? » Or elles virent que la pierre avait été roulée sur le côté. Étant entré dans le tombeau, elles virent un jeune homme assis à droite, vêtu d'une robe blanche et elles eurent peur. Mais il leur dit : « N'ayez pas peur. C'est Jésus le Nazaréen que vous cherchez, le crucifié : il est ressuscité, il n'est pas ici. »

D'après *l'Évangile de Marc* 16, 1-6.

a. Comment les femmes réagissent-elles en arrivant au tombeau ? Pourquoi ?

b. Qui peut-être le jeune homme ? Que leur dit-il ?

Vocabulaire

Un messie : de l'hébreu « consacré par l'onction », une personne envoyée par Dieu pour délivrer le peuple juif. Le mot Christ est la traduction en grec de Messie.

Une parabole : un court récit qui utilise des images simples pour parler de Dieu.

L'Évangile : du grec « bonne nouvelle », l'annonce du salut apporté par Jésus aux hommes. Les quatre Évangiles sont des livres écrits sur Jésus par ses disciples.

Un disciple : une personne qui s'attache à un maître pour suivre son enseignement.

Un apôtre : du grec « envoyé », un des douze hommes choisis par Jésus pour le suivre et annoncer son message. Paul se considérera aussi comme un apôtre.

je fais le point

La vie de Jésus est racontée dans les Évangiles*. D'après eux, Jésus est né à Bethléem, dans une famille juive. Il est élevé à Nazareth. Vers l'âge de trente ans, accompagné de ses disciples* et de ses douze apôtres*, il parcourt la Palestine. Il accomplit des miracles et annonce la Bonne nouvelle : Dieu aime tous les hommes et veut les sauver. Ses disciples disent qu'il est le fils de Dieu. Mais Jésus inquiète les autorités. Accusé de semer le trouble, et de ne pas respecter la loi juive, il est jugé et condamné à mort par Ponce Pilate, le représentant du pouvoir romain. Il meurt crucifié.

Les disciples de Jésus disent qu'il est ressuscité. Pour eux, c'est la preuve qu'il est bien le Christ ou le Messie attendu. Pendant 40 jours, Jésus se montre à ses disciples et leur confie la mission de répandre son message à tous les hommes. C'est le point de départ d'une nouvelle religion : le christianisme.

2 · La naissance de la foi chrétienne

Jésus lui-même n'a rien écrit.
Après sa mort, ses disciples parcourent l'Empire romain pour annoncer sa résurrection et diffuser son message. Ils écrivent alors le récit de sa vie.

A. Paul, l'apôtre des païens

Doc. 1 La conversion de Paul sur le chemin de Damas (Plaque d'émail du XIIe siècle.)

J'approchais de Damas quand tout à coup, vers midi, une grande lumière venue du ciel m'enveloppa de sa clarté. Je tombai sur le sol et j'entendis une voix qui me disait « Saul, Saul[1], pourquoi me persécutes-tu ? » Je répondis : « Qui es-tu Seigneur ? » Il me dit « Je suis Jésus le Nazaréen que tu persécutes. »

D'après les *Actes des apôtres* 22, 6-8.

1. Saul est le nom juif de Paul (qui est un nom romain).

a. Regarde la plaque d'émail. Qui est à gauche ?

b. Où est Paul ? Que fait-il ?

Doc. 2 Les voyages de Paul

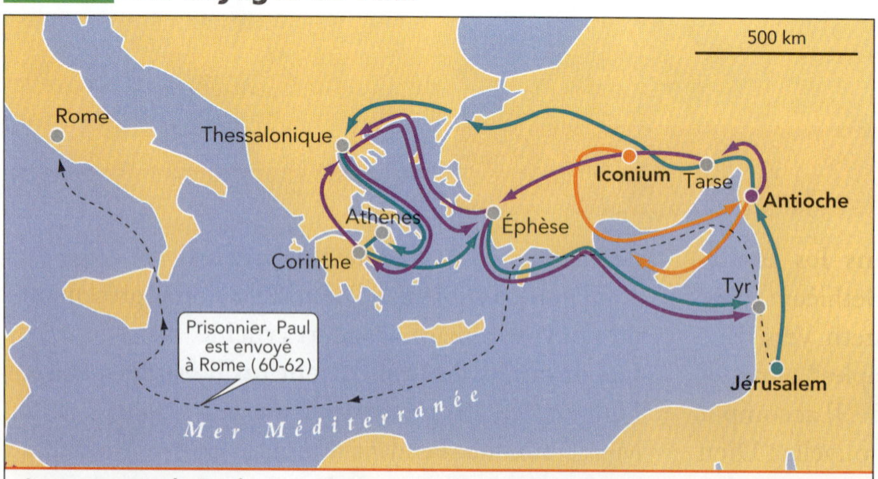

Les voyages de Paul
— premier (45-49) — deuxième (50-52) — troisième (53-58)

● Combien de voyages Paul a-t-il faits ?

Doc. 3 Le message de Paul

Vous êtes tous fils de Dieu par la foi dans le Christ Jésus. Il n'y a plus ni Juif ni Grec, il n'y a plus ni esclave ni homme libre, car tous, vous êtes un dans le Christ Jésus.

D'après *l'Épître* aux Galates* 3, 26-28.

a. Montre que, pour Paul, le message de Jésus s'adresse à tous les hommes.

b. Quels exemple de divisions entre les hommes donne-t-il ? Pourquoi ?

B. Le Nouveau Testament

Doc. 4 Les quatre évangélistes (IXe siècle)

Doc. 5 Jean explique le but de son Évangile

Jésus a fait sous les yeux de ses disciples encore beaucoup d'autres miracles qui ne sont pas écrits dans ce livre. Ceux-là ont été mis par écrit pour que vous croyiez que Jésus est le Christ, le Fils de Dieu, et pour qu'en croyant vous ayez la vie en son nom.

D'après l'*Évangile de Jean* 20, 30-31.

a. Quel est le but de l'Évangile de Jean ?

b. Jean a-t-il écrit tout ce qu'il savait sur Jésus ?

Vocabulaire

Une épître : une lettre.

Un Testament : ici, ce mot veut dire « Alliance ».

Un païen : pour les premiers chrétiens, celui qui n'est ni juif ni chrétien.

Doc. 6 La Bible chrétienne

Ancien Testament* (= la Bible hébraïque)		
Nouveau Testament*		
4 Évangiles	Matthieu, Marc, Luc et Jean	Quatre témoignages différents sur Jésus, sa vie et son enseignement.
Actes des apôtres	Luc	Le récit de l'action des apôtres entre 30 et 60 apr. J.-C.
14 Épîtres 7 Épitres	Paul Jacques, Pierre, Jean, Jude	Lettres envoyées aux premières communautés chrétiennes pour les conseiller.
Apocalypse	Jean	Révélation et vision de la fin du monde.

a. Combien de livres composent le Nouveau Testament ?

b. Chacun des évangélistes a un symbole : l'ange pour Matthieu, le lion pour Marc, le taureau pour Luc, l'aigle pour Jean. Retrouve-les sur le document 4.

c. Quel lien y a-t-il entre la Bible hébraïque et la Bible chrétienne ?

je fais le point

Juif d'origine, Paul se convertit à la foi chrétienne. Il n'a jamais rencontré Jésus et il est d'abord ennemi des chrétiens. Après sa conversion, vers 35 apr. J.-C., il passe le reste de sa vie à voyager pour annoncer la foi nouvelle et à écrire de nombreuses lettres, les épîtres.

Le christianisme se sépare du judaïsme. Les premiers apôtres parlaient surtout aux juifs. Mais Paul s'adresse aussi aux païens* car il pense que la foi chrétienne concerne tous les hommes. Grâce à Paul et à d'autres disciples, le christianisme commence à se répandre de la Palestine vers le reste de l'Empire romain, et d'abord par les villes.

La Bible chrétienne comprend l'Ancien et le Nouveau Testament. L'Ancien Testament est la Bible hébraïque. Le Nouveau Testament se compose de 27 livres écrits en grec (la langue parlée dans tout l'Empire romain) entre 45 et 100 apr. J.-C. Les plus importants sont les quatre Évangiles (de Matthieu, Marc, Luc et Jean) et les épîtres de Paul.

3 · Les premières Églises

Très vite, les premiers chrétiens commencent à se rassembler. Ils se retrouvent pour exprimer leur foi par des gestes et des prières. Ils organisent leur vie en communauté.

A. Les gestes de la foi chrétienne

Doc. 1 Le baptême*

Pour devenir chrétien il faut être plongé dans l'eau : c'est le baptême.

■ Cuve baptismale en Crète, Ier siècle.

Les apôtres se rendirent à la montagne où Jésus ressuscité leur avait donné rendez-vous. Jésus leur dit : « Allez donc, faites des disciples dans toutes les nations et baptisez-les au nom du Père et du Fils et du Saint-Esprit. Apprenez-leur à observer tout ce que je vous ai enseigné. Et voici que je suis avec vous tous les jours jusqu'à la fin du monde. »

D'après *l'Évangile de Matthieu* 28, 16-20.

a. Pourquoi ceux qui deviennent chrétiens sont-ils baptisés ?

b. Quelle est la forme de cette cuve ? Pourquoi ?

c. Au nom de qui est donné le baptême ?

Doc. 2 L'eucharistie*

En mémoire du dernier repas pris par Jésus avec ses apôtres, les chrétiens partagent le pain et le vin, symboles du corps et du sang du Christ. C'est pourquoi cette image montre des poissons : ce sont des symboles du Christ.

Mosaïque de Saint-Apollinaire, Ravenne, VIe siècle.

● Combien y a-t-il d'hommes autour de Jésus ? Pourquoi ?

Doc. 3 Le dernier repas de Jésus

La nuit où il était livré, le Seigneur Jésus prit du pain et, après avoir remercié Dieu, il le rompit et dit : « Ceci est mon corps, qui est pour vous. Faites ceci en mémoire de moi. » Après le repas, il prit la coupe en disant : « Cette coupe est la nouvelle Alliance en mon sang. Chaque fois que vous en boirez, faites-le en mémoire de moi. » Chaque fois que vous mangez ce pain et buvez cette coupe, vous annoncez la mort du Seigneur jusqu'à ce qu'il revienne.

D'après PAUL, *Première Épître aux Corinthiens* 11, 23-26.

● Pourquoi les chrétiens célèbrent-ils l'eucharistie ?

B. Les premières communautés

Doc. 4 L'organisation de l'Église*

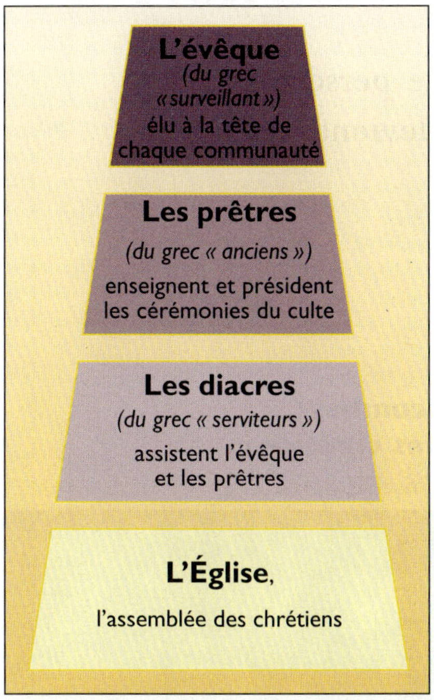

a. Qui est à la tête de la communauté ?

b. Que veut dire le mot « prêtre » ? Quel est leur rôle ?

Doc. 5 La vie des premières communautés

Ils étaient fidèles à l'enseignement des apôtres et à la communion fraternelle, à la fraction du pain [l'Eucharistie] et aux prières. Tous ceux qui étaient devenus croyants étaient unis et mettaient tout en commun. Ils vendaient leurs propriétés et leurs biens, pour en partager le prix entre tous, selon les besoins de chacun.

D'après les *Actes des apôtres* 2, 42-45.

a. Que font les chrétiens lorsqu'ils se réunissent ?

b. De quelle manière vivent-ils ?

Doc. 6 Le poisson, un symbole chrétien

Relief copte IVe-Ve siècle

« Jésus Christ fils de Dieu Sauveur » se dit en grec : Iesus Christos Theou Uios Soter. Si on prend les premières lettres de chaque mot, on obtient ichtus, c'est-à-dire « poisson » en grec.

● Remarques-tu un autre symbole chrétien ?

Doc. 7 Les fêtes chrétiennes

Noël	25 décembre	Naissance de Jésus
Pâques	Entre fin mars et fin avril	Résurrection de Jésus
Ascension	40 jours après Pâques	Montée au ciel de Jésus
Pentecôte	50 jours après Pâques	Envoi de l'Esprit-Saint sur les apôtres : naissance de l'Église

a. Que célèbrent les principales fêtes chrétiennes ?

b. Les fêtes chrétiennes ont-elles lieu chaque année à une date fixe ?

Vocabulaire

Le baptême : du grec « plonger », le rite par lequel on devient chrétien.

L'Eucharistie : du grec « remercier », le rite qui rappelle le dernier repas de Jésus avec ses apôtres.

L'Église : du grec « assemblée », la communauté des chrétiens. Le mot désigne plus tard le bâtiment où ils se réunissent.

je fais le point

Les principaux rites chrétiens sont le baptême et l'eucharistie. Le baptême permet d'entrer dans la communauté chrétienne, l'Église. La personne baptisée est plongée dans l'eau. L'eucharistie est célébrée le jour de la résurrection, le dimanche, qui devient le « jour du Seigneur ». C'est un repas qui fait mémoire du dernier repas de Jésus avec ses apôtres. Les chrétiens mangent du pain et boivent du vin, symboles pour eux du corps et du sang du Christ.

Les premiers chrétiens forment une communauté, l'Église. Le succès de la nouvelle religion pousse les chrétiens à s'organiser. Chaque Église locale est dirigée par un évêque, aidé par des prêtres et des diacres. Les fêtes chrétiennes rappellent les principaux événements de la vie de Jésus ou de l'Église. La fête la plus importante est Pâques, qui célèbre la résurrection de Jésus. D'autres grandes fêtes sont Noël, l'Ascension et la Pentecôte.

4 · Le triomphe du christianisme

Le christianisme est d'abord interdit et même persécuté par le pouvoir. Mais en moins de quatre siècle, il devient la religion obligatoire de l'Empire romain.

A. L'Empire persécute les chrétiens

Doc. 1 Pourquoi des persécutions ?

L'Empire romain peut accueillir une religion de plus, à condition qu'elle respecte l'État. Ainsi les habitants de l'empire doivent offrir publiquement des sacrifices à l'empereur. Or, les chrétiens s'y refusent : ils reconnaissent l'autorité de l'empereur mais n'ont qu'un seul Seigneur, Jésus-Christ. La foule déteste les chrétiens parce qu'ils ne vivent pas comme tout le monde. Les rites de la foi chrétienne sont mal compris : certains croient que l'eucharistie est un repas cannibale puisque les chrétiens y mangent le corps et le sang de leur dieu ! De plus, on rend les chrétiens responsables des malheurs de l'époque : défaites militaires, incendie de Rome, crues du Tibre.

Doc. 2 Les catacombes*, un refuge pour les chrétiens

Catacombe de Sainte Priscille, Rome.

a. Pourquoi les chrétiens se réunissent-ils dans les catacombes ?

b. À quoi servent les niches dans les murs ?

Doc. 3 Blandine, martyre* de Lyon

En 177, des chrétiens de Lyon sont persécutés et livrés en pâture aux bêtes, dans l'arène du cirque.

La bienheureuse Blandine resta la dernière de tous. Elle était heureuse et enthousiaste de son prochain départ [sa mort prochaine], comme une invitée qui se rend à un festin de noces, plutôt qu'une victime jetée aux fauves. Après les fouets, après les fauves, après la chaise de feu, on l'enferma dans un filet pour la livrer à un taureau. À plusieurs reprises, elle fut lancée en l'air par l'animal. Mais elle ne sentait plus rien : tout entière à son espérance, à sa foi, elle continuait son dialogue avec le Christ. On finit par l'égorger. Les païens eux-mêmes durent avouer que jamais femme n'avait subi de si cruels tourments.

Lettre des Églises de Lyon et de Vienne aux Églises d'Asie et de Phrygie.

◀ a. Quel est le supplice de Blandine ?

b. Où se déroule-t-il ?

c. Comment réagit Blandine ?

B. L'Empire devient chrétien

Doc. 4 Constantin, le premier empereur chrétien

Doc. 5 Un nouveau bâtiment chrétien : la basilique*

Mosaïque du Ve siècle représentant la basilique de Tours.

a. Pourquoi peut-on dire que ce bâtiment est chrétien ?

b. Décris la basilique. Combien y a-t-il de niveaux ?

c. Quelles différences vois-tu entre la basilique et les catacombes ?

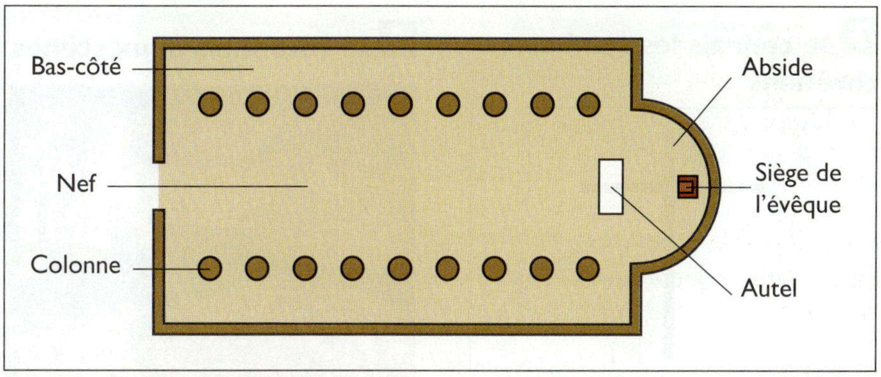

Vocabulaire

Une catacombe : un cimetière souterrain installé hors de la ville.

Un martyr : du grec « témoin », un chrétien qui préfère mourir plutôt que de renoncer à sa foi.

Une basilique : une église chrétienne construite sur le modèle de la basilique romaine, un grand bâtiment public servant de tribunal.

Un concile : une réunion des évêques pour prendre les décisions importantes de l'Église.

je fais le point

Les premiers chrétiens sont persécutés. Le pouvoir romain leur reproche de ne pas bien s'intégrer à la société et même de menacer la sécurité et l'unité de l'empire, par exemple en refusant de participer aux sacrifices officiels. Les persécutions ne sont pas permanentes, mais elles sont violentes. Certains chrétiens donnent leur vie pour leur foi : ce sont des martyrs. Les catacombes servent de refuge aux chrétiens. Pourtant, le nombre des chrétiens augmente dans tout le monde romain.

En 313, l'empereur Constantin autorise le christianisme. Il décide même de protéger l'Église, qui devient riche et puissante. Les conciles*, comme celui de Nicée en 325, fixent les croyances officielles des chrétiens et les règles de la vie de l'Église. De somptueux bâtiments sont construits pour le culte chrétien : les basiliques. En 392, l'empereur Théodose interdit toutes les autres religions : le christianisme devient alors la religion obligatoire de l'empire romain.

Exercices

VÉRIFIER SES CONNAISSANCES

1 Je sais replacer des événements, des personnages, des lieux dans leur époque

Recopie sur ton cahier les trois étapes du développement du christianisme. Pour chaque étape, écris en dessous les mots de la liste qui correspondent à cette étape.

- les catacombes
- Palestine
- Paul
- les basiliques
- Blandine et les autres martyrs
- Constantin
- le concile de Nicée

La naissance du christianisme (de 30 à 70)
Le christianisme interdit et persécuté (de 70 à 313)
L'empire chrétien (à partir de 313)

2 J'ai appris l'histoire des premiers chrétiens

Vrai ou faux ?

a. Jésus a écrit le Nouveau Testament.

b. Paul, juif à l'origine, s'est converti au christianisme.

c. L'empereur Constantin persécute les chrétiens.

e. Christ est la traduction en grec de Messie.

f. Les épîtres sont des lettres.

g. Il y a douze évangélistes.

3 Je connais les symboles chrétiens

a. Donne le nom de ces deux objets et explique pourquoi ils sont devenus des symboles chrétiens.

b. Regarde le 2e objet. Pourquoi sous l'Empire romain était-il plus prudent pour les premiers chrétiens de choisir un symbole provenant de la vie quotidienne ?

4 Je reconnais deux scènes de la vie de Jésus

a. Retrouve quelle est cette scène de la vie de Jésus.

b. Que se passe-t-il en haut ?

c. Donne le nom des trois personnages du bas.

a. Que se passe-t-il sur cette scène ?

b. Où est Jésus ?

c. Quelle fête chrétienne rappelle cet épisode ? À quel moment de l'année a-t-elle lieu ?

Aller plus loin

5 Je retrouve des épisodes de la vie de Jésus sur une œuvre d'art

Plaque d'ivoire du IVe siècle.

Voici des phrases des Évangiles qui racontent ce qui est arrivé à Jésus à partir de sa condamnation à mort.

a. Remets les phrases dans l'ordre chronologique.

b. Retrouve le panneau qui illustre chaque phrase. Attention ! Certains panneaux illustrent plusieurs phrases.

1. Le soir du 3e jour après sa mort, Jésus vient au milieu de ses disciples. Il leur dit « Paix à vous ! » et il leur montre ses mains et son côté.

2. En voyant que Jésus est condamné à mort, l'apôtre Judas, qui l'a trahi, est pris de remords. Il va se pendre.

3. Le gouverneur romain Ponce Pilate prend de l'eau et se lave les mains en disant à la foule : « Je ne suis pas responsable de la mort de cet homme ! Faites de lui ce que vous voulez ! »

4. Les dirigeants juifs ont peur que les disciples de Jésus viennent voler son corps. Ils ordonnent à des soldats de garder le tombeau de Jésus.

5. Les femmes qui ont suivi Jésus viennent au tombeau pour embaumer son corps. Elles voient que la pierre qui ferme le tombeau a été roulée.

6. Jésus porte sa croix jusqu'au lieu où il est crucifié.

6 J'étudie un texte sur la foi des premiers chrétiens

Lorsque celui qui est baptisé sera descendu dans l'eau, celui qui baptise lui dira : « Crois-tu en Dieu, le Père tout-puissant ? » Et celui qui est baptisé dira à son tour : « Je crois ». Et aussitôt celui qui baptise le baptisera une fois. Et ensuite, il dira : « Crois-tu au Christ Jésus, Fils de Dieu, qui est né par le Saint-Esprit de la vierge Marie, a été crucifié sous Ponce Pilate, est mort, est ressuscité le troisième jour, vivant d'entre les morts, est monté aux cieux et est assis à la droite du Père ? » Et quand il aura dit : « Je crois », il sera baptisé une seconde fois. De nouveau, celui qui baptise dira : « Crois-tu en l'Esprit-Saint ? ». Celui qui est baptisé dira : « Je crois » et ainsi il sera baptisé une troisième fois.

D'après Hippolyte de Rome (prêtre du début du IIIe siècle), *la Tradition apostolique*.

a. Quand ce texte a-t-il été écrit ? Par qui ?

b. Quel rite chrétien l'auteur décrit-il ?

c. Comment se déroule la cérémonie ?

d. Que doit-on croire pour devenir chrétien ?

S'exercer à rédiger

7 Recherche au CDI combien il y a aujourd'hui de chrétiens dans le monde.
À partir d'un atlas, retrouve dans quels pays ils sont les plus nombreux. N'oublie pas que depuis le début de son histoire, le christianisme s'est divisé en plusieurs « familles » : catholiques, protestants, orthodoxes.

Mystérieux Ponce Pilate

Les Évangiles nous donnent une image contradictoire de Ponce Pilate. S'il est celui qui ne comprend pas quel crime on reproche à Jésus, il est aussi, lors de son procès, celui qui prononce la sentence de mort. Mais que nous apprend l'histoire à son sujet ?

Une carrière très classique

En 1961, à Césarée, ville où siégeait le représentant de Rome en Judée, on découvre un socle de statue portant l'inscription : ...NTIUS PILATUS ... ECTUS JUDA, ce qui signifie « Ponce Pilate, préfet de Judée ». Son visage nous reste inconnu, mais nous savons qu'il appartient à cette petite aristocratie qui fait carrière dans l'armée et l'administration. Il est nommé en Judée en 26 apr. J.-C.

Un homme brutal

À Césarée, Pilate perçoit les impôts, nomme le grand prêtre du temple de Jérusalem et peut seul condamner à mort. D'après les historiens de l'époque, il abuse de ses pouvoirs. Il pille le trésor du Temple pour construire un aqueduc et réprime dans le sang les opposants à l'empire. Maladroit, il heurte le sentiment religieux des Juifs. En 36, des plaintes parviennent au gouverneur de Syrie, dont Pilate dépend. Il doit alors se rendre à Rome pour s'expliquer. Relevé de ses fonctions, il se serait suicidé. Pour d'autres, il aurait été exilé à Vienne, en Gaule. Pour d'autres encore, il se serait converti au christianisme.

S'en laver les mains !

Dire à propos d'un événement : « je m'en lave les mains » signifie « je n'en suis pas responsable ». Cette expression vient de l'histoire de Pilate, lors du procès de Jésus. Après l'avoir finalement abandonné aux juifs qui voulaient sa mort en prononçant la sentence, il se lava symboliquement les mains pour indiquer qu'il n'était pas responsable. Mais pour certains, il s'agirait d'une fausse interprétation : les juges romains se lavaient les mains pour montrer qu'ils en avaient terminé.

Tyran ou saint ?

La tradition juive a gardé de Pilate l'image d'un homme cruel. En revanche, les chrétiens d'Éthiopie le fêtent comme un saint le 25 juin. Pour les orthodoxes, c'est sa femme, Procula ou Claudia, qui est honorée comme une sainte, car elle tenta de convaincre Pilate de ne pas condamner Jésus.

le récit de l'histoire

Les débuts du christianisme

En Judée, devenue province romaine, les juifs attendaient un sauveur, un envoyé de Dieu qui les libérerait de la domination romaine et qui annoncerait la venue du royaume de Dieu sur terre. Lorsque Jésus commença à prêcher, vers l'âge de 30 ans, certains le considérèrent comme ce Messie (en grec, *Christ*) et devinrent ses disciples. Pour les autres, il était objet de scandale parce qu'il accueillait ceux que le judaïsme considérait comme impurs, les collecteurs d'impôts, les prostituées, les légionnaires romains. Pendant quelques années, Jésus parcourut la Palestine. Il parlait de Dieu en racontant de courtes histoires imagées, les paraboles, et ses partisans disaient qu'il accomplissait des miracles.

Jugé dérangeant et accusé de ne pas respecter la loi juive, il fut condamné par les grands prêtres de Jérusalem et livré aux autorités romaines qui le condamnèrent à la crucifixion. Ses disciples les plus proches, les apôtres, prétendirent alors que Dieu l'avait ressuscité d'entre les morts et que, pendant quarante jours, il avait continué de prêcher auprès d'eux avant de les envoyer de par le monde annoncer la « bonne nouvelle », à savoir que Dieu aime tous les hommes.

Si Jésus n'a rien écrit, des apôtres racontèrent sa vie et son enseignement dans les Évangiles. Plus que tout autre, Paul de Tarse, juif qui, après avoir persécuté les chrétiens, s'était converti, fit connaître cette foi nouvelle. Il expliqua aux païens que cette religion, bien que née dans le judaïsme, s'adressait à tous les hommes. Ces idées se répandirent dans l'Empire romain.

Les premiers chrétiens furent suspectés, notamment parce qu'ils refusaient d'adorer l'empereur comme un dieu, ne rendant un culte qu'à Jésus. De plus, on ne comprenait pas leurs rites, comme l'eucharistie où ils consommaient le pain et le vin du dernier repas de Jésus, le pain figurant pour les chrétiens le corps et le vin le sang du Christ. Surtout, on leur reprochait de ne pas reconnaître les dieux païens. Quelques-uns furent livrés aux bêtes sauvages, lors de jeux du cirque. Les persécutions ne freinant pas l'expansion du christianisme, un empereur, Constantin, choisit de s'appuyer sur lui pour donner une foi commune aux habitants de l'empire. En 392,Théodose finit par en faire la seule religion autorisée.

Hier et aujourd'hui

Ce que nous devons à cette période :

- l'une des trois religions monothéistes, le christianisme ;
- la Bible chrétienne, le Nouveau Testament ;
- l'organisation des Églises chrétiennes (évêques, prêtres…) ;
- la source d'inspiration de très nombreuses œuvres d'art (peinture, sculpture, musique, cinéma…).

CHAPITRE 10

LA FIN DE

Doc. 1 L'empereur Théodose et ses fils

Plat en argent, 388

'EMPIRE ROMAIN EN OCCIDENT

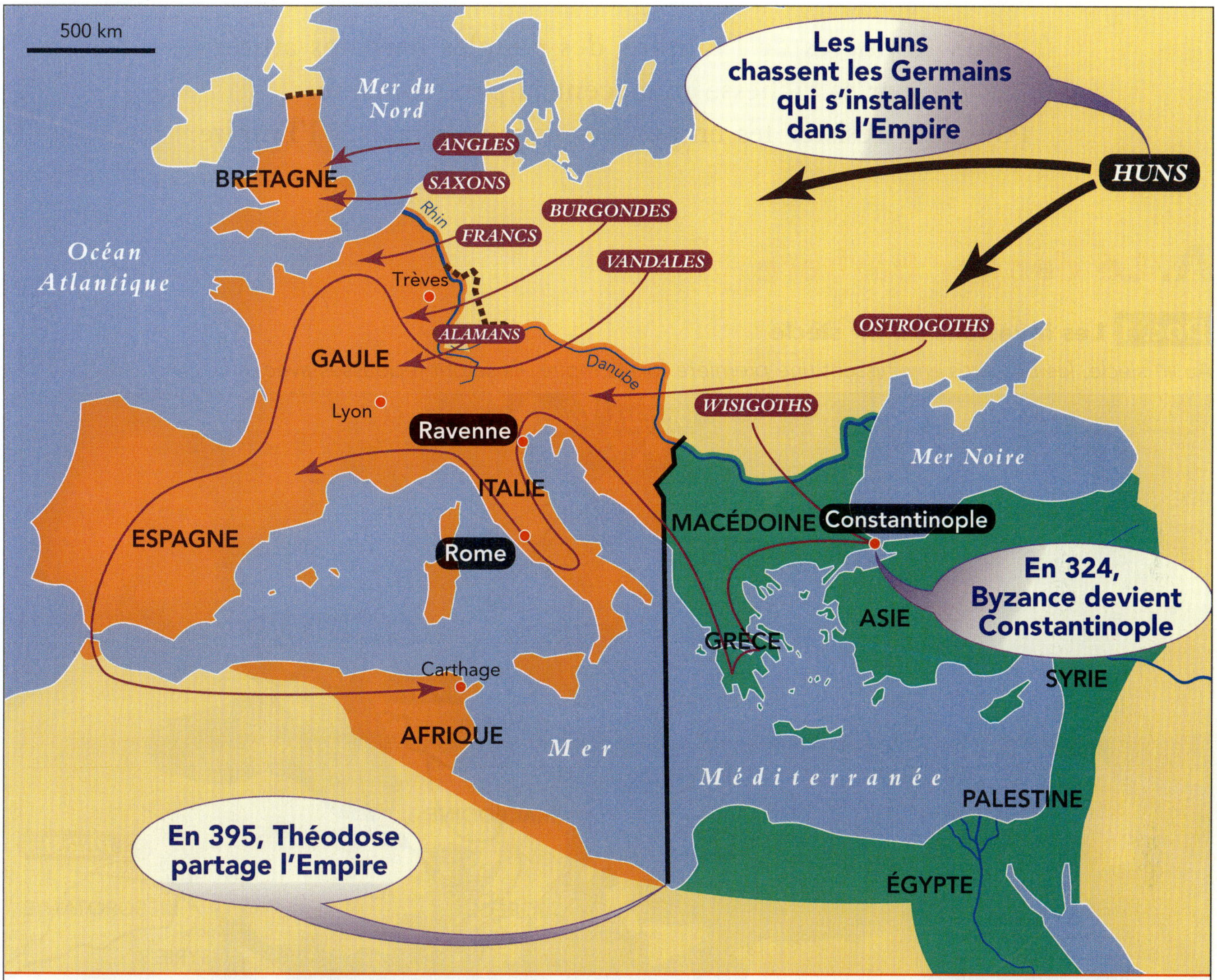

L'Empire romain à la fin du IVe siècle

Empire romain d'Occident

Empire romain d'Orient

MAURES noms de peuples

limes importants

Doc. 2 **L'Empire en 395**

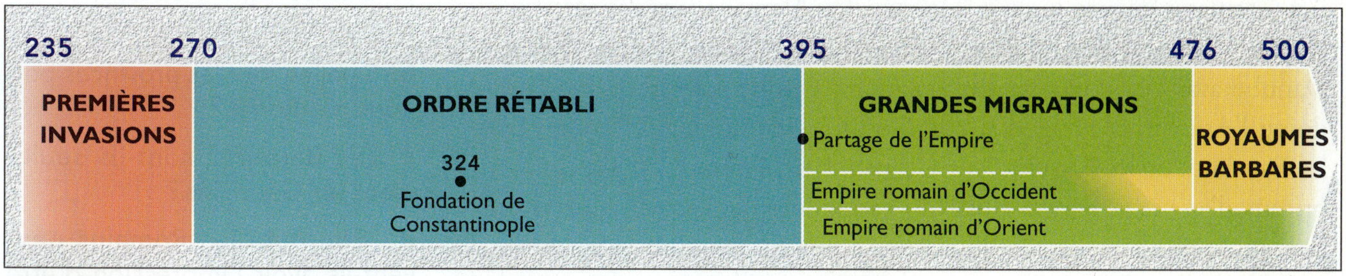

Doc. 3 **Du Ier siècle à la fin du Ve siècle**

1 · Rome face aux Barbares

Aux frontières de l'Empire, des peuples barbares attirés par sa richesse menacent la paix romaine. Pour leur résister les empereurs vont réorganiser l'Empire.

A. Le danger barbare

Doc. 1 Les invasions du IIIe siècle

Au IIIe siècle, les Barbares envahissent une première fois l'Empire. Ils seront repoussés avec difficulté.

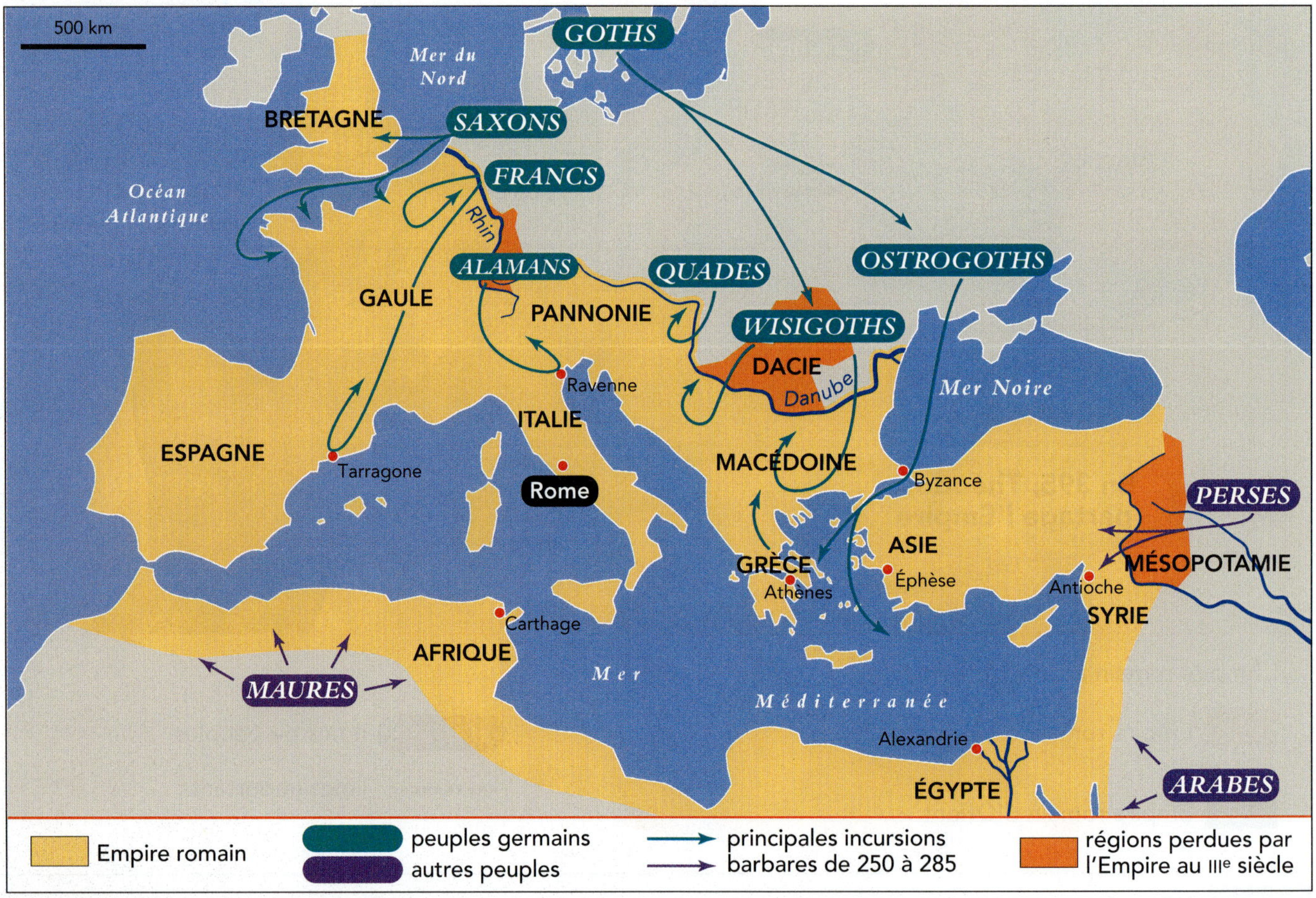

Doc. 2 Un historien romain décrit la situation vers 260

Les Germains vinrent jusqu'à Ravenne. Les Alamans, après avoir ravagé les Gaules, firent des incursions en Italie. La Dacie, qui au-delà du Danube avait été conquise par Trajan, fut perdue. La Grèce, la Macédoine, l'Asie furent ravagées par les Goths. La Pannonie fut dévastée par les Sarmates et les Quades. Les Germains pénétrèrent en Espagne et prirent d'assaut la fameuse cité de Tarragone. Les Perses, après avoir conquis la province de Mésopotamie, se mirent à vouloir la Syrie.

D'après EUTROPE, IVe siècle, *Bréviaire*, IX,7-9.

a. Quelles régions de l'Empire ont été touchées par les invasions ?

b. Quelles sont les provinces perdues par Rome ?

c. Les Barbares sont-ils seulement les Germains ?

d. Pourquoi les Romains peuvent-ils avoir l'impression d'être attaqués de toutes parts ?

B. La résistance romaine

Doc. 3 Les murailles de Constantinople

● Pourquoi la division de l'Empire favorise-t-elle sa défense ? D'où vient le nom de Constantinople ?

Doc. 4 L'Empire fortifié

Valentinien [empereur de 364 à 375] fortifia par de hautes levées de terre les bords du Rhin, depuis le commencement des Rhéties [entre Rhin et Danube] jusqu'à la mer du Nord ; il donna plus de hauteur aux forts et aux châteaux qui y étaient, et ajouta une suite de tours liées entre elles du côté de la Gaule, construisant même sur l'autre rive des ouvrages avancés près du territoire des Barbares.

D'après Ammien MARCELLIN, *Res Gestae*, IVe siècle.

a. D'après les documents 3 et 4, quels sentiments animent les Romains à cette époque ?

b. L'Empire romain a-t-il encore une attitude conquérante ?

Doc. 5 Les Germains repoussés

Sarcophage Ludovisi, IIIe siècle

Doc. 6 Des Barbares au service des Romains

Si les soldats épuisés lâchent pied, notre général utilise les troupes auxiliaires recrutées parmi les Germains. En faisant combattre l'un contre l'autre des peuples frères, il affaiblit nos ennemis. L'avantage pour nous est double : des deux côtés ce sont des Barbares qui tombent.

CLAUDIEN, écrivain romain du IVe siècle.

● Quels avantages trouvent les Romains à employer des Barbares dans leur armée ?

je fais le point

Au IIIe siècle, les peuples barbares, attirés par sa richesse, menacent l'Empire romain. À partir de 260, ils l'envahissent à plusieurs reprises, pillant de nombreuses cités. Attaqué de toutes parts, l'Empire doit se réorganiser.

L'Empire est divisé en deux parties : l'Orient et l'Occident, pour mieux combattre les Barbares. L'empire d'Orient a pour capitale Constantinople ; la ville porte le nom de Constantin qui l'a fondée en 324. En Occident, les empereurs résident à Rome, mais aussi à Milan, Ravenne ou Trèves, villes plus proches des frontières. La division de l'Empire est définitive à la mort de Théodose en 395.

Les villes s'entourent de murailles pour se protéger. Le long du Rhin, les empereurs du IVe siècle renforcent le limes fortifié qui défend l'Empire.

Les Romains tentent de faire la paix avec les Barbares en les utilisant comme soldats ou en leur donnant des terres à cultiver. Ils espèrent ainsi éviter de nouvelles invasions.

2 · La dislocation de l'Empire romain d'Occident

Au Ve siècle, les invasions sont des migrations forcées de peuples vivant aux frontières de l'Empire. Chassés par l'arrivée des Huns venus d'Asie centrale, ils envahissent l'Empire romain.

A. Les invasions du Ve siècle

Doc. 1 La cause des invasions : l'arrivée des Huns

Voici la cause à laquelle il faut rapporter l'origine des diverses calamités. Les Huns, peuple peu connu des Anciens, sont d'une férocité sans limite… On les dirait cloués sur leurs chevaux… Ils ne mettent pied à terre ni pour boire ni pour manger… Ils attaquent l'ennemi en poussant des cris effroyables. Ils chargent ou fuient avec la promptitude de l'éclair.

Presque tous les Goths cherchaient alors à s'installer hors de la portée de ces nouveaux venus… Des mouvements inhabituels se produisaient chez les peuples du Nord. Tout l'espace était inondé de peuples barbares. Nos barrières s'étaient ouvertes devant cette émigration forcée. Le sol barbare avait vomi, comme la lave de l'Etna, ses enfants sur notre territoire.

D'après Ammien MARCELLIN, historien romain de la fin du IVe siècle.

a. Pourquoi les Huns paraissent-ils si terribles ? Cherche le nom de leur chef le plus célèbre.

b. Comment Ammien Marcellin explique-t-il les causes des invasions barbares ? Pourquoi peut-on parler de migration ?

Doc. 2 Armes germaniques

Ve siècle

B. La ruine de l'Occident, la survie de l'Orient

Doc. 3 Le sac de Rome

En 410, le chef barbare Alaric, qui commande les Wisigoths, assiège Rome, la prend et la pille. Saint Jérôme, chrétien de Palestine, apprend la nouvelle des réfugiés qui affluent en Orient.

Une rumeur terrifiante nous parvient d'Occident : Rome est assiégée ; à prix d'or, on rachète la vie des citoyens ; une fois dépouillés, ils se trouvent de nouveau encerclés, en sorte qu'après leur fortune, ils perdent aussi la vie. Ma voix s'arrête, les sanglots interceptent mes paroles au moment de dicter. Elle est prise, la Ville qui a pris l'univers entier, que dis-je ? Elle périt par la famine avant de périr par le glaive et l'on n'a trouvé à faire que très peu de prisonniers.

SAINT JÉRÔME, *Lettre à Principia*, 410.

a. Que nous apprend saint Jérôme sur les conséquences des invasions ?

b Explique la phrase « Elle est prise, la Ville qui a pris l'univers ».

Doc. 4 La Méditerranée vers 480 : les royaumes barbares

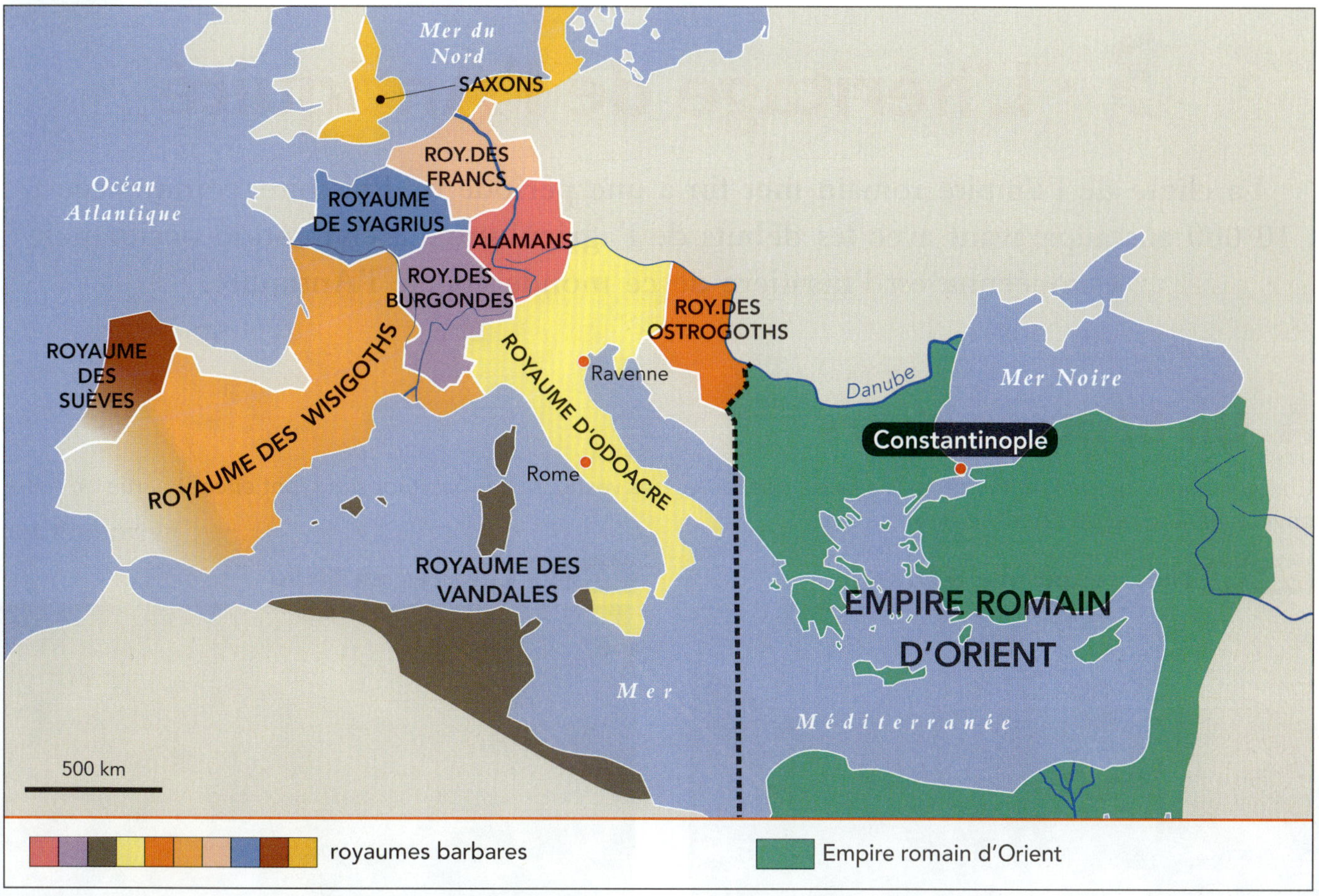

a. La date de 476 marque-t-elle vraiment la fin de l'Empire romain ? Où subsiste-t-il ?

b. Quel peuple occupant la Gaule va jouer un grand rôle dans notre histoire ?

Doc. 5 Des destructions massives

Un siècle après l'invasion, l'historien grec Procope se souvient.

Les Barbares ne trouvant de résistance nulle part devinrent les plus féroces des hommes. Ils détruisirent toutes les villes prises par eux... À tel point que, de mon temps, il n'en subsistait, par-ci par-là, qu'une tour ou une porte, échappées par miracle à la destruction. Et ils massacraient tous ceux qu'ils rencontraient sur leur chemin... De là vient que l'Italie, de nos jours, est si peu peuplée.

PROCOPE, *les Guerres*, III, VIe siècle.

je fais le point

L'invasion des Huns, venus d'Asie centrale, provoque le départ forcé des Germains voisins de l'Empire. Rome ne peut empêcher ces migrations barbares vers l'Occident. Ce sont des peuples entiers, de dizaines de milliers de personnes, qui occupent la Gaule, l'Espagne, l'Italie et l'Afrique.

En 410, les Wisigoths s'emparent de Rome et mettent la ville à sac. L'événement a un immense retentissement dans tout l'Empire. Rome est à nouveau pillée en 455, cette fois par les Vandales. Dans tout l'Occident, les destructions sont importantes.

Les Barbares, installés, fondent des royaumes indépendants. Les Francs, les Burgondes et les Wisigoths se partagent la Gaule. En 476, le dernier empereur, le jeune Romulus Augustule est déposé par le chef barbare Odoacre. L'Empire disparaît en Occident, mais est encore puissant en Orient. Il survivra mille ans à Constantinople.

3 • L'héritage de l'Antiquité

La chute de l'Empire romain met fin à une période de l'histoire, commencée 10 000 ans auparavant avec les débuts de l'agriculture. La civilisation occidentale européenne est l'héritière de ce monde appelé l'Antiquité.

A. Un héritage divers

Chaque civilisation de l'Antiquité nous a laissé des idées, des vestiges, des habitudes qui font encore partie de notre environnement ou de notre vie quotidienne.

Doc. 1 Théâtre antique d'Orange

Doc. 2 Cultures en Sicile

Doc. 3 *Résurrection*, de Piero della Francesca

Doc. 4 Le Parlement des enfants (France)

Doc. 5 Les jeux Olympiques de 1896

- Cherche de quelle civilisation et de quelle époque chacun des documents ci-dessus a hérité.

B. Un héritage complexe : notre calendrier

Doc. 6 Deux mois du calendrier 2000

MAI

Les jours augmentent de 1 h 15

1	L	F. DU TRAVAIL		18
2	M	Boris		
3	M	Jacques/Philippe		
4	J	Sylvain	NL ●	
5	V	Judith		
6	S	Prudence		
7	D	Gisèle		
8	L	VICT. 1945		19
9	M	Pacôme		
10	M	Solange	PQ ◐	
11	J	Estelle		
12	V	Achille		
13	S	Rolande		
14	D	F. Jeanne d'Arc		
15	L	Denise		20
16	M	Honoré		
17	M	Pascal		
18	J	Éric	PL ○	
19	V	Yves		
20	S	Bernardin		
21	D	Constantin		
22	L	Émile		21
23	M	Didier		
24	M	Donatien		
25	J	Sophie		
26	V	Bérenger	DQ ◑	
27	S	Augustin de C.		
28	D	Fête des Mères		
29	L	Aymar		22
30	M	Ferdinand		
31	M	Visitation		

JUIN

Les jours augmentent de 16 mn

1	J	ASCENSION		
2	V	Blandine	NL ●	
3	S	Kévin		
4	D	Clotilde		
5	L	Igor		23
6	M	Norbert		
7	M	Gilbert		
8	J	Médard		
9	V	Diane	PQ ◐	
10	S	Landry		
11	D	PENTECÔTE		
12	L	Guy		24
13	M	Antoine		
14	M	Élisée . QT		
15	J	Germaine		
16	V	J.-Fr. Régis	PL ○	
17	S	Hervé		
18	D	F. des Pères/Trinité		
19	L	Romuald		25
20	M	Silvère		
21	M	Rodolphe/Été		
22	J	Alban		
23	V	Audrey		
24	S	Jean-Baptiste		
25	D	Fête-Dieu	DQ ◑	
26	L	Anthelme		26
27	M	Fernand		
28	M	Irénée		
29	J	Pierre/Paul		
30	V	Sacré-Cœur		

● Quelles sont les fêtes chrétiennes ? Quelles sont les fêtes laïques ?

Vocabulaire

Un patrimoine : ce qu'on hérite du passé, aussi bien de simples objets que des monuments, des œuvres d'art, une religion, etc.

Doc. 7 Cinq civilisations pour un calendrier

Notre calendrier est l'exemple même de ce que nous devons aux civilisations antiques.
Ce sont les Égyptiens qui, les premiers, calculent l'année solaire de 365,25 jours.
Les savants grecs d'Alexandrie font connaître ce calendrier solaire en Occident.
Jules César impose son usage à Rome : on l'appellera le calendrier Julien.
La semaine de sept jours nous vient des Hébreux.
Les chrétiens donneront aux jours les noms de leurs saints et de leurs fêtes. Ils imposent le décompte des années à partir de la naissance de Jésus.
Ainsi, l'usage de ce repère quotidien nous est rendu possible par l'apport des cinq civilisations du monde antique.

je fais le point

L'Antiquité nous laisse un cadre de vie, l'espace agricole cultivé autour de la Méditerranée et des villes au riche patrimoine*. Nous écrivons avec l'alphabet des Phéniciens, nous utilisons la monnaie, inventée par les Grecs, nous construisons des monuments de pierre, comme les Romains. Souvent, nos routes suivent le tracé des voies romaines.
Nous devons plus encore au monde antique pour la culture. Chrétiens, juifs, musulmans sont les héritiers de la Bible des Hébreux. La mythologie grecque et romaine continue d'inspirer les artistes. Les sciences, la littérature, le théâtre, l'histoire ont leurs racines en Grèce. Nous parlons une langue latine, d'origine romaine.
La Grèce antique nous a permis de réfléchir à la politique, à la démocratie et à notre rôle de citoyen. Le monde antique nous a faits tels que nous sommes.

Où sont donc passées les pierres du forum ?

Aujourd'hui, les ingénieurs construisant les autoroutes ou dirigeant de grands chantiers ont une hantise : mettre à jour des vestiges du passé lors des premiers coups de pelleteuse ! Car alors les travaux sont interrompus le temps que des archéologues viennent juger de l'intérêt de la trouvaille. Pourtant, à Rome, les hommes ne se sont pas toujours embarrassés de scrupules à l'égard des pierres antiques.

Pauvres empereurs !

Quand Octave Auguste, premier empereur romain, fait élever le mausolée qui abritera son tombeau, il n'imagine pas ce qu'il va devenir. Une forteresse au Moyen Âge, puis, successivement un champ de vigne, un jardin privé, un lieu de concert au XIXe siècle. Que dire de l'arc de triomphe de Septime Sévère, autre empereur romain ? À moitié enseveli dans le sol, son grand arc central sert, au Moyen Âge, de boutique à un barbier... Quant aux ruines du palais de l'empereur Tibère, elles sont transformées, au XVIe siècle, par le cardinal Alexandre Farnèse, en jardin botanique, le premier du monde.

Des temples aux églises

Cependant, dans cette ville des papes, c'est surtout dans les églises, souvent édifiées à partir de temples païens, qu'il faut chercher les vestiges de la Rome républicaine et impériale. Le Panthéon - temple de tous les dieux - est une église chrétienne depuis 609. Son immense coupole de plus de 40 mètres de diamètre donne une idée de la splendeur des monuments antiques. Souvent, les temples ont servi à former la partie d'une église. Ainsi le vestibule de l'église Saints-Côme-et-Damien, sur le forum, est en fait l'ancien temple de Romulus et les colonnes du temple d'Antonin et Faustine ornent la façade de l'église San Lorenzo in Miranda.

Une église qui résume l'histoire de Rome

Dans le quartier du Latran, l'église San Clemente s'étage sur plusieurs niveaux qui racontent chacun une époque de Rome. Au niveau le plus profond, on trouve un temple privé avec un autel dédié au dieu perse Mithra. Viennent ensuite des catacombes avec seize tombes chrétiennes, puis les restes d'une basilique du IVe siècle détruite par les Normands en 1084 et, enfin, une église du Moyen Âge où l'on peut admirer un candélabre dont la mosaïque de marbre blanc avec des incrustations de porphyre vert et rouge provient de colonnes antiques.

le récit de l'histoire

La fin de l'Empire romain en Occident

Au IIIe siècle, l'Empire romain connut une première vague d'invasions barbares : Germains, Alamans, Goths et autres Sarmates étaient attirés par les richesses de l'Empire. Ils pillèrent nombre de villes en Italie comme en Gaule, en Espagne comme en Grèce. Face à ces attaques, l'Empire, affaibli, dut se réorganiser. Les défenses de la frontière du Rhin au Danube furent renforcées tandis qu'on intégrait des Barbares dans l'armée romaine pour mieux les contrôler. Mais surtout, une grande décision politique fut prise, qui eut des conséquences lointaines pour l'histoire de l'Europe : l'Empire fut divisé en empire d'Occident et empire d'Orient, avec deux empereurs. Celui d'Occident résidait à Rome, mais aussi dans des villes plus proches des frontières comme Trèves, Milan ou Ravenne. Celui d'Orient résidait, lui, à Constantinople. On espérait qu'ainsi l'Empire serait plus facile à défendre.

Pourtant, le Ve siècle vit de nouvelles invasions qui, en réalité, étaient plutôt des migrations. En effet, les peuples germaniques, poussés par l'avancée des Huns venus d'Asie centrale, quittèrent leurs territoires par milliers, se répandant dans toute la partie occidentale de l'Empire. S'installant, les Barbares fondèrent des royaumes. La Gaule, par exemple, fut divisée en trois royaumes, franc, burgonde et wisigoth. En 476, le dernier empereur fut déposé par le chef barbare Odoacre. Le règne de la ville qui avait conquis l'univers était fini, tout du moins en Occident.

Avec la fin de l'Empire romain d'occident, une page de l'histoire se tournait. Mais un riche patrimoine, encore vivant aujourd'hui, nous était légué. Les monuments de l'Antiquité inspirent toujours notre architecture. Nous utilisons la monnaie inventée par le roi Crésus de Lydie et nous écrivons grâce à l'alphabet que les Phéniciens nous ont transmis. Intellectuellement, nous devons aux Grecs les fondements de la réflexion scientifique, le théâtre, la littérature et la philosophie. Et c'est encore la Grèce qui inspire les régimes politiques de l'Europe occidentale fondés sur la démocratie. Quant aux trois grandes religions monothéistes – le judaïsme, le christianisme et l'islam –, elles ont pour racines communes la Bible des Hébreux. Loin de nous par le temps écoulé, l'Antiquité est toujours présente grâce à son héritage.

Hier et aujourd'hui

Ce que nous devons à cette période :

- des royaumes barbares qui, pour certains, sont à l'origine de beaucoup de pays européens : ainsi les Francs, avec Clovis, allaient donner naissance au royaume de France ;
- la division entre Empire romain d'Occident et Empire romain d'Orient qui, au fil des siècles, évoluera en une différence culturelle entre l'Europe occidentale et l'Europe orientale qui survit en partie aujourd'hui.

GÉOGRAPHIE

Rizières en terrasses, à Longji, en Chine

CHAPITRE 11

LES OUTILS

Boîte à outils

Image satellite de l'Europe et d'une partie de l'Asie et de l'Afrique

DE LA GÉOGRAPHIE

1 · La carte et le paysage

A. Lire une carte

Doc.1 Comprendre l'échelle d'une carte

■ La France

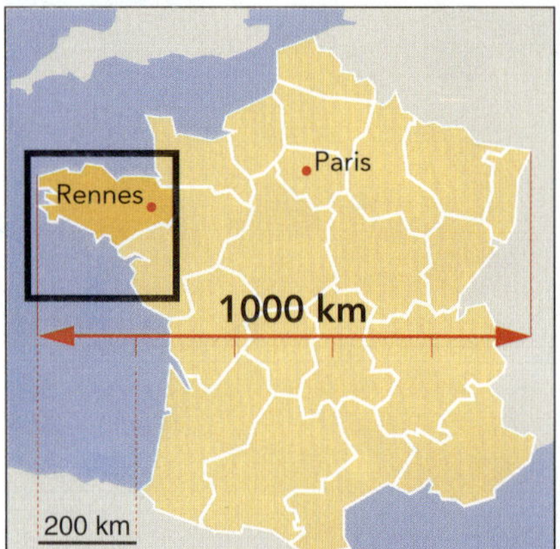

1cm = 200 km : carte au 1/20 000 000

■ La Bretagne

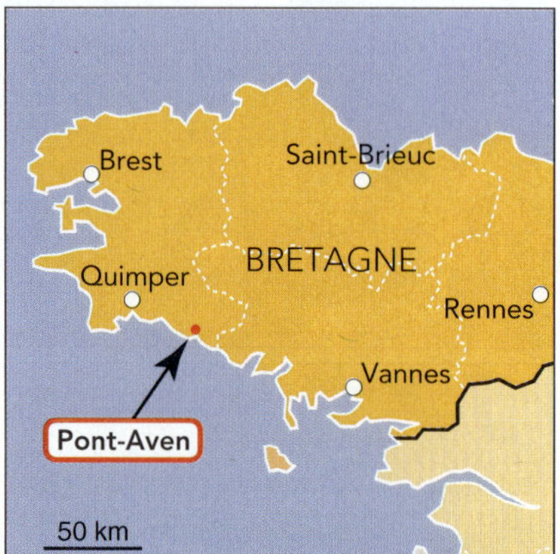

1cm = 50 km : carte au 1/5 000 000

■ Pont-Aven (carte IGN)

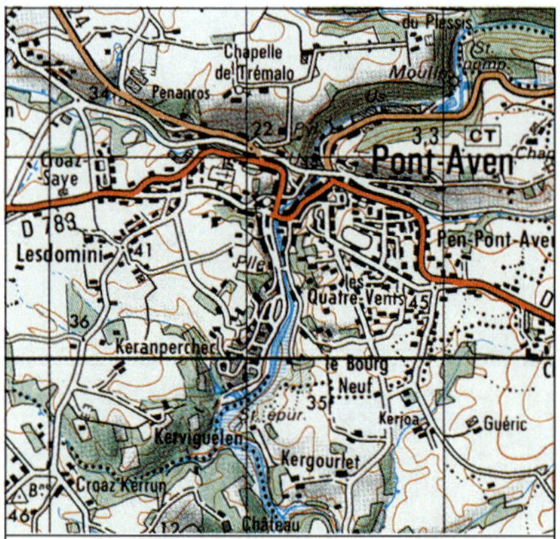

1 cm = 0,5 km (500 m)
Carte au 1/50 000

a. Calcule la distance entre Paris et Rennes, puis entre Rennes et Pont-Aven.

b. Quel type de carte utiliseras-tu pour choisir un lieu de vacances en Bretagne ? Pour préparer une randonnée ?

Doc. 2 Les éléments essentiels d'une carte

Le titre	Il donne le sujet de la carte.
L'orientation	Si elle n'est pas précisée, le haut de la carte indique le nord.
La légende	Elle définit les symboles utilisés par la carte.
L'échelle	Elle permet de mesurer les distances sur la carte. Elle s'exprime : • par une fraction ; • par une indication 1 cm = ... km ; • par une règle graduée.

B. Lire une photographie de paysage

Doc. 3 Les trois étapes de la méthode

1. Présenter	Quel est le lieu photographié ? D'où est prise la photo ? Dans quelle direction regardait le photographe ? Quel est le cadrage : large, rapproché ? Quand est prise la photo (saison, moment de la journée) ?
2. Décrire	Repérer les plans : 1er plan, 2e plan, 3e plan. Repérer les éléments importants : • la présence humaine (y a-t-il des personnes ? Que font-elles ?) ; • les voies de communication (routes, chemins, voies ferrées…) ; • l'habitat (maisons individuelles, grands immeubles…). Réaliser un croquis.
3. Expliquer	Mettre en relation les différents éléments repérés. Mettre en relation avec d'autres documents. Rédiger un petit paragraphe.

Doc. 4 **Un exemple : la ville du Cap (Afrique du Sud)**

Doc. 5 **L'analyse du paysage**

1. Présenter

Une photographie de la ville du Cap, en Afrique du Sud, qui compte 2 millions d'habitants. C'est à la fois un port, un centre industriel (raffinage du pétrole, construction navale, taille du diamant, imprimerie) et une ville administrative. Elle attire aussi des touristes.

Vue plongeante : le photographe occupait une position en hauteur par rapport à la ville, peut-être sur la montagne de la Table, haute de 1000 m. Photo prise de l'intérieur des terres, en regardant vers l'océan.

Cadrage large, mais on ne voit pas toute la ville.

2. Décrire

Voir le croquis d'exploitation (document 6).

3. Expliquer

La longue rangée de grues et le nombre de navires à quai montrent que Le Cap est un port important.

Le réseau de communication est dense (autoroutes, voies ferrées) à cause du port et des 2 millions d'habitants.

Le centre-ville est très moderne : on remarque un ensemble imposant de gratte-ciel luxueux. La grande banlieue s'étale sur plusieurs kilomètres.

Doc. 6 **Le croquis d'exploitation**

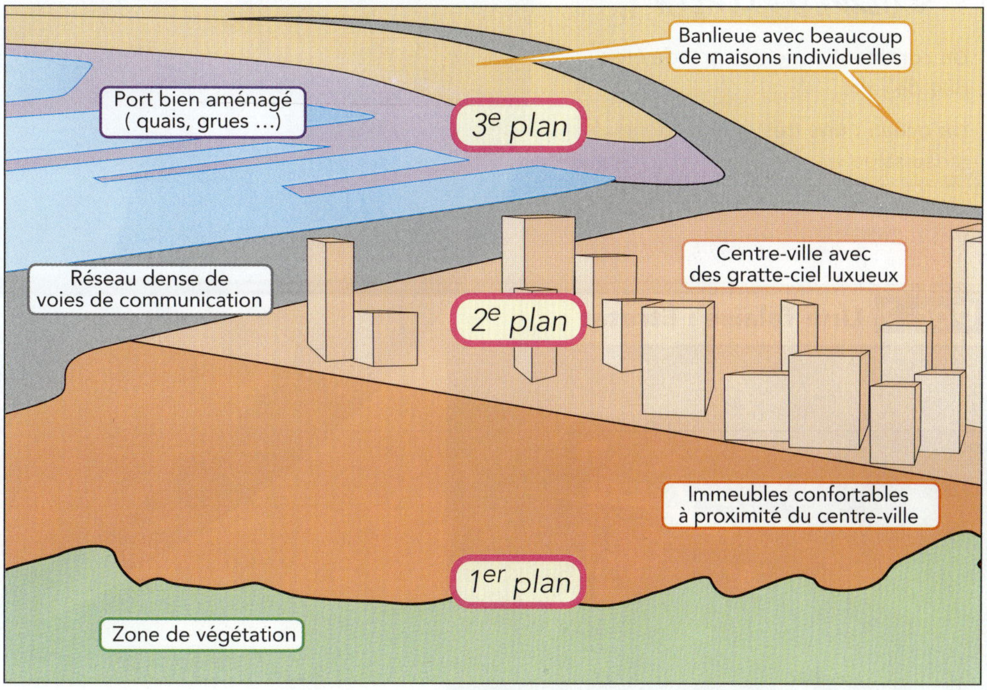

2a · Se repérer sur la Terre

Notre planète se répartit entre des continents* et des océans*.

Lecture de carte

Les continents et les océans

a. Combien y a-t-il de continents ? Donne le nom de chacun.
b. Combien y a-t-il d'océans ? Donne leurs noms.
c. Dans quel hémisphère y a-t-il la plus grande surface de continent ?
d. Cite deux continents qui appartiennent à la fois à l'hémisphère Sud et à l'hémisphère Nord.

Doc. 1 Un détroit : Gibraltar

Vocabulaire

Un continent : une très grande étendue de terre.

Un océan : une très grande étendue d'eau salée.

Doc. 2 Une falaise : Étretat

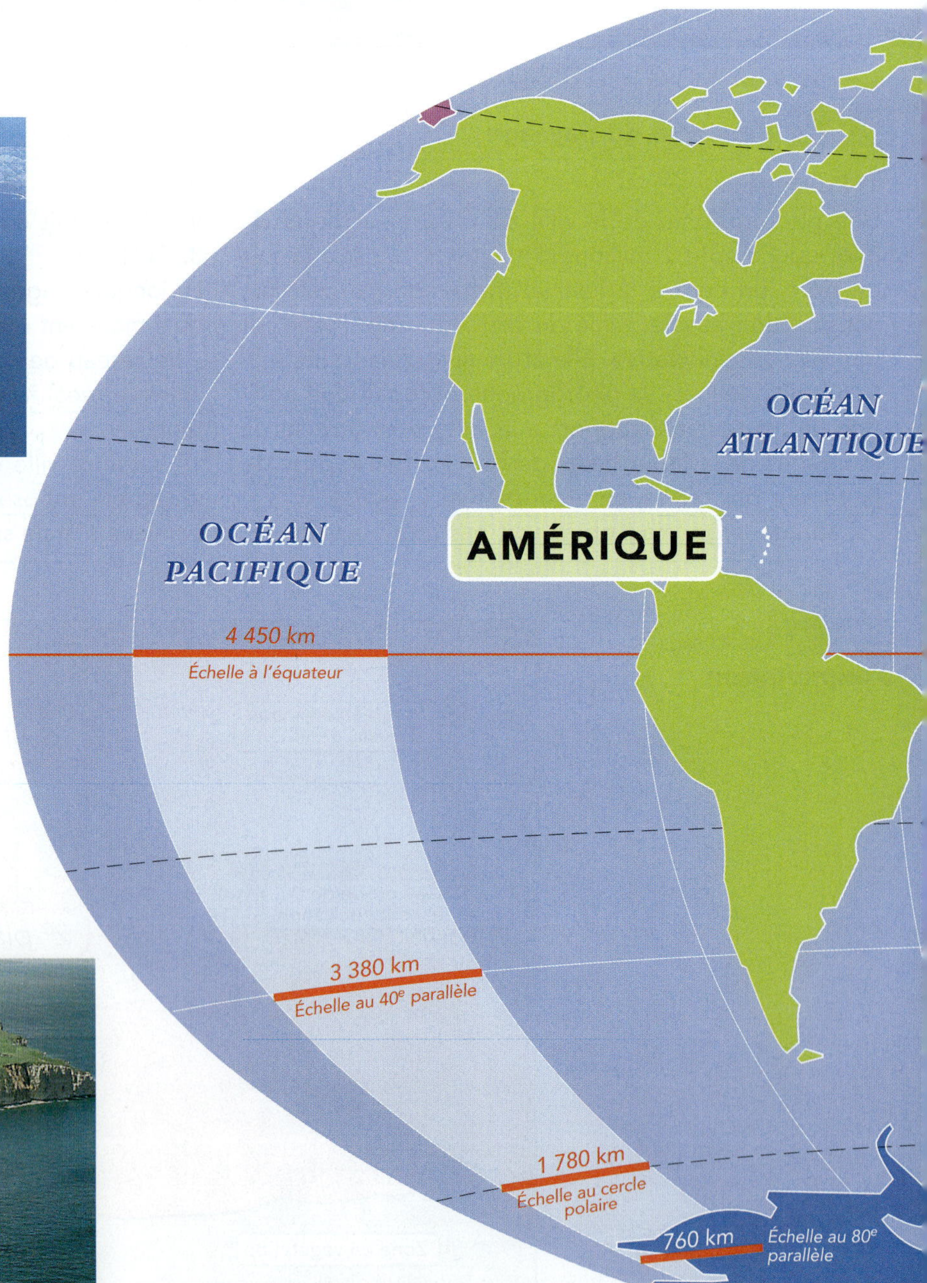

Doc. 3 **Une île : Belle-Île**

Doc. 4 **Un cap : le cap de Bonne-Espérance**

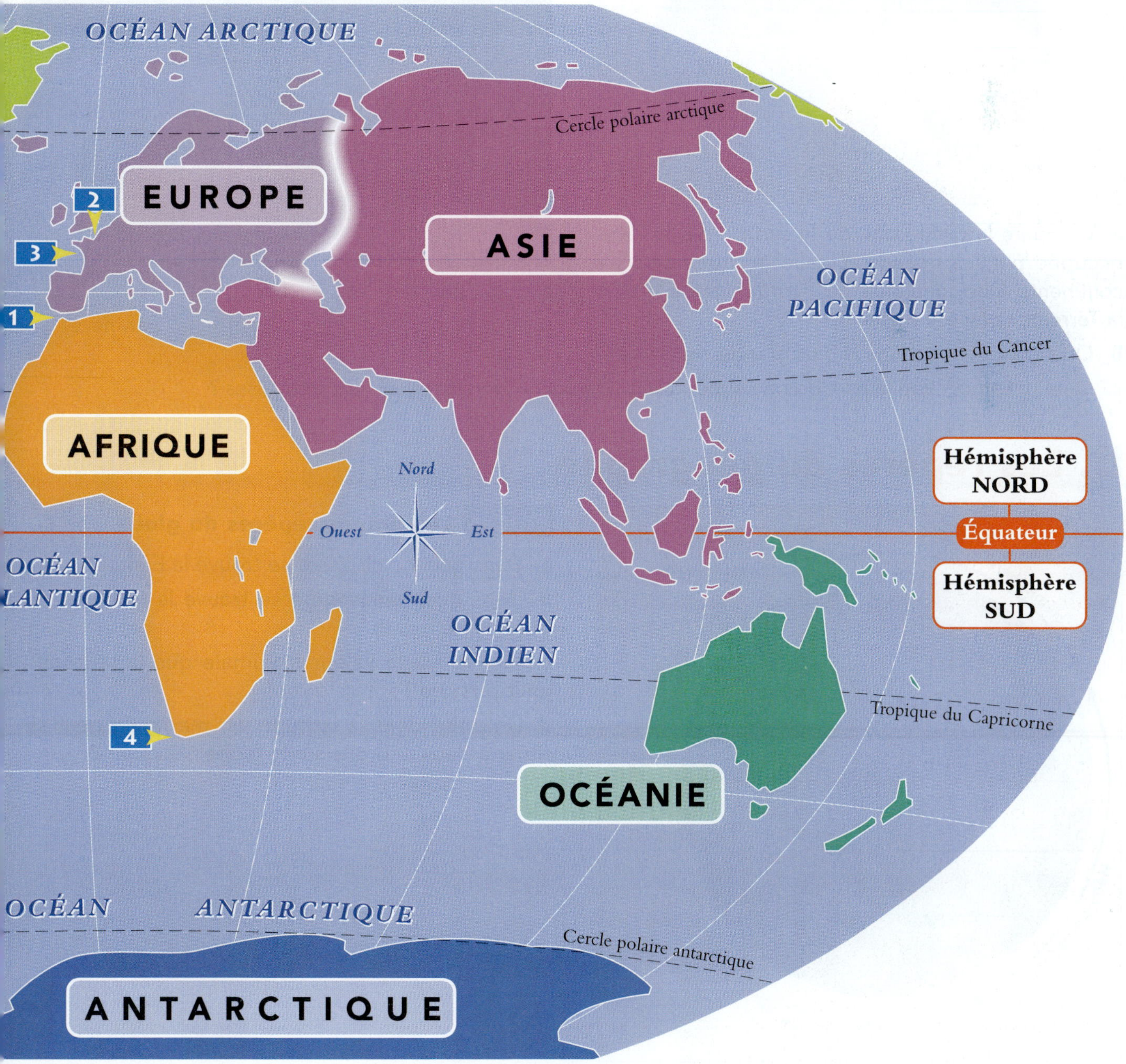

2b · Se repérer sur la Terre

Sur notre planète, les océans sont majoritaires.
Comment se repérer sur le globe ? Le géographe a divisé la surface de la Terre à l'aide de lignes imaginaires. La principale est l'équateur.

A. La planète Terre

Doc. 1 La « planète bleue »

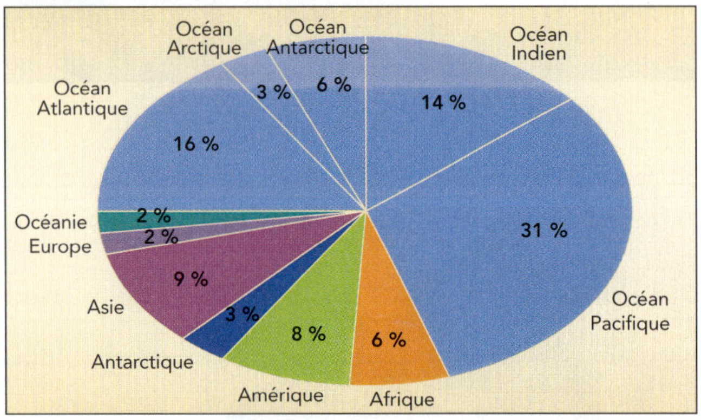

a. Compare la proportion de la surface de la Terre occupée par les océans et celle occupée par les continents. Que constates-tu ? Pourquoi appelle-t-on la Terre la « planète bleue » ?

b. Quel continent occupe la plus grande superficie ?

c. Quel océan occupe la plus grande superficie ?

Doc. 2 Le vocabulaire du littoral*

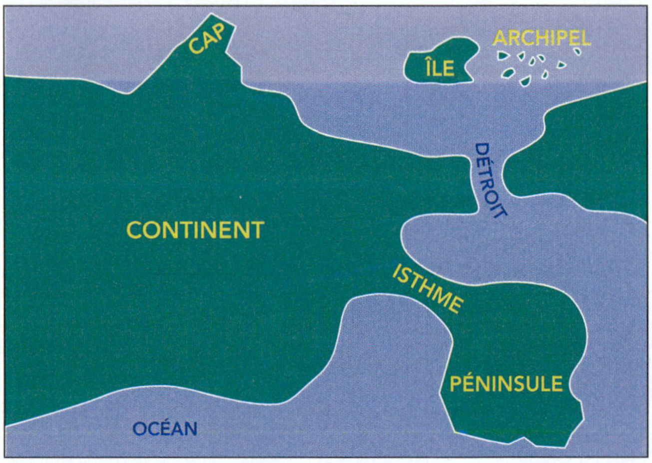

a. Explique ce qu'est un cap.

b. Quelle est la différence entre un isthme et un détroit ?

c. Connais-tu des îles françaises ?

B. Les repères du géographe

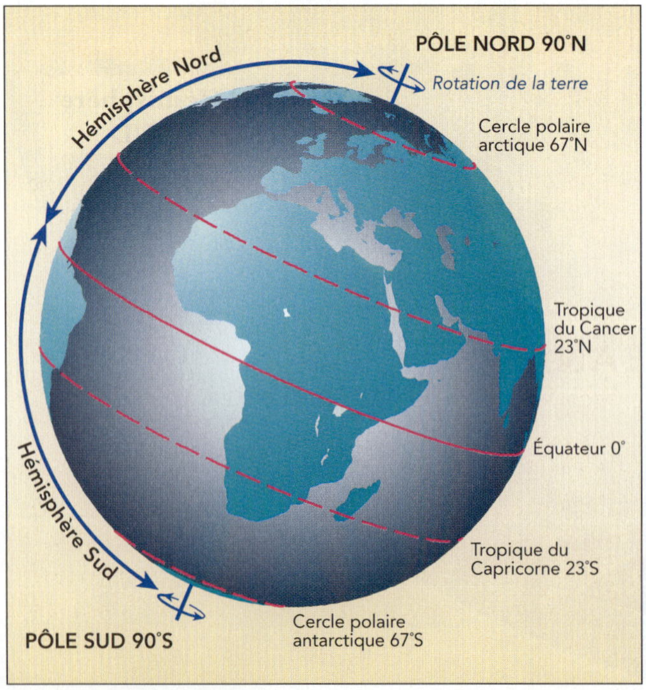

Doc. 3 Les grands repères du globe

a. Dans quel hémisphère se trouve la France ?

b. Dans quel hémisphère se trouve le tropique du Capricorne ?

c. Quelle est la valeur maximale que la latitude* peut prendre ?

d. Un point dont la latitude est maximale peut se situer à deux endroits sur le globe : lesquels ?

Doc. 4 Les points cardinaux

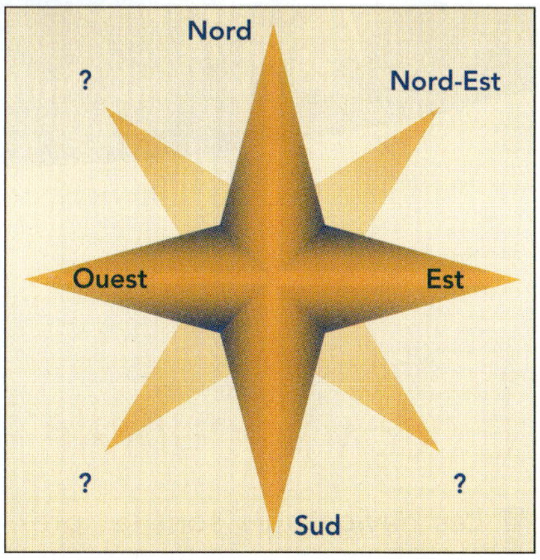

● Recopie cette rose des vents et complète-la.

Le soleil se levant à l'est, on appelle levant ou orient la direction orientale. La direction occidentale désigne l'ouest, ou occident, où il se couche. La direction du nord est dite septentrionale car la nuit, on peut se diriger grâce aux sept étoiles de la Petite Ourse. Le sud, ou midi, est, lui, méridional car il indique la direction où, à la mi-journée, le soleil est au sommet de sa course.

Vocabulaire

Le littoral : la zone de contact entre la terre et l'océan (ou la mer).

L'équateur : une ligne imaginaire qui partage la Terre en deux parties égales, l'hémisphère Nord et l'hémisphère Sud.

Un pôle : une des extrémités de l'axe de rotation de la Terre.

La latitude : la position d'un point par rapport à l'équateur.

Un méridien : une ligne imaginaire qui relie deux pôles.

Un parallèle : une ligne imaginaire parallèle à l'équateur.

Doc. 5 Les fuseaux horaires

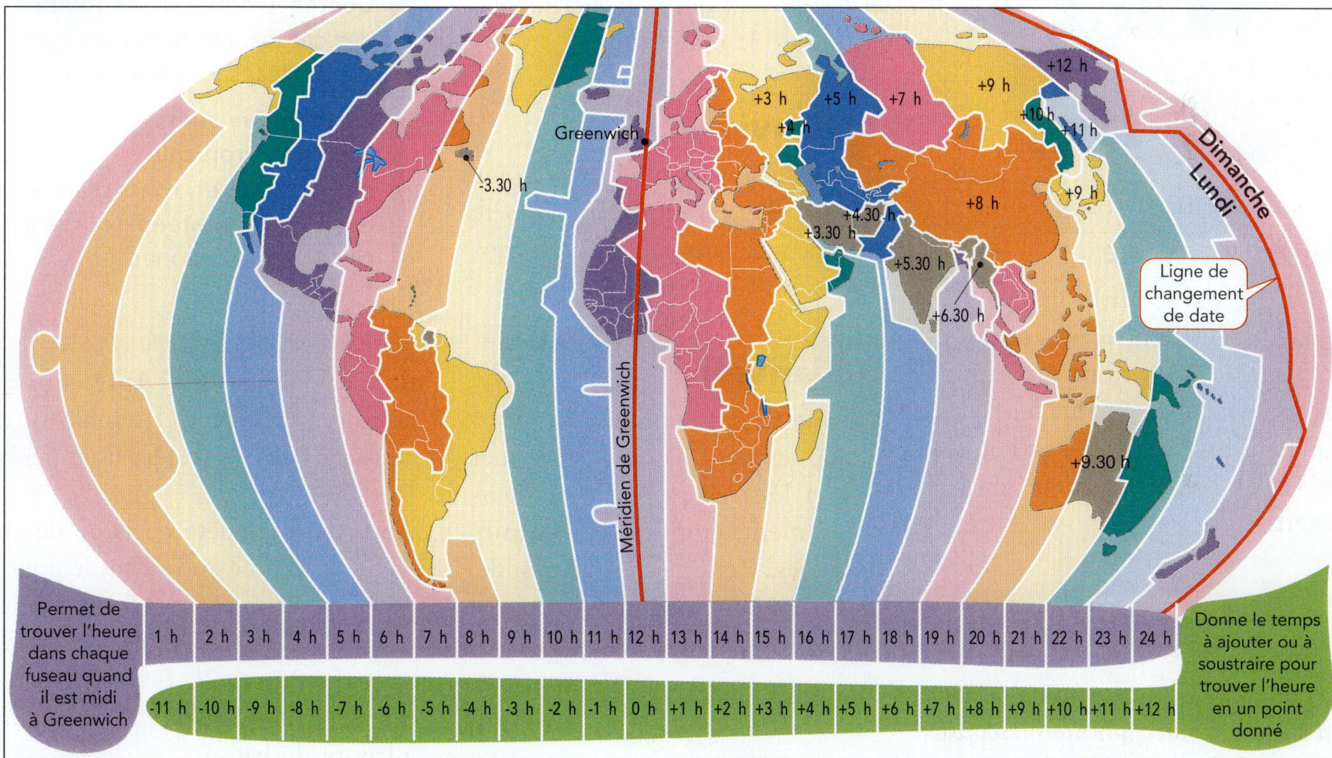

a. Pourquoi tous les pays du monde ne sont-ils pas à la même heure ?

b. Pourquoi le méridien* de Greenwich est-il important ?

je fais le point

La Terre est une sphère qui tourne sur l'axe des pôles. Les océans occupent 70 % de la surface de notre planète ; le plus grand est l'océan Pacifique. Les terres émergées se répartissent en six continents : l'Afrique, l'Amérique, l'Antarctique, l'Asie, l'Europe et l'Océanie. Les formes du littoral sont variées.

Pour se repérer, le géographe définit des lignes imaginaires. L'équateur sépare la Terre en deux parties égales, les hémisphères. La latitude exprime la distance entre un point et l'équateur. Elle varie de 0° (sur l'équateur) à 90°. Les quatre points cardinaux définissent les directions : nord, sud, ouest et est.

Enquête

Marc Thiercelin, 113 jours autour du monde

Le 3 novembre 1996, Marc Thiercelin prend le départ du « Vendée Globe », aux Sables-d'Olonne. Près de quatre mois de navigation en solitaire sur trois océans différents. Une aventure notée jour après jour sur un carnet de bord.

16 novembre

En mer, parce qu'il n'y a pas d'odeurs, on sent les îles de loin. Chacune a son parfum. Aux Antilles, c'est celui des fleurs. Ici, dans l'archipel du Cap-Vert, c'est l'odeur de la terre. Une terre qui sent le désert.

22 novembre

Je suis au large du cap de Bonne-Espérance. La nuit, mon bateau laisse une traînée phosphorescente derrière lui, à cause du plancton.

29 novembre

Ça y est, je suis dans l'hémisphère Sud ! Ici, tout tourne à l'envers : l'eau dans le lavabo, les tourbillons dans la mer, les vents...

13 décembre

Après les 40e rugissants, les 50e hurlants, me voici dans les 60e déferlants. Le vent est fou. Les vagues se croisent. La mer fume. Mon bateau s'est couché trois fois.

25 décembre

Noël sur le 140e parallèle-est ! Les seuls êtres vivants sont les baleines et les oiseaux qui font des boucles au-dessus de moi.

12 janvier

Je finis de contourner l'Antarctique dans la plus épouvantable tempête de ma vie. Brouillard, icebergs, vagues de 15 mètres...

20 janvier

Dans le Grand Sud, quand il n'y a pas de tempête, l'air est sec, la mer lisse et les icebergs dérivent silencieusement, comme des bateaux fantômes. Cette partie du monde, je suis en train de la quitter, remontant vers le cap Horn que j'aperçois déjà dans la brume. Après toute cette glace, comme il semble vert ce rocher de la terre des hommes !

Après une tempête au large de la Mauritanie, une autre dans le golfe de Gascogne, Marc Thiercelin rejoint Les Sables-d'Olonne dans la nuit du 25 au 26 février 1997, grand-voile déchirée et voie d'eau à l'avant du bateau.

L'océan poubelle

Les navigateurs sont les premiers observateurs de la pollution marine. Voici ce qu'ils remarquent le plus souvent.

- **Méditerranée et Atlantique nord**

Conteneurs et caisses tombés des cargos. Déchets ménagers (bouteilles, sacs en plastique).

- **Atlantique sud et zone tropicale**

Billes de bois et troncs d'arbres tombés des bateaux ou arrachés par les cyclones.

le carnet du géographe

Les outils de la géographie

Connaître ce qui l'entoure, en saisir les causes et les mécanismes, comprendre les autres hommes qu'il rencontrait, voilà ce qui a guidé l'homme depuis qu'il s'est mis à parcourir la surface de sa planète. Il lui fallait « décrire la terre », en grec *géo* (la terre) et *graphie* (écrire, décrire) : notre géographie.

Il entreprit d'abord de reproduire ce qu'il voyait, ou savait, sur une surface plane, une feuille de papier : la carte. Ce fut le travail du cartographe. Il établit des règles. Il fallait respecter les proportions réelles entre l'espace observé et son dessin sur la carte, forcément beaucoup plus petit. Ce fut ainsi qu'il inventa l'échelle, qui nous indique par exemple que pour 1/50 000, 1 cm sur la carte signifie 50 000 cm sur le terrain. Le cartographe imagina des signes et des symboles pour figurer les points essentiels reproduits par la carte. Il les appela « légende ». Peu à peu, les cartes devinrent un moyen sûr pour suivre un itinéraire et se repérer dans l'espace.

La cartographie devint un outil essentiel pour les navigateurs. Comment se guider, perdu sur les océans de la planète ? Avec les géographes, ils mirent au point les cartes maritimes, puis apprirent à tracer de grands repères imaginaires : les tropiques, et l'équateur qui partage la terre en deux hémisphères. Ils purent ainsi calculer la latitude, pour indiquer la position de leur bateau par rapport à l'équateur. Puis ce fut au tour des pôles, réunis par les méridiens, ces autres lignes imaginaires et, avec eux, le calcul de la longitude. Avec ces deux points, plus aucun bateau n'était perdu.

Mais les géographes revinrent bientôt sur terre. Ce qui les intéressait, c'était avant tout ce qu'ils voyaient autour d'eux : les montagnes, les villes, les déserts... Avec les peintres, on avait baptisé « paysage » la vue d'ensemble d'une région ou d'un site. Les géographes, aidés de la photographie, des cartes et de leurs propres enquêtes sur le terrain, allaient tenter de comprendre ces paysages, d'en donner une explication scientifique. Comment la pluie, la chaleur, le froid, le relief avaient ainsi modelé la surface de la terre à un endroit donné. Et surtout, quel rôle l'homme y avait joué depuis le néolithique et l'invention de l'agriculture, modifiant sans cesse ces conditions naturelles. C'est cette relation entre l'être humain et son environnement qu'il transforme et qui, lui-même le transforme à son tour, que depuis plus de 2 500 ans, depuis la Grèce antique, le géographe tente d'expliquer.

CHAPITRE 12 LA POPULATION

Une rue à Shanghai (Chine)

OU MONDE

1a • La répartition de la population

Quelles sont les régions peuplées et les régions vides ?

Lecture de carte

Les grands foyers de population*

a. Localise les deux plus grands foyers de population du monde en précisant le continent sur lequel ils se trouvent.

b. Est-ce que les foyers de population sont éloignés des côtes ?

c. Où sont situés les déserts* ?

Doc. 1 Le désert en Arabie saoudite

Doc. 2 Le village d'Olargues (Hérault)

Vocabulaire

Un foyer de population : une région où se concentrent des millions de personnes.

Un désert : une région où presque personne n'habite car les conditions de vie sont très difficiles.

Une métropole : une très grande ville.

Doc. 3 **La ville de Sienne (Italie)**

Doc. 4 **Une métropole* : Mexico**

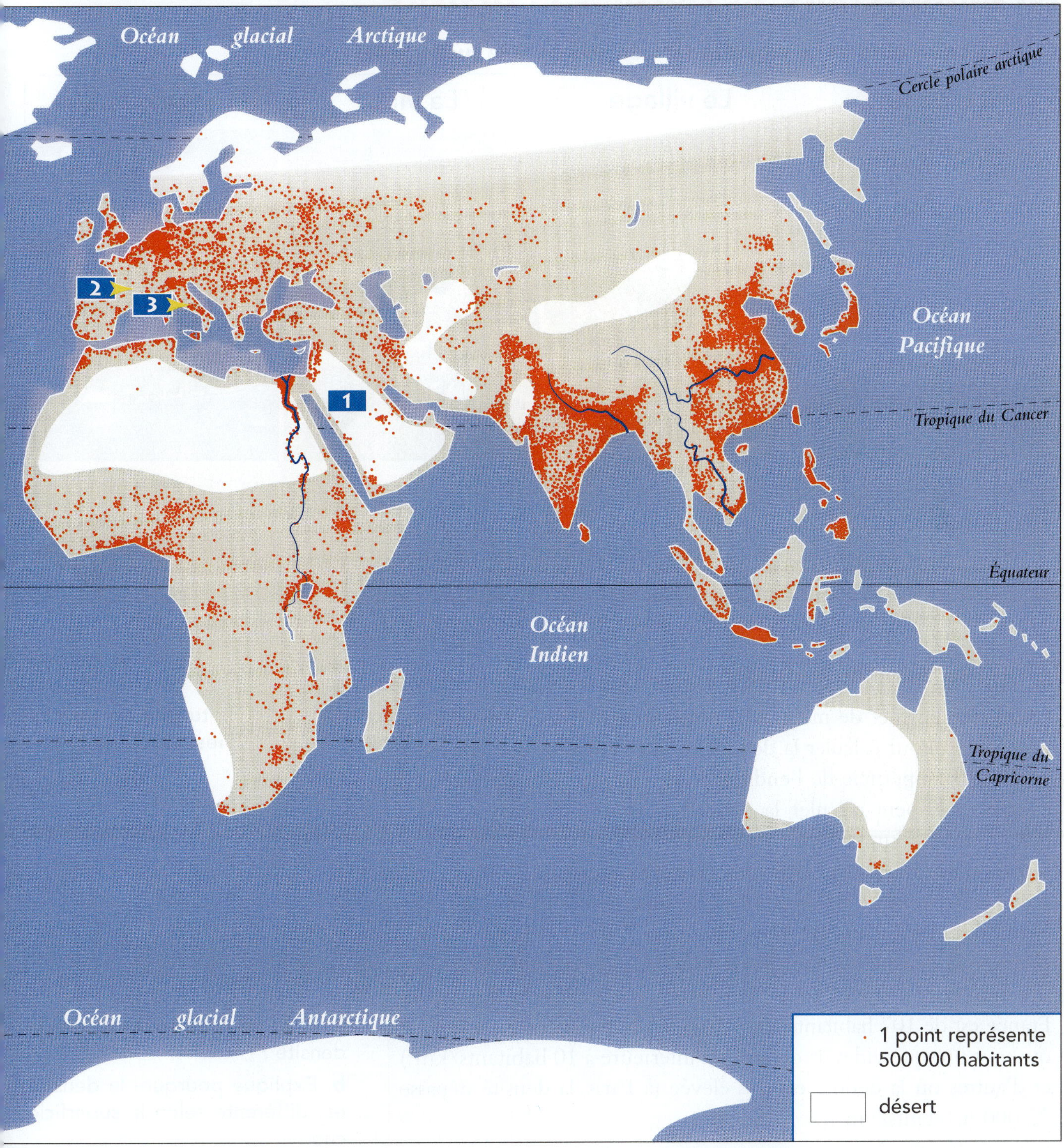

1b · La répartition de la population

Sur la Terre, les espaces vides sont majoritaires alors que la plus grande partie de l'humanité est concentrée sur une faible surface. La densité* permet d'étudier cette situation.

A. Comprendre et calculer la densité

Doc. 1 Les hommes se regroupent : du désert à la métropole

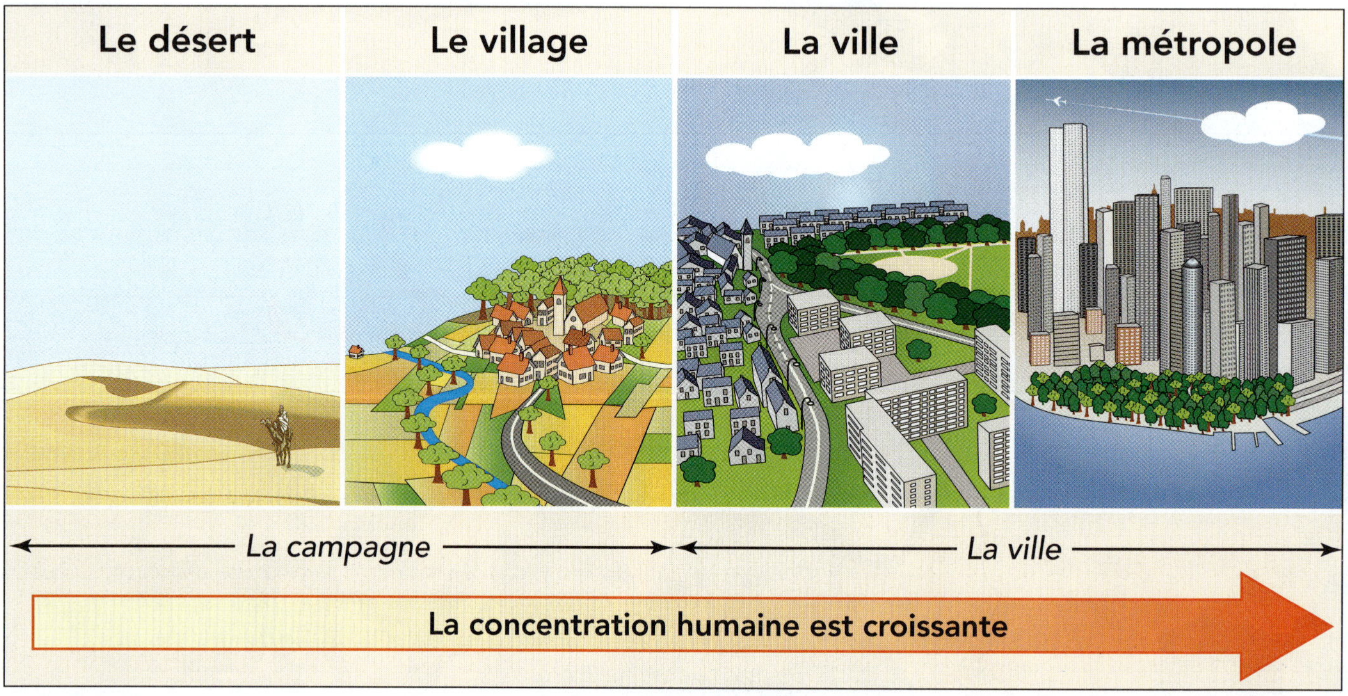

a. Comment évolue l'habitat quand les hommes se regroupent ?

b. Que peux-tu dire de l'évolution des voies de communication ?

Doc. 2 Le calcul de la densité

La densité permet de mesurer la concentration des hommes dans un endroit. Pour calculer la densité, il faut faire trois opérations :
- définir la superficie de l'endroit dont on cherche la densité. Par exemple, on peut calculer la densité au niveau d'une ville, d'un département, d'une région, d'un pays ou même d'un continent ;
- compter le nombre d'habitants sur cette superficie ;
- diviser le nombre d'habitants par la superficie. On obtient alors le nombre d'habitants par kilomètre carré (km^2).

Comme la densité est une valeur moyenne, elle ne reflète pas une situation réelle. Par exemple, la valeur moyenne de la densité en France est de 107 habitants/km^2. Mais il y a des endroits en France qui sont presque vides (la densité est inférieure à 10 habitants/km^2) et d'autres où la densité est très élevée (à Paris, la densité dépasse 25 000 habitants/km^2).

a. Quel est l'intérêt de calculer la densité ?

b. Explique pourquoi la densité est différente selon la superficie choisie.

B. Utiliser les densités : l'exemple de la France

Doc. 3 Les densités en Europe par pays

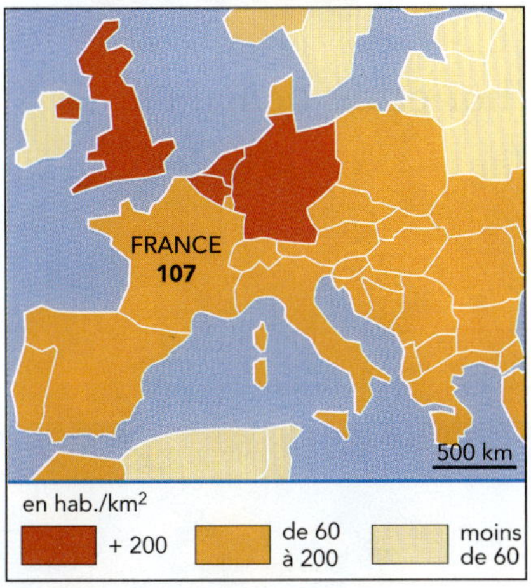

Doc. 4 Les densités en France par régions

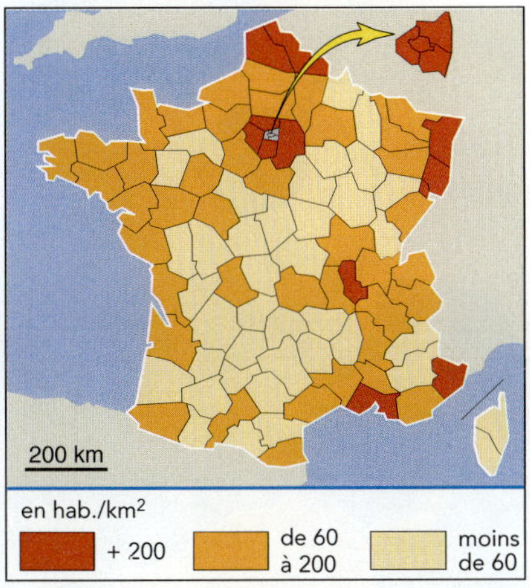

Doc. 5 Les densités en France par communes

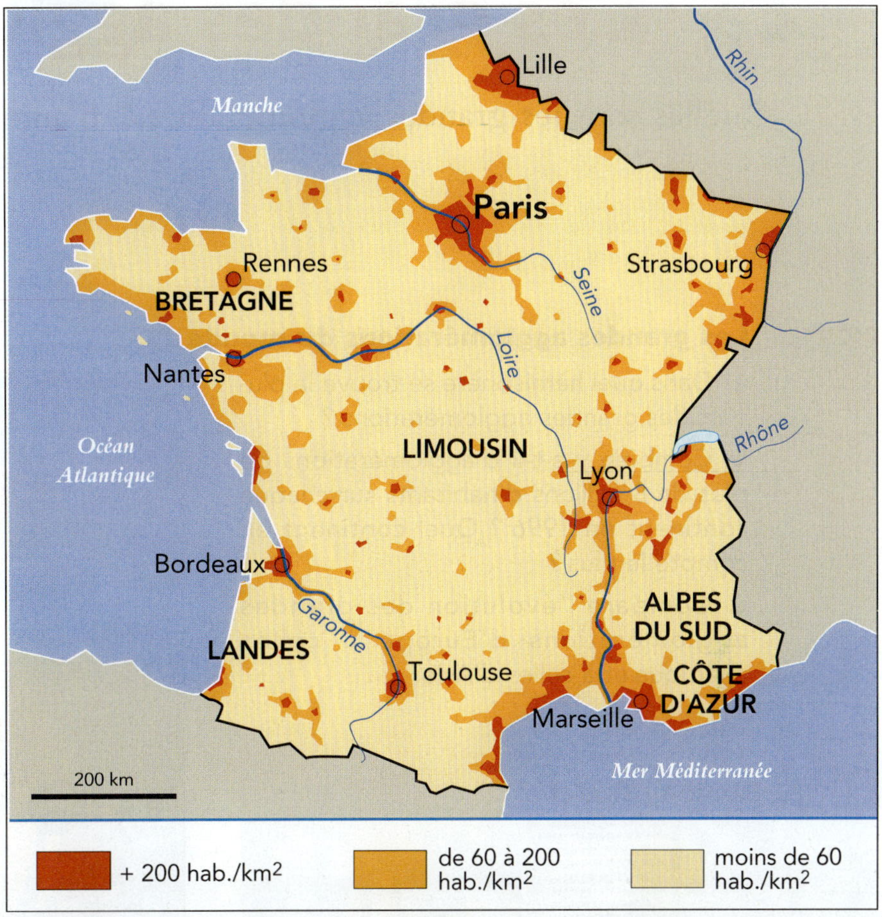

a. Compare les trois cartes et explique pourquoi elles ne sont pas identiques.

b. Observe le document 4. Quelles sont les régions les plus peuplées de France ?

c. Observe le document 5. Quelles précisions apporte-t-il par rapport aux documents 3 et 4 ?

d. Quel littoral a la plus forte densité ? la plus faible ?

Vocabulaire

La densité : le nombre d'habitants au kilomètre carré.

je fais le point

La population du monde est inégalement répartie. Les principaux foyers de population sont situés dans l'hémisphère Nord, près des côtes ou le long de grands fleuves. Les déserts s'étendent surtout dans les zones tropicales ou au-delà des cercles polaires.

La densité permet d'étudier la répartition de la population. Les zones les moins denses sont les déserts et les régions d'habitat isolé. Les hommes se regroupent ensuite en villages puis en villes. Les métropoles abritent des millions de personnes.

La densité moyenne de la France est de 107 habitants au km². On trouve les plus fortes densités dans la région parisienne, le long des grands cours d'eau et près des métropoles régionales.

2a · Les grandes agglomérations

Quelles sont les grandes agglomérations* d'aujourd'hui et de demain ?

Lecture de carte

Les grandes agglomérations du monde

a. Dans quel hémisphère se trouve la plupart des grandes agglomérations ?

b. Combien y a-t-il d'agglomérations de plus de 8 millions d'habitants sur chaque continent en 1996 ? Quel continent en compte le plus ?

c. Compare l'évolution des grandes agglomérations d'Europe à celles d'Afrique et à celles d'Asie.

Doc. 1 Bombay (Inde)

Doc. 2 São Paulo (Brésil)

Vocabulaire

Une agglomération : une ville et les localités qui l'entourent.

Doc. 3 Mexico (Mexique)

Doc. 4 Los Angeles (États-Unis)

2b · Les grandes agglomérations

Un être humain sur deux est un citadin.
La ville attire et séduit car elle semble promettre une vie meilleure.
Mais ce n'est pas toujours le cas.

A. Des villes de plus en plus peuplées

Doc. 1 Les plus grandes villes du monde en 1950 et en 1996

Population de l'agglomération (en millions)			
En 1950		**En 1996**	
New York (États-Unis)	12,3	Tokyo (Japon)	27
Londres (Royaume-Uni)	10,4	Mexico (Mexique)	16,7
Tokyo (Japon)	6 7	São Paulo (Brésil)	16,5
Shanghai (Chine)	5,8	New York (États-Unis)	16,3
Paris (France)	5,5	Bombay (Inde)	15,1
Buenos Aires (Argentine)	5,3	Shanghai (Chine)	13,6
Chicago (États-Unis)	4,9	Los Angeles (États-Unis)	12,4
Moscou (URSS)	4,8	Calcutta (Inde)	11,9
Calcutta (Inde)	4,4	Buenos Aires (Argentine)	11,8
Los Angeles (États-Unis)	4	Séoul (Corée du Sud)	11,6

a. Calcule la population totale des cinq plus grandes villes du monde en 1950 et en 1996. Que constates-tu ?

b. Quelles villes ont disparu du classement entre 1950 et 1996 ?

c. Quelles villes sont apparues ? À quel continent appartiennent-elles ?

Doc. 2 Le Caire

L'agglomération du Caire compte presque 10 millions d'habitants, soit environ la moitié de la population urbaine d'Égypte. L'exode rural* augmente chaque année la population du Caire de près de 250 000 habitants. Ainsi des quartiers nouveaux naissent sur les terres agricoles proches du Nil et sur le désert. Pour cette raison, les équipements, les égouts et le réseau d'eau potable sont très insuffisants.

a. Sur quel continent se trouve le Caire ?

b. Que peux-tu dire de la population du Caire ?

c. Remarques-tu des quartiers plus anciens ? Qu'en déduis-tu ?

Doc. 3 **Une consultation médicale à Abidjan (Côte d'Ivoire)**

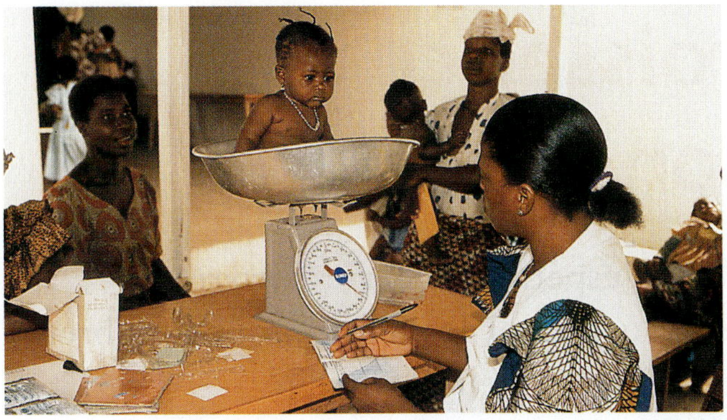

Doc. 4 **Une affiche au Viêt Nam pour la limitation des naissances**

3b · La croissance de la population mondiale

La Terre est de plus en plus peuplée car l'espérance de vie* progresse. Dans certains pays, la population augmente beaucoup et les jeunes sont nombreux. Dans d'autres, la population augmente peu et vieillit.

A. L'allongement de la vie est général

Doc. 1 La croissance de la population mondiale

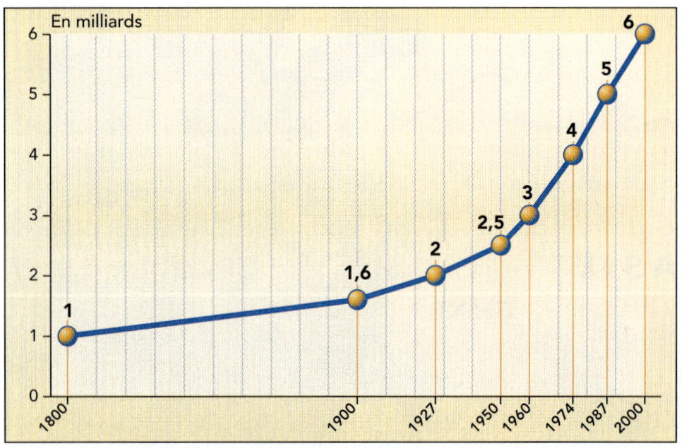

a. Combien de temps a-t-il fallu à l'humanité pour passer de 1 à 2 milliards ? Puis de 2 à 3 milliards ?

b. Depuis les années 1960, quelle est la durée moyenne nécessaire pour que l'humanité gagne un milliard d'habitants ?

Doc. 2 L'évolution de l'espérance de vie

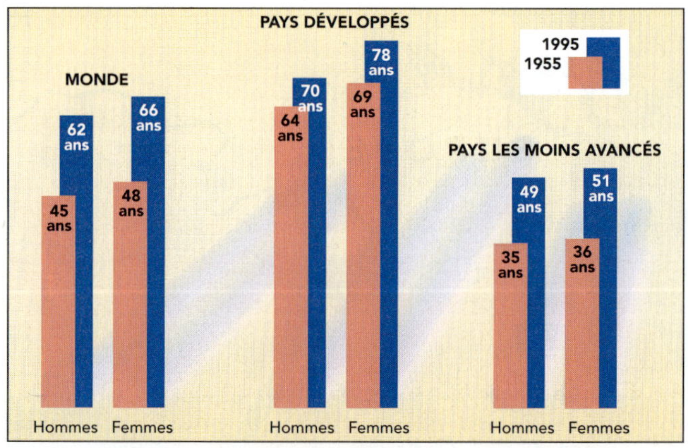

a. Comment évolue l'espérance de vie dans tous les pays entre 1955 et 1995 ?

b. Quelle est l'espérance de vie d'une femme dans un pays développé en 1955 et en 1995 ? Calcule l'allongement de la durée de vie que cela représente.

Doc. 3 Le Tour de France des retraités

a. Pourquoi les personnes âgées sont-elles aujourd'hui en meilleure santé ?

b. Connais-tu d'autres domaines où les personnes âgées sont très actives ?

B. L'évolution de la population varie selon les pays

Doc. 4 L'Inde, un pays en forte croissance

L'Inde est en train de franchir la barre du milliard d'habitants. S'agit-il d'un échec de la politique démographique ?
Lors de son indépendance en 1947, l'Inde avait 350 millions d'habitants. Cinquante années plus tard, elle en a 1 000 millions. Cette augmentation est en effet très importante, mais elle n'est pas un échec dû au sous-développement. Au contraire, c'est une conséquence du développement. En 1947, il y avait entre six et sept enfants par femme mariée, alors qu'aujourd'hui il y en a moins de quatre en moyenne, et on arrive à moins de deux en ville. Il y a donc une réelle diminution de l'indice de fécondité*. Or, dans le même temps, la mortalité infantile* a baissé en raison des progrès considérables de la santé. L'hôpital public en Inde manque certainement de moyens, mais le personnel est très compétent et les plus pauvres peuvent s'y faire soigner gratuitement.

D'après une interview de M.-J. Zins, *Libération*, 16 août 1999.

a. Quelle a été l'augmentation de la population de l'Inde en 52 ans ?

b. Quelle part de la population mondiale représente aujourd'hui l'Inde ?

c Quelle est l'évolution de la mortalité infantile depuis 1947 ? Pourquoi ?

Doc. 5 Pays vieux, pays jeunes

Part en % de la population qui a en 2000		
	– de 15 ans	+ de 65 ans
Italie	14,2	17,7
Allemagne	15,3	15,9
Russie	18,1	12,7
France	18,3	16,2
États-Unis	21,4	12,4
Inde	32,7	5
Algérie	36,6	3,8
Pakistan	41,8	3,2
Laos	45,4	2,9
Ouganda	49,1	2,2

Vocabulaire

L'espérance de vie : l'âge moyen que peut atteindre la population d'un pays.

L'indice de fécondité : le nombre moyen d'enfants par femme pendant sa période de fécondité.

La mortalité infantile : le nombre d'enfants qui meurent avant l'âge de un an.

L'accroissement naturel : le nombre de naissances moins le nombre de décès.

a. Quelle est la différence entre le premier groupe de pays et le second ?

b. À quels continents appartiennent les pays du premier groupe ? Et ceux du second ?

je fais le point

En l'an 2000, il y a 6 milliards d'hommes sur la Terre. La population mondiale connaît une croissance importante depuis 1960 à cause des progrès de la médecine qui augmentent l'espérance de vie.

Dans les pays à forte natalité, la population augmente rapidement. L'indice de fécondité reste fort alors que la mortalité diminue : l'accroissement naturel* est donc important. Mais ces pays ont souvent du mal à répondre aux besoins de leur population : éducation, logement, travail, etc.

Dans les pays à faible natalité, la population augmente peu ou diminue. La population vieillit car la part des personnes âgées est importante. Cela pose des problèmes pour financer les retraites.

4a · Pays riches et pays pauvres

La répartition de la richesse est très inégale dans le monde.

Lecture de carte

La répartition de la richesse, mesurée par l'indice de développement humain

a. Quels sont les continents où le niveau de développement est très élevé ?

b. Quels sont ceux où il est très bas ?

c. Compare le niveau de développement dans l'hémisphère Nord et dans l'hémisphère Sud. Que constates-tu ?

d. En conclusion, que peux-tu dire de la répartition des richesses dans le monde ?

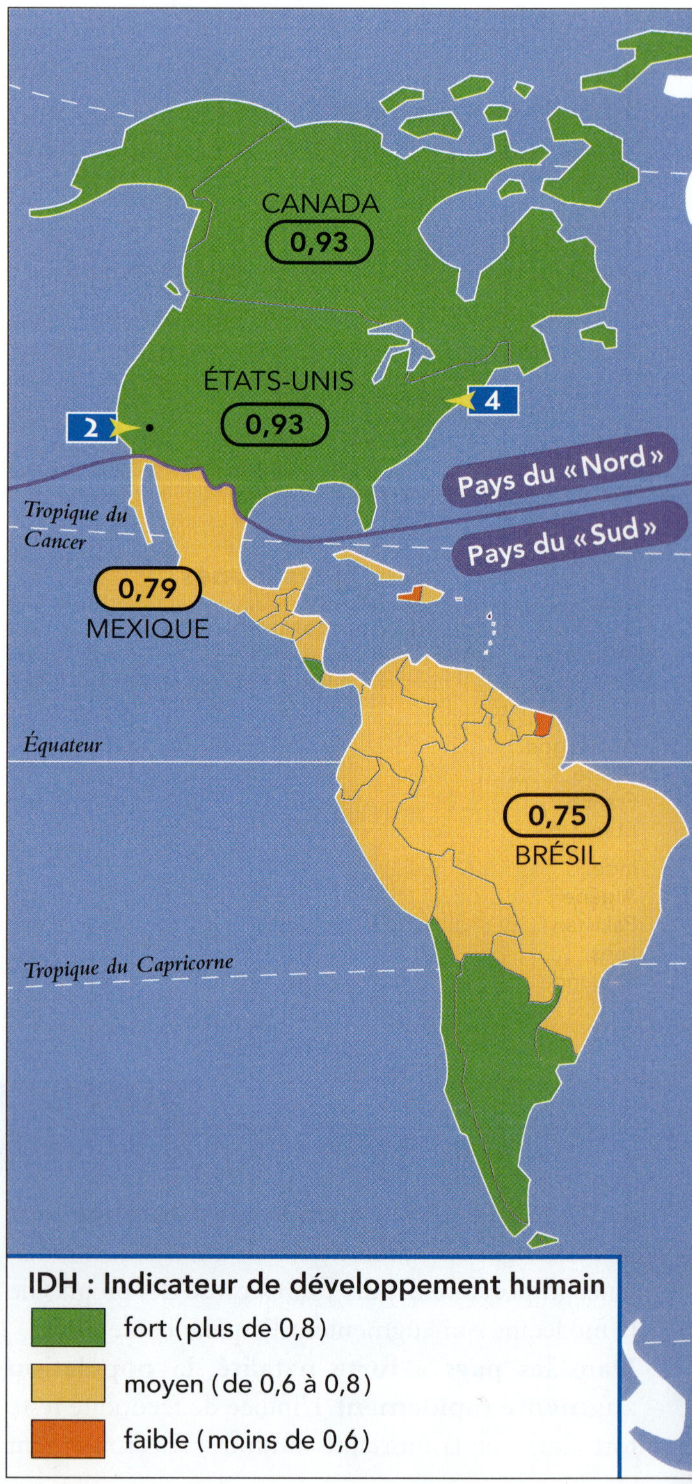

Doc. 1 Un point d'eau dans un village du Sénégal

Doc. 2 Une fontaine dans le désert à Las Vegas (États-Unis)

Doc. 3 Une classe au Sri Lanka

Doc. 4 Une classe aux États-Unis

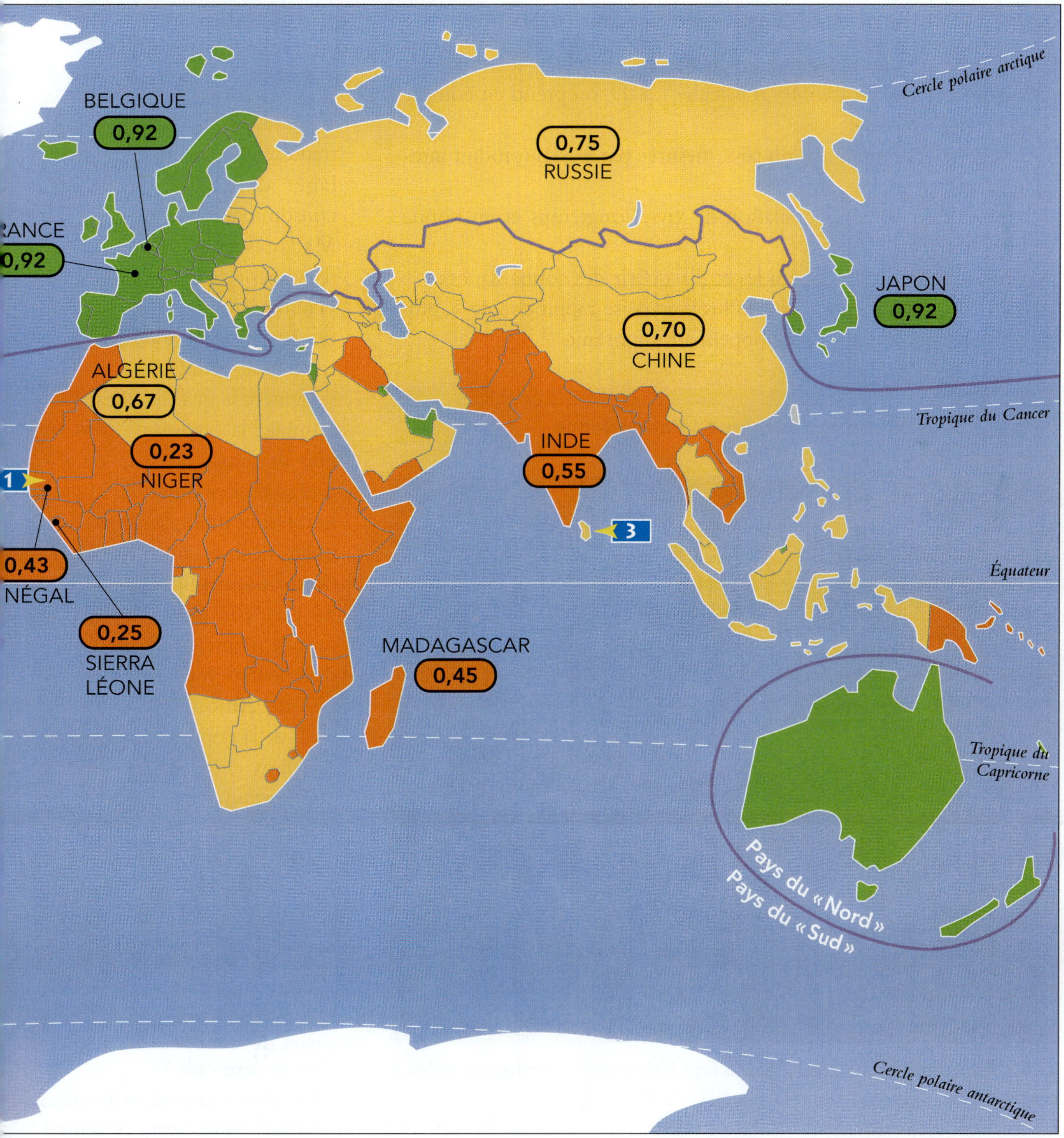

4b · Pays riches et pays pauvres

Les pays riches sont ceux qui offrent de bonnes conditions de vie à la majorité de leur population. La plupart des pays riches se trouvent dans l'hémisphère Nord tandis que l'hémisphère Sud abrite surtout des pays pauvres.

A. Qu'est-ce qu'un pays riche ?

Doc. 1 L'indice de développement humain (IDH)

L'indice de développement humain permet d'évaluer le niveau de développement d'un pays. Pour calculer l'IDH, on prend en compte 3 aspects :
- la richesse économique d'un pays, mesurée par le PIB (produit intérieur brut)* ;
- la possibilité pour la population de vivre longtemps et en bonne santé ;
- la possibilité de faire des études et d'acquérir des connaissances.

L'IDH est compris entre 0 et 1. Plus l'indice se rapproche de 1, plus le pays en question a un développement important.

Doc. 2 La richesse économique : l'abondance

Un supermarché en France

a. Quels produits sont proposés ? S'agit-il de produits indispensables à la vie ?

b. Le choix est-il vaste ?

Doc. 3 L'eau, une richesse gaspillée

Les inégalités dans la répartition des ressources en eau se traduisent par d'énormes décalages dans les niveaux de consommation : un paysan de Madagascar utilise 10 litres d'eau par jour, soit le minimum vital, un Français 150 litres et un Américain 425 litres.

Mais le problème n'est pas seulement la quantité d'eau disponible : la qualité de plus en plus mauvaise de l'eau est inquiétante. Les causes de la pollution sont multiples : rejets non traités, déchets chimiques, abandons d'ordures. Il y a seulement 50 ans, pas un seul pays au monde n'enregistrait un niveau d'alimentation en eau catastrophique. Aujourd'hui, près de 35 % de la population mondiale vit dans cette situation. On pense qu'en 2025 les deux tiers des habitants de la planète auront des réserves d'eau faibles, parfois même très faibles.

D'après *le Courrier de l'Unesco*, février 1999.

a. Comment expliquer les différences de consommation d'eau citées en exemple ?

b. Comment va évoluer la disponibilité de l'eau dans le monde ?

B. L'inégale répartition de la richesse dans le monde

Doc. 4 Les inégalités au niveau mondial

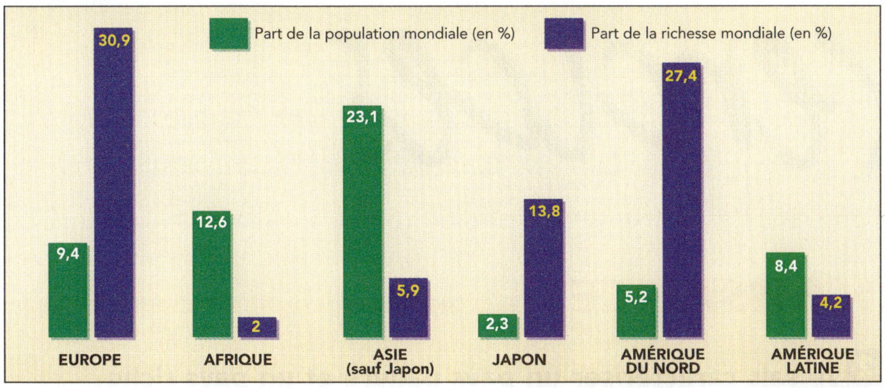

a. Donne un exemple d'une région du monde qui représente une forte part de la population mondiale et une faible part des richesses mondiales.

b. Donne un exemple de la situation inverse.

c. Qu'en déduis-tu ?

Doc. 5 Les inégalités dans les pays riches

Une personne sans domicile fixe à Nice

a. Pourquoi cet homme dort-il sur un banc public ?

b. A-t-il le même niveau de vie que la plupart des Français ?

c. Qu'est-ce que cela prouve sur la répartition de la richesse dans les pays riches ?

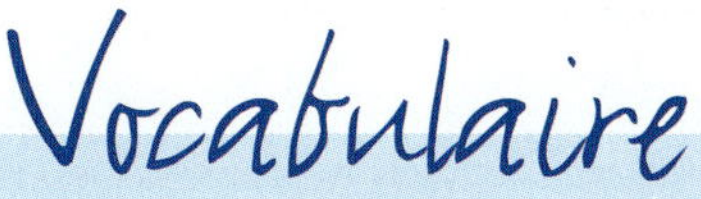

Le PIB (produit intérieur brut) : la valeur moyenne de tout ce qu'un pays produit en un an.

Un analphabète : une personne qui ne sait ni lire ni écrire.

Les conditions de vie sont très inégales dans le monde. Dans les pays développés ou pays riches, la plus grande partie de la population bénéficie de revenus suffisants pour vivre. Elle a aussi accès à la santé et à l'instruction. Ces pays sont très peu nombreux et se trouvent surtout dans l'hémisphère Nord. Mais même dans les pays riches, la pauvreté existe toujours et progresse parfois.

Les pays pauvres concentrent la plus grande partie de l'humanité. Ils se trouvent en majorité dans l'hémisphère Sud. Dans ces pays les moins avancés, la plupart des gens ont des revenus très faibles qui ne leur permettent pas de faire des études ni d'être correctement soignés. Pourtant, ces pays bénéficient aussi des progrès de l'hygiène et de la médecine.

Exercices

VÉRIFIER SES CONNAISSANCES

1 Je sais décrire la population d'un pays

Recopie les phrases en complétant par l'expression (un ou plusieurs mots) qui convient.

a. Une ville et les localités qui l'entourent forment une…

b. Pour calculer la… d'un pays, on divise la population par la superficie.

c. Nombre des naissances – nombre des décès = ……

d. L'…… est le nombre moyen d'enfants par femme.

e. Une personne qui ne sait ni lire ni écrire est un…

2 Je sais caractériser un pays pauvre et un pays riche

a. Recopie le tableau et complète-le en mettant le mot qui correspond à la situation du pays.

Exemple : dans les pays riches, l'augmentation de la population est faible ; dans les pays pauvres, l'augmentation de la population est forte.

b. Donne deux exemples de pays riches et deux exemples de pays pauvres.

	Pays riches	Pays pauvres
L'augmentation de la population (forte / faible)	faible	forte
Le taux de fécondité (élevé / faible)		
La mortalité infantile (très faible / assez importante)		
L'espérance de vie (très forte / moyenne ou faible)		
Un groupe nombreux dans la population (les jeunes / les personnes âgées)		
Le nombre d'analphabètes (élevé / très faible)		
Les soins médicaux (accessibles à la majorité de la population / réservés à une partie de la population)		
La situation géographique (souvent dans l'hémisphère Nord / souvent dans l'hémisphère Sud)		

ALLER PLUS LOIN

3 Je commente un dessin de presse

Dessin de Plantu

a. Ce dessin est-il réaliste ? Explique ta réponse.

b. Que représentent les deux personnages ?

c. Celui de gauche parle de trouver une solution. À quel problème ?

d. Comment réagit celui de droite ?

4 J'étudie les migrations internationales dans le monde

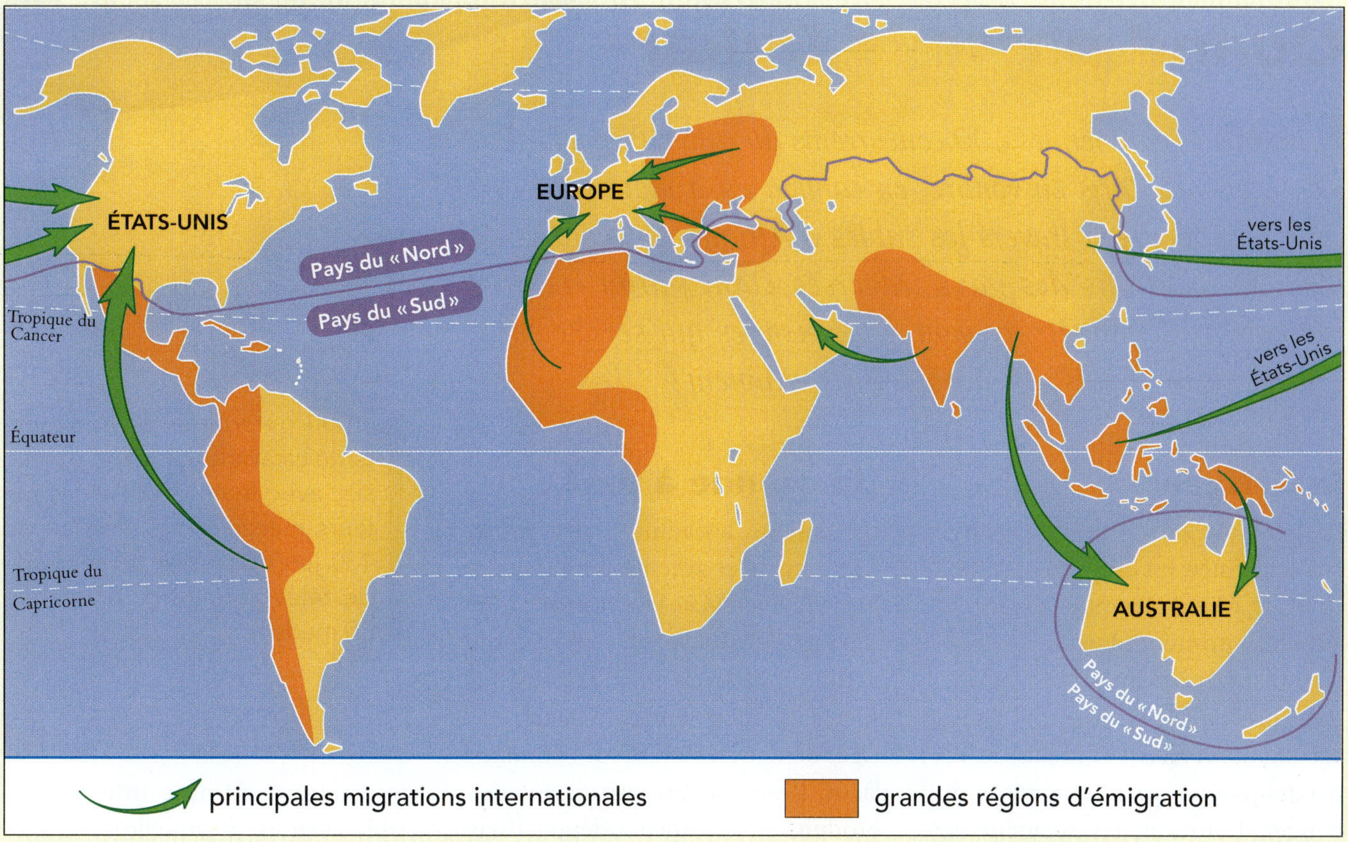

a. Quels sont les principaux pays de départ ?

b. Quels sont les principaux pays d'accueil ?

c. Compare cette carte avec celle des pages 170-171. Les pays de départ sont-ils des pays dont la population est en forte ou en faible croissance ?

d. En conclusion, montre que les migrations internationales reflètent la répartition de la richesse dans le monde.

5 J'étudie un texte sur l'accès à l'éducation

On estime que 140 millions d'enfants âgés de 6 à 11 ans, soit environ 23 % des enfants des pays les moins développés, ne vont pas à l'école parce qu'ils travaillent. Sur les 77 % restant, nombreux sont ceux qui abandonnent l'école avant d'avoir terminé leur scolarité. On dit souvent que la pauvreté est la principale raison qui pousse les enfants à travailler. Mais il y en a d'autres. L'éducation, même quand elle est gratuite, ne couvre que 20 % du coût total de la scolarité. Toutes les autres dépenses : manuels, uniformes, matériel, transport sont à la charge des familles. De plus, les écoles sont parfois trop éloignées ou le nombre d'élèves par classe est trop élevé. La rigidité des calendriers scolaires fait que nombre d'enfants vivant dans des zones agricoles quittent l'école parce qu'ils sont obligés de travailler aux champs. Les filles abandonnent l'école plus souvent que les garçons, car elles doivent aider à la maison.

D'après le rapport de l'Unicef pour la Conférence d'Oslo sur le travail des enfants, 1997.

a Dans quels pays de nombreux enfants ne vont-ils pas à l'école ?

b. Pour quelles raisons ?

c. Quelles catégories d'enfants sont désavantagées par rapport à l'école ?

S'EXERCER À RÉDIGER

6 Recherche autour de toi (dans ta commune ou ta région) un projet d'aide au développement.
Explique en quoi il consiste : quel est le but précis, quels sont les moyens employés, quels sont les résultats jusqu'ici.

Quand passe le Dakar

Chaque 1er janvier, les 400 concurrents du rallye Paris-Dakar s'élancent de Paris en voiture, en camion ou à moto pour une course périlleuse à travers les sables d'Afrique du Nord et de l'Ouest. Certains des pays traversés étant parmi les plus pauvres de la planète, ce sont deux mondes qui se côtoient à cette occasion. Mais se rencontrent-ils vraiment ?

Ils arrivent

Le parcours du rallye, qui change chaque année, est en principe fixé à l'avance. Mais souvent, il change au dernier moment. Les gendarmes n'ont alors que quelques heures pour prévenir la population. Il faut surtout surveiller les enfants, attirés par les engins et inconscients du danger. Pourtant, les accidents se succèdent. En 1996, une petite Malienne a été tuée et, en janvier 2000, une autre gravement blessée par une moto.

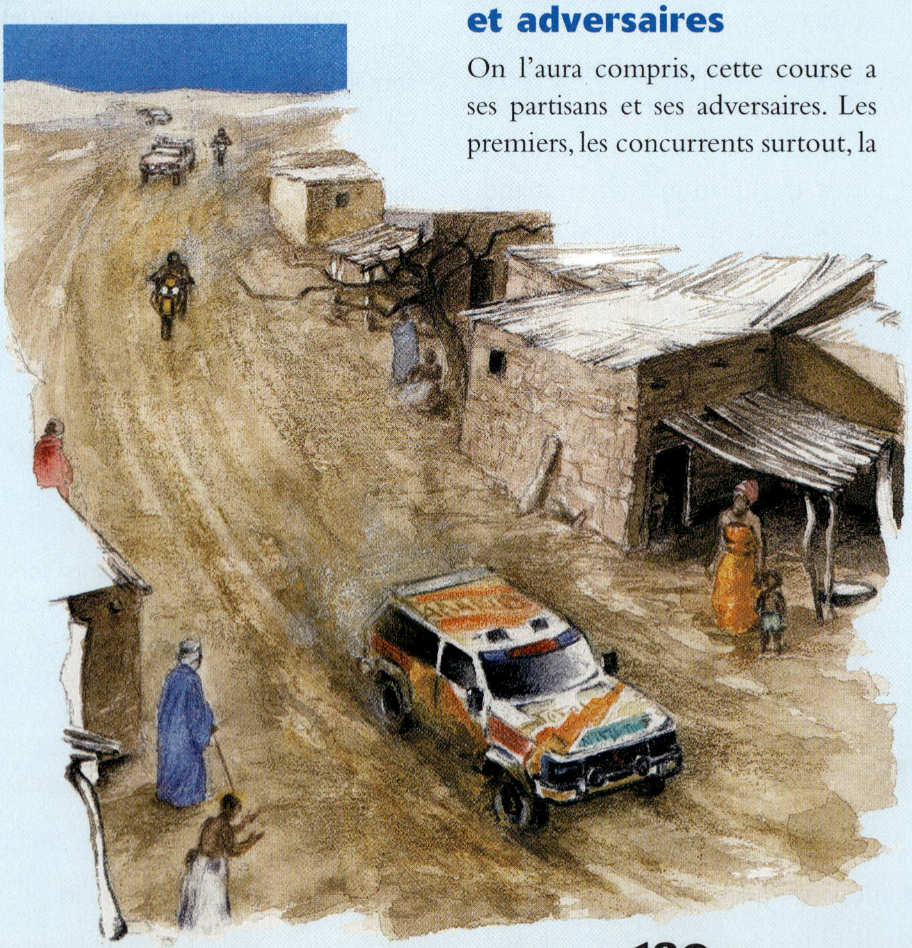

Un monde à part

Les enfants, les adultes aussi aimeraient discuter avec les pilotes et les mécaniciens. Mais les voitures filent à toute allure sur les pistes, les défonçant encore un peu plus. Le soir, ils s'enferment dans leurs villages de tentes, prenant des douches là où l'eau est rare, mangeant des produits qui les suivent depuis Paris dans des camions réfrigérés. Sans réel contact avec la population.

Partisans et adversaires

On l'aura compris, cette course a ses partisans et ses adversaires. Les premiers, les concurrents surtout, la considèrent comme une formidable aventure à laquelle danger et sensations fortes donnent du prix. Ils y voient aussi l'occasion de découvrir de merveilleux paysages et des populations chaleureuses. Les seconds pensent que ce rallye est meurtrier, que les Africains, les enfants en particulier, sont victimes de trop d'accidents. Et aussi que d'énormes sommes d'argent sont gaspillées sous les yeux de populations très pauvres.

La caravane en chiffres

1 500 personnes composent cette caravane. Les pilotes bien sûr, avec leurs coéquipiers et leurs mécaniciens. Mais aussi 130 journalistes et techniciens de télévision, 40 cuisiniers et 35 médecins.

Quel intérêt pour les pays traversés ?

Alors quel intérêt les pays d'Afrique ont-ils à accueillir cette course ? Celui-ci est avant tout économique : l'argent que l'organisation du rallye verse aux États, aux villes pour le droit de passage de la caravane. Dans une petite ville malienne, celui-ci est de 10 F par voiture et 5 F par moto, pour environ 400 véhicules. Une véritable fortune dans un pays où le salaire moyen est de 300 F par mois.

le carnet du géographe

La population du monde

Depuis le XIXe siècle, certains des géographes se sont particulièrement intéressés à l'étude de la population et de son évolution. Ce sont les démographes. Les gouvernements des différents États les ont chargés d'effectuer régulièrement des recensements, ce qui nous permet de connaître l'évolution de la population depuis 200 ans. Entre 1820 et 2000, la planète Terre a vu sa population passer de un à six milliards.

Mais ces hommes de plus en plus nombreux sont aussi de plus en plus concentrés sur certains points de la planète. On les trouve d'abord dans l'hémisphère Nord, et particulièrement le long des côtes, sur les grands axes fluviaux, ou bien dans le grouillement des géantes urbaines, les métropoles. Hors de ces zones géographiques, et surtout dans les déserts chauds ou froids, l'homme se fait rare. Pour comprendre cette inégale répartition de la population, les démographes ont inventé la notion de densité, un calcul du nombre moyen d'habitants au kilomètre carré pour une région, un pays ou un continent. La densité mondiale moyenne est de 42 habitants par km^2, mais elle peut aller de presque zéro pour l'Arctique à plus de 20 000 pour Paris ou dans d'autres métropoles.

L'explosion des grandes villes constitue l'un des grands phénomènes du XXe siècle. Aujourd'hui, un homme sur deux est un citadin. Jusque dans les années 1950, ce sont les agglomérations d'Europe et d'Amérique qui voyaient croître leur population. Depuis cette date, les villes africaines et asiatiques les dépassent. Elles attirent les paysans pauvres qui y perdent parfois définitivement leur espoir d'un avenir meilleur. Car beaucoup de ces mégapoles sont loin d'offrir un emploi, un logement décent, un minimum d'hygiène, de soins médicaux et d'éducation à ceux qui s'y installent.

La croissance de la population a en effet entraîné également celle des inégalités entre pays riches et pays pauvres. Les géographes ont tenté de mieux mesurer le problème. Ils ne comptent plus uniquement la richesse d'un pays divisée par le nombre de ses habitants, mais prennent aussi en considération d'autres richesses : l'éducation, l'accès aux soins médicaux, à l'eau potable. Ce nouvel indice a été baptisé l'IDH (indice de développement humain). Mais les écarts de ressources entre riches et pauvres s'accroissent aussi au sein d'un même pays. Le géographe découvre aujourd'hui qu'on peut être riche dans un pays pauvre et pauvre dans un pays riche.

CHAPITRE 13

LES CLIMATS ET

Le Kilimandjaro (Tanzanie)

LES MILIEUX DE VIE

1a · Les températures dans le monde

Où trouve-t-on les zones chaudes, froides ou tempérées ?

Lecture de carte

Les températures* annuelles moyennes

a. Repère les cinq zones* thermiques.

b. Indique où sont situées les zones polaires, les zones tempérées, la zone intertropicale.

c. En t'aidant des documents 1 à 4, précise les caractéristiques de chaque zone.

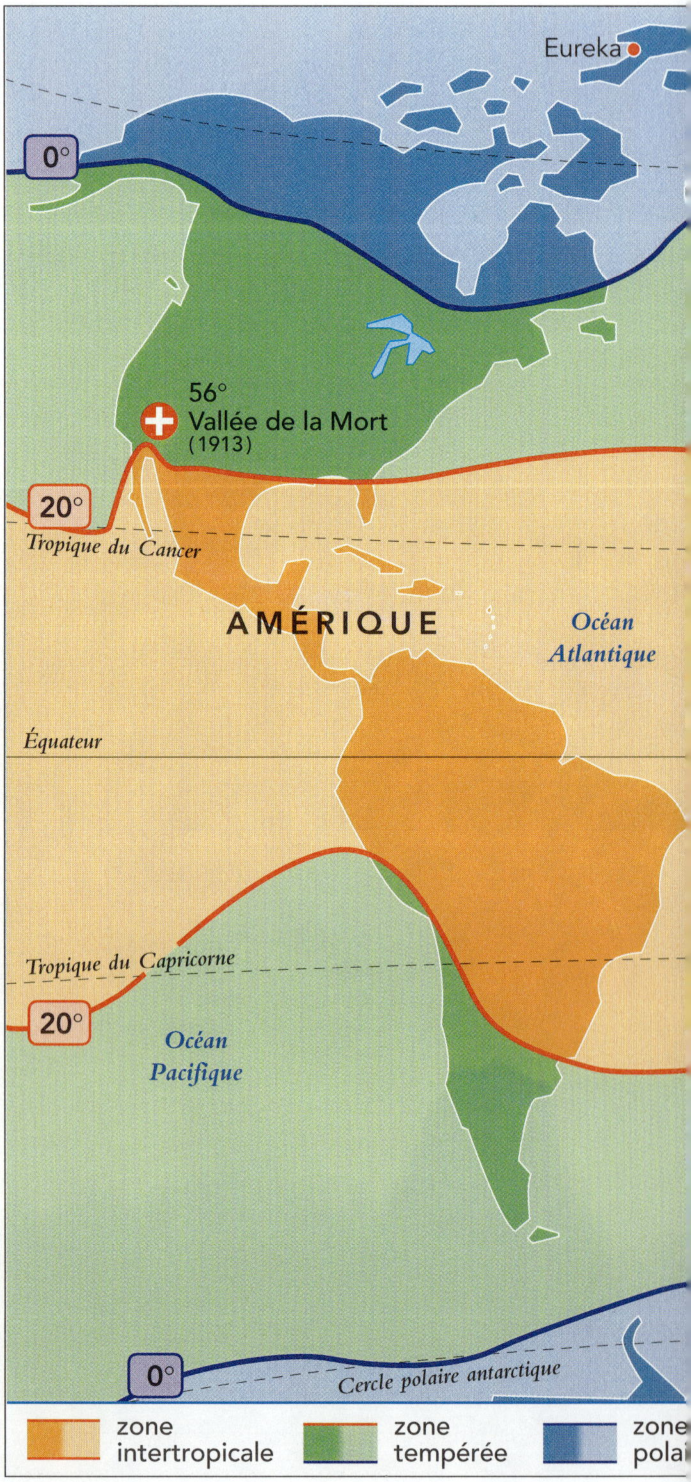

Doc. 1 En Sibérie l'hiver

Doc. 2 Au Sahara

Vocabulaire

La température : elle se mesure avec un thermomètre. Elle indique la chaleur ou le froid.

Une zone thermique : une grande bande parallèle à l'équateur où les températures sont semblables.

Doc. 3 **En Provence en hiver**

Doc. 4 **Le même paysage en été**

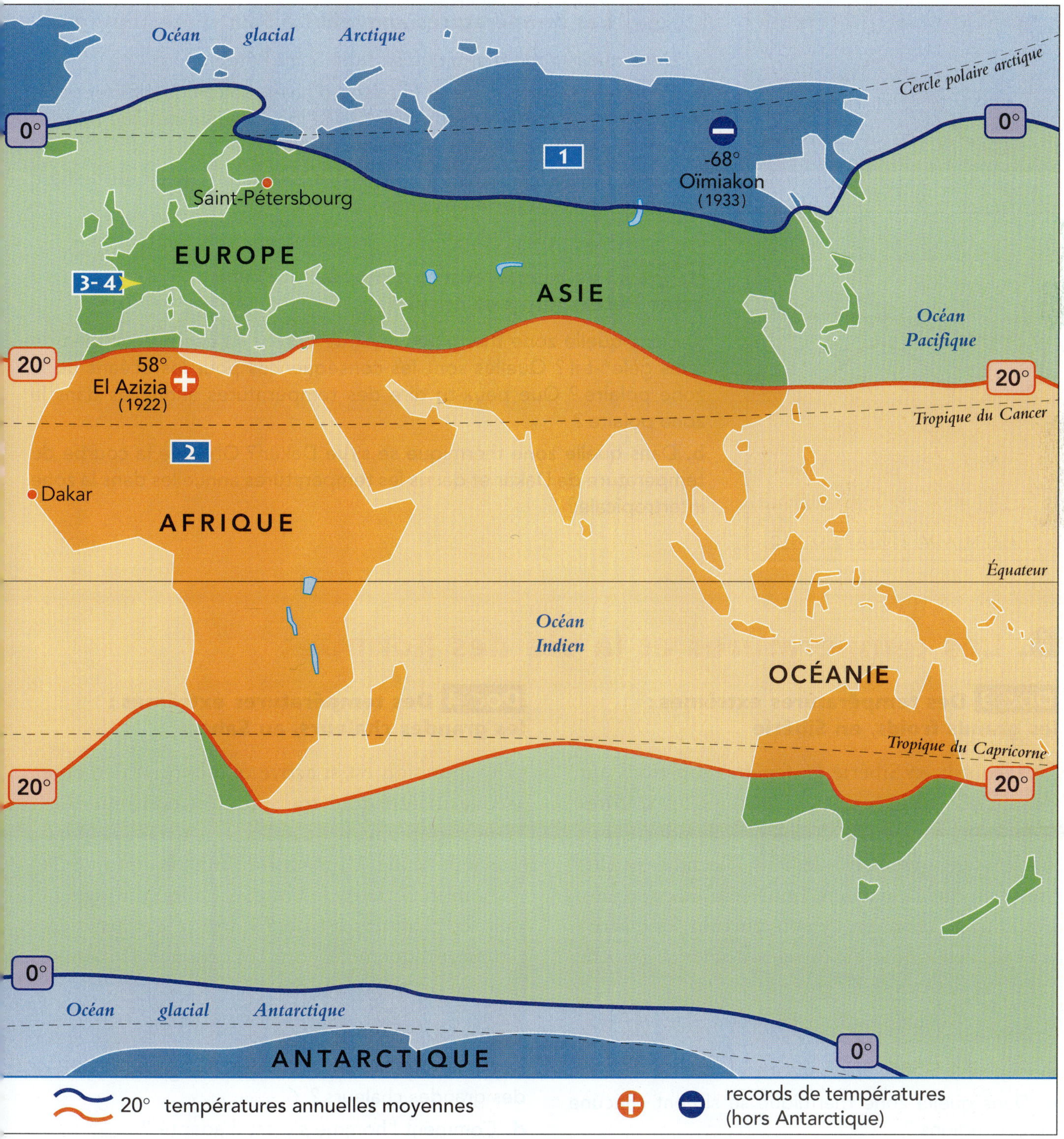

1b· Les températures dans le monde

Les températures de l'air varient beaucoup à la surface de la terre. Quelles sont les conséquences de la chaleur et du froid pour la vie des hommes ?

A. Lire une courbe de température

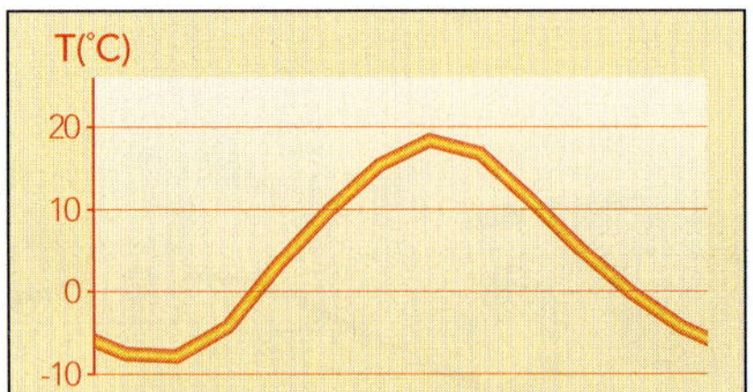

	J	F	M	A	M	J	Jt	A	S	O	N	D
T°	-8	-8	-4	3	10	15	18	17	11	5	0	-4

Doc. 1 Les températures annuelles à Saint-Pétersbourg

a. Dans quelle zone thermique se situe Saint-Pétersbourg ?

b. Repère la saison* d'été et la saison d'hiver. Calcule la différence de température entre le mois de juillet et le mois de janvier. Que font les températures au printemps et en automne ?

c. Quels renseignements la courbe des températures ajoute-t-elle à ceux que donne la carte des pages 184-185 ?

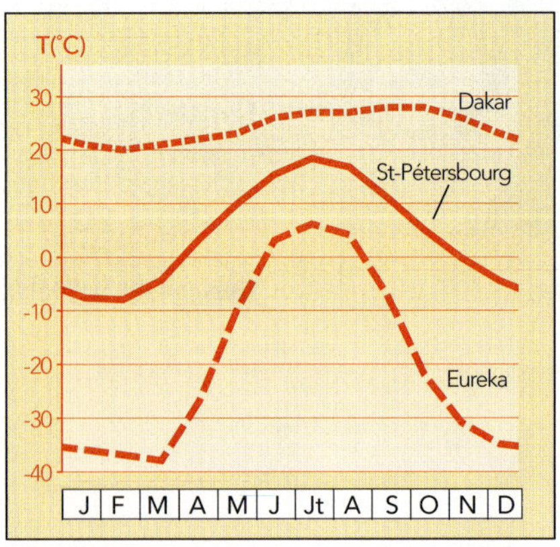

Doc. 2 Les températures annuelles à Dakar, Saint-Pétersbourg et Eureka

a. Dans quelle zone thermique se situe Eureka ? Pendant combien de mois gèle*-t-il ? Quelles sont les conséquences pour les océans de la zone polaire ? Que peux-tu dire des températures annuelles dans la zone polaire ?

b. Dans quelle zone thermique se situe Dakar ? Observe la courbe de température de Dakar et décris les températures annuelles dans la zone intertropicale.

B. Les températures et la vie des hommes

Doc. 3 Des températures extrêmes : les grands froids, en Sibérie

À Iakoutsk, en Sibérie, les fenêtres anti-froid ont une triple épaisseur. Les autobus et les voitures sont aussi équipés de doubles vitres pour éviter qu'elles ne givrent. Finalement, l'homme est plus résistant que la machine. En décembre et en janvier, sur les chantiers de construction, les machines se détraquent et les tiges d'acier se cassent comme des brindilles.

D'après H. SMITH, *les Russes*, Belfond, 1975.

Doc. 4 Des températures extrêmes : les grandes chaleurs, au Sahara

L'évaporation est si active que la peau demeure sèche malgré une transpiration continue. Les lèvres gercent, les ongles se cassent, la peau devient sèche. L'organisme humain éprouve le besoin impérieux de boire. La ration journalière sur les chantiers est de 10 litres d'eau par personne, uniquement pour la boisson et la cuisine, puisqu'on ne se lave pas.

D'après R. CAPOT-REY, *le Sahara*, PUF, 1953.

a. Repère la Sibérie et le Sahara sur la carte p. 184-185

b. Dans quelle zone thermique se situent chacune de ces régions ?

c. Quels sont les inconvénients des grands froids et des grandes chaleurs ?

d. Comment l'homme s'y est-il adapté ?

Doc. 5 À Saint-Pétersbourg en hiver

Doc. 6 À Saint-Pétersbourg en été

a. Quelles différences remarques-tu entre ces deux photographies ?

b. Explique-les grâce à la courbe de température de Saint-Pétersbourg (doc. 1).

c. Quelle est la meilleure saison pour la végétation, pour la vie des gens ?

d. Quelle est la saison la plus difficile ?

e. L'hiver ne présente-t-il que des inconvénients dans la zone tempérée ?

Vocabulaire

Une saison : un moment de l'année. Dans les zones tempérées, ce sont les températures qui rythment les saisons.

Geler : l'eau gèle à O °C et se transforme en glace.

je fais le point

Les températures varient des pôles à l'équateur, c'est-à-dire selon la latitude. Dans les deux zones polaires, au nord et au sud des cercles polaires, elles sont froides et il gèle une grande partie de l'année. Elles sont chaudes toute l'année entre les tropiques, dans la zone intertropicale. Dans les deux zones tempérées situées entre les tropiques et les cercles polaires, une saison froide (l'hiver) alterne avec une saison chaude (l'été). Il y a donc cinq zones thermiques.

La vie des hommes est rendue difficile par les températures extrêmes. Les grands froids sont encore plus éprouvants que les grandes chaleurs. Mais les hommes ont trouvé des moyens de s'y adapter. Les principaux foyers de peuplement se trouvent dans les zones tempérées et intertropicale.

2a · Les précipitations dans le monde

Où se trouvent les régions arrosées et les régions sèches ?

Lecture de carte

Les précipitations* annuelles

a. Repère les régions très arrosées (qui reçoivent plus de 1 000 mm d'eau par an). Situe-les par rapport aux continents.

b. Où trouve-t-on les régions sèches dans les zones tempérées ? Et dans la zone intertropicale ?

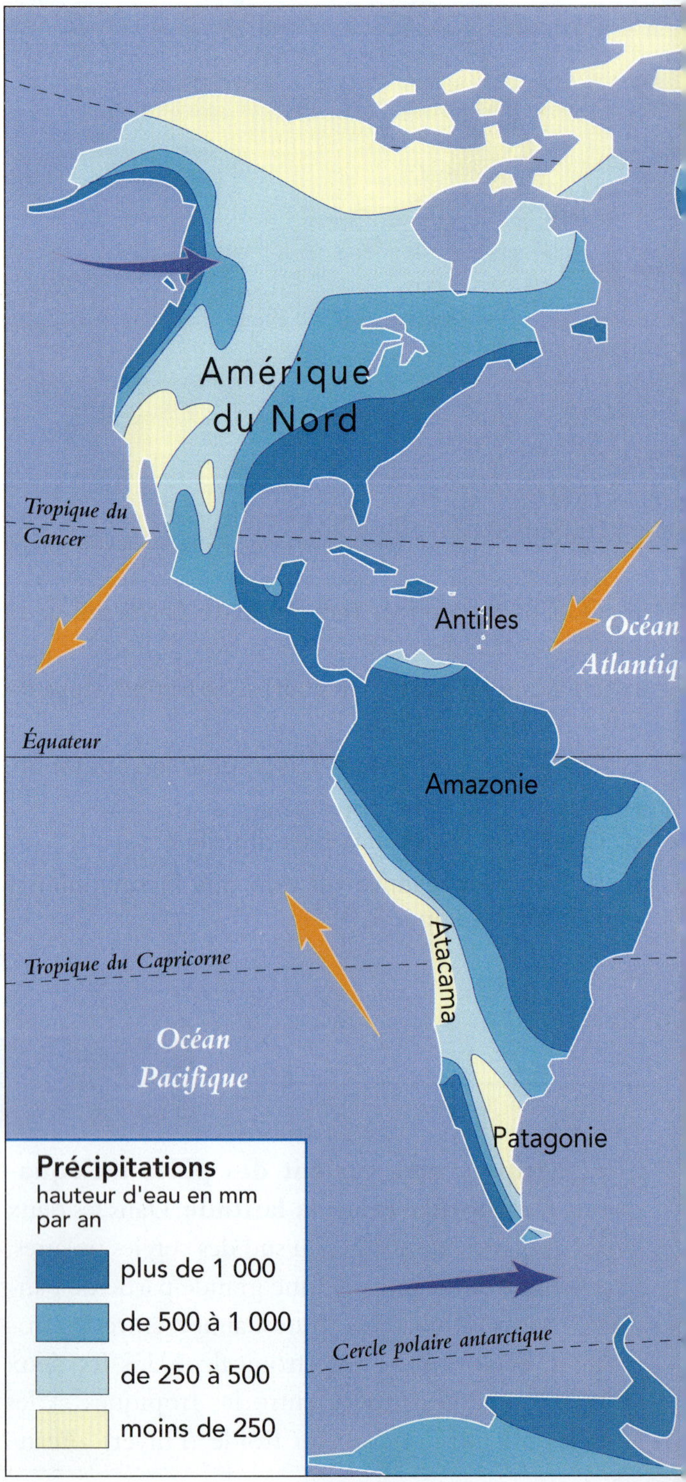

Doc. 1 Une inondation au Bangladesh

Doc. 2 La sécheresse au Sahara

Vocabulaire

Les précipitations : l'eau qui tombe du ciel sous forme de pluies, de neige ou de grêle.

Doc. 3 **Londres sous la pluie**

Doc. 4 **La pluie tropicale aux îles Salomon**

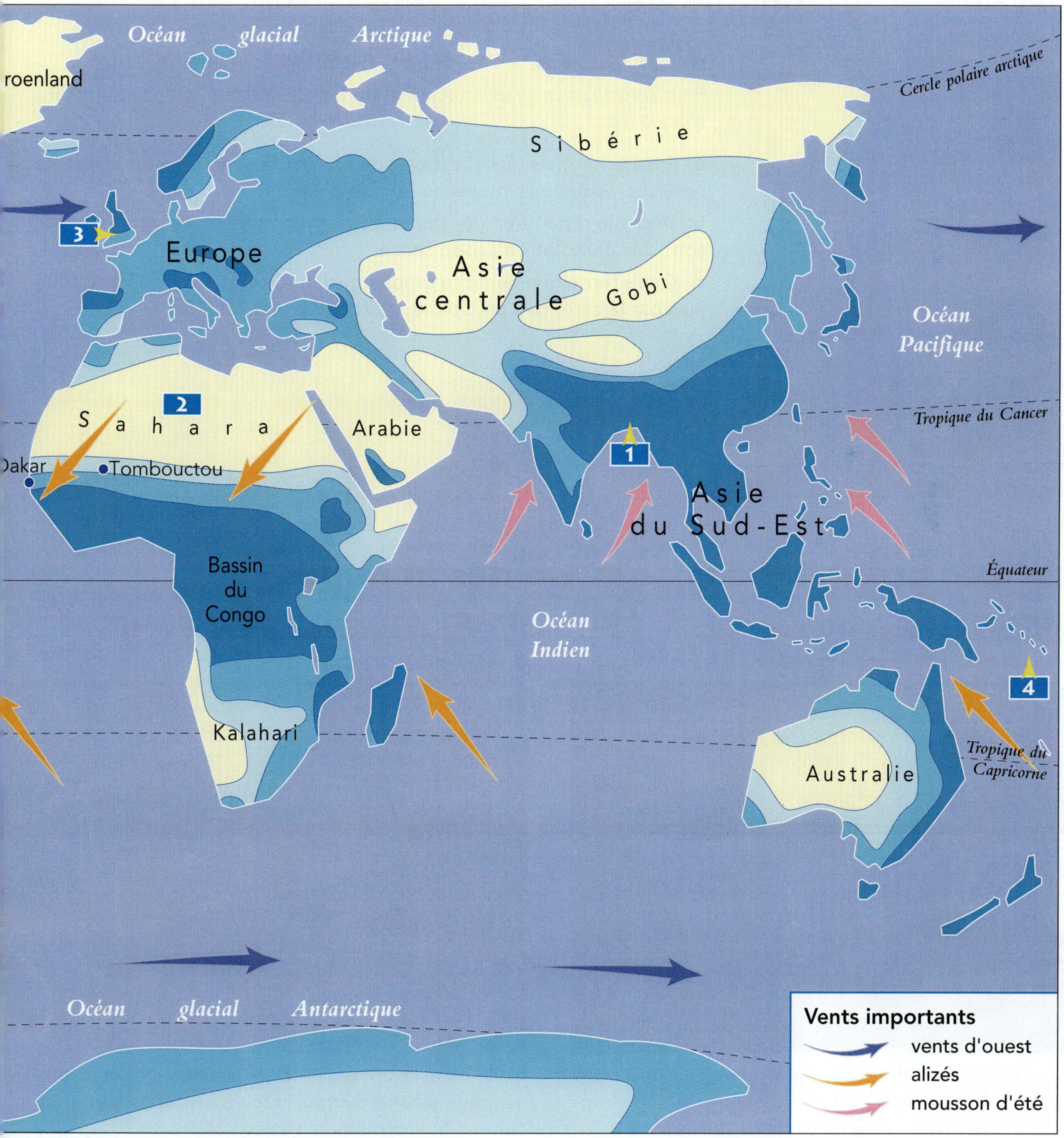

2b · Les précipitations dans le monde

L'eau, indispensable à la vie des hommes et des plantes, est apportée par les précipitations. Comment les hommes utilisent-ils l'eau des précipitations ?

A. Lire un graphique de précipitations

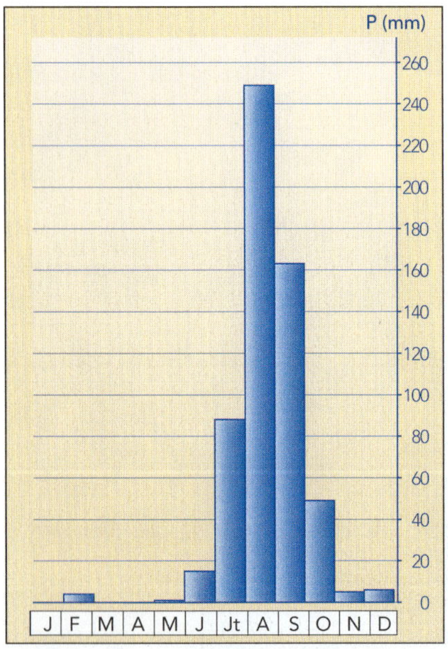

Doc. 1 Le graphique des précipitations de Dakar

Pour construire ce graphique, on a représenté la hauteur d'eau qui tombe chaque mois.

a. Repère les mois où il pleut plus de 50 mm d'eau et ceux où il ne pleut pas ou presque pas (moins de 10 mm d'eau).

b. Décris la répartition des pluies à Dakar en utilisant les termes de saison* des pluies et de saison sèche.

c. Quels renseignements ce graphique ajoute-t-il aux informations fournies par la carte des précipitations annuelles (p. 188-189) ?

B. Les précipitations et la vie des hommes

Doc. 2 La saison sèche au Mali

■ Les environs de Tombouctou

Doc. 3 La saison des pluies au Mali

■ Le fleuve Niger en crue

a. Décris les différences entre ces deux photographies (prises à la même latitude que Dakar). Qu'arrive-t-il à la végétation en saison sèche ?

b. À ton avis, en quelle saison les hommes cultivent-ils près de Tombouctou ? Que peuvent-ils faire pour cultiver quand même en saison sèche ?

Doc. 4 Les précipitations et les cours d'eau

■ Le fleuve Yangzi Jiang (Chine)

■ À côté du Nil (Égypte)

a. Explique de façon simple comment l'eau des pluies alimente les rivières.

b. À quoi est due la couleur du fleuve Yangzi Jiang ?

c. Indique les principales activités permises par les rivières.

d. En connais-tu d'autres que celles représentées sur ces photographies ?

■ Un barrage électrique sur la Garonne (France)

Vocabulaire

Une saison : voir aussi p. 187. Dans la zone intertropicale, ce sont les précipitations qui rythment les saisons.

je fais le point

Les précipitations sont réparties de manière inégale. Elles sont abondantes autour de l'équateur, à l'est des continents dans la zone intertropicale, à l'ouest des continents des zones tempérées, en Asie du Sud-Est. On trouve les régions sèches autour des tropiques, au cœur des continents des zones tempérées et autour des pôles.

Les hommes ont besoin de l'eau des précipitations pour leurs cultures. La répartition des pluies tout au long de l'année rythme la vie des hommes dans la zone chaude. Ils utilisent aussi l'eau des rivières et des fleuves pour l'irrigation, la navigation, la fabrication d'électricité et pour leurs loisirs. Les hommes se sont donc installés dans les régions arrosées.

La vie des hommes est difficile dans les régions sèches car l'eau manque pour cultiver. C'est là qu'on trouve les zones très peu peuplées.

3a · Les climats dans le monde

Où trouve-t-on les principaux climats* ?

Lecture de carte

Les climats dans le monde

a. Observe la carte des climats. Comment se disposent les climats dans les zones tempérées ? Et dans la zone inter-tropicale ?

b. Compare les climats de l'hémisphère Nord et ceux de l'hémisphère Sud. Que constates-tu ?

c. Où trouve-t-on les climats arides* ?

Doc. 1 Une plage près de Saint-Raphaël (France)

Doc. 2 Un brise-glace sur le Saint-Laurent (Canada)

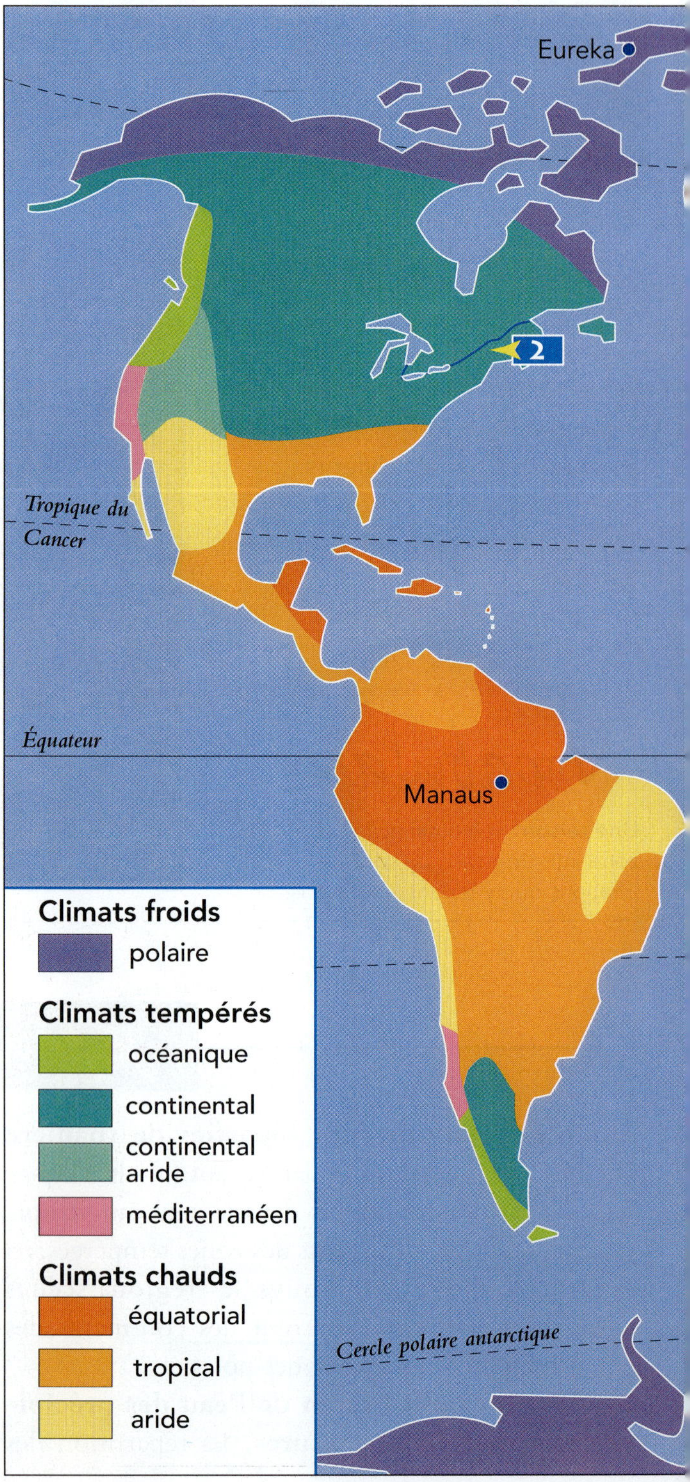

Vocabulaire

Un climat : le temps qu'il fait dans une région de la Terre.

Aride : toujours sec.

Doc. 3 **Une ferme au Maroc**

Doc. 4 **La campagne en Irlande**

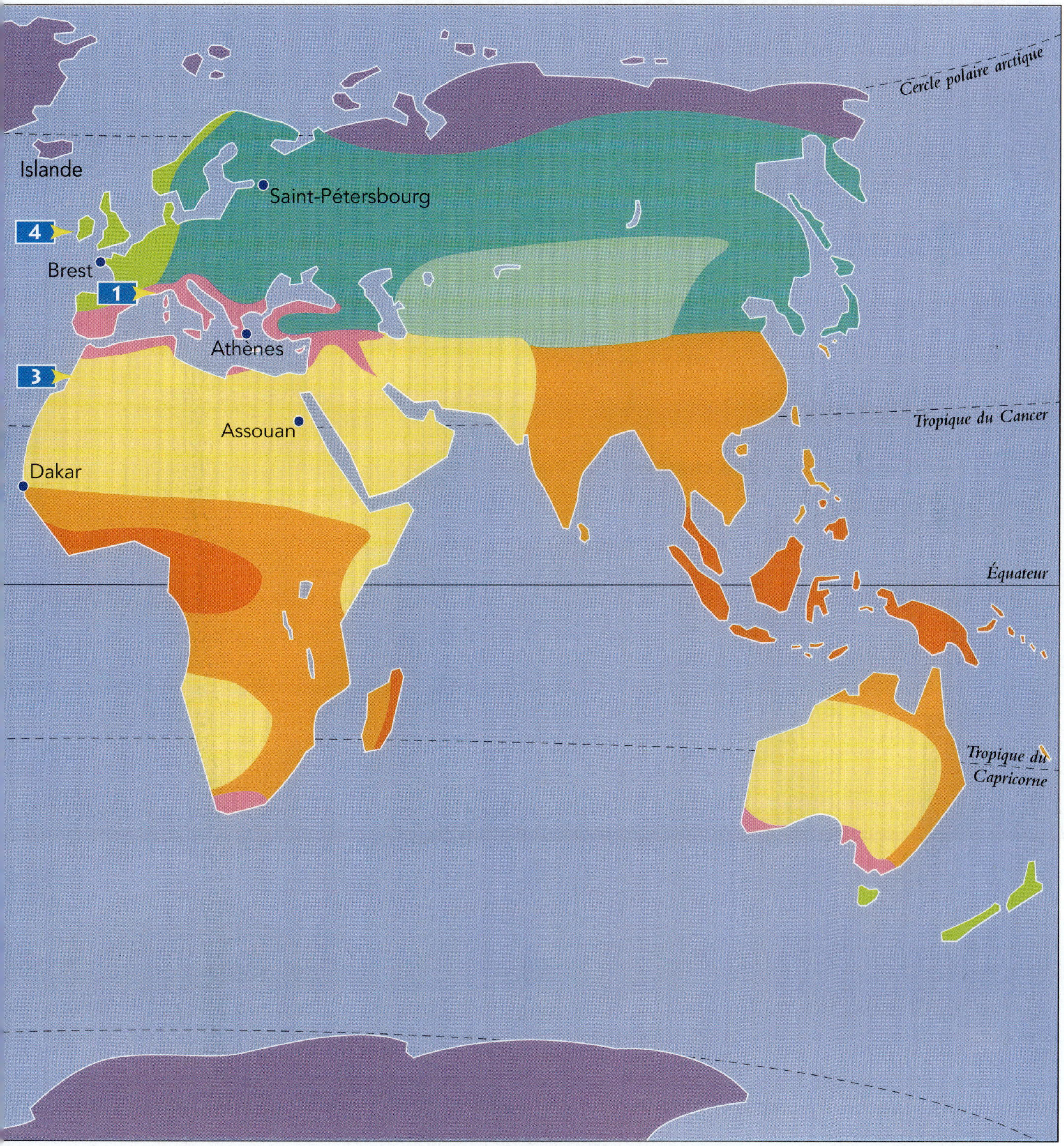

3b · Les climats dans le monde

Les températures et les précipitations se combinent pour donner les climats. Quelles sont les caractéristiques des principaux climats ? Comment les hommes se sont-ils adaptés à ces climats variés ?

A. Étudier un diagramme climatique

Doc. 1 Le diagramme d'Athènes

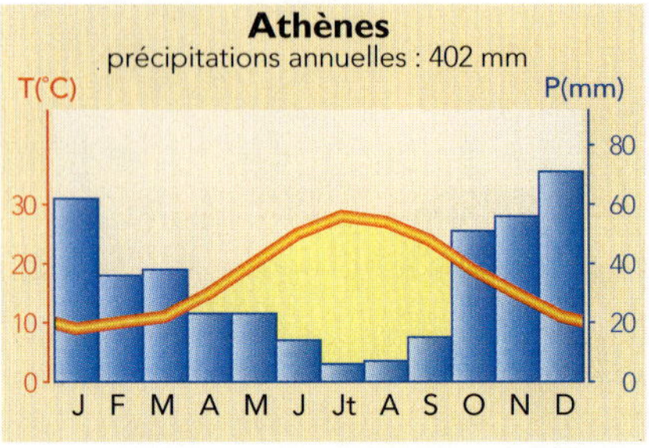

■ Le climat méditerranéen

a. Observe la courbe des températures et décris les saisons à Athènes.

b. Repère les mois humides (quand la courbe des précipitations passe au-dessus de la courbe des températures). Repère les mois secs (quand la courbe des précipitations passe au-dessous de la courbe des températures).

c. Décris maintenant le climat méditerranéen (températures et précipitations de chaque saison).

B. Les climats de la Terre

Doc. 2 Les climats de la zone chaude

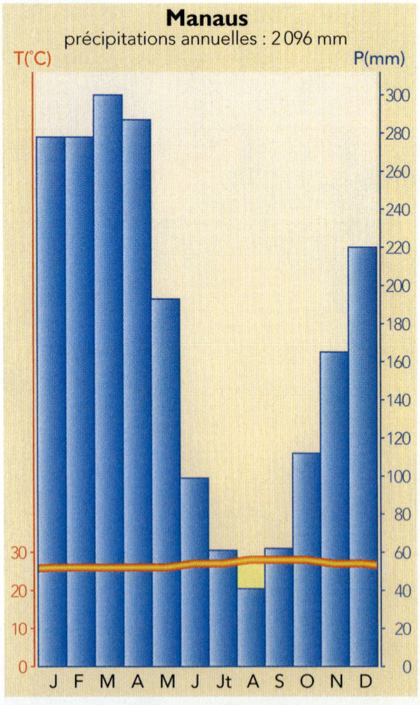

■ Le climat équatorial

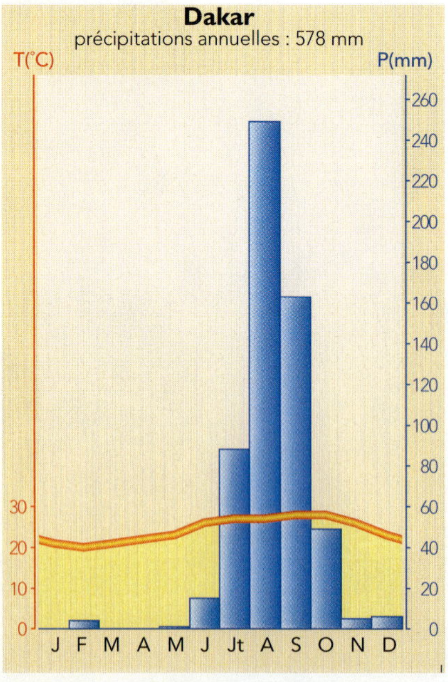

■ Le climat tropical

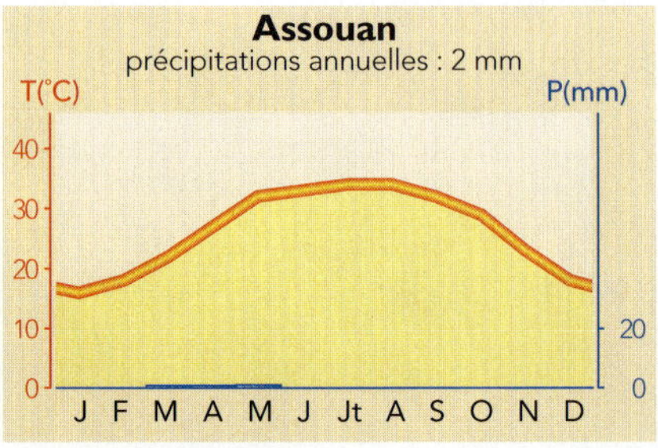

■ Le climat aride

a. Dans la zone chaude, situe Manaus, Dakar et Assouan par rapport à l'équateur et note comment varient les pluies.

b. En utilisant la méthode qui t'a servi pour décrire le climat méditerranéen, tu peux maintenant décrire ces climats.

Doc. 3 Les zones tempérées et polaires

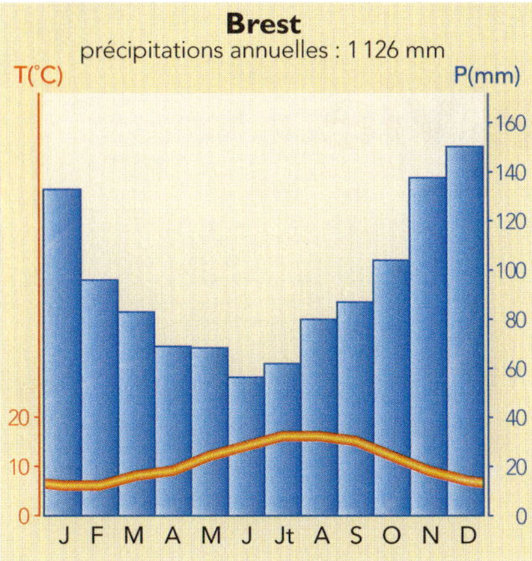

■ Le climat océanique

■ Le climat continental

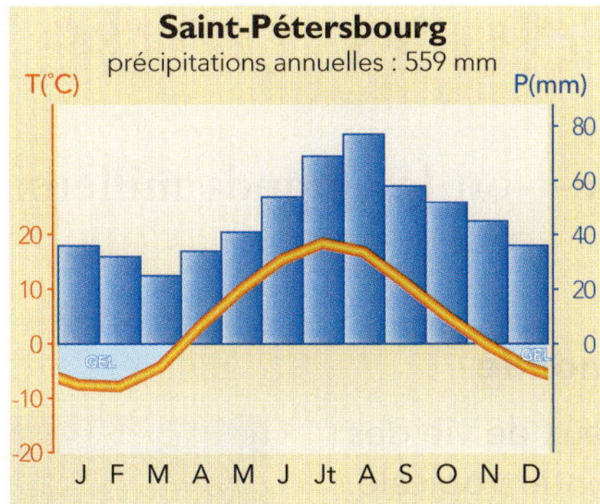

■ Le climat polaire

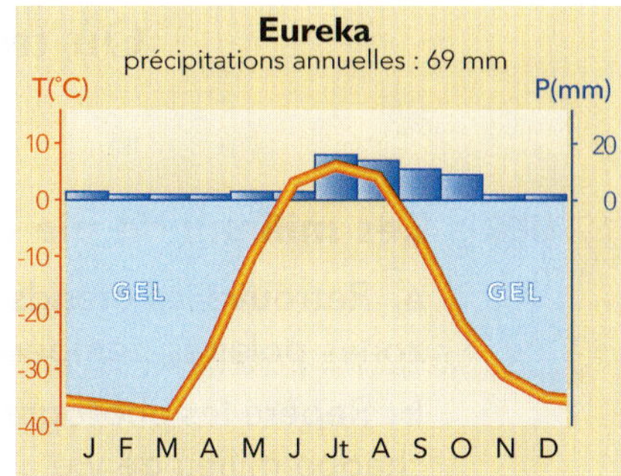

● Décris les trois climats océanique, continental et polaire.

Doc. 4 L'homme peut corriger les effets du climat

Des bananiers poussent dans une serre en Islande.

a. Situe l'Islande sur la carte des climats p. 192-193.

b. Quels sont les inconvénients de ce climat ?

c. Comment les Islandais le corrigent-ils ?

je fais le point

Les climats de la terre sont variés. Dans les zones tempérées, on trouve à l'ouest des climats océaniques arrosés toute l'année puis des climats continentaux où les hivers sont de plus en plus froids ; au sud, les climats méditerranéens ont des hivers doux et des étés secs.

Dans la zone intertropicale, il fait toujours chaud. Les pluies sont abondantes toute l'année dans les climats équatoriaux. Elles varient avec les saisons dans les climats tropicaux.

Les climats polaires sont froids toute l'année. On trouve les climats arides autour des tropiques et au cœur des continents des zones tempérées.

Les hommes peuvent vivre partout sur la Terre mais certains climats sont plus difficiles : le climat polaire à cause du froid, les climats arides à cause de la sécheresse, le climat équatorial à cause de la chaleur humide qui le rend malsain. Les grands foyers de peuplement se sont développés dans les climats tropicaux et les climats tempérés.

4a · Les milieux de vie du monde

Où trouve-t-on les grands milieux de vie* ?

Lecture de carte **Les milieux de vie du monde**

a. Retrouve les grands milieux de vie des zones polaires, tempérées, intertropicale.

b. Repère les photographies qui illustrent chaque milieu de vie.

c. Trouve un classement simple des milieux de vie.

Doc. 1 La prairie en Amérique du Nord

Doc. 2 La forêt de feuillus en France

Vocabulaire

Un milieu de vie : chaque climat est associé à des plantes et à des animaux particuliers pour donner un milieu de vie.

La toundra : la végétation typique des zones polaires constituée de buissons bas, de mousses et de lichens.

La steppe : la végétation constituée de touffes d'herbe espacées.

Doc. 3 La forêt de conifères en Alaska

Doc. 4 La toundra* en Alaska

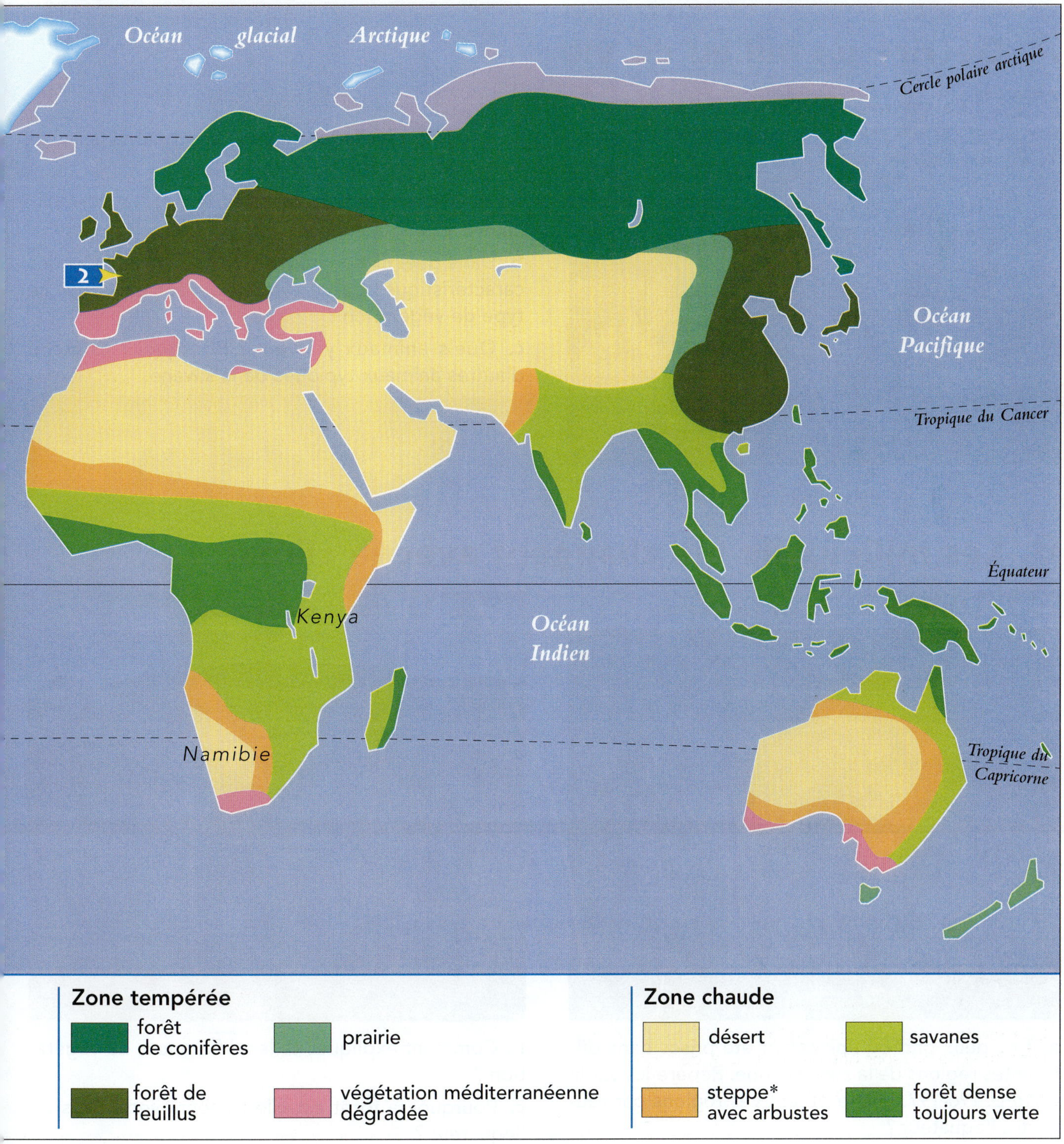

4b • Les milieux de vie du monde

Les milieux de vie sont variés. Quelle végétation, quels animaux les caractérisent ? Depuis plusieurs millénaires, les hommes transforment les milieux de vie.

A. Décrire un milieu de vie

Doc. 1 La savane* au Kenya, en Afrique

a. Décris la végétation en choisissant parmi les mots suivants :

forêt, arbres, buissons, herbes ;

haut, bas, serré, espacé.

b. Dans quel climat trouve-t-on la savane ? Quelles caractéristiques de ce climat peuvent expliquer ce type de végétation ?

c. Quels animaux y vivent ? Pourquoi ? Cherche d'autres animaux typiques de la savane.

B. Les milieux de vie changent avec le climat

Doc. 2 La forêt dense en Amazonie

Doc. 3 Le désert en Namibie

a. Ces deux photographies ont été prises dans différentes régions de la zone chaude. Repère-les sur la carte p. 196-197. Où se situent ces régions par rapport à l'équateur ?

b. Comment expliques-tu les différences de végétation ?

c. Pourquoi la forêt est-elle toujours verte près de l'équateur ?

C. Les hommes ont transformé la végétation

Doc. 4 La destruction des forêts méditerranéennes

La forêt méditerranéenne est extrêmement fragile et se reconstitue difficilement. L'homme l'a souvent détruite pour ses cultures ou pour ses pâturages. Des incendies allumés volontairement ou non l'ont dévastée. Sur les pentes, l'érosion favorisée par la violence des pluies a enlevé le sol et mis la roche à nu. Par suite, à l'heure actuelle, les forêts méditerranéennes ont une extension très limitée. Sur d'immenses étendues règnent les formations dégradées comme la garrigue ou le maquis.

A. Huetz de Lemps, *la Végétation de la Terre*, Masson, 1970.

a. En te reportant au diagramme climatique d'Athènes (p. 194), explique pourquoi les forêts méditerranéennes sont fragiles.

b. Quand les pluies sont-elles le plus menaçantes pour les sols ?

Vocabulaire

La savane : la végétation de la zone tropicale consituée d'herbes hautes avec quelques arbres.

Doc. 5 La garrigue dans le sud de la France

● Décris la garrigue. Pourquoi dit-on que c'est une formation dégradée ?

je fais le point

Les milieux de vie des plantes et des animaux dépendent des climats : ils sont donc variés. Quand les pluies sont suffisantes, on trouve des forêts : forêt dense et toujours verte autour de l'équateur, forêts de feuillus et de conifères dans les zones tempérées. Quand il fait plus sec, l'herbe couvre le sol dans les savanes tropicales ou la prairie tempérée. Dans le climat polaire toujours froid, il n'y a plus d'arbres, c'est le domaine de la toundra. Dans les déserts, les plantes sont rares et la steppe laisse apparaître le sol à nu.

L'homme a transformé la végétation dans les domaines les plus favorables à ses activités depuis la révolution néolithique. Dans les domaines où les climats sont peu favorables à l'homme, il a pendant longtemps peu touché aux milieux (forêts des régions équatoriales ou des régions continentales froides, toundras et déserts).

Exercices

VÉRIFIER SES CONNAISSANCES

1 Je connais les grands climats du monde

Retrouve quel climat correspond à chaque définition.

a. Il fait chaud et il pleut toute l'année.

b. Il fait chaud toute l'année mais il y a une saison sèche et une saison des pluies.

c. Il fait très chaud toute l'année et il ne pleut presque pas.

d. Dans la zone tempérée, les hivers sont très froids, les étés sont chauds. Il pleut plus en été qu'en hiver.

2 Je connais les définitions importantes

Retrouve les mots qui correspondent à chaque définition.

a. Une grande bande parallèle à l'équateur où les températures sont semblables.

b. L'eau qui tombe du ciel sous la forme de pluies, de neige ou de grêle.

c. La végétation typique des régions polaires constituée de buissons bas, de mousses et de lichens.

d. La végétation constituée de touffes d'herbe espacées.

3 Je sais décrire un climat

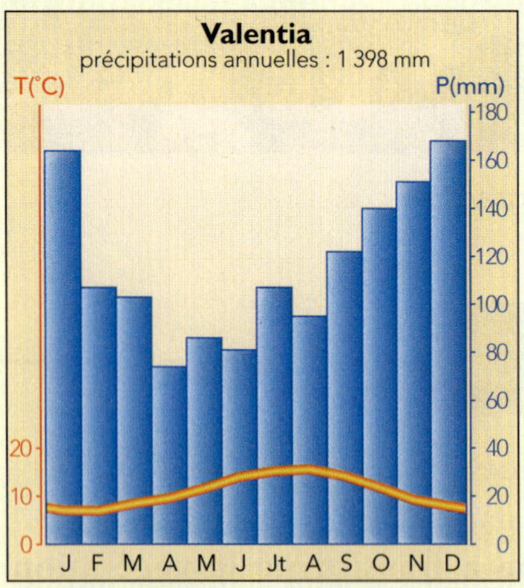

a. Observe les températures. Dans quelle zone thermique se trouve-t-on ?

b. Décris les précipitations. Que remarques-tu ?

c. Dans quel climat se situe Valentia ?

d. Tu peux maintenant chercher cette ville dans un atlas pour vérifier ta réponse.

4 Je sais décrire un milieu de vie

■ À Bornéo (Indonésie)

a. Décris la végétation. Comment appelle-t-on ce milieu de vie ?

b. Quel est le climat de l'Indonésie ?

c. Est-il possible de dire en quelle saison a été prise la photographie ? Pourquoi ?

d. Il n'y a pas d'animaux sur la photographie. Recherche les animaux de ce milieu de vie.

e. Ce milieu te paraît-il transformé par l'homme ? Pourquoi ?

■ Au Kenya

a. Décris la végétation. Comment appelle-t-on ce milieu de vie ?

b. Dans quel climat le trouve-t-on ?

c. En quelle saison a été prise la photographie ?

d. Les girafes sont-elles adaptées à ce milieu ?

ALLER PLUS LOIN

5 J'étudie des milieux transformés par l'homme

a. Cherche dans le livre des images qui montrent des milieux de vie peu transformés par l'homme et des images qui montrent des milieux très transformés.

b. Situe-les sur la carte des climats p. 192-193.

c. Dans chaque cas, explique pourquoi ils ont été peu transformés ou très transformés.

6 J'étudie le lien entre le climat et les cultures

Les plantes cultivées par l'homme ont besoin pour se développer d'une certaine température et d'une certaine quantité d'eau, variables selon les espèces. Voici les besoins de quelques plantes. Trouve dans quel climat elles pourront pousser :

7 Je compare deux cartes

a. Compare la carte des températures p. 184-185 et celle de la répartition de la population p. 162-163. Dans quelles zones thermiques trouve-t-on les grands foyers de population ? Dans quelles zones thermiques les densités sont-elles faibles ? Explique pourquoi.

b. Compare la carte des précipitations p. 188-189 et celle de la répartition de la population p. 162-163. Où trouve-t-on les grands foyers de population et les régions les moins peuplées ? Pourquoi ?

c. Compare la carte des climats p. 192-193 et celle de la répartition de la population p. 162-163. Trouve les climats difficiles où les hommes sont peu nombreux et les climats favorables où se trouvent les principaux foyers de population.

TEMPÉRATURE	moyenne de 25°	de 16° à 22° craint le grand froid (en dessous de -10°)	minimum de 20° craint le froid	supporte le gel	plus de 11° pendant 7 mois
BESOIN EN EAU	120 à 150 mm par mois	supporte les étés secs	1000 à 1500 mm pendant 6 mois	400 à 500 mm en tout, craint l'excès d'eau	600 mm en tout, craint l'excès d'eau

8 Je cherche la meilleure saison

a. On estime que les températures idéales pour les hommes se situent entre 15 et 25 °C.
En te reportant aux courbes de la p. 186, cherche quelle est la saison la plus agréable dans chaque zone thermique.

b. Pendant quel mois a lieu le rallye Paris-Dakar ? À ton avis pourquoi ?

S'EXERCER À RÉDIGER

9 Pour toi, quelle est la meilleure saison ? Explique en 10 lignes pourquoi.

Enquête

Vivre au pays des manchots

Superficie, 28 fois celle de la France. Température, jusqu'à – 84 °C. Population, quelque 400 000 manchots et un millier de techniciens et chercheurs répartis sur 27 bases. Comment vit-on en Antarctique, ce sixième continent dont l'un des pionniers, Shackleton, a dit : « Il ne veut pas de l'homme » ?

Hobbart, dernière terre des hommes

Pour gagner la terre Adélie, là où se trouve la base française de Dumont d'Urville, il faut prendre le bateau à Hobbart, port australien de Tasmanie. Ce navire, *l'Astrolabe*, n'est pas n'importe quel bâtiment. Avec sa coque épaisse, spécialement renforcée, il est équipé pour briser la glace, approcher la « côte » le plus près possible.

D'abord le courrier !

Ensuite, un hélicoptère prend la relève. Il décolle de son bord, emportant d'abord le courrier. Puis, vient le tour du matériel. Quelques centaines de tonnes d'appareils divers, d'engins, de vivres... Enfin, les hommes – deux ou trois femmes aussi – prennent place. C'est la vingtaine de techniciens et de chercheurs qui relèvent l'équipe en place pour passer un hiver de huit mois, coupés du monde.

Une singulière odeur

Pour accéder à la base, on emprunte une passerelle enjambant un territoire où trompettent les manchots. Leur odeur, ou plutôt celle de leurs fientes, se sent jusque dans la base. Celle-ci ressemble à un village de baraques orange groupées autour d'une place. Baraques-dortoirs, baraque maison-commune pour les fêtes, baraque-hôpital, baraques-laboratoires.

La mémoire de la glace

En conservant toutes les particules rejetées dans l'atmosphère par la nature ou par l'homme, la glace de l'Antarctique garde en elle la mémoire du climat de la Terre. En forant la calotte glaciaire – le plus grand forage réalisé a 2 083 mètres de profondeur – on peut étudier 150 000 années de « météo » !

Attention, les yeux !

En effet, la recherche scientifique est la raison d'être de la base. Ici, on étudie le magnétisme terrestre, les secrets du climat conservés dans la glace. On observe l'évolution du trou dans la couche d'ozone et la vie... des manchots. Mais quelle que soit son activité, aucun des résidents ne sort sans ses lunettes. La réverbération sur la glace est ici telle qu'elle peut rendre définitivement aveugle.

Les climats et les milieux de vie

La répartition des hommes sur la terre est-elle guidée par la nature ? Les géographes ont voulu comprendre comment la répartition de la chaleur et celle des précipitations avaient délimité de grandes zones de vie et influencé l'occupation humaine. La chaleur du soleil est à l'origine de toute vie. Écrasante à l'équateur, elle diminue au fur et à mesure qu'on approche des pôles. L'eau aussi est nécessaire à la vie : les pluies, abondantes à l'équateur, se font de plus en plus rares vers les tropiques, puis reparaissent dans la zone tempérée. La répartition des pluies et de la chaleur sur l'année forme le climat d'une région, c'est-à-dire le temps qu'il y fait habituellement.

Les spécialistes de l'étude des climats, les climatologues, en ont défini de nombreux : certains chauds, tropicaux ou équatoriaux, certains tempérés, d'autres froids. Ces climats influencent la vie des hommes parce qu'ils déterminent celle des plantes et des animaux. La végétation et la faune ne sont pas les mêmes sous le froid polaire que dans l'humidité de la forêt équatoriale. Dans des conditions extrêmes, les déserts froids de la zone polaire, les déserts chauds des tropiques, l'homme a peu de place : la végétation est rare dans ces milieux où l'eau manque cruellement. Pourtant, de faibles groupes de population y ont trouvé de quoi survivre. Cependant, les fortes précipitations et la chaleur constante de la zone équatoriale ne lui sont pas plus favorables. Au milieu d'une végétation exubérante et d'une faune surdéveloppée, l'expansion de l'être humain est limitée.

Alors sous quel climat se développe-t-il ? Sous le climat tempéré, répondirent les premiers géographes, qui eux-mêmes y vivaient. Certes l'Europe, l'Amérique du Nord, rassemblent de grands groupes humains. Les premières civilisations se sont épanouies autour de la Méditerranée où l'alternance si douce des quatre saisons paraît un idéal de vie. C'est pourtant ailleurs qu'il faut chercher les masses humaines les plus importantes. Par exemple dans l'Asie tropicale et chaude, trempée par les pluies de mousson, mais sèche six mois par an, où les deux tiers de la population mondiale ont établi leurs foyers. L'être humain a donc réussi à s'établir partout. Si les conditions d'extrêmes aridité, chaleur ou froid, lui répugnent, beaucoup de zones bioclimatiques chaudes ou tempérées lui sont propices. C'est dans ces zones privilégiées, qu'en développant l'agriculture et les villes, l'homme a le plus modifié les paysages naturels.

CHAPITRE 14

LES GRANDS

Le lac O'Hara dans les Rocheuses canadiennes

ENSEMBLES DU RELIEF

1 · Le relief de la Terre

Où trouve-t-on les régions basses et les régions hautes ?

Lecture de carte

Le relief* de la Terre

a. Repère les régions basses et les régions hautes. Lesquelles occupent la plus grande surface ?

b. Cherche le point culminant* de la Terre.

c. Cherche sur chaque continent le nom des principales chaînes de montagnes*.

Doc. 1 Des montagnes du Caucase

Doc. 2 Une plaine en Pologne

Vocabulaire

Le relief : la Terre n'est pas plate. Les inégalités de sa surface forment le relief.

Le point culminant : l'endroit le plus élevé d'un lieu.

Une montagne : un relief d'altitude élevée, où les pentes sont fortes. Un ensemble de montagnes forme une chaîne.

Un plateau : un relief plat où les rivières sont encaissées.

Doc. 3 **Un haut plateau* en Bolivie**

Doc. 4 **Des collines en Mongolie**

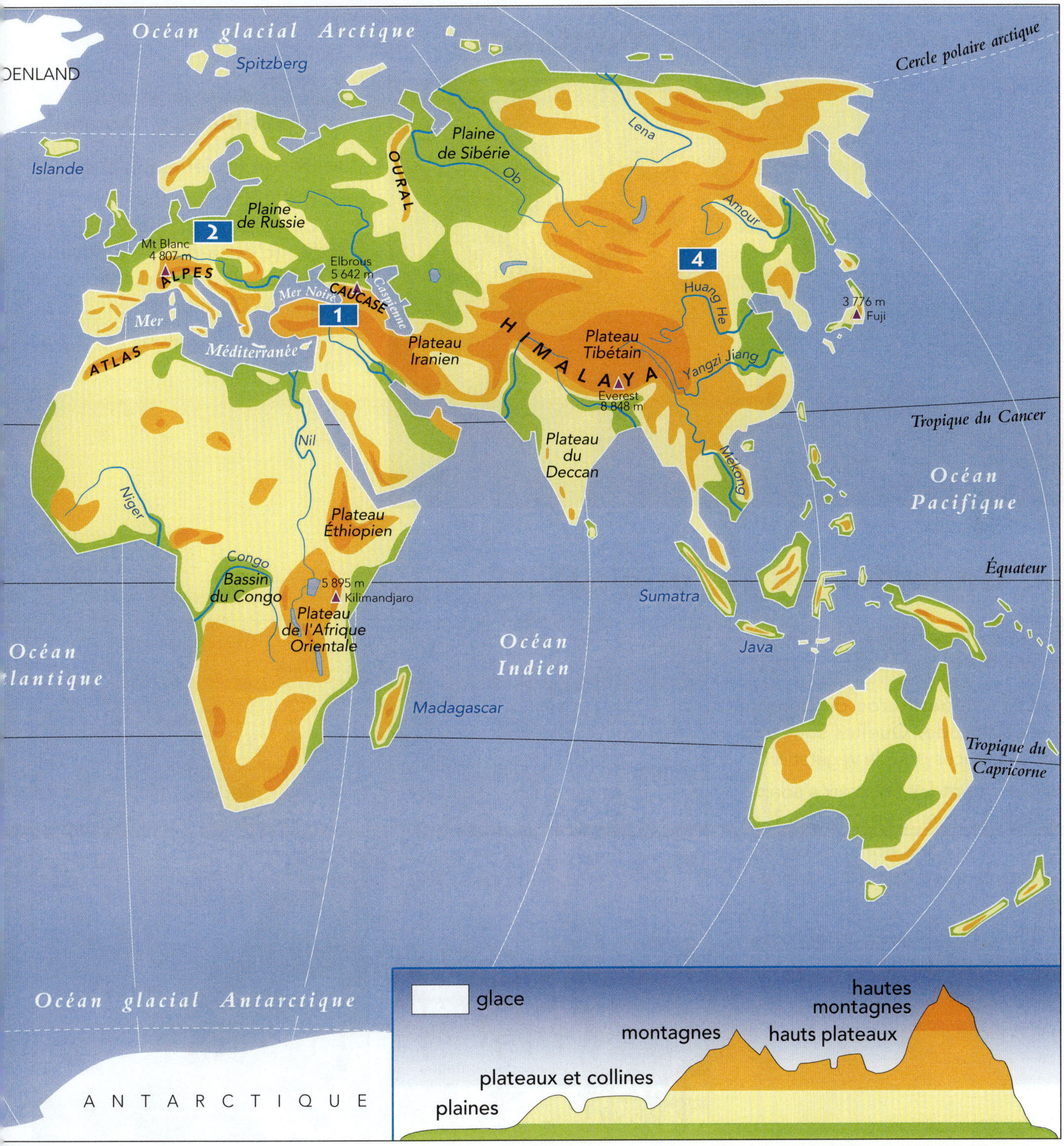

2 · Les régions hautes : montagnes et hauts plateaux

Les régions hautes, montagnes et hauts plateaux, occupent un quart de la surface des continents. L'homme s'est adapté pour vivre dans ces régions.

A. Le vocabulaire des montagnes

Doc. 1 Dans le massif du Mont-Blanc, à Chamonix

a. Donne la définition d'un col, d'un sommet, d'une pente.

b. Calcule la différence d'altitude* (c'est-à-dire la dénivellation) entre l'aiguille du Midi et le village de Chamonix.

c. Pourquoi y a-t-il des glaciers* en montagne ?

B. Un milieu de vie original

Doc. 2 Les Alpes en été et en hiver

a. Les températures diminuent avec l'altitude. Quelles sont les conséquences pour la végétation ?

b. Comment les animaux s'adaptent-ils à l'hiver en montagne ?

c. Comment les hommes ont-ils adapté leur agriculture à la montagne ?

d. Quels problèmes leur ont posés l'altitude et la pente ?

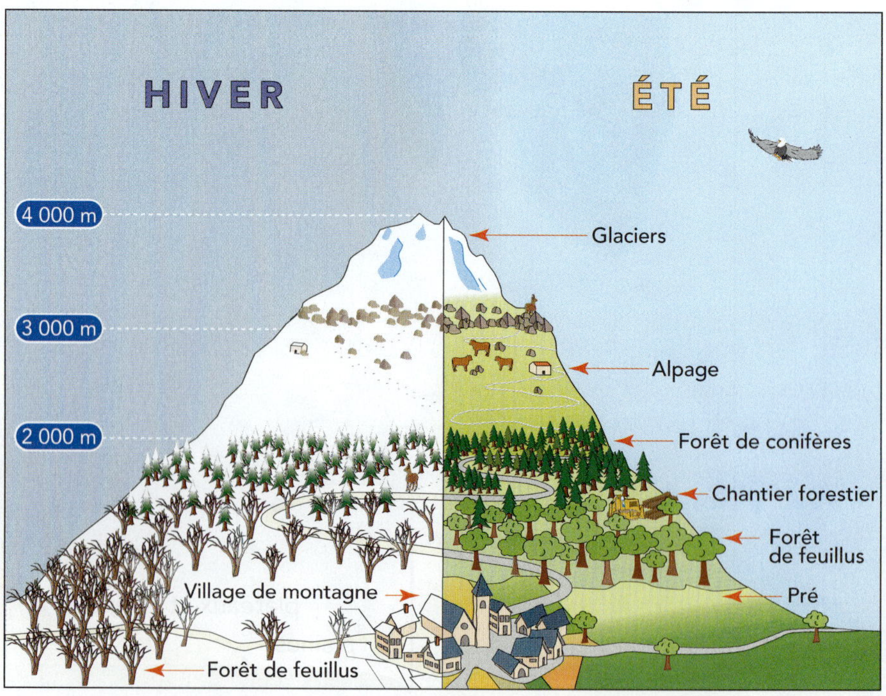

Doc. 3 De nouvelles activités

■ Les sports d'hiver en Autriche

a. Quelles nouvelles activités les hommes ont-ils développées dans les montagnes ?

b. En connais-tu d'autres ?

c. Pourquoi peut-on dire que ces activités sont typiques de la montagne ?

Doc. 4 Les transformations de la montagne

La neige qui paralysait naguère toute vie attire maintenant des foules de skieurs, pour qui les anciens alpages sont devenus des stations féeriques. Le torrent fougueux s'apaise dans les lacs artificiels, d'où ses eaux vont lancer les roues des turbines. Partout des voies ferrées, des routes, des téléphériques…

D'après P. et G. Veyret, *les Alpes*, Flammarion, 1967.

a. À quelles nouvelles activités de la montagne ce texte fait-il allusion ?

b. Les auteurs sont-ils favorables à ces changements ?

■ Le barrage de Serre-Ponçon, sur la Durance

Vocabulaire

L'altitude : la hauteur d'un lieu.

Un glacier : une grande masse de glace qui se forme dans les régions froides et en montagne.

je fais le point

Les montagnes et les hauts plateaux forment les régions hautes de la Terre. Les montagnes ont des altitudes élevées et de fortes pentes. Les principales chaînes de montagnes sont les montagnes Rocheuses et la cordillère des Andes à l'ouest du continent américain, les Alpes et le Caucase au sud du continent européen, l'Himalaya au centre du continent asiatique.

La vie en montagne est plus difficile. Il fait plus froid et il neige en hiver. La végétation change avec l'altitude et les animaux hibernent. Les hommes se sont adaptés en pratiquant l'élevage. Aujourd'hui, de nouvelles activités se développent, comme le ski et les barrages pour produire de l'électricité. Les montagnes sont souvent moins peuplées que les régions basses.

3 · Les régions basses

Plus d'un homme sur deux vit dans des régions basses.
En effet, ces régions sont souvent plus favorables aux activités humaines.
Quels reliefs trouve-t-on dans les régions basses ?

A. Le vocabulaire des régions basses

Doc. 1 Les différents reliefs des régions basses

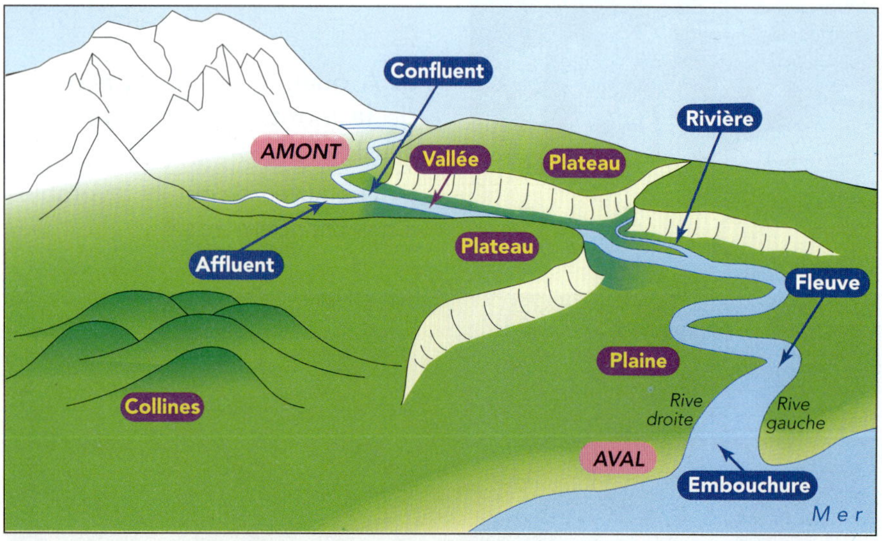

a. Quelles différences vois-tu entre une plaine* et un plateau, entre un plateau et des collines ?

b. Donne la définition d'un affluent, d'un confluent, d'un bassin* fluvial.

c. Sur ce schéma, l'embouchure du fleuve* a la forme d'un estuaire. Cite une autre forme d'embouchure de fleuve.

B. Les avantages et les inconvénients des régions basses

Doc. 2 La moisson dans le Bassin parisien

a. Quel est le relief de ce paysage ?

b. Pourquoi est-il plus facile de cultiver la terre dans les régions basses ?

Doc. 3 Le port d'Anvers (Belgique)

a. Quels moyens de transports remarques-tu ?

b. Pourquoi est-il plus facile de circuler dans les régions basses ?

Doc. 4 Les inondations au Bangladesh

Dans ce milieu de terres basses, le danger de l'inondation pèse constamment sur une immense masse humaine, condamnée à courir des risques si elle veut profiter des terres fertiles bien arrosées. Il ne se passe pas d'année sans que des digues cèdent, que des villages et des champs soient détruits dans une partie ou l'autre du delta. De temps en temps se produisent des catastrophes majeures. Les pires touchent les parties les plus basses du delta, lorsque de fortes pluies gonflent des fleuves déjà pleins.

Les pertes en vies humaines peuvent alors atteindre des dimensions dramatiques : jusqu'à 300 000 morts peut-être, à l'automne 1970. Elles sont évidemment d'autant plus graves que la pression démographique a conduit à l'occupation de régions très basses, longtemps prudemment évitées. De plus, la population ne peut être ni évacuée ni même prévenue des dangers car les communications sont mauvaises.

D'après F. Durand-Dastès et G. Mutin, *Afrique du Nord, Moyen-Orient, Monde indien*, Géographie universelle, Belin-Reclus, 1995.

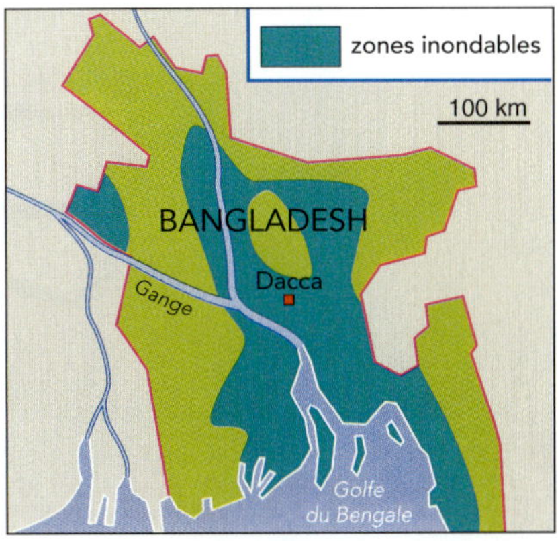

a. Où se trouve le Bangladesh ?

b. Quel est le danger d'habiter sur des terres basses ?

c. La densité moyenne du Bangladesh est de 861 habitants/km^2. Pourquoi les hommes sont-ils quand même si nombreux dans cette région ?

Doc. 5 Une région basse mais vide : en Australie

a. Quel est le relief de cette région ?

b. Cette région est-elle peuplée ? Pourquoi ?

Vocabulaire

Une plaine : un relief plat, où les rivières coulent au niveau du sol.

Une vallée : un creux allongé au fond duquel coule une rivière.

Un fleuve : un cours d'eau qui se jette dans la mer.

Un bassin fluvial : l'espace occupé par un fleuve et ses affluents.

je fais le point

Les régions basses couvrent la plus grande partie des continents. Elles ont des formes variées : plaines, plateaux, vallées, collines. Les rivières et les fleuves arrosent les régions basses avant de rejoindre la mer.
La vie est souvent plus facile dans les régions basses. Elles sont favorables à l'agriculture et aux échanges. Les hommes y trouvent la place nécessaire pour développer les activités modernes. Les régions basses abritent donc les principaux foyers de peuplement, comme les plaines et les deltas de l'Asie du Sud-Est, les plaines et les vallées d'Europe, la vallée du Nil en Afrique du Nord. Mais quand le climat est difficile, les régions basses sont très peu peuplées.

Exercices

VÉRIFIER SES CONNAISSANCES

1 Je connais les principales montagnes de la Terre

Indique le nom qui correspond à chaque définition.

a. Une chaîne de montagnes qui se trouve à l'ouest de l'Amérique du Nord.

b. Une chaîne qui se trouve à l'ouest de l'Amérique du Sud.

c. Une chaîne qui se trouve au nord de l'Afrique.

d. La chaîne où se trouve le point culminant de la Terre.

2 Je reconnais les formes du relief

■ En Louisiane (États-Unis) sur les bords du Mississippi

■ Dans le Haut-Atlas (Maroc)

a. Cherche sur un atlas les deux lieux cités.

b. Quels reliefs trouve-t-on sur ces deux documents ? Décris-les en utilisant les mots que tu as appris.

3 Je connais le vocabulaire des cours d'eau

a. La Seine est-elle un fleuve ou une rivière ?

b. Rouen est-il situé en amont ou en aval de Paris ?

c. Quel est le nom de l'Eure par rapport à la Seine ?

d. Comment s'appelle le point A ?

e. Comment s'appelle le point B ?

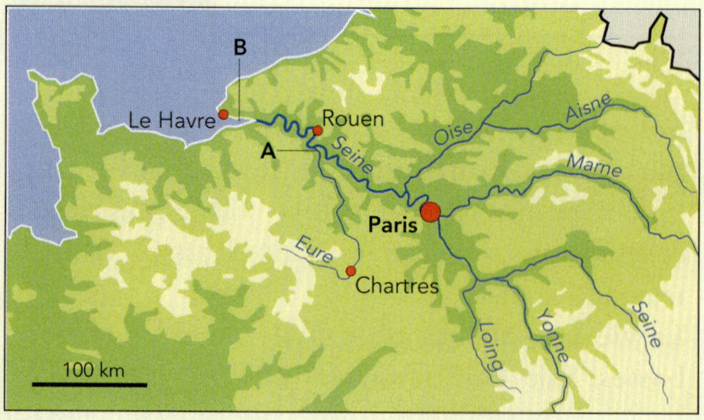

■ Le bassin fluvial de la Seine

ALLER PLUS LOIN

■ Super Besse, dans le Massif central

4 J'étudie la vie dans les montagnes

a. Décris avec des mots précis le relief de cette région.

b. Décris le milieu de vie de la montagne.

c. Repère les traces des activités humaines.

d. Imagine le même paysage en hiver : qu'est-ce que cela change ?

5 J'étudie le lien entre le relief et la densité

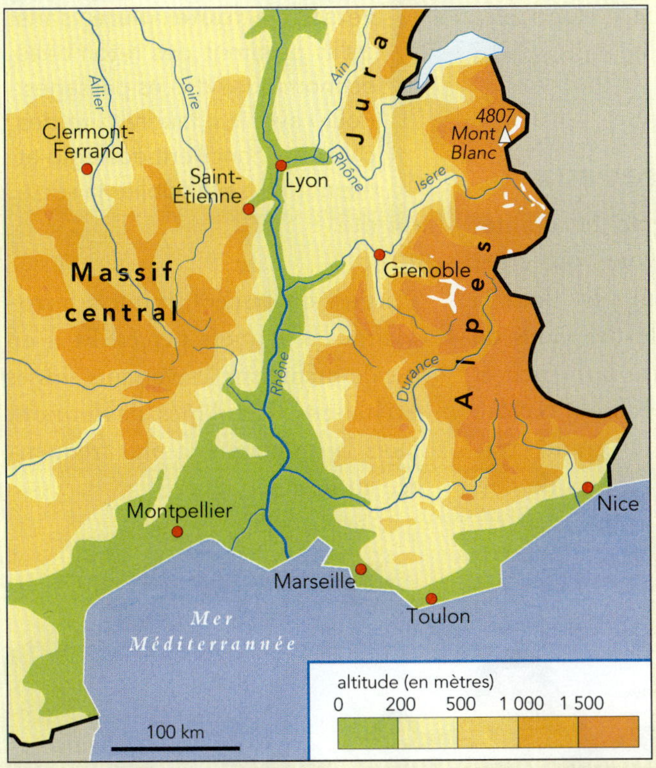

■ Carte du relief du sud-est de la France

■ Carte des densités du sud-est de la France

a. Décris le relief du sud-est de la France.

b. Où trouve-t-on les fortes et les faibles densités de population ? Pourquoi ?

c. Que peux-tu en conclure sur le lien entre le relief et la densité ?

S'EXERCER À RÉDIGER

5 Décris le relief de ta région en utilisant les mots que tu as appris. Explique comment les hommes se sont adaptés à ce relief.

Enquête

Les Alpes, un obstacle franchi depuis toujours

Elles se dressent comme des murailles ou des citadelles imprenables. Pourtant, les montagnes de nos régions tempérées n'ont jamais constitué un obstacle infranchissable pour l'homme. Exemple, au fil des siècles, des Alpes, devenues le massif montagneux le plus fréquenté du monde.

Quelques éléphants et un pape

En 1993, entre l'Autriche et l'Italie, on retrouve, momifié dans la glace, Hibernatus, un homme du Néolithique. Il a vraisemblablement suivi un chemin qui lui était habituel. Plus près de nous, au IIIe siècle avant J.-C., Hannibal, général carthaginois, ennemi de Rome qu'il s'est juré de prendre, entraîne son armée et ses éléphants de guerre à l'assaut des Alpes. Un peu plus tard, pour déferler sur Rome, les Gaulois ne choisissent pas d'autre route, tandis que les Romains la prennent en sens inverse pour aller conquérir la Gaule. Grands bâtisseurs, ces derniers vont d'ailleurs tracer dans la montagne les premières véritables voies d'accès. Qui, au début du Moyen Âge, seront empruntées par un pape allant demander protection à un roi franc et un éléphant, cadeau du calife de Bagdad à Charlemagne.

Les grands travaux

À partir du XIe siècle, les comtes puis les ducs de Savoie vont créer dans cette région un État dont la force est le contrôle des voies de communication entre la France et l'Italie. Au XIXe siècle, la Savoie devenue française, de grands travaux sont entrepris : routes de cols élargies ou tracées, tunnels ferroviaires ou routiers percés. Et il en est de même sur les versants suisses et italiens. Les Alpes deviennent alors la montagne la plus fréquentée au monde.

L'environnement menacé

La circulation routière dans les Alpes a des conséquences sur l'environnement. Elle pollue, dénature les magnifiques paysages, décourageant les touristes à la recherche d'une montagne intacte. Par ailleurs, les habitants craignent que leurs vallées ne deviennent de simples « voies expresses » traversées à toute allure, sans qu'ils profitent des retombées économiques de ces passages. Pour l'avenir, il faudra faire des choix qui concilient écologie et économie, sans oublier la sécurité.

Une exigence nouvelle de sécurité

En 1999, l'incendie d'un camion dans le tunnel du mont Blanc provoque un drame qui fait une quarantaine de morts. Compte tenu du trafic, et particulièrement de celui des poids lourds, la question de la sécurité dans les tunnels se pose aujourd'hui avec urgence.

le carnet du géographe

Les grands ensembles du relief

La terre n'a pas une surface plane. Elle présente de nombreuses irrégularités. Avec la topographie, science de l'observation et de la description du terrain, le géographe a tenté de comprendre les formes du relief. Il a appris à calculer l'altitude de tout point de la surface terrestre, par rapport au niveau de la mer. Il sait mesurer les pentes, les dénivellations et les représenter par des cartes topographiques. Pour améliorer la compréhension du relief, le topographe a classé ces formes en plusieurs grandes catégories : les montagnes, les plateaux, les vallées, les plaines et les collines. Ces formes du relief ne dépendent pas seulement de l'altitude, mais aussi de leur apparence. Il y a des plateaux peu élevés, mais certains, comme le Tibet, s'étendent à 5000 mètres d'altitude. De même, une montagne peut culminer à seulement 1800 mètres, c'est le cas de l'Oural, ou atteindre 8 848 mètres au point le plus élevé de la planète, l'Everest, dans l'Himalaya.

On sait aujourd'hui que ces irrégularités de la surface terrestre se retrouvent aussi sous les océans. Bien entendu, c'est à la surface des continents qu'elles influencent le plus la vie des hommes, favorisant une inégale répartition de la population. Les montagnes sont moins habitées que les régions basses. Cependant, seule la haute montagne, au-dessus de 5 000 mètres, est vraiment vide. Le froid qui y règne rend la vie impossible. Plus bas, les ressources en eau des montagnes, leur situation d'abris naturels contre les invasions, mais aussi les maladies, en ont fait le refuge de groupes humains importants. L'élevage le long des pentes, l'agriculture en fond de vallée ou sur les hauts plateaux suffisent à nourrir ces populations. Dans les pays riches, le développement des sports d'hiver et de l'hydroélectricité a permis de créer de nouvelles ressources.

Les quatre cinquièmes de la population humaine vivent dans les régions basses : dans les grandes plaines, sur les plateaux, au bord des littoraux ou dans les vallées, à proximité des fleuves et des rivières. Encore faut-il que le climat soit favorable : la gigantesque plaine de Sibérie est ainsi presque déserte. Les hommes privilégient les bassins des grands fleuves. Les deltas des fleuves de l'Asie orientale abritent les plus grandes densités humaines. Toutes les grandes métropoles se trouvent dans des zones planes, en particulier les plaines côtières. Le relief a donc bien guidé la répartition des hommes sur le globe, mais l'homme a su s'adapter à des conditions très diverses et a marqué de son empreinte presque toute la planète.

CHAPITRE 15

LES PAYSAGES

La baie de Tokyo (Japon)

1a · Paris, une métropole d'Europe

Quel est le rôle politique, économique et culturel de Paris ?

Lecture de paysage

Une vue aérienne du centre de Paris

a. En t'aidant du document 3, retrouve le quartier photographié sur le document 1.

b. Décris le paysage. Peux-tu distinguer des quartiers plus récents que d'autres ?

c. Quels monuments figurent sur le document 1 ?

d. Classe ces monuments en distinguant ceux qui sont liés au rôle politique de Paris, ceux qui sont liés à son rôle économique et les monuments historiques ou culturels.

Doc. 2 Paris et la France

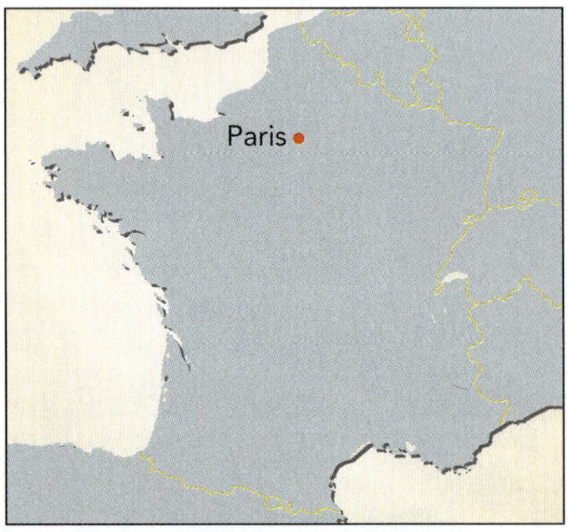

Doc. 1 Une vue aérienne du centre de Paris

Doc. 3 Les principaux monuments de Paris

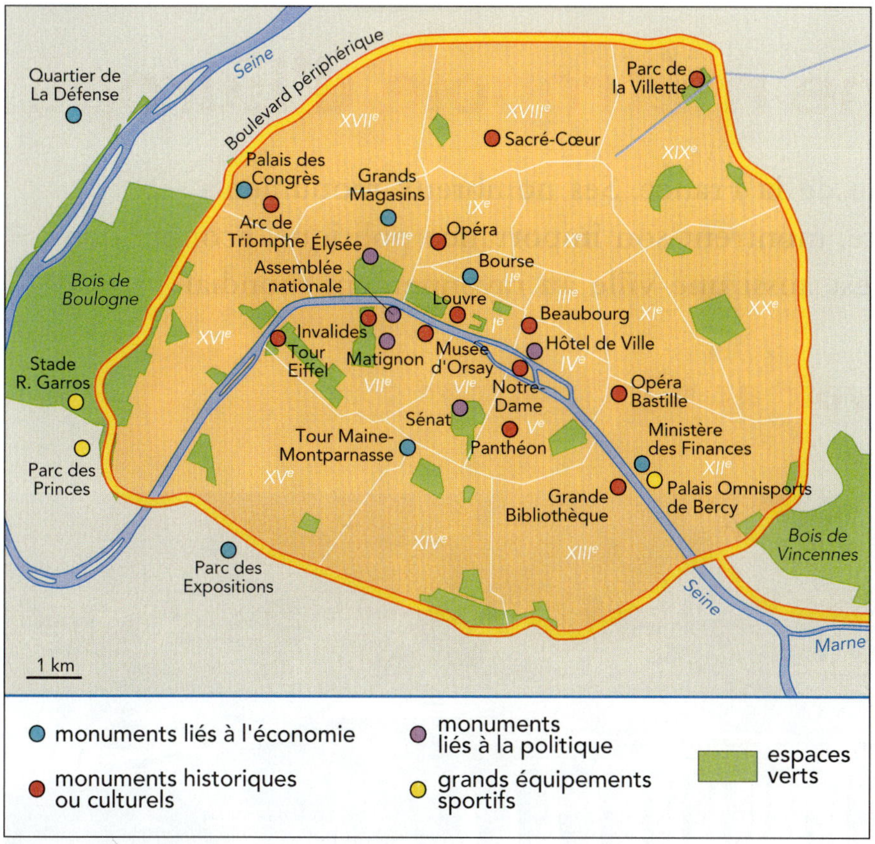

Doc. 4 Un riche patrimoine

L'héritage de la longue histoire de Paris est un patrimoine architectural et un nombre de musées incomparables. Les efforts déployés par André Malraux, par Georges Pompidou (Centre culturel de Beaubourg) puis, dans les années 1980 (musée d'Orsay, musée Picasso à l'hôtel Salé, pyramide du Louvre, grande arche de la Défense) lui permettent de garder une image flatteuse. Cela lui vaut, ainsi que sa réputation de capitale de la gastronomie, d'être devenue la première ville mondiale de congrès.

D'après M. Fabrès-Verfaillie, *la France des régions*, Bréal, 1996.

■ Le croquis d'exploitation

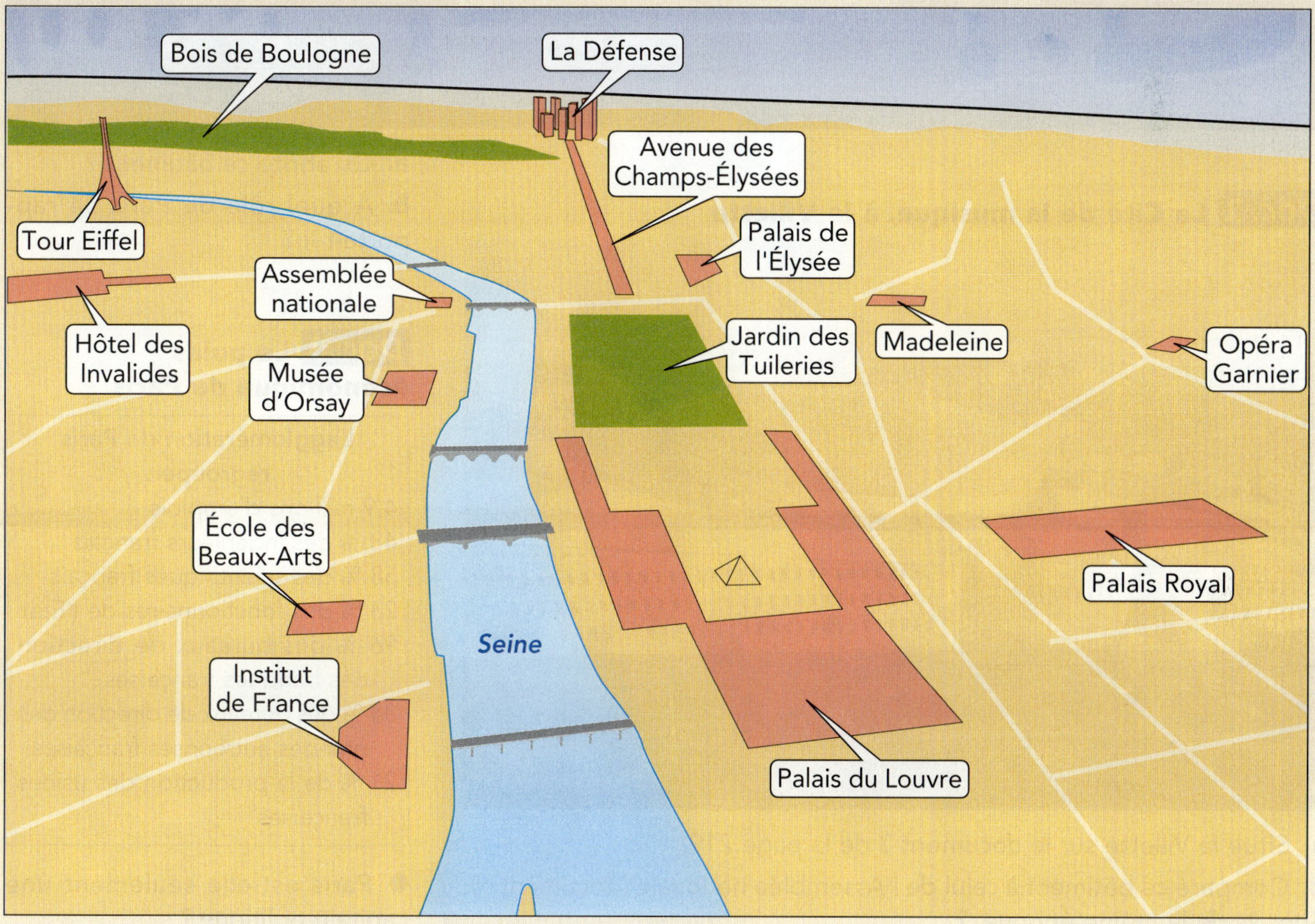

1b · Paris, une métropole d'Europe

Paris est la capitale de la France. Ses nombreux monuments, fruits d'une longue histoire, montrent son importance politique, économique et culturelle. Paris est aussi une ville au rayonnement mondial.

A. Une ville de pouvoir et d'influence

Doc. 1 L'Assemblée nationale

a. Qu'abrite ce bâtiment ?

b. À quel rôle de Paris se rapporte-t-il ?

Doc. 2 La Cité de la musique, à la Villette

a. Situe la Villette sur le document 3 de la page 219.

b. Compare ce bâtiment à celui de l'Assemblée nationale (document 1). Sont-ils de la même époque ?

Doc. 3 Le poids économique de Paris

L'agglomération de Paris regroupe :
- 4,9 millions d'emplois
- 48 % des ingénieurs français
- 58 % des scientifiques français
- 23 % des fonctionnaires de l'État
- 96 % des bureaux de direction des banques françaises
- 84 % des bureaux de direction des grandes entreprises françaises
- 21 % de la production des usines françaises

● Paris est-elle seulement une capitale politique ?

B. Une métropole d'Europe

Doc. 4 Le rayonnement culturel de Paris

Quant au rayonnement culturel, il reste grand même si Paris a perdu le premier rôle au profit de New York et si une vive compétition existe aujourd'hui entre villes européennes, tout spécialement avec Londres. Paris reste malgré tout un des grands pôles culturels du monde grâce à ses musées prestigieux, ses grandes expositions, son activité littéraire, sa production cinématographique et sa forte concentration d'artistes et de scientifiques. Le rôle culturel de Paris a été consacré après la Seconde Guerre mondiale lorsque la ville a été choisie pour être le siège de l'Unesco.

D'après D. Noin, *le Nouvel espace français*, Colin, 1998.

a. Qu'est-ce qui donne à Paris son rayonnement mondial ?

b. Avec quelles autres métropoles Paris est-elle en concurrence ?

c. Quel monument de Paris figure sur la couverture de *Time* ? Qu'est-ce que cela montre sur le rayonnement international de Paris ?

Couverture de *Time*, un magazine international édité aux États-Unis

Doc. 5 Les problèmes d'une grande ville

Sur le boulevard périphérique est

a. Qu'est-ce que le boulevard périphérique ? Retrouve-le sur le document 3 p. 219.

b. Ce document montre deux inconvénients de la vie à Paris : lesquels ?

c. En connais-tu d'autres ?

je fais le point

Paris est une des plus vieilles capitales du monde. Les principaux dirigeants français y résident : le président de la République, les ministres, les députés. Les journaux, les télévisions, les radios s'y sont établis, pour être près du pouvoir.

Paris joue un rôle économique important. La plupart des grandes entreprises françaises sont présentes à Paris ou à proximité (quartier de La Défense).

Paris garde un rayonnement mondial. Grâce à ses monuments historiques et à ses musées, elle joue un grand rôle artistique et culturel. Première ville touristique d'Europe, c'est aussi un centre d'enseignement et de recherche.

Paris connaît les problèmes des grandes villes modernes. Les logements sont chers, les temps de transport sont longs et la pollution est inquiétante.

1c · Paris et sa région

L'agglomération de Paris bénéficie du poids politique et économique de la capitale. Aujourd'hui, un Français sur cinq y réside. Mais le développement de la région parisienne a été maîtrisé.

A. La croissance de la région parisienne

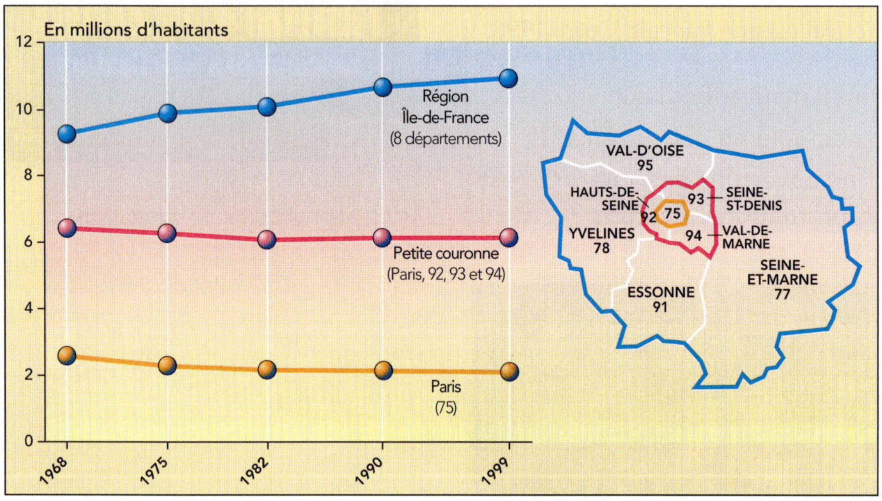

Doc. 1 L'évolution de la population

● Comment évolue la population dans les différentes parties de l'agglomération parisienne ?

Doc. 2 La banlieue* de Paris

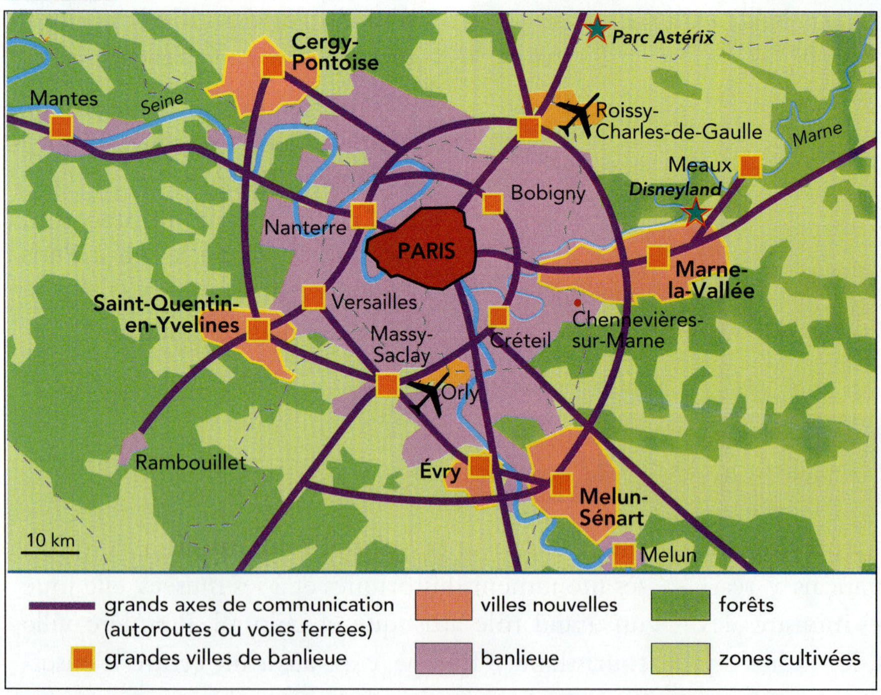

a. Calcule jusqu'à quelle distance de Paris s'étend la banlieue parisienne à l'ouest et au sud.

b. Où converge le réseau de transport ? Pourquoi ?

c. Où a-t-on implanté les villes nouvelles ? Pourquoi ?

Doc. 3 Une ville de banlieue

Chennevières-sur-Marne

a. Localise cette ville sur le document 2.

b. Quels types d'habitat remarques-tu ?

B. L'aménagement de la région parisienne

Doc. 4 Le rôle de l'État

Pour faire face à l'insuffisance des grands ensembles, à l'absence d'équipements collectifs de trop de banlieues, à l'encombrement du centre de la région parisienne, il n'y a pas d'autres remèdes que de créer des centres urbains nouveaux, qui seront des villes nouvelles.

D'après le Schéma directeur d'aménagement et d'urbanisme, 1965.

a. De quand date ce texte ?
b. Quels sont les problèmes évoqués ?
c. Quelle solution est proposée ?

Vocabulaire

Une banlieue : l'ensemble des localités qui entourent une ville et dépendent d'elle.

Une ville nouvelle : une ville créée par une décision de l'État sur un espace encore inoccupé.

Doc. 5 Une ville nouvelle : Cergy-Pontoise

a. En t'aidant du document 2, retrouve le nom des autres villes nouvelles.
b. Observe le style des bâtiments. À quoi vois-tu qu'ils sont de construction récente ?

Doc. 6 La coupe ouest-est de l'agglomération parisienne

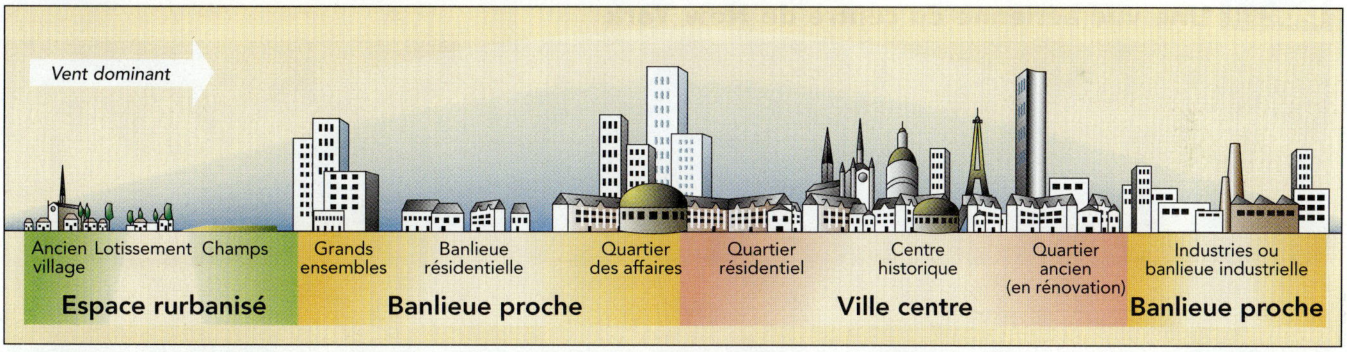

a. Où peux-tu placer sur ce schéma Chennevières-sur-Marne et Cergy-Pontoise ?
b. Donne un exemple de quartier des affaires.

je fais le point

La ville de Paris perd des habitants à cause du coût des logements et des difficultés de circulation. Une première banlieue proche s'est développée dès la fin du XIXe siècle. Aujourd'hui, c'est une zone résidentielle dont la population se stabilise.

La croissance se poursuit dans des zones de plus en plus éloignées du centre. Une nouvelle banlieue se développe jusqu'à 30 kilomètres du cœur de Paris. L'habitat individuel grignote peu à peu la campagne.

La croissance de cette agglomération a été contrôlée. L'État a créé des villes nouvelles. Les équipements nécessaires ont été réalisés, en particulier un réseau de transport très dense : autoroutes, chemins de fer, RER (réseau express régional). Des zones de loisirs et des espaces verts sont préservés.

2a · New York, une métropole d'Amérique du Nord

Comment se présente le paysage urbain de New York ?

Lecture de paysage

Une vue aérienne du centre de New York

a. À l'aide du document 3, indique quel quartier a été photographié sur le document 1. Dans quelle direction le photographe regardait-il ?

b. Décris le paysage.

c. Identifie les grands immeubles au centre de la photo.

d. En t'aidant du document 3, repère sur la photographie la rive droite de l'Hudson. Quelles installations à caractère économique y trouve-t-on ?

Doc. 2 New York, sur la côte est

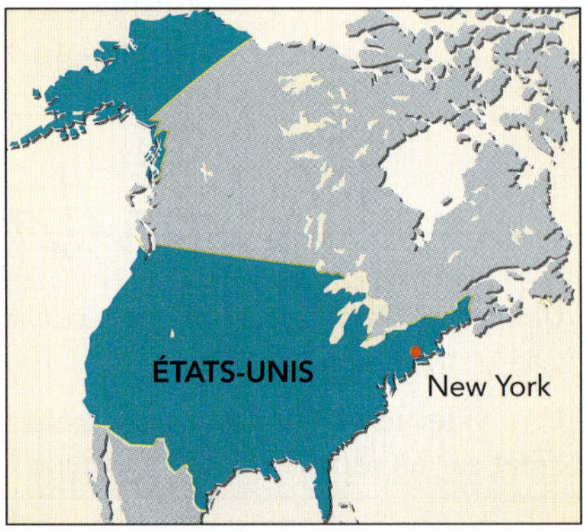

Doc. 1 Une vue aérienne du centre de New York

Doc. 3 Les quartiers de New York

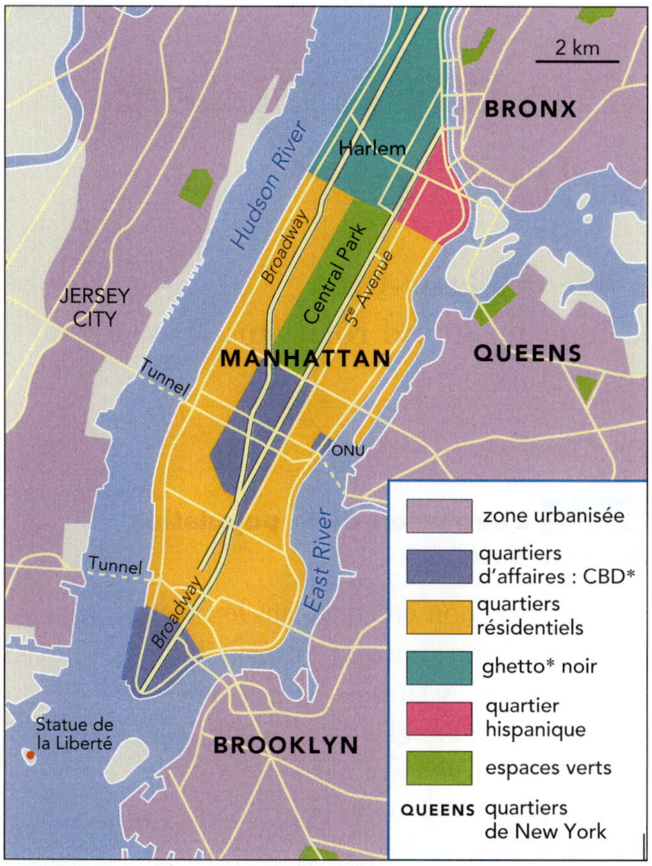

Vocabulaire

Le CBD : Central Business District, le centre des affaires et de la finance d'une grande ville américaine.

Un ghetto : un quartier pauvre où vit un groupe social tenu à l'écart.

Une banlieue résidentielle : un quartier formé de maisons individuelles entourées de jardins sans clôture.

Doc. 4 La croissance d'une métropole

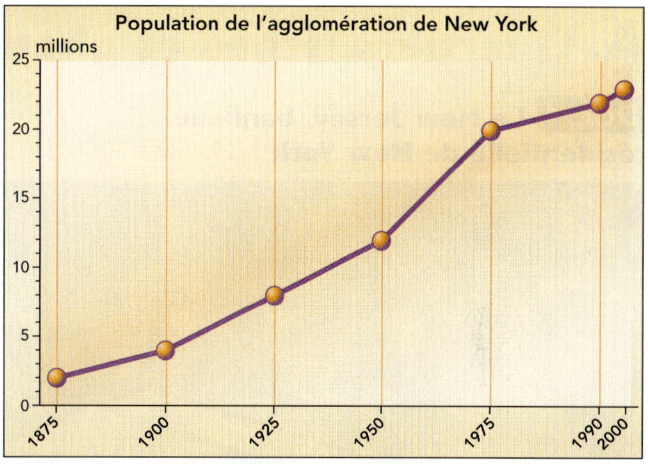

Le croquis d'exploitation

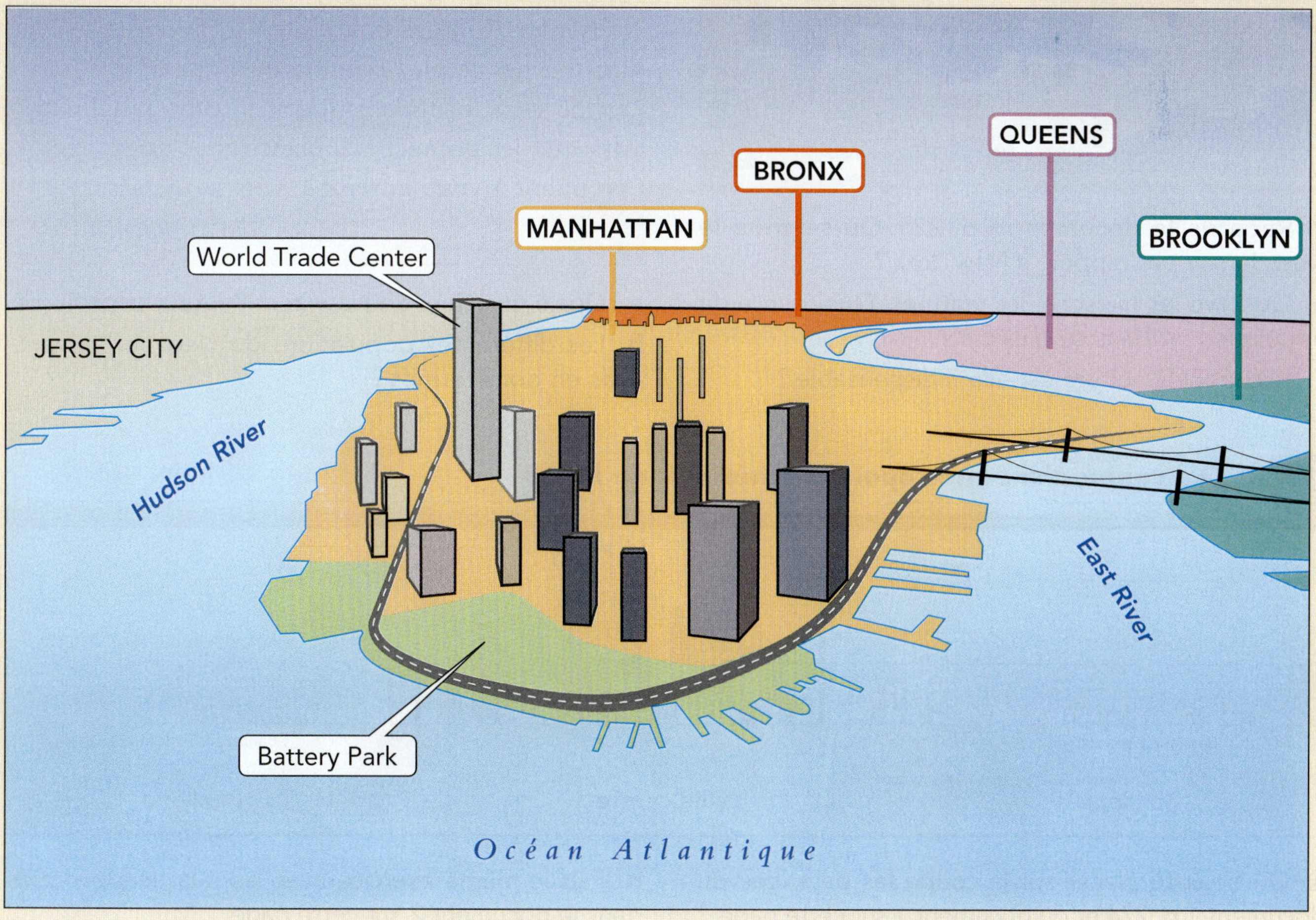

2b · New York, une métropole d'Amérique du Nord

New York est la première ville des États-Unis.
Ce n'est pas la capitale politique, mais elle joue un grand rôle dans le monde.

A. Quartiers riches et ghettos

Doc. 1 Le New Jersey, banlieue résidentielle de New York

a. Regarde le document 3 p. 225. Où se situe le New Jersey par rapport à New York ?

b. Observe les maisons, les voitures. Quel genre de population vit dans ce quartier ?

c. Pourquoi la voiture est-elle indispensable ?

Doc. 2 L'évolution de la population de New York

J'ai passé mon enfance dans le Bronx, quartier résidentiel où l'intégration était bonne. Mais à mesure que les familles noires venaient s'y installer, les familles blanches déménageaient. Et les services étaient moins bien assurés. Il y avait moins de patrouilles de police ; des ordures s'entassaient. Vols et agressions devenaient monnaie courante. À la fin de mes études, en 1983, j'ai passé sept ans à Manhattan et j'ai vu le « melting pot » [le mélange des populations] commencer à déborder. Aujourd'hui, New York représente à la fois l'échec le plus retentissant et l'espoir le plus solide sur le plan des minorités ethniques. Il faudra que les populations blanches et noires réapprennent à vivre ensemble sans se mépriser.

D'après *Géo* n° 183, mai 1994.

a. Quels quartiers de New York l'auteur connaît-il ?

b. Les différentes populations de New York vivent-elles en bons termes ?

Doc. 3 La coupe d'une métropole d'Amérique du Nord

a. Où peux-tu placer sur la coupe les paysages du document 1 p. 224 et du document 1 sur cette page ?

b. Fais le même exercice avec les quartiers évoqués dans le document 2 sur cette page.

B. Une métropole d'importance mondiale

Doc. 4 Le siège de l'ONU (Organisation des Nations unies)

a. Pourquoi le siège de l'ONU montre-t-il l'importance mondiale de New York ?

b. Quels drapeaux reconnais-tu ?

Doc. 5 Broadway, le quartier des spectacles

Les spectacles donnés à Broadway sont souvent repris dans le monde entier.

● Recherche sur le plan (document 3 p. 225) où se situe Broadway.

Doc. 6 Le MET, Metropolitan Museum of Art

New York abrite plus de musées que n'importe quelle autre ville d'Amérique. Le plus célèbre est incontestablement le MET. Fondé en 1870, il occupe 45 ha en bordure de Central Park. Il abrite 3,3 millions d'œuvres, venues du monde entier, y compris un temple égyptien ! Chaque année plus de cinq millions de visiteurs découvrent ses collections. Une visite approfondie prendrait un mois, et encore, faute de place le quart des œuvres du musée est exposé.

D'après *Let's Go New York*, Dakota éditions, 1999.

● Ce musée est gigantesque. Relève dans le texte ce qui te l'indique.

je fais le point

Avec 23 millions d'habitants, New York est la première ville des États-Unis. Les inégalités sociales sont nettes selon les quartiers. Les quartiers pauvres comme le Bronx sont mal entretenus et marqués par l'insécurité. Ils se sont transformés en ghettos où vivent les Noirs et les populations défavorisées. Grâce à l'automobile, les banlieues résidentielles se développent et accueillent ceux qui travaillent à New York sans y vivre.

New York est une métropole d'importance mondiale. Elle abrite Wall Street, la première place financière du monde, et le siège de l'ONU. New York joue aussi un grand rôle culturel avec ses musées très riches et son quartier des spectacles, Broadway.

3a · Lagos, une métropole d'un pays pauvre

Lagos est aujourd'hui l'une des principales villes d'Afrique, avec Le Caire.

Lecture de paysage

Une vue aérienne du centre de Lagos

a. Localise la ville de Lagos (document 2) puis aide-toi du document 3 pour indiquer quel quartier a été photographié. Dans quelle direction le photographe regardait-il ?

b. Quels sont les différents éléments que tu peux distinguer dans le paysage ?

c. Comment peux-tu expliquer la fumée noire qui s'échappe de la cheminée sur la gauche ?

d. Ce paysage urbain ressemble-t-il à celui de New York ?

Doc. 2 Lagos, au Nigeria

Doc. 1 Une vue aérienne du centre de Lagos

Doc. 3 Le plan de Lagos

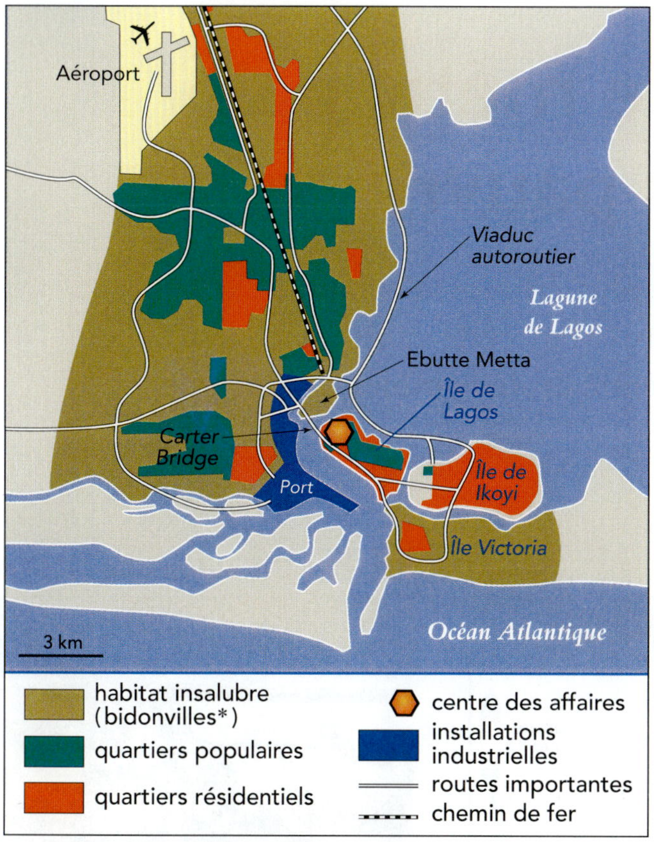

Vocabulaire

Une lagune : une étendue d'eau salée séparée de la mer par une bande de terre.

Un bidonville : un quartier pauvre où les habitations sont construites avec des matériaux récupérés (tôles, planches...).

Doc. 4 Une ville-catastrophe

Pénétrer dans Lagos, c'est retourner en Afrique vingt ans en arrière. La mégapole de 12 millions d'habitants (mais qui en connaît exactement le chiffre ?) ressemble en partie à un immense bidonville fourmillant d'une population qui court en tous sens pour survivre. Des grappes de mendiants agrippent les taxis des étrangers aux feux rouges, l'électricité est aléatoire, l'eau improbable et le téléphone aux abonnés absents. Le Nigeria est devenu « la plaie béante du continent », selon les mots de Wole Soyinka, Nigérian et prix Nobel de littérature en 1986.

D'après *le Point*, 4 février 2000.

■ Le croquis d'exploitation

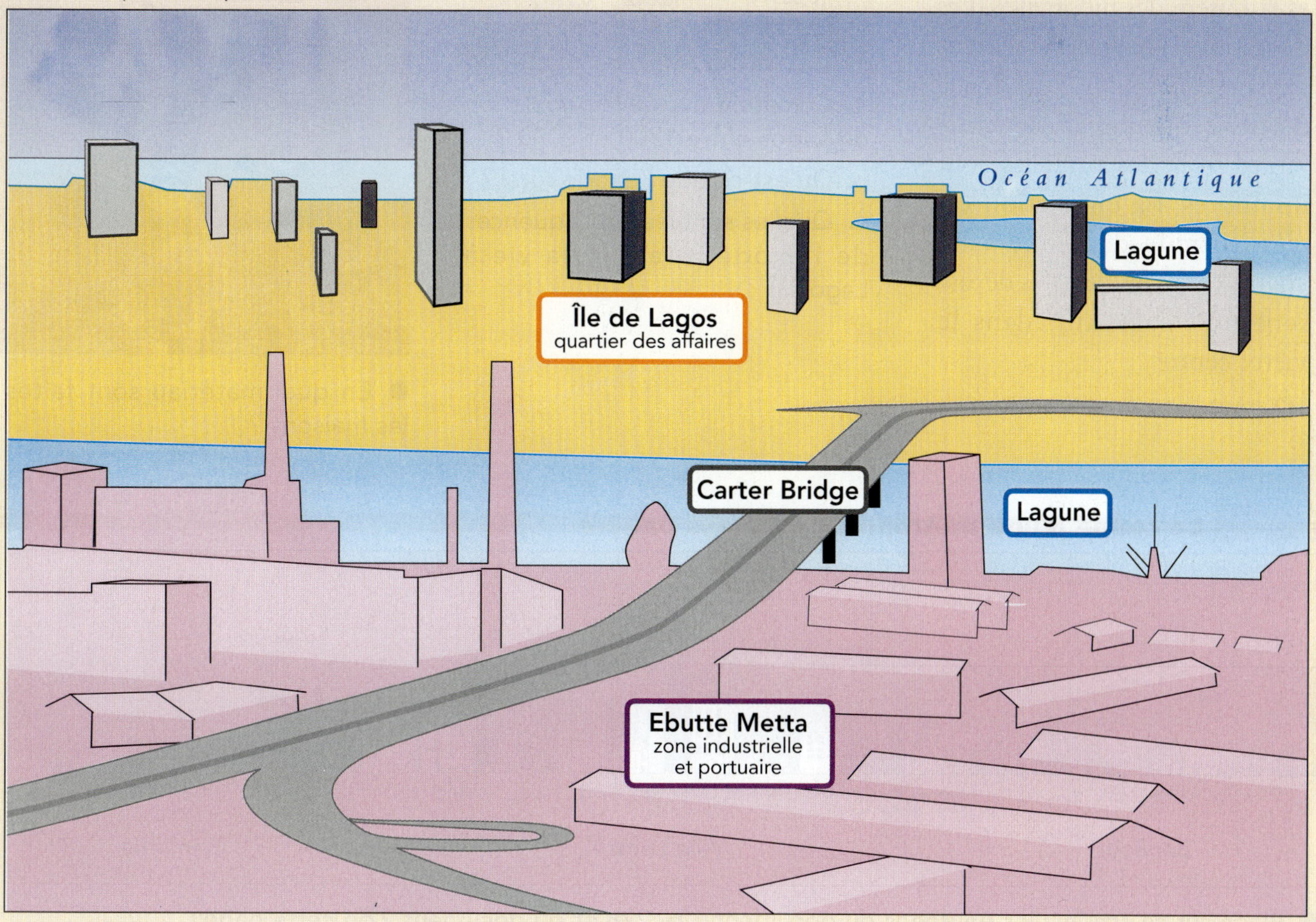

3b · Lagos, une métropole d'un pays pauvre

Lagos, au Nigeria, attire de plus en plus d'habitants qui espèrent y trouver une vie meilleure. Mais cette croissance trop rapide est impossible à maîtriser et la ville connaît des problèmes très graves.

A. Une ville surpeuplée

Doc. 1 Une ville en très forte croissance

Lagos s'étend démesurément. Suite à un important exode rural, trois îles, dont Victoria Island, ont été conquises et la ville s'étire désormais vers le nord, sur 25 kilomètres au-delà de la lagune. Cette urbanisation de masse allie le luxe des gratte-ciel du quartier des affaires et la misère des bidonvilles. Les conditions d'habitat demeurent très précaires : 44 % des logements n'ont pas d'eau courante, 74 % des parcelles sont insalubres. La circulation est très difficile dans une ville engorgée où les densités dépassent 600 hab./km² dans le vieux centre.

D'après l'encyclopédie Hachette.

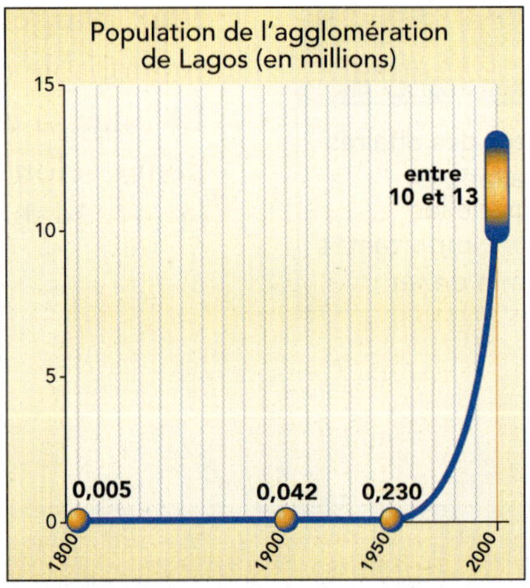

a. Comment évolue la population de Lagos entre 1800 et 2000 ?

b. Qu'est-ce que l'exode rural ?

c. Quelles sont les conséquences de l'exode rural sur la vie à Lagos ?

Doc. 2 Un bidonville

- En quel matériau sont faites les maisons ?

Doc. 3 La coupe d'une métropole d'un pays pauvre

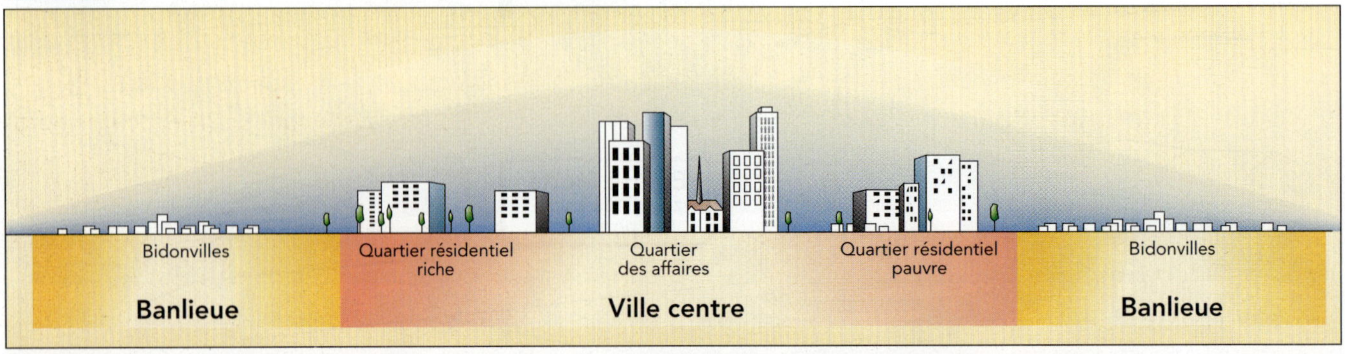

- Place sur ce schéma les paysages du document 1 p. 228 et du document 2 de cette page.

B. Les problèmes d'une métropole d'un pays pauvre

Doc. 4 Un « go-slow », l'embouteillage typique de Lagos

a. Décris la photographie. Que peux-tu dire de la circulation à Lagos ?

b. Quelles sont les conséquences de cette situation pour l'activité économique ? Et pour l'environnement ?

Doc. 5 Survivre à Lagos

Les coupures de courant de plus de huit heures sont le lot quotidien. Seuls les riches peuvent se payer un générateur, mais les petits malins ne sont pas en reste pour pirater l'électricité d'un bâtiment gouvernemental voisin, par exemple. Chez les pauvres comme chez les riches, les cambriolages sont une des principales préoccupations : chaque foyer consacre environ 25 dollars par mois pour payer une patrouille chargée de la surveillance du quartier. « Stop au vandalisme ! Arrêtez les voleurs qui vous privent d'eau », indique une annonce publicitaire peinte sur une conduite d'eau. Mais dans une ville où, selon les estimations, seuls 30 % des foyers ont l'eau courante, trafiquer une conduite n'est pas vraiment un délit.

D'après *le Courrier de l'Unesco*, avril 1999.

a. Quels sont les besoins importants qui ne sont pas satisfaits à Lagos ?

b. Les pauvres et les riches sont-ils touchés de la même manière par cette situation ?

je fais le point

Lagos est l'une des plus grandes métropoles d'Afrique. Grâce à son port, elle s'est beaucoup développée. Aujourd'hui, elle compte entre 10 et 13 millions d'habitants. Cette croissance est alimentée par l'exode rural. Mais les paysans qui fuient la misère doivent s'entasser dans des bidonvilles. Les petits métiers de la rue leur permettent de survivre.

Lagos connaît les problèmes d'une métropole d'un pays pauvre. Les transports sont insuffisants et la ville est paralysée par des embouteillages record, qui aggravent la pollution due aux activités industrielles. Les pauvres n'ont pas accès à l'électricité ou à l'eau. Enfin, Lagos est une ville violente car elle abrite de nombreux trafics de drogue.

4a · Saint-Tropez, un littoral touristique méditerranéen

Comment le littoral de la Côte d'Azur a-t-il été transformé par l'homme ?

Lecture de paysage

Une vue aérienne du golfe de Saint-Tropez

a. En t'aidant du document 3, indique dans quelle direction le photographe regardait.

b. Décris le paysage. A-t-il été très transformé par l'homme ?

c. Quelle activité explique la transformation du littoral ?

d. Quels sont les éléments naturels qui favorisent cette activité ?

Doc. 2 La Côte d'Azur

Doc. 1 Une vue aérienne du golfe de Saint-Tropez

Doc. 3 **La carte IGN du golfe de Saint-Tropez** (échelle 1/50 000 ; 1 cm = 0,5 km)

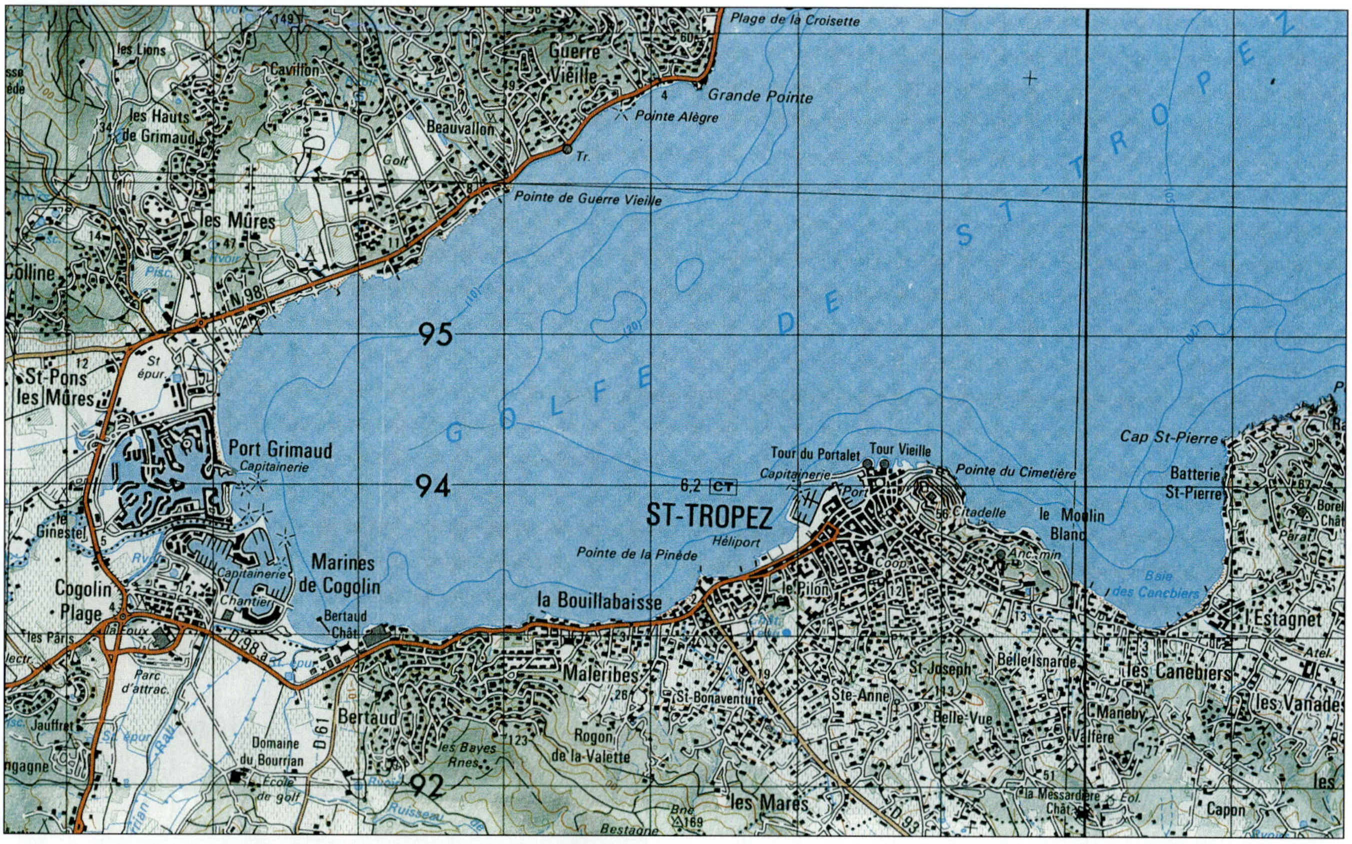

■ Le croquis d'interprétation

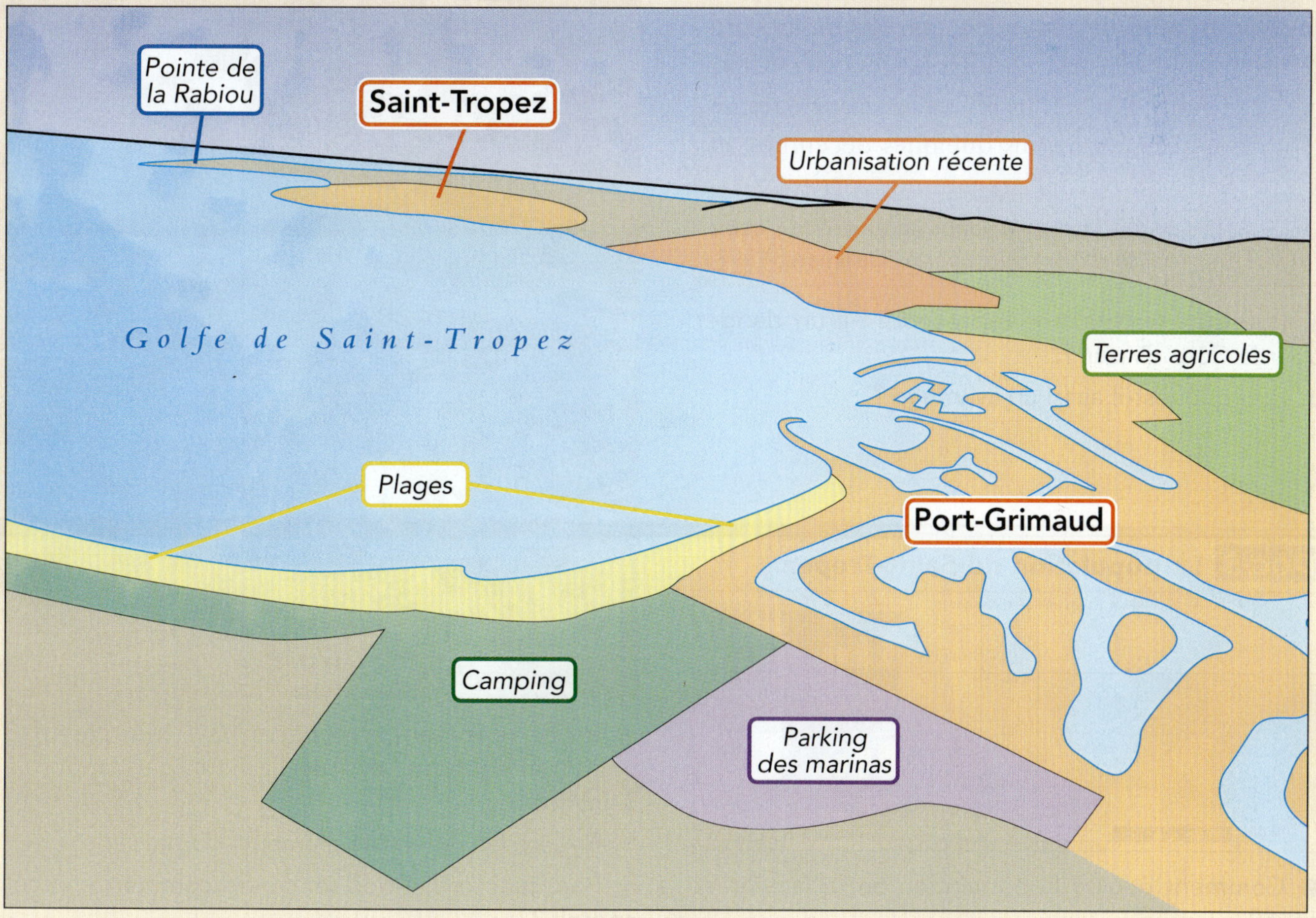

4b · Saint-Tropez et la Côte d'Azur

Le littoral méditerranéen est aujourd'hui la première zone touristique* du monde. Ce développement récent marque les paysages du golfe de Saint-Tropez.

A. Une région qui vit du tourisme

Doc. 1 Le choc du tourisme

Le tourisme de masse* qui s'est développé depuis plusieurs décennies en direction de la Provence est à la fois destructeur et créateur. Il est destructeur parce qu'il implique des constructions modernes et banales qui, si l'on n'y prend pas garde, font disparaître les anciens paysages derrière les façades de béton.

Pourtant le tourisme est aussi créateur, ne serait-ce qu'en redonnant vie et richesse à des lieux qui avaient perdu leur activité ancienne. La navigation de plaisance anime désormais les anciens ports de pêche à Cannes, à Saint-Tropez, au Lavandou. Elle attire, de façon saisonnière, un commerce nouveau et profitable. Les plages de la Côte d'Azur, longtemps réservées aux riches, se sont popularisées depuis quelques décennies, et la présence des vacanciers ranime l'arrière-pays.

D'après E. Temine, *Voyages en Provence, Alpes, Côte d'Azur*, Découvertes Gallimard, 1997.

a. Pourquoi le tourisme représente-t-il un danger pour la Côte d'Azur ?

b. Pourquoi est-il aussi un avantage ?

Doc. 3 La population de Saint-Tropez

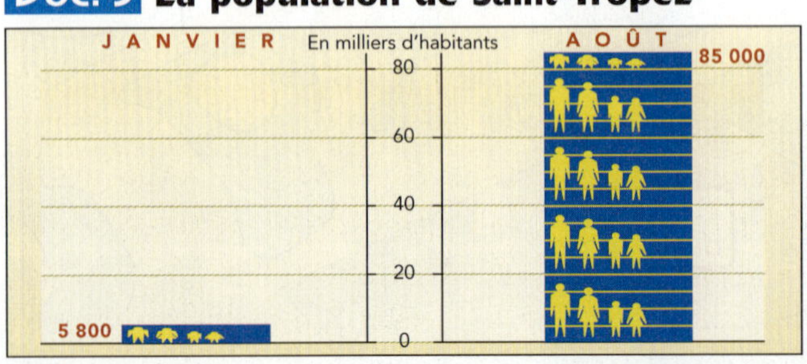

● Comment évolue la population entre janvier et août ?

Doc. 2 Le centre commercial de La Foux

a. En te reportant à la carte IGN (document 3 p. 233) indique où se situe La Foux par rapport à Saint-Tropez.

b. Repère les différents éléments du paysage.

c. Pourquoi trouve-t-on un centre commercial à cet endroit ?

Doc. 4 **Le port de Saint-Tropez en été**

Vocabulaire

Le tourisme : les activités liées à l'accueil et aux loisirs des vacanciers.

Le tourisme de masse : le tourisme destiné au plus grand nombre.

Une station balnéaire : une ville touristique du bord de mer.

Une marina : un ensemble touristique aménagé au bord de la mer dont les logements sont directement reliés à un port de plaisance.

a. Observe les maisons sur le port. Sont-elles anciennes ou récentes ?

b. Quel genre de bateaux se trouvent dans le port ?

B. Un environnement menacé

Doc. 5 **Protéger le littoral méditerranéen**

Ses eaux et ses plages sont attirantes, mais la Méditerranée est une mer blessée. Trop d'industries ont été installées sur ses côtes. Trop de pétroliers la sillonnent. Déjà très peuplés, ses rivages doivent accueillir l'été des foules de touristes. Une telle pression économique et démographique menace un monde exceptionnel par la diversité de sa faune et de sa flore.

D'après *Géo* n° 174, août 1993.

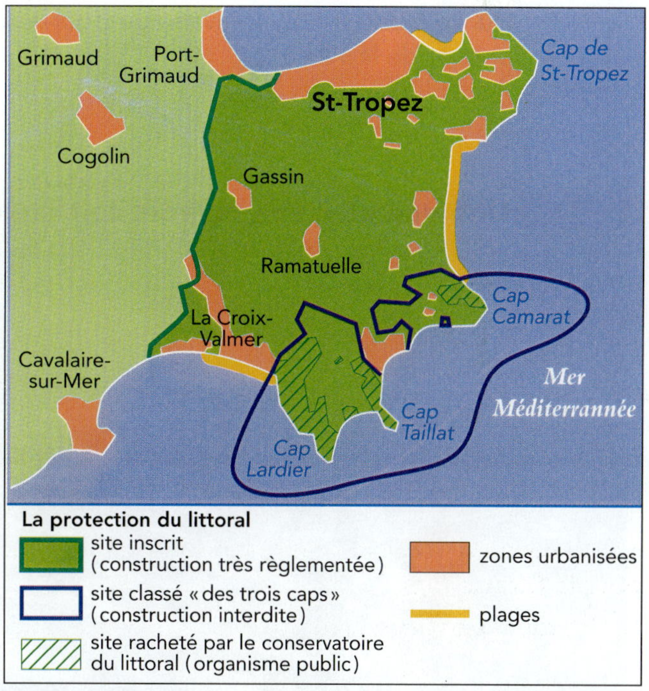

a. Quels sont les risques que le tourisme fait peser sur l'environnement ?

b. Par quelles mesures essaie-t-on de protéger le littoral ?

c. Quelles zones sont les plus protégées ? Pourquoi ?

je fais le point

Saint-Tropez est situé au cœur de la Côte d'Azur. Modeste village de pêcheurs, il est rendu célèbre dans les années 1960 par le cinéma. Très vite, l'activité touristique modifie profondément le littoral avec la création de stations balnéaires* récentes comme Port-Grimaud. Pour accueillir des touristes de plus en plus nombreux, on a construit de nombreux logements individuels ou collectifs, des marinas*, des campings, des centres commerciaux et des ports de plaisance.

Le tourisme de masse est une menace pour l'environnement. Les paysages naturels sont touchés par l'urbanisation. L'augmentation très forte de la population pendant l'été épuise les ressources naturelles et aggrave la pollution. La protection du littoral et de la mer est insuffisante.

5a ·Dunkerque, un littoral industriel

Le port de Dunkerque est le 3e port de commerce de France.

Lecture de paysage

Une vue aérienne du port de Dunkerque

a. Où se situe Dunkerque par rapport au territoire français ?

b. Recherche sur la photographie les éléments qui sont liés à l'activité du port de Dunkerque.

c. En t'aidant du plan (document 4), précise quelle partie du port figure sur la photographie.

d. Observe le document 3. Pourquoi la situation de Dunkerque est-elle un avantage pour le développement du port et de la ville ?

Doc. 2 Quelques chiffres

3e port de France
(derrière Fos-sur-Mer et Le Havre)
5e port européen
Trafic annuel :
entre 35 et 40 millions de tonnes.
Le port représente environ **3 500 emplois ;** la zone industrielle représente environ **20 000 emplois.**

Doc. 1 Une vue aérienne du port de Dunkerque

Doc. 3 Au cœur d'une région européenne

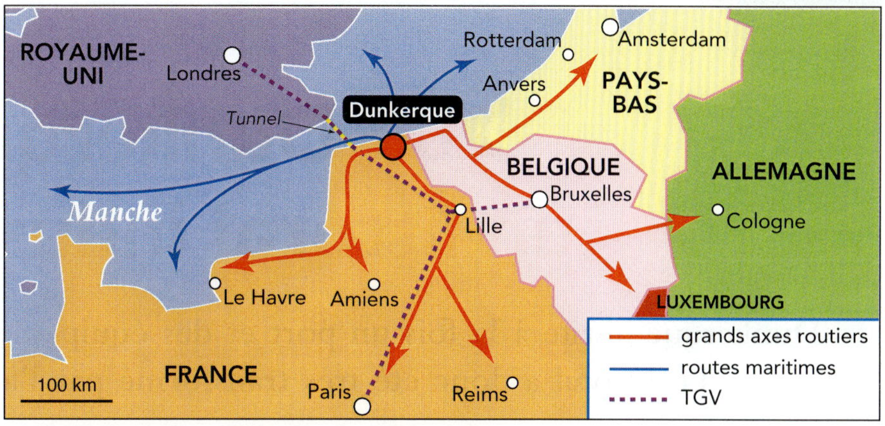

Doc. 4 Le port de Dunkerque

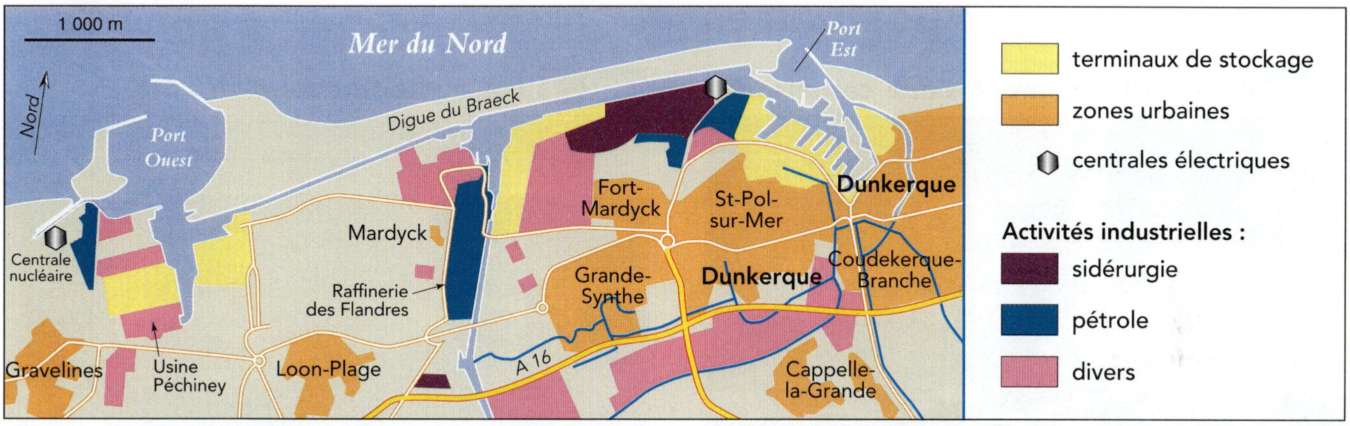

Le croquis d'exploitation

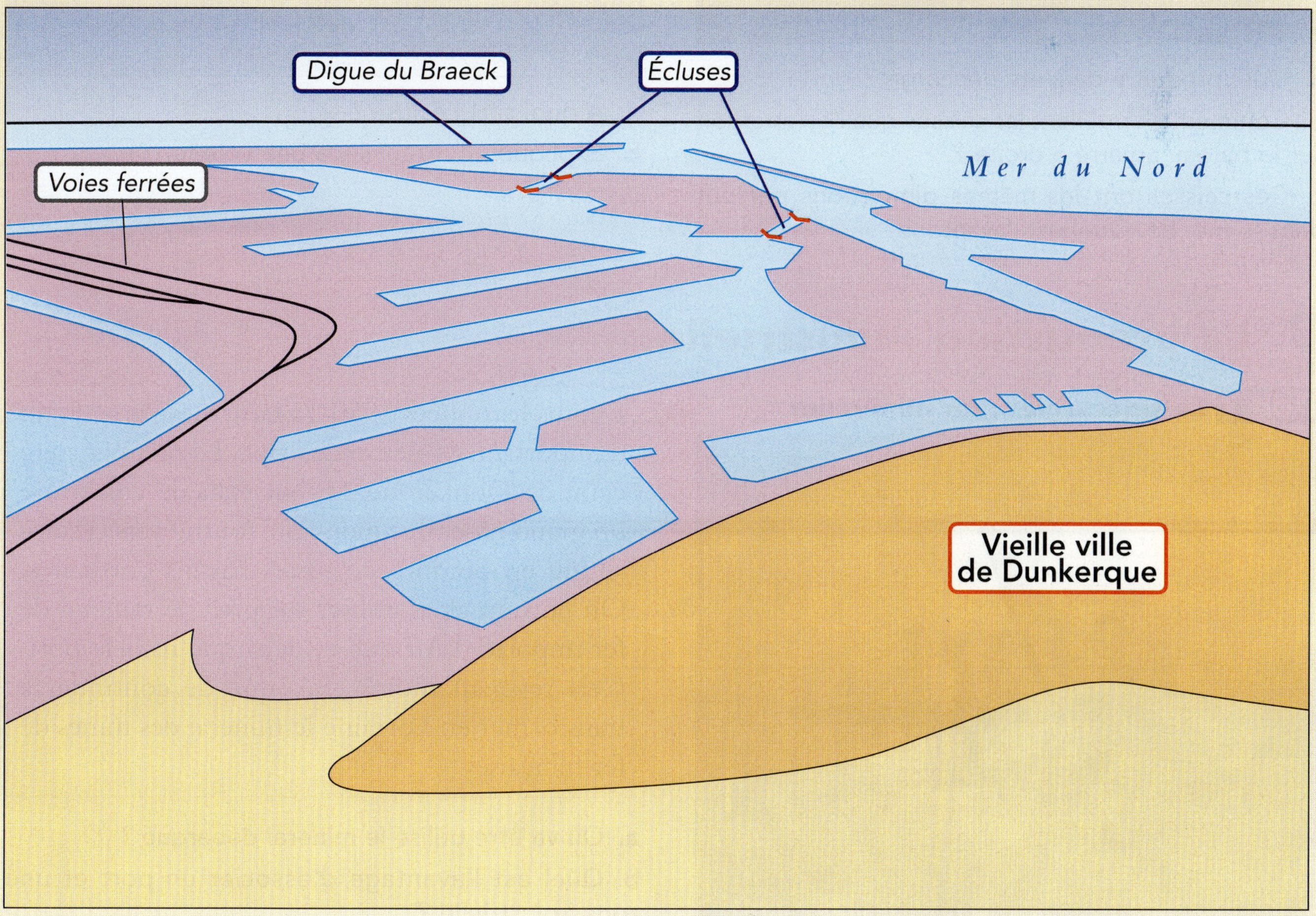

5b · Dunkerque, un littoral industriel

Dunkerque abrite à la fois un port et des équipements industriels modernes. Le littoral a donc été très transformé par l'action de l'homme.

A. Les échanges portuaires

Doc. 1 Le déchargement d'une cargaison

a. Quel produit a déjà été déchargé ?

b. Comment s'appellent les caisses que l'on aperçoit sur le bateau amarré à droite ?

c. Ces caisses ont les mêmes dimensions partout dans le monde. Quel est l'avantage?

Doc. 2 Les équipements d'un port

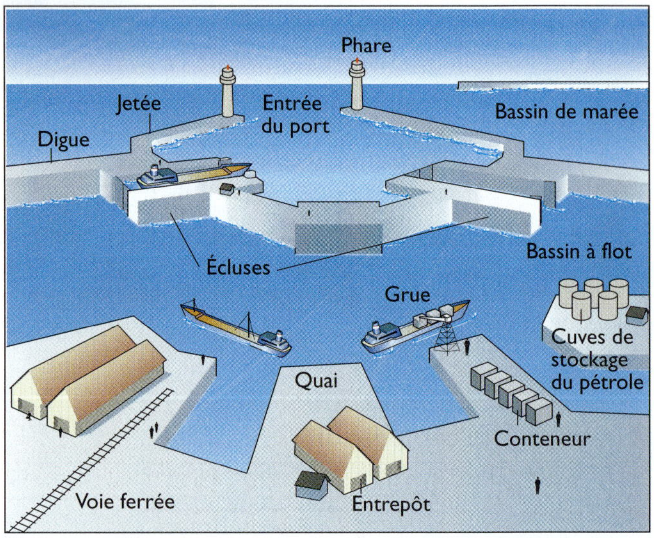

a. À quoi sert l'écluse ?

b. Explique pourquoi il y a une voie ferrée.

B. La production industrielle

Doc. 3 La sidérurgie* : un minéralier*

Depuis les années 1950, l'État français a soutenu d'importants projets industriels. Le premier a été celui de Dunkerque. Le but était de construire un grand ensemble industriel tourné vers la sidérurgie en bordure de vastes bassins portuaires. On pouvait alors utiliser sur place le minerai de fer importé d'Afrique et débarqué dans le port. Cela revenait moins cher que de continuer à transformer en Lorraine le minerai des mines de fer françaises.

a. Où va être utilisé le minerai débarqué ?

b. Quel est l'avantage d'associer un port et une zone industrielle ?

Doc. 4 **La raffinerie de pétrole des Flandres**

a. Situe cette raffinerie sur le plan du port de Dunkerque (document 4 p. 237).

b. Pourquoi les raffineries de pétrole sont-elles indispensables dans le monde d'aujourd'hui ?

Doc. 5 **Des équipements très modernes**

En 1980 était mis en marche le premier réacteur de la centrale nucléaire de Gravelines, près de Dunkerque. Aujourd'hui, six unités alignées sur 60 hectares y produisent 35 milliards de KwH, c'est-à-dire presque 10 % de l'électricité française. De plus, une éolienne[1] géante de 1500 Kw a été mise en service en 1996. Grâce à cette électricité, dont elle est une grosse consommatrice, et à partir de l'alumine importée par le port, l'usine Péchiney s'est installée à Dunkerque depuis 1992 et produit de l'aluminium. Très automatisée et à la pointe du progrès technique, elle représente le plus lourd investissement industriel réalisé en France depuis le début de la crise économique.

1. Une éolienne fabrique de l'électricité à partir du vent.

D'après J.-J. Bavoux, *les Littoraux français*, A. Colin, 1997.

Vocabulaire

Un conteneur : une caisse métallique qui sert à transporter des marchandises.

La sidérurgie : l'industrie de transformation du minerai de fer en fonte, en fer et en acier.

Un minéralier : un bateau spécialisé dans le transport des minerais.

a. À Dunkerque, l'électricité est produite de deux manières : lesquelles ?

b. À partir de l'exemple de Péchiney, montre que l'activité industrielle est liée au port.

je fais le point

Le littoral de Dunkerque, dans le nord de la France, a été très transformé par l'homme. Le port de Dunkerque est le 3e port de commerce de France. Grâce à de larges bassins, il accueille de gros bateaux comme des pétroliers ou des minéraliers. Les grues permettent de charger et de décharger rapidement les cargaisons. Les conteneurs sont gardés dans d'immenses entrepôts.

Dunkerque est aussi une zone industrielle moderne. Les usines installées sur le port ou à proximité peuvent recevoir facilement des produits bruts et renvoyer les produits fabriqués, grâce à un dense réseau de transport. L'industrie du pétrole (raffineries) et de la sidérurgie sont très présentes à Dunkerque. Une usine électrique et une centrale nucléaire produisent l'énergie nécessaire.

Exercices

VÉRIFIER SES CONNAISSANCES

1 Je connais Paris et New York

a. Donne le nom de trois monuments de Paris.

b. Donne le nom de deux villes nouvelles dans la banlieue de Paris.

c. Comment s'appelle l'île qui forme le cœur de New York ? Donne le nom d'un des bâtiments à vocation mondiale qu'elle abrite.

d. Qui habite le quartier du Bronx ? Pourquoi ?

2 Je connais le littoral touristique méditerranéen

a. Quel est le nom de cet aménagement ?

b. Pourquoi est-il caractéristique d'un littoral touristique comme le littoral méditerranéen ?

c. Quels éléments associe-t-il ?

d. Cet espace a-t-il été conçu pour être habité toute l'année ?

3 Je connais les différences entre une métropole d'un pays riche et une métropole d'un pays pauvre

a. Observe la photo : a-t-elle été prise dans une métropole d'un pays riche ou d'un pays pauvre ?

b. Comment s'appelle ce type d'habitat ?

c. Pour chacune des phrases suivantes, indique si elle s'applique uniquement aux métropoles d'un pays riche, uniquement aux métropoles d'un pays pauvre ou à toutes les métropoles.

Exemple :
Beaucoup d'habitants, en particulier les enfants, exercent des petits métiers dans la rue : cela concerne uniquement les métropoles des pays pauvres.

1. La croissance de la population est forte ou très forte.
2. La ville attire des paysans victimes de l'exode rural.
3. Le réseau de transport est de bonne qualité, adapté à la taille de la ville.
4. La pollution de l'air est un problème.
5. Les riches et les pauvres habitent des quartiers différents.
6. Les personnes qui viennent d'arriver construisent leurs maisons sans autorisation, avec des matériaux trouvés dans la rue.
7. Tous les habitants ont accès à l'eau courante et à l'électricité.

ALLER PLUS LOIN

4 J'étudie un autre littoral touristique méditerranéen

Benidorm, en Espagne

a. Cherche dans un atlas où se situe Benidorm.

b. Décris la photo en partant de la mer et en allant vers l'arrière-pays. Repère les éléments naturels et les éléments liés à l'action de l'homme.

c. Quels sont les avantages et les inconvénients de ces grandes constructions ?

d. Compare avec le paysage de Saint-Tropez (document 1 p. 232). En te reportant au document 5 p. 235, indique par quelles mesures on a protégé le littoral.

5 J'étudie les méthodes du géographe : utiliser des statistiques

Les prévisions démographiques se révèlent parfois fausses. L'un des exemples les plus frappants est celui de Mexico. Pendant les années 1980, les démographes avaient tiré la sonnette d'alarme : selon eux, la ville devrait compter entre 22 et 30 millions d'habitants vers l'an 2000. Or Mexico ne compte aujourd'hui « que » 17 millions d'habitants. Que s'est-il passé ?

Les démographes avaient d'abord surévalué la population de Mexico lors du recensement de 1980. Ensuite, ils avaient sous-évalué la baisse du taux de fécondité au Mexique. D'autres facteurs ont aussi dissuadé les Mexicains de s'installer dans la capitale : le tremblement de terre (plus de 30 000 morts en septembre 1985) et l'aggravation de la pollution. Des milliers d'entreprises ont été encouragées, grâce à des subventions, à quitter Mexico pour s'installer dans des villes moyennes. Les emplois ont suivi.

Résultat : dans les années 1980, Mexico grossissait au rythme moyen de 1 500 nouveaux habitants par jour mais à partir de 1992, elle a perdu davantage de personnes qu'elle n'en a accueilli. Cette année-là, 661 000 habitants ont quitté la capitale et moins de 171 000 s'y sont installés.

D'après *le Courrier de l'Unesco*, juin 1999.

a. Quelles sont les raisons qui ont fait baisser la population de Mexico ?

b. Classe ces raisons en distinguant celles qui sont liées à l'évolution générale du Mexique et celles qui sont propres à la ville de Mexico.

c. À ton avis, est-il facile ou difficile de compter les habitants d'une grande ville ?

d. L'opération par laquelle on compte la population s'appelle le recensement. Cherche la date du dernier recensement en France.

e. En conclusion, explique pourquoi il faut être prudent quand on utilise des statistiques.

S'EXERCER À RÉDIGER

6 Dans ce chapitre tu as étudié trois métropoles : Paris, New York et Lagos. Dans laquelle aimerais-tu vivre ? Explique pourquoi en une dizaine de lignes.

Enquête

Les enfants chiffonniers du Caire

Sur un flanc de colline, des maisons en tôle ou en briques émergent au milieu des déchets d'une immense décharge. C'est là que vivent et travaillent les Zabaleen – les chiffonniers –, toute la famille, enfants surtout, participant à ce qui est une véritable activité économique.

Des parents paysans sans terre

Les enfants chiffonniers ont presque tous la même origine. Leurs parents sont des coptes, des chrétiens égyptiens. Paysans sans terre, ils sont venus de Haute-Égypte, attirés par la ville, emmenant avec eux deux ou trois animaux. Au début, ils se sont installés à proximité des quartiers résidentiels afin d'en récupérer les déchets pour nourrir leurs bêtes. Puis, ils ont proposé d'évacuer les ordures de ces quartiers, ordures qu'ils ne se contentent pas d'enlever et d'entasser.

Le rôle essentiel des enfants

Chaque nuit, les enfants des Zabaleen quittent El Moqatam sur des charrettes bringuebalantes. Les tournées de ramassage commencent. Ils en feront deux ou trois jusqu'au début de la matinée. À la maison, parents, frères et sœurs attendent pour trier les déchets : papier, plastiques, ferraille, restes alimentaires. Ce tri achevé, les enfants emportent la « récolte » vers les usines de recyclage.

Une véritable activité économique

On estime que les enfants chiffonniers enlèvent, transportent et vendent 200 tonnes d'ordures ménagères chaque jour. Une activité qui rapporte 350 livres égyptiennes par mois à leurs familles, soit 50 livres de plus que le salaire minimum d'un ouvrier.

Et l'école ?

Faut-il empêcher les enfants chiffonniers de travailler pour qu'ils puissent aller à l'école ? Les associations qui s'occupent d'eux pensent que ce n'est pas possible pour le moment car ce travail les fait vivre eux et leurs familles. S'ils tombaient dans une misère plus grande, il leur serait encore moins possible de fréquenter l'école. C'est pourquoi, pour l'instant, leur éducation se fait dans le cadre de l'activité de recyclage. Lorsqu'ils arrivent à l'usine, on demande aux enfants de déchiffrer des consignes ou de compter leurs sacs de déchets. De fil en aiguille, poussés par la nécessité de comprendre, ils apprennent à lire et à calculer. Mais on est loin du droit à l'éducation tel qu'il est défini par la Convention internationale des droits de l'enfant…

Le travail des enfants dans le monde

250 millions d'enfants âgés de 5 à 14 ans travaillent dans les pays pauvres, soit 1 enfant sur 4. Le travail des enfants existe aussi dans de nombreux pays riches et commence à apparaître dans les pays intermédiaires d'Europe de l'Est et d'Asie.

Les paysages urbains

L'essentiel de la population mondiale se trouve dans les grandes métropoles et sur certains littoraux. Les grandes villes sont devenues des lieux privilégiés de rencontre entre richesses, pouvoir, et culture. Beaucoup sont des capitales politiques, mais certaines comme New York ou Shanghai ne le sont pas. Les vieilles cités européennes gardent un centre historique ancien avec de nombreux monuments. Le paysage de gratte-ciel des villes d'Amérique du Nord offre une autre image de la grande ville. Les quartiers anciens en sont absents, mais on commence à préserver certains immeubles centenaires.

Dans un paysage urbain plus désordonné, les métropoles d'Asie et d'Afrique, en pleine explosion urbaine, s'entourent d'immenses banlieues. En Europe ou aux États-Unis, des urbanistes ont organisé l'expansion des villes ; en Asie ou en Afrique ils sont dépassés par l'ampleur de la croissance et le manque de moyens. Pourtant, les problèmes sont les mêmes : difficultés de circulation, pollution industrielle et automobile, crise du logement qui, associée à la pauvreté, est responsable des bidonvilles dans les villes du Sud, aménagement de réseaux d'eau potable et retraitement des déchets.

Les littoraux très peuplés rencontrent les mêmes problèmes écologiques. De grandes villes portuaires se sont développées dans cet espace favorable aux échanges. De nombreuses industries s'y sont installées, transformant sur place le minerai ou le pétrole importés. On a ainsi implanté sur le rivage des activités souvent polluantes. Or, ce lieu de contact entre mer et terre est toujours fragile : la faune et la végétation marine sont vite contaminées. De plus, le littoral est convoité par d'autres activités.

Le tourisme, par exemple, qui vers 1900 ne touchait que quelques privilégiés, est devenu un phénomène de masse. Des millions d'habitants des pays riches se ruent chaque année vers les plages ensoleillées des pays du Sud. Dans les pays du Nord, de petits ports de pêche se transforment pour quelques mois en stations balnéaires de dizaines de milliers de résidents. Là aussi il faut gérer les problèmes d'une grande ville, dans des sites naturels vite défigurés. C'est pourquoi certains gouvernements prennent des mesures de protection du littoral. Le défi, sur les côtes comme dans les métropoles, est aujourd'hui d'aménager l'occupation massive d'un espace restreint en préservant son environnement. En aidant à comprendre les paysages urbains et littoraux, la géographie apportera peut-être des réponses.

CHAPITRE 16

LES PAYSAGES

Un paysage rural en Toscane (Italie)

RURAUX

1a · Sur les bords du Mékong, une région rizicole d'Asie

Comment l'homme a-t-il aménagé les régions rizicoles* en Asie ?

Lecture de paysage

Une rizière* en Chine sur les bords du Mékong

a. Dans quelle zone climatique se trouve le paysage du document 1 ? Regarde le document 4.

b. Décris le paysage : le relief, la végétation.

c. Comment se présente la rizière ?

d. La rizière est-elle un paysage naturel ou un paysage créé par l'homme ? À quoi le vois-tu ?

e. Où sont les habitations ? Pourquoi ?

Doc. 2 Le Mékong, fleuve d'Asie

Longueur : 4 200 km.
C'est le plus long fleuve d'Asie du Sud-Est.
Source : sur le plateau du Tibet, à environ 5 000 m d'altitude. Elle a été découverte en 1995.
Embouchure : mer de Chine.

Doc. 1 Une rizière en Chine sur les bords du Mékong (région du Yunnan)

Doc. 3 L'Asie du Sud-Est

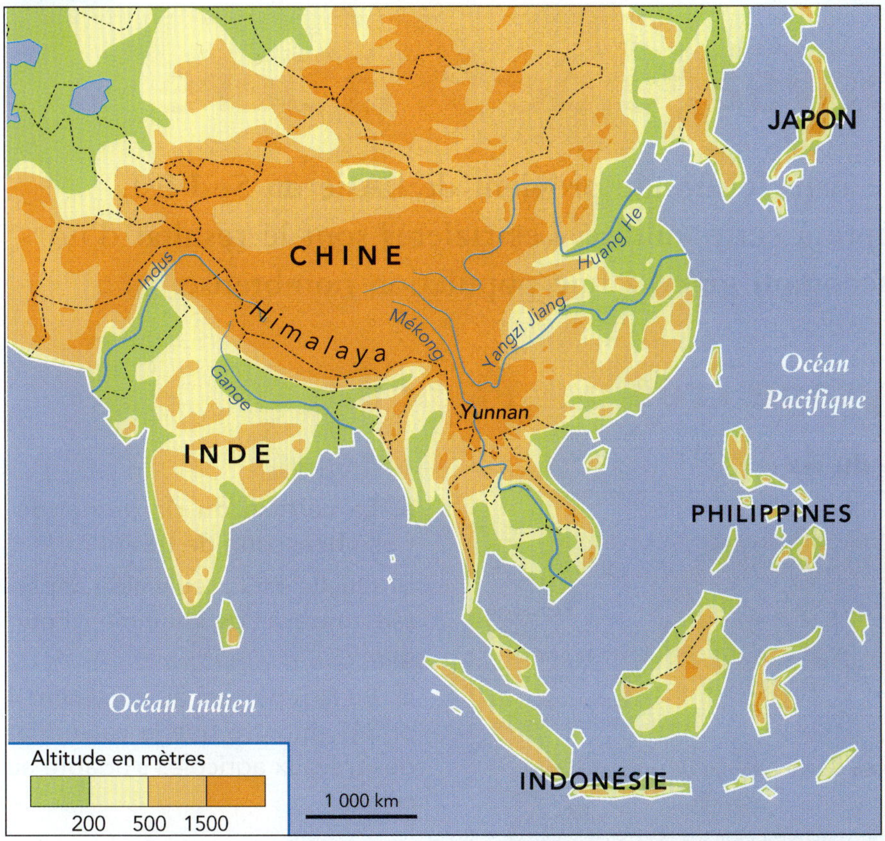

Vocabulaire

Rizicole : qui concerne la culture du riz.

Une rizière : un terrain sur lequel on cultive le riz.

Doc. 4 Un climat favorable

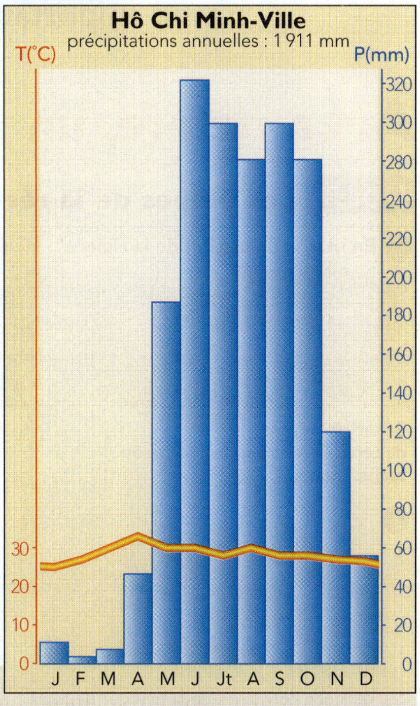

■ Le croquis d'interprétation

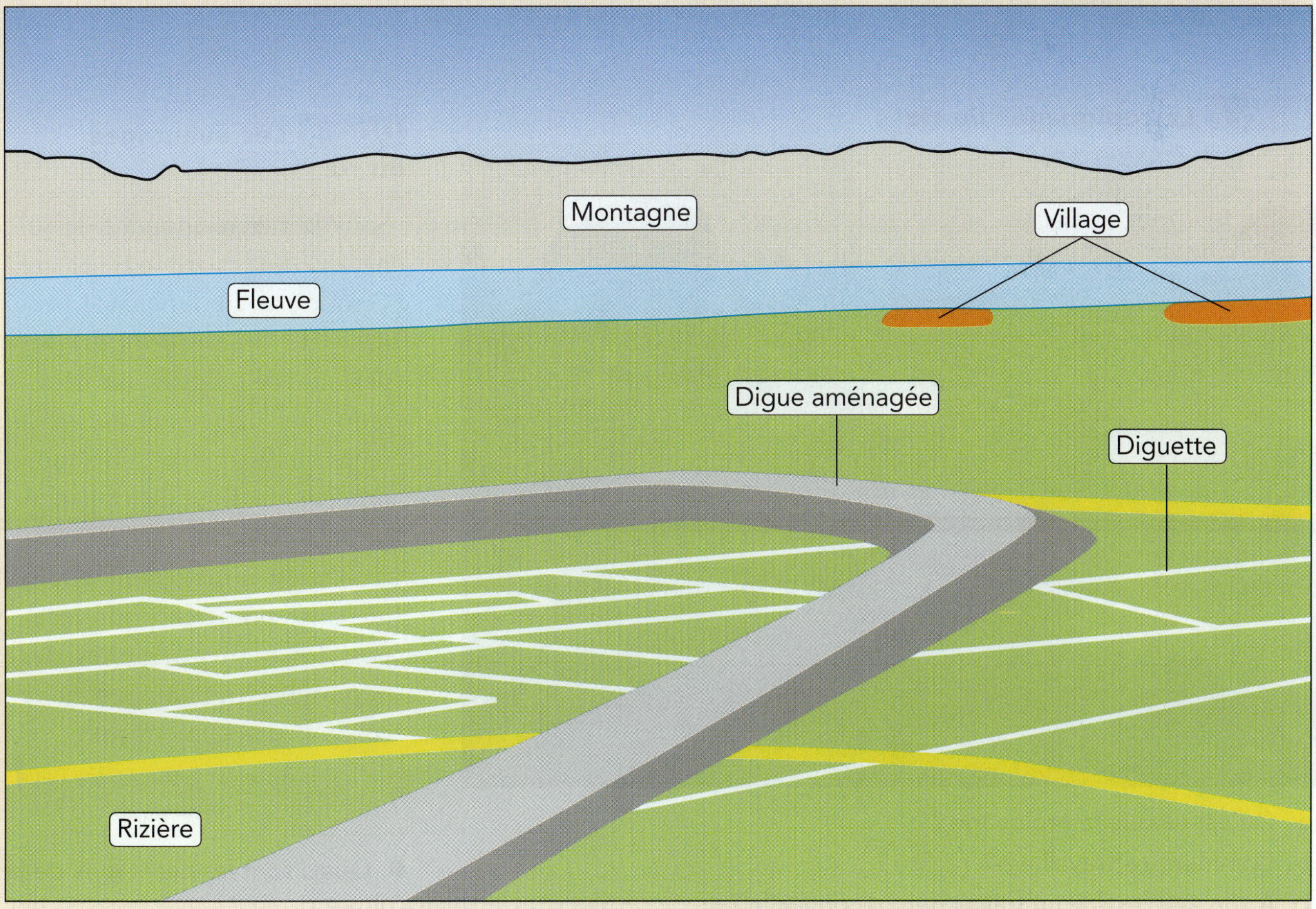

1b · Le paysage de la rizière

90 % du riz consommé dans le monde provient de l'Asie du Sud-Est, dont le climat est bien adapté à cette culture. Les rizières sont le résultat d'un travail important, accompli grâce à une population nombreuse.

A. La rizière, un paysage créé par l'homme

Doc. 1 Les étapes de la récolte du riz

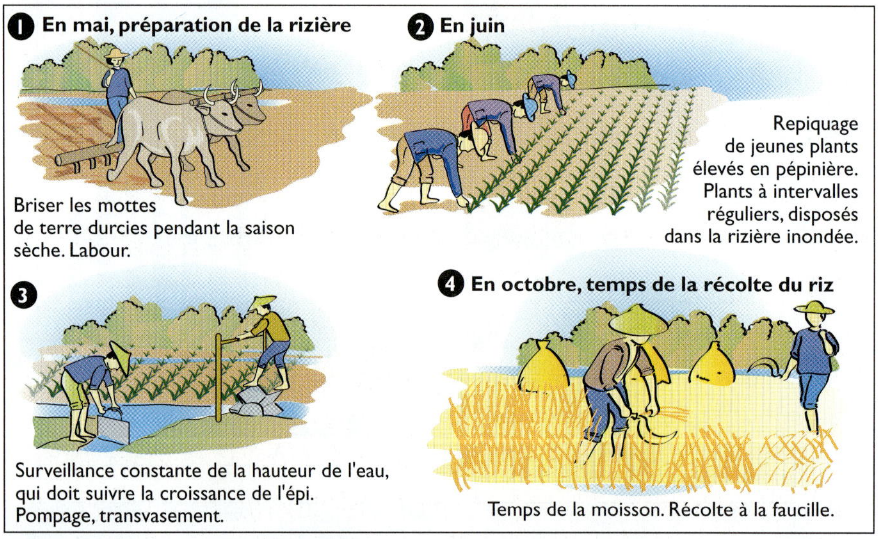

a. La culture du riz demande-t-elle beaucoup de travail ?

b. Quelle est la seule aide apportée au travail de l'homme ? Pourquoi ?

c. En te reportant au document 4 p. 247, montre que le calendrier des travaux agricoles s'adapte au climat.

Doc. 2 Le repiquage* du riz

a. Qu'est-ce que le repiquage ?

b. Comment ce travail est-il réalisé ?

c. À ton avis, est-ce un travail pénible ou facile ?

Doc. 3 Les avantages du riz

Sous la rizière inondée, le sol ne se détériore pas et ne s'érode pas. Le repiquage permet de « télescoper » les périodes de culture : une génération de riz grandit en pépinière tandis que la génération précédente finit de mûrir. À peine le riz de la première récolte est-il moissonné que la terre est préparée pour recevoir les plants arrachés des pépinières, qui donneront le riz de la deuxième récolte.

D'après P. GOUROU, *les Pays tropicaux*, PUF, 1966.

● Quels sont les avantages de la culture du riz ?

B. La rizière, un paysage créé pour les hommes

Doc. 4 Les régions rizicoles en Asie

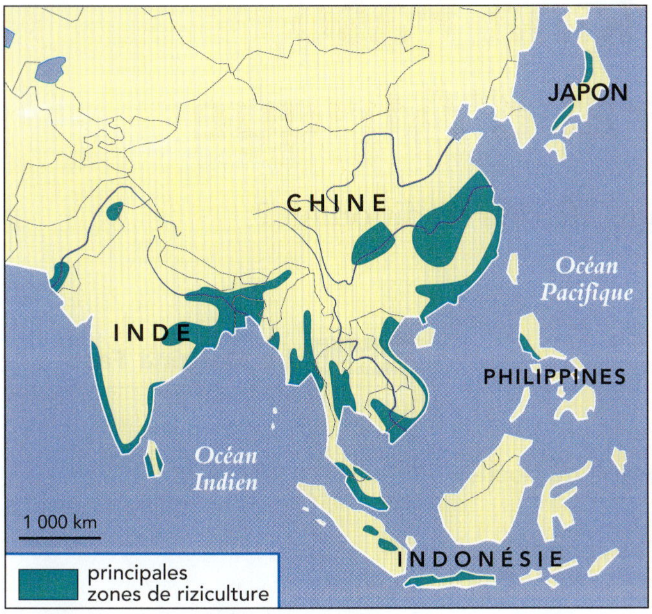

Doc. 5 Les densités de population en Asie

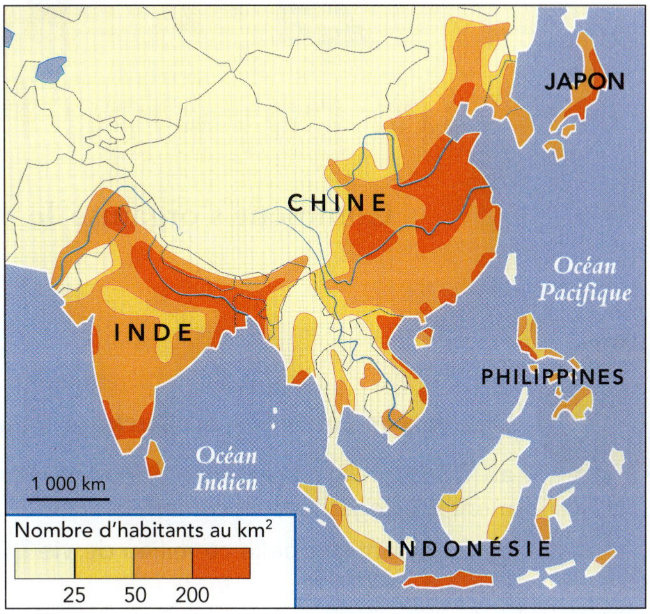

a. Compare la répartition des régions de forte densité et les régions rizicoles. Que constates-tu ?

b. Y a-t-il des exceptions ? Localise-les et essaie de les expliquer.

Doc. 6 La recherche au service de la riziculture

a. Quel est le travail de Gurdev Khush ?

b. Quels résultats a-t-il déjà obtenus ?

c. Que cherche-t-il actuellement ?

L'Asie a connu de très graves pénuries alimentaires dans les années 1960. Il était urgent d'accroître la production agricole. On l'a fait en mettant au point à l'Institut international de recherche sur le riz (IRRI) des variétés de riz à haut rendement, qui parviennent à maturité en 110 jours au lieu de 180 pour les variétés traditionnelles. Ce changement, qu'on a appelé la révolution verte, a contribué à doubler la production de riz en Asie de 1967 à 1992 et à éviter la famine. Dans certains pays comme l'Indonésie, la récolte de riz a triplé.

Le prochain objectif de l'IRRI, c'est une « révolution encore plus verte » : produire davantage de riz avec moins de terre, moins d'eau, sans insecticides ni désherbant chimiques. Nous avons conçu pour cela un « super riz », actuellement en phase d'expérimentation.

Interview de Gurdev Khush, directeur de l'IRRI, *le Courrier de l'Unesco*, juin 1999.

Vocabulaire

Le repiquage : l'opération qui consiste à replanter des plants de riz dans un champ.

je fais le point

La rizière est un paysage créé par l'homme. Dans une plaine, on divise le sol en casiers réguliers, séparés par des diguettes. Des canaux permettent l'irrigation, car le riz exige une alimentation constante en eau. Le calendrier agricole s'adapte au climat, chaud et humide. La rizière est un paysage typique de l'Asie du Sud-Est.

La culture du riz demande beaucoup de travail. La plupart des travaux, comme le repiquage, sont réalisés à la main. En effet, les machines modernes ne sont pas adaptées à la rizière et la main-d'œuvre est abondante. Selon les régions, on peut obtenir deux récoltes par an, ce qui permet de nourrir des populations nombreuses.

2a · Au Burkina Faso, un paysage rural d'Afrique

Comment s'organise le village africain traditionnel ?

Lecture de paysage

Des terres cultivées au Burkina Faso

a. Dans quelle zone climatique se situe le paysage du document 1 ? Regarde le document 5.

b. Comment s'appelle ce milieu de vie ? Quelles contraintes présente-t-il ?

c. Décris le paysage. Comment l'homme l'a-t-il transformé ?

d. Comment sont organisés les terrains cultivés ?

Doc. 2 **Le Burkina Faso**

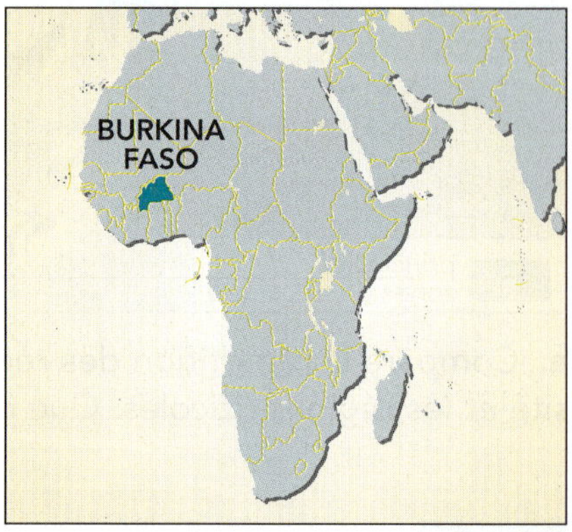

Doc. 1 **Des terres cultivées au Burkina Faso (région de Banfora)**

Doc. 3 Quelques données sur le Burkina Faso

Capitale : Ouagadougou (700 000 habitants).
Superficie : 274 000 km^2 (environ la moitié de la France).
Population : 11,4 millions d'habitants (58 millions en France).
Espérance de vie : 47 ans pour les femmes (83 ans en France)
Indice de développement humain : 0,225 (0,935 en France).
L'agriculture occupe 75 % de la population active et produit 39 % de la richesse nationale.
Principales productions : sorgho, millet (6e producteur mondial), canne à sucre, maïs, coton, arachides, riz.
Élevage : chèvres, moutons, bovins.

Vocabulaire

Un brûlis : un terrain qui a été brûlé avant d'être cultivé, pour augmenter la fertilité du sol.

Doc. 4 Le calendrier agricole

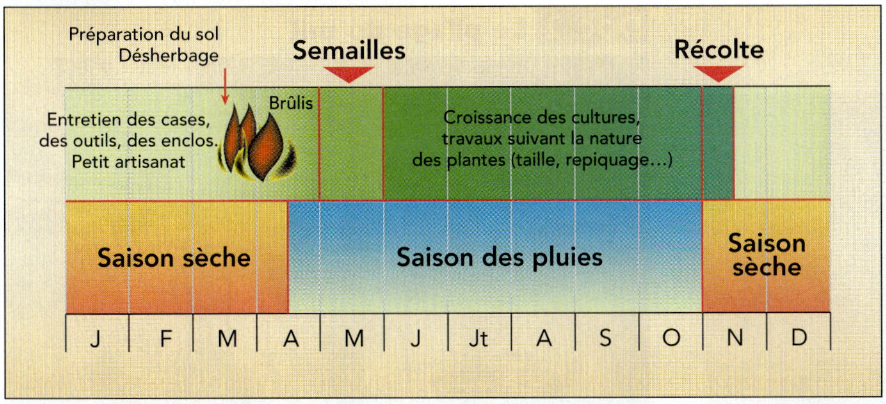

Doc. 5 Le climat tropical

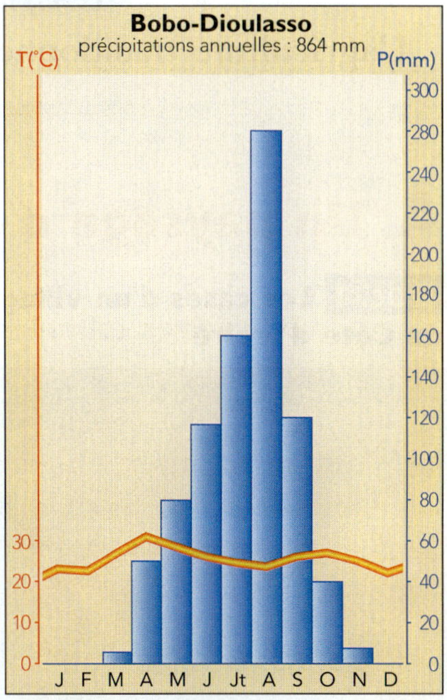

Le croquis d'interprétation

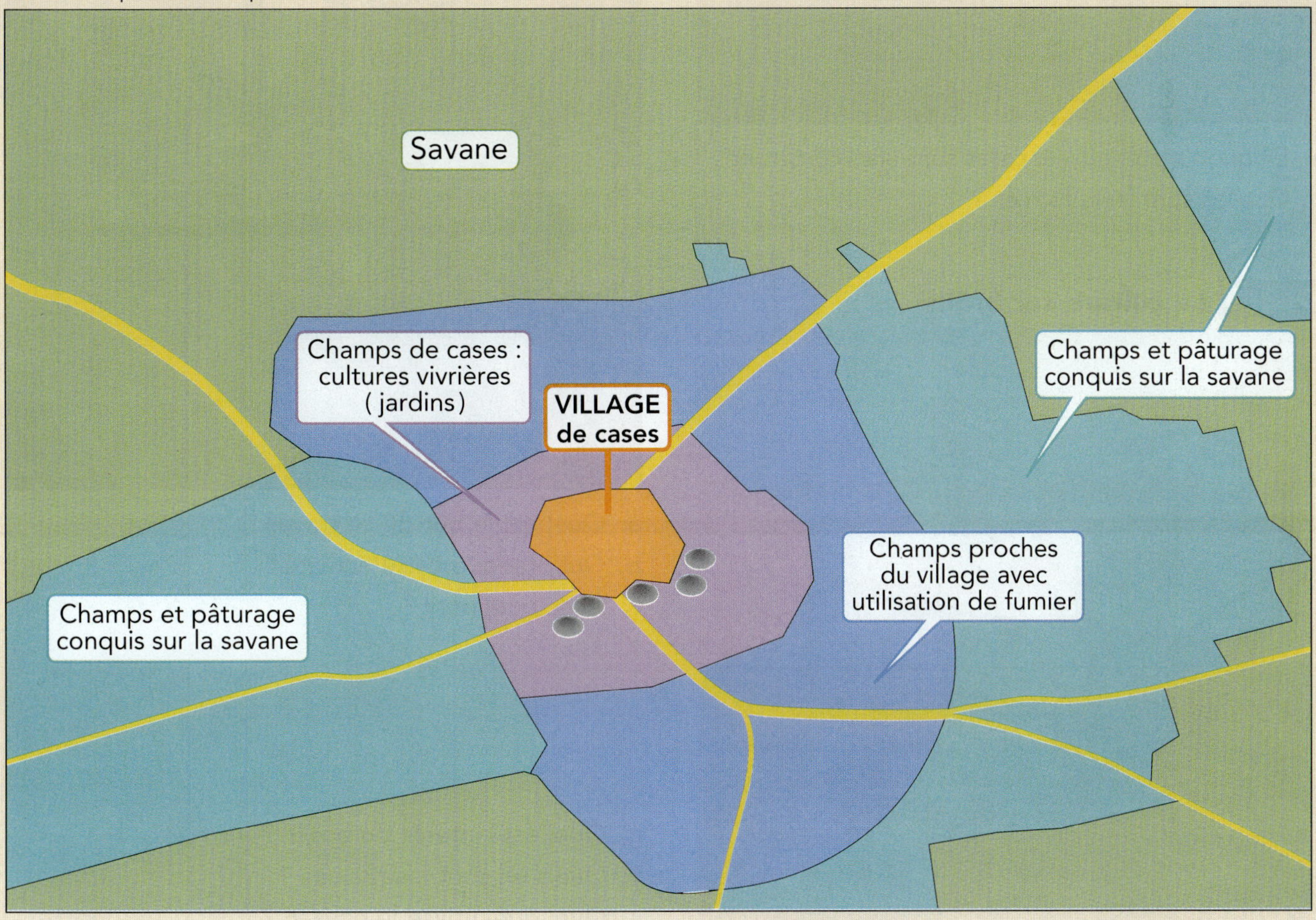

2b · Paysages ruraux d'Afrique

L'Afrique est encore un continent très rural.
L'agriculture traditionnelle est toujours répandue, mais les techniques modernes sont de plus en plus utilisées.

A. Un paysage d'agriculture traditionnelle

Doc. 1 Les cases d'un village de Côte d'Ivoire

a. En quels matériaux les cases sont-elles construites ?
b. Quelles sont leurs formes ?

Doc. 2 Le pilage du mil

a. Quel est le but de ce travail ?
b. Qui pratique cette activité ?
c. Avec quel outil ?

Doc. 3 La culture sur brûlis

a. Quel est l'intérêt du brûlis ?
b. Quels en sont les risques ?
c. Quel outil utilise le paysan ?

B. La modernisation agricole transforme le paysage

Doc. 4 **Une culture commerciale* : le coton**

a. À quel usage est destiné le coton récolté ?

b. Comment se présente le nouveau paysage agricole ?

c. Comment peut-on l'adapter à la modernisation de l'agriculture ?

Vocabulaire

Une culture commerciale : une culture dont le produit est vendu.

Une culture vivrière : une culture dont le produit est consommé par la famille du paysan.

Doc. 5 **La leçon sur l'agriculture dans un manuel africain**

Depuis l'indépendance, la population de notre pays a beaucoup augmenté. Plus la population augmente, plus les besoins en vivres deviennent importants. Pour satisfaire ces besoins, nous cultivons des produits vivriers et des cultures d'exportation. C'est pour produire des récoltes en grande quantité que les agriculteurs s'organisent en groupements villageois et en coopératives agricoles. Ils peuvent ainsi se procurer des instruments modernes tels que le tracteur, le motoculteur, la batteuse... L'agriculture est devenue mécanisée, moins fatigante, mais plus coûteuse. Il faut acheter des outils, des engrais, des insecticides et donner un salaire aux ouvriers. Pour profiter de ces moyens, les agriculteurs peuvent emprunter de l'argent à des banques spécialisées. Des associations peuvent leur fournir des semences et les aider à vendre leurs récoltes.

Institut pédagogique du Burkina Faso et EDICEF, 1991.

a. Pourquoi est-il nécessaire d'augmenter la production agricole au Burkina Faso ?

b. Quels sont les avantages de l'agriculture moderne ? Que faut-il pour en profiter ?

je fais le point

Dans le village africain de la zone tropicale, les champs sont disposés en auréole autour des cases. Les champs de cases, les plus proches, sont cultivés de manière intensive, grâce aux engrais naturels. Les champs pris sur la savane, plus éloignés, connaissent des périodes de repos. Les cultures vivrières* (mil, millet, sorgho) dominent, pour nourrir une population en croissance. Des cultures commerciales (coton et arachide) se développent, mais entrent en concurrence avec les besoins des villageois.

L'agriculture traditionnelle se modernise lentement, grâce aux États et aux organisations privées. Mais les outils et les techniques traditionnels, comme la houe et la culture sur brûlis, sont encore répandus. Les rendements sont faibles et soumis aux caprices du climat. L'exode rural touche les villageois.

3a · Besse-en-Chandesse, un village d'Europe

Comment s'organise la vie d'un village* d'Europe ?

Lecture de paysage

Une vue aérienne de Besse

a. Décris le cadre naturel : le relief, la végétation.

b. Cette photo a été prise au début du mois de juillet et certains prés ont été fauchés. À quoi les reconnaît-on ?

c. Décris l'habitat. Tout le monde habite-t-il dans le village ?

d. Combien de routes convergent vers le village ?

Doc. 2 Besse, en Auvergne

Doc. 1 Une vue aérienne de Besse

Doc. 3 La carte IGN au 1/25 000 de Besse (1 cm = 250 m)

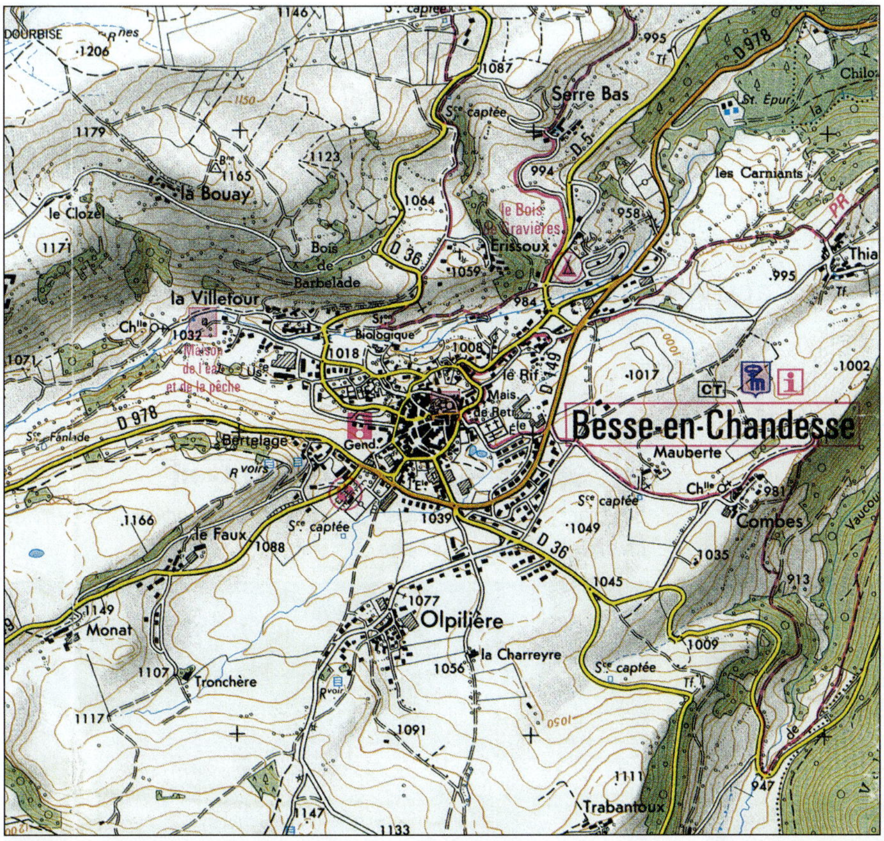

Vocabulaire

Un village : une petite agglomération rurale, comptant moins de 2 000 habitants.

Un lotissement : un grand terrain divisé en lots sur lequel on construit des maisons individuelles.

Doc. 4 Quelques données sur Besse

Département : Puy-de-Dôme
Région : Auvergne
Grande ville la plus proche : Clermont-Ferrand (à 50 km au nord-est)
Population (en 1999) : 1 676 habitants
Densité : 23 habitants / km^2.
La commune comprend le bourg de Besse et la station de sports d'hiver Super-Besse

Le croquis d'exploitation

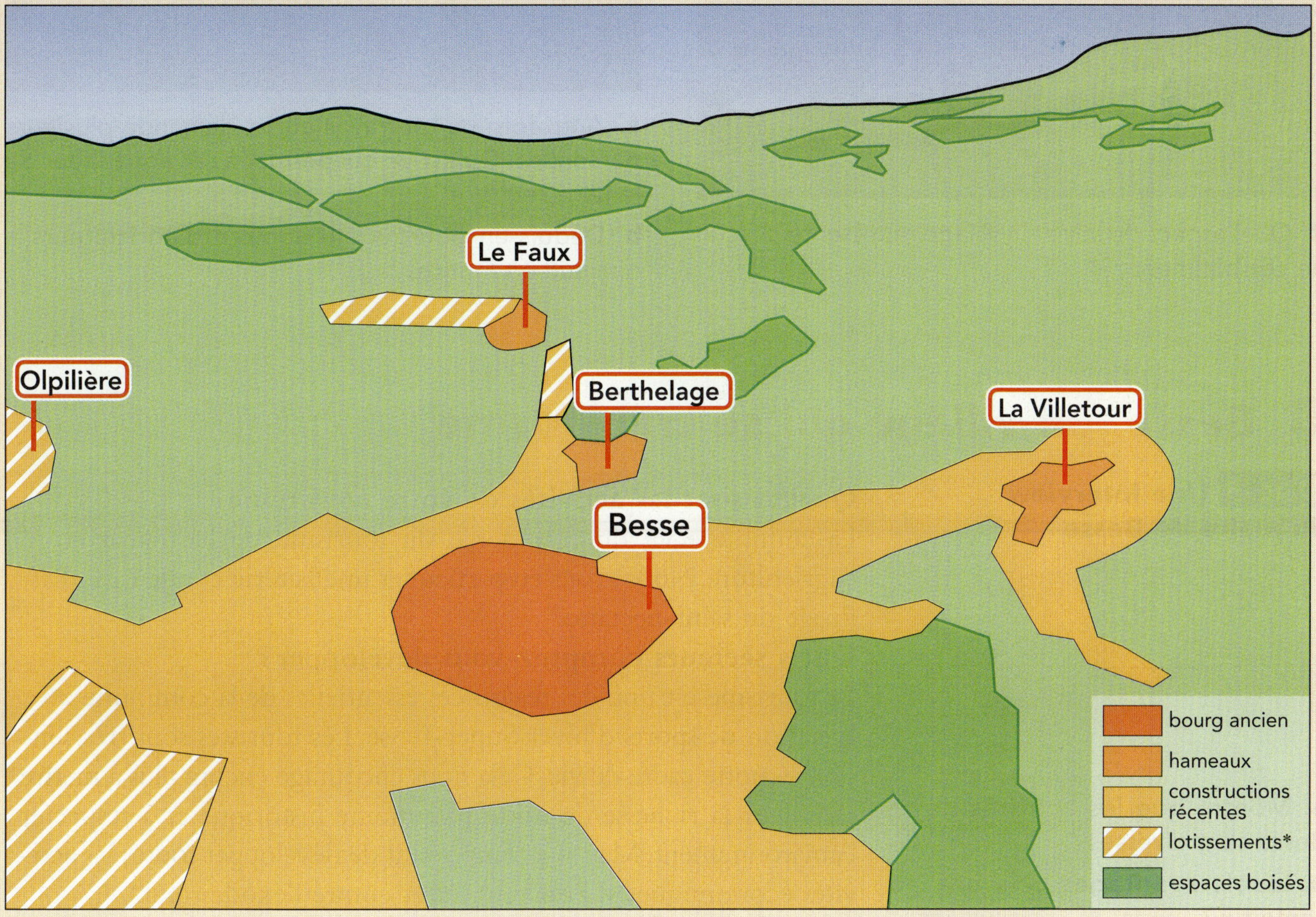

3b · Besse-en-Chandesse

La plupart des villages de France ont longtemps vécu de l'agriculture.
Aujourd'hui, ils sont menacés par l'exode rural.
Il faut trouver de nouvelles activités pour retenir ou attirer les gens.

A. Besse, un village traditionnel

Doc. 1 La mairie et l'église

● Quel aspect de la vie du village représente chacun de ces bâtiments ?

Doc. 2 Un agriculteur au travail

Le tracteur est équipé d'une pirouette pour retourner l'herbe et la faire sécher.

a. Autrefois, un tel travail aurait demandé plusieurs personnes. Qu'est-ce qui permet à cet agriculteur de le faire seul ?

b. Déduis-en pourquoi le nombre d'agriculteurs a diminué en France.

B. Besse, un village qui se transforme

Doc. 3 Une interview du maire de Besse

Quelles sont les activités de votre commune ?
La commune vit du commerce, du tourisme, de l'artisanat et de l'agriculture. Nous avons en particulier une laiterie et une cave d'affinage du saint-nectaire.
Quels secteurs comptez-vous développer ?
Le tourisme est une des ressources essentielles de la commune avec la station de sports d'hiver Super-Besse. Les touristes sont très sensibles à notre cadre de vie. Cela nous encourage encore plus à mettre en valeur la richesse de notre patrimoine historique et à respecter l'environnement. Mais il est important de développer toutes les activités économiques si l'on veut lutter contre l'exode rural.

a. Montre que les activités de Besse sont diverses.

b. Quels avantages cela présente-t-il ?

Doc. 4 Le souci de l'environnement : un « point propre »

Plusieurs communes se sont groupées pour organiser le tri sélectif des déchets.

a. Quels déchets doit-on mettre dans chaque conteneur ?

b. Observe la taille des conteneurs et l'endroit où ils sont placés. À ton avis, ce point propre est-il destiné à quelques maisons ou à un grand secteur de la commune ?

Doc. 5 Super-Besse

Sur le versant sud du Massif du Sancy, bien ensoleillé, Super-Besse a le dynamisme des grandes stations : 1 télécabine, 4 télésièges, 16 téléskis desservent 85 km de pistes. Enneigement artificiel : 70 canons. L'École de ski est réputée pour apprendre et se perfectionner à tous les niveaux et à tous les âges. Même si vous n'êtes pas skieur, vous franchirez les portes de la nature. Décor volcanique, lac de cratère, ferme de montagne sont accessibles aux promeneurs en raquette et lors de balades à pied.

Extrait de la brochure de l'Office du tourisme de Besse.

- Montre que la station de Super-Besse essaie d'attirer des publics très différents.

Doc. 6 Un lotissement à la sortie du village

a. Pourquoi le lotissement est-il installé à la sortie du village ?

b. À quel genre de population est-il destiné ?

je fais le point

Le village est au centre de la vie à la campagne. On y trouve la mairie, l'église et la plupart des commerces. Mais beaucoup de villages de France connaissent l'exode rural car le nombre des agriculteurs diminue avec la modernisation de l'agriculture. **Les villages doivent trouver de nouvelles activités.** Les zones artisanales permettent d'accueillir de petites entreprises. À Besse, le tourisme représente une source importante de revenus avec la station de sports d'hiver Super-Besse. Comme les villages ont souvent peu de moyens, ils s'unissent pour des projets communs. Le respect de l'environnement et du patrimoine sont importants pour attirer des touristes et de nouveaux habitants.

4a · Une exploitation agricole en Amérique du Nord

Dans les grands espaces américains, les champs s'étendent à perte de vue.

Lecture de paysage

Une vue aérienne d'un champ dans le Colorado

a. Situe ce paysage sur la carte des États-Unis (document 4).

b. Qu'est-ce qui donne cette impression d'immensité ?

c. Reporte-toi aux documents 2 et 3 puis explique pourquoi.

d Reporte-toi au document 5 puis explique pourquoi il y a plusieurs moissonneuses au travail.

Doc. 2 le quadrillage des champs

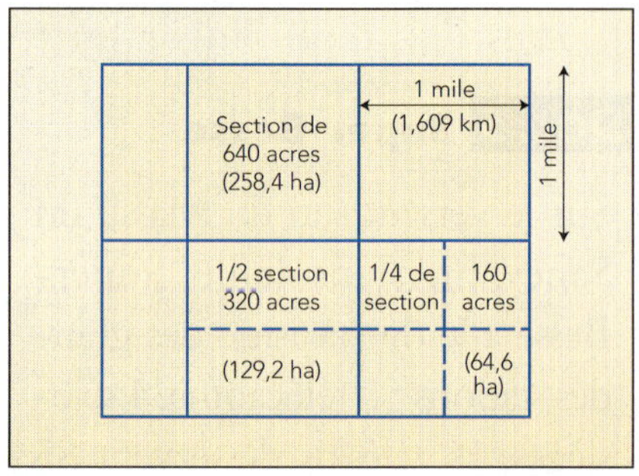

Doc. 1 Une vue aérienne d'un champ dans le Colorado

Doc. 3 Les Grandes Plaines américaines, un paysage lié à l'histoire

On est frappé par la monotonie des paysages : les champs plats, parfaitement géométriques, les routes et les voies ferrées rectilignes, l'habitat dispersé, l'immensité des cultures de céréales ponctuées çà et là par de grands silos à grains aux couleurs criardes.

Le peuplement des Grandes Plaines des États-Unis est lié à la conquête. Il s'est fait au XIXe siècle, d'est en ouest, derrière le rouleau compresseur de l'armée, qui expulsait les Indiens vers les hautes plaines.

Puis l'État découpait les terres en un quadrillage géométrique. Comme grandes limites, on choisissait des méridiens et des parallèles ou des fleuves et des rivières. On créait ainsi de grandes exploitations agricoles* de 64 hectares.

D'après C. Moindrot, « Les systèmes agraires », in *l'Encyclopédie de géographie*, Economica, 1992.

Vocabulaire

Une exploitation agricole : l'ensemble des terres cultivées par un agriculteur et des bâtiments qu'il utilise.

Doc. 4 Les États-Unis

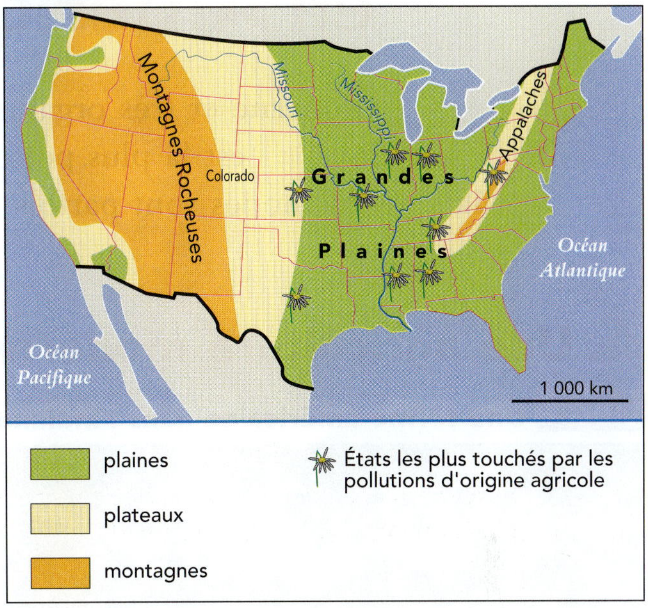

Doc. 5 La moisson à l'américaine

Des entrepreneurs parcourent les Grandes Plaines à la tête d'une armée de moissonneuses-batteuses. Le *farmer* fait appel à l'un d'entre eux qui part aussitôt en avion pour reconnaître les zones où le blé est mûr.

Pour tirer le meilleur prix de la récolte, il ne faut moissonner ni trop tôt ni trop tard, et le grain ne garde sa qualité optimale que quelques heures. C'est pourquoi il y a plusieurs moissonneuses sur le champ. Ainsi, malgré l'immensité du champ, la moisson est coupée et mise en sacs en un clin d'œil.

D'après R. Lebeau, *les Grands Types de structures agraires dans le monde*, Masson, 1995.

Doc. 6 Les records de l'agriculture américaine

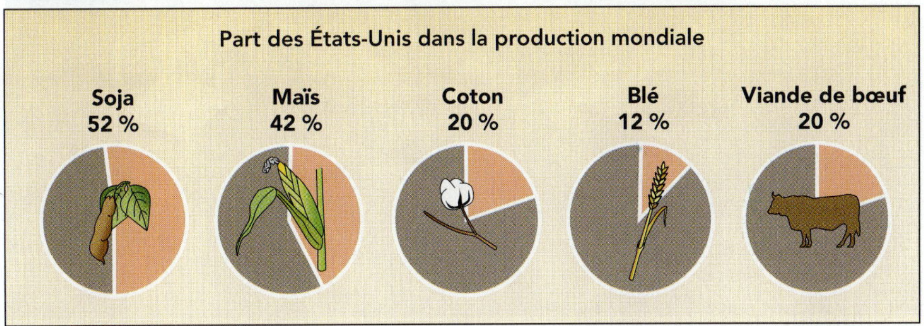

Doc. 7 La récolte des céréales dans le Montana

4b · Une exploitation agricole en Amérique du Nord

Moderne et très organisée, l'agriculture américaine est la plus performante du monde.
Mais ses méthodes sont parfois destructrices pour l'environnement.

A. Une agriculture moderne et performante

Doc. 1 Une ferme américaine dans l'Indiana

a. À quoi servent les différents bâtiments ?

b. Cette ferme est-elle moderne ?

Doc. 2 Une agriculture commerciale

Certes, l'efficacité de l'agriculture américaine tient en partie à des avantages naturels. Mais si elle est la première agriculture du monde, c'est parce qu'elle est intégrée à la première économie du monde et que les produits agricoles sont ensuite transformés par l'industrie. Ainsi les céréales ou le bétail des Grandes Plaines alimentent d'abord les fabriques de hamburgers avant d'être consommés ensuite dans les fast-foods.

D'après A. Bailly, G. Dorel, J.-B. Racine et P. Villeneuve, *États-Unis Canada*, Géographie universelle, Belin-Reclus, 1992.

● Qu'est-ce qui fait la force de l'agriculture américaine ?

Doc. 3 Un parc à engraissement (feedlot) au Texas

a. Avec quelle nourriture les animaux sont-ils engraissés ?

b. Qu'est-ce qui montre que cet élevage est très organisé ?

B. L'environnement, un souci nouveau

Doc. 4 Un avion répand des insecticides

- Pourquoi cette technique est-elle dangereuse pour l'environnement ?

Doc. 6 Cultiver en protégeant les sols (État de Washington)

a. Quelle différence y a-t-il entre ce relief et celui des Grandes Plaines ?

b. Retrouve dans le document 5 la technique utilisée ici pour protéger les sols.

Vocabulaire

La monoculture : la culture d'une seule sorte de produit agricole sur une même exploitation.

La polyculture : la culture de plusieurs sortes de produits agricoles sur une même exploitation.

Doc. 5 Une autre agriculture

Les agriculteurs américains utilisent des moyens modernes et efficaces, mais souvent très mauvais pour l'environnement. Ainsi, les engrais chimiques polluent la terre et la monoculture* appauvrit les sols. Les paysages agricoles les plus fragiles sont nettement abîmés.

Mais les Américains ont pris conscience de ces dangers et tentent d'apporter des remèdes. Pour freiner l'action de l'érosion et le ravinement des sols, les champs sont labourés dans le sens contraire de la pente, les cultures épousant ainsi le relief dans des formes harmonieuses. De même, pour éviter l'épuisement rapide des sols, certains agriculteurs américains se tournent vers la polyculture*.

- Quels problèmes pose l'agriculture moderne ?

je fais le point

Les exploitations agricoles américaines sont souvent gigantesques. Dans les Grandes Plaines, les champs sont de très grandes parcelles de forme géométrique, généralement consacrés à la monoculture des céréales.

L'agriculture américaine est une agriculture commerciale. Tout est organisé pour produire le plus efficacement possible. Peu nombreux pour cultiver de vastes espaces, les agriculteurs américains utilisent les machines et les techniques les plus modernes. L'élevage est aussi très important, car les Américains sont les plus gros consommateurs de viande du monde. Mais cette forme d'agriculture est une menace pour l'environnement et parfois pour l'homme. Certains agriculteurs américains cherchent des méthodes de production moins agressives.

Exercices

VÉRIFIER SES CONNAISSANCES

1 Je connais des paysages ruraux

Recopie le tableau et complète-le en associant à chaque type de paysage les productions agricoles et la partie du monde qui correspondent.

Paysages	Productions agricoles	Partie du monde
Rizière		
Champs en auréoles		
Immenses champs géométriques		
Productions agricoles : – mil et sorgho, – riz, – blé et maïs	Parties du monde : – zone tempérée, – Asie du Sud-Est, – Afrique tropicale	

2 Je connais des définitions

Donne le mot qui répond à chaque définition.

a. Une culture qui est destinée à la consommation familiale.

b. Une technique traditionnelle qui consiste à brûler le terrain avant de le cultiver.

c. Le fait de cultiver une seule sorte de produit agricole sur une même exploitation.

d. L'opération qui consiste à replanter les jeunes pousses de riz dans un champ.

e. Une plante dont la graine sert à l'alimentation de l'homme, par exemple le blé, le maïs, le mil.

3 J'ai appris à lire un paysage rural

Paysage rural sur l'île de Bali (Indonésie)

a. Cherche dans un atlas où est située l'île de Bali.

b. Quel est le climat de Bali ?

c. Quel est le relief de ce paysage ?

d. Comment les paysans ont-ils réussi à installer des champs ?

e. Quelle plante cultive-t-on ici ? Que lui faut-il pour pousser ?

f. Les paysans de Bali peuvent-ils utiliser des machines ? Pourquoi ?

ALLER PLUS LOIN

4 J'étudie deux paysages ruraux de France

■ Le bocage normand près de Querqueville (Manche)

■ La Beauce (Eure-et-Loir)

a. Cherche dans un atlas où se situent Querqueville et la Beauce.

b. La Beauce peut faire penser à un paysage rural étudié dans le chapitre : lequel ?

c. Observe les documents puis recopie le tableau et complète-le.

	Le bocage normand	La Beauce
La taille des champs		
La forme des champs		
La manière dont ils sont délimités		
Le regroupement des maisons		

5 J'étudie l'évolution d'une exploitation agricole

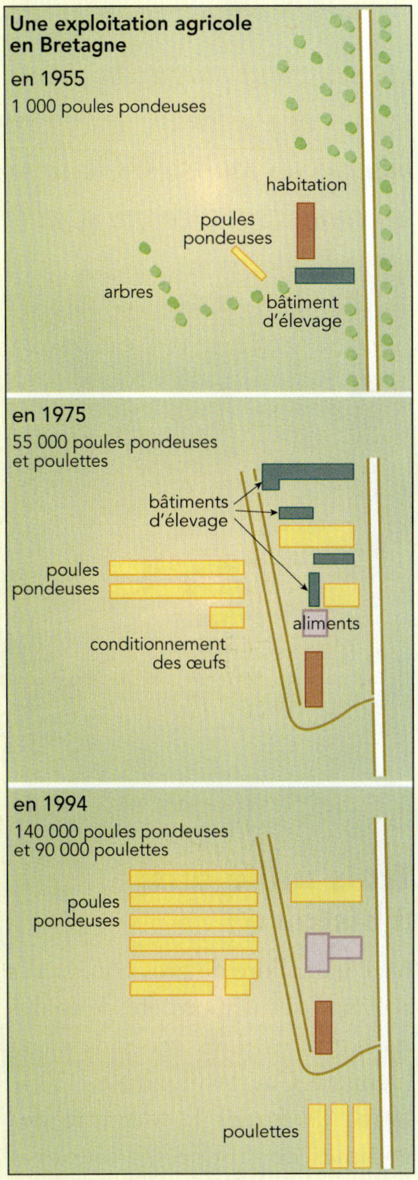

a. Cette exploitation agricole bretonne a-t-elle beaucoup changé entre 1955 et 1994 ?

b. Fais la liste de ces changements en examinant ce qui a été ajouté et ce qui a été enlevé entre 1955 et 1975, puis entre 1975 et 1994.

c. En quoi le paysage est-il modifié ?

d. Comment évolue la production de cette exploitation ? Pourquoi ?

S'EXERCER À RÉDIGER

6 En t'aidant de tes connaissances, écris un paragraphe de quelques lignes pour montrer que l'eau est très importante pour l'homme dans un espace rural.

Chevaux du passé, chevaux de l'avenir

Ils semblent surgis du passé. Ils, ce sont ces chevaux de trait lourds et puissants, qu'on rencontre aujourd'hui en ville promenant les touristes. On commence à les voir revenir aussi dans les campagnes, ce qui semble plus surprenant.

Trois mille ans d'histoire

Avec leur allure de gros poneys, ces chevaux ont d'abord été de toutes les batailles. Des croisades à la Première Guerre mondiale (1914-1918) ils furent la monture des hommes de troupe. Ils ont aussi longtemps tiré les charrues des grandes plaines céréalières, les tombereaux des viticulteurs comme les voitures de poste ou les omnibus des citadins.

Le grand tournant

Dans les années 1950, l'agriculture se motorise. Le tracteur devient roi, dans les grands espaces comme sur les petites surfaces. Les chevaux de trait disparaissent du paysage agricole. À quoi peuvent-ils bien être destinés désormais si ce n'est à la boucherie ? C'était sans compter avec les vétérinaires, bien sûr, mais aussi les agronomes, les scientifiques qui vont s'intéresser à ces chevaux menacés. Ils veillent d'abord à préserver leurs caractéristiques et leurs qualités, qu'il s'agisse de leur reproduction ou de leur alimentation. Ensuite, ils vont montrer que ces braves chevaux ont encore une place dans le monde moderne.

Le retour

Dans les campagnes d'abord. Dans les forêts, il passe là où les engins motorisés ne passent pas et les pentes ne lui font pas peur. Ainsi, depuis le début des années 1990, le cheval est redevenu le compagnon des forestiers qu'il aide à débarder. Dans les régions où les champs sont petits, bordés de haies et difficiles d'accès, on se remet à penser à lui. De la même façon, on le voit revenir dans les vignobles. Dans le domaine de la recherche ensuite. Car le lait des juments est particulièrement riche et proche du lait maternel et il pourrait être utilisé en pharmacie. Ainsi, dans les campagnes, le passé retrouve parfois un avenir.

Qu'est-ce que le débardage ?

Le débardage consiste à enlever les branches et les troncs d'arbres abattus ou coupés. Ils sont ensuite emportés vers un lieu de stockage. Pour apprendre à un cheval à supporter et tirer les instruments de débardage, il faut deux ans d'apprentissage.

Les paysages ruraux

De toutes les activités humaines, l'agriculture est sans doute celle qui a le plus transformé la face de la Terre. Depuis 10 000 ans, le travail des paysans a créé des paysages ruraux variés qui sont le reflet des conditions naturelles, des cultures, des techniques utilisées et des sociétés qui les ont produits. Ces paysages continuent d'évoluer encore aujourd'hui. Les hommes ont partout bouleversé le milieu naturel. En Europe, la forêt a fait place aux champs de céréales, en Amérique la grande culture remplace la prairie. La savane africaine disparaît autour des villages, brûlée par les agriculteurs, tandis qu'en Asie, la riziculture va jusqu'à changer l'apparence du relief des montagnes et des vallées.

Une telle transformation des paysages naturels n'a pu se faire qu'au prix d'un énorme travail collectif. Partout ou presque, le village est le symbole de cette communauté humaine. Souvent plus que millénaire en Europe, il traduit l'histoire des hommes dans l'espace et appartient au patrimoine de chaque pays. Le village africain n'a pas cette ancienneté, car il peut se déplacer de plusieurs kilomètres du fait de l'épuisement des terres. Mais son espace cultivé est bien le fruit du travail de toute une communauté paysanne. Quant aux paysages de la riziculture asiatique, ils sont en eux-mêmes la manifestation du travail intense de tous, et si le riz exige beaucoup d'efforts, il permet de nourrir les plus fortes densités rurales du monde.

Exception importante, l'agriculteur nord-américain a pu, grâce à la mécanisation, bâtir un paysage rural original et géométrique autour de sa seule exploitation agricole. Cette agriculture moderne peut accélérer la dégradation de l'environnement. Mais elle produit beaucoup avec peu de main-d'œuvre et ses excellents résultats en font un modèle économique. En Europe, la population des campagnes comprend de moins en moins de paysans. Pourtant, les Européens restent attachés aux paysages ruraux variés et de taille humaine qui caractérisent le « Vieux Continent ». Ces paysages font pour eux partie de la qualité de vie qu'ils souhaitent conserver.

Cependant, l'augmentation du nombre des hommes, et donc la nécessité d'accroître la production agricole pour les nourrir, posent à tous les agriculteurs du monde la question de la préservation de leur environnement. L'équilibre fragile entre les conditions naturelles et les aménagements humains sera l'un des grands enjeux du prochain millénaire.

CHAPITRE 17

LES PAYSAGES

Paysage du Népal, dans l'est de l'Himalaya

DE FAIBLE OCCUPATION HUMAINE

1a · Un désert chaud, le Sahara

Le Sahara est le plus grand désert du monde.

Lecture de paysage

Dans le grand erg* occidental, en Algérie

a. Dans quelle zone climatique est situé ce paysage ?

b. Décris le paysage. Peux-tu, à partir de la photo, deviner dans quel sens le vent souffle habituellement ?

c. Quelles formes de vie aperçois-tu ?

d. Pourquoi la vie est-elle difficile dans ce milieu ?

e. Comment les hommes se sont-ils adaptés à ce milieu ?

Doc. 2 Le Sahara, désert d'Afrique

Superficie : 8 millions de km^2, c'est-à-dire 15 fois la France
Dimensions : 5 150 km d'est en ouest et 2 250 km du nord au sud
Population : environ 2 millions d'habitants (hors vallée du Nil)
Point culminant : 3 415 m au mont Emi Koussi (Tchad)

Doc. 1 Dans le grand erg occidental, en Algérie

Doc. 3 La carte du Sahara

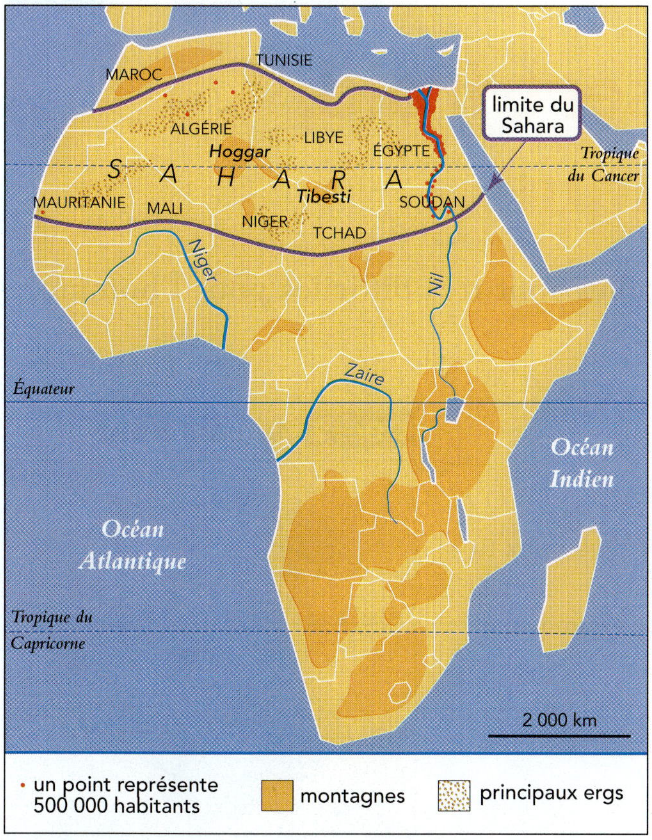

Vocabulaire

Un erg : un désert de sable.

Un reg : un désert de pierres.

Une oasis : un point d'eau au milieu du désert.

Doc. 4 Un reg* dans le Hoggar

Doc. 5 Une oasis* au Maroc

Doc. 6 Les nomades

Ils sont apparus, au sommet de la dune, à demi cachés par la brume de sable que leurs pieds soulevaient. Lentement ils sont descendus dans la vallée en suivant la piste presque invisible.

En tête de la caravane il y avait les hommes, enveloppés dans leur manteau de laine, leurs visages masqués par le voile bleu. Avec eux marchaient deux ou trois dromadaires, puis les chèvres et les moutons. Les femmes fermaient la marche.

Ils marchaient sans bruit dans le sable. Le vent soufflait continûment, le vent du désert, chaud le jour, froid la nuit.

J.M.G. Le Clézio, *Désert*, Gallimard, 1980.

1b · Un désert froid, l'Arctique

Autour du pôle Nord, les conditions naturelles sont très difficiles pour l'homme.

Lecture de paysage

Un Lapon dans le nord de la Norvège

a. Quel élément naturel domine sur la photo ? Que peux-tu en conclure ?

b. Quelles sont les conséquences pour la vie des hommes et des animaux ?

c. Peux-tu distinguer une forme de relief ?

d. Sur ce document, deux civilisations s'opposent : lesquelles ? Quel genre de vie représentent-elles ?

Doc. 2 Au pôle Nord

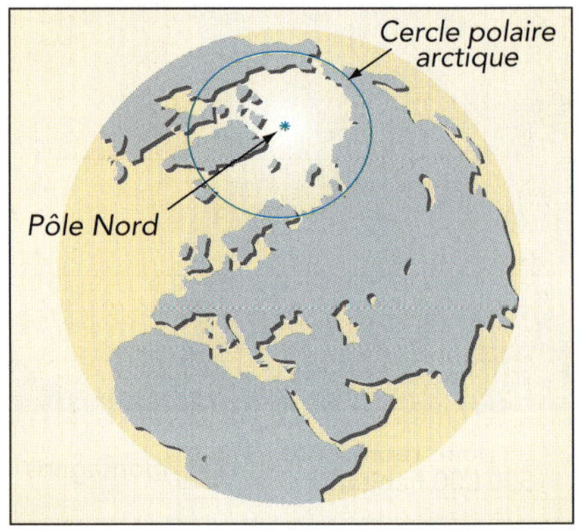

Doc. 1 Un Lapon dans le nord de la Norvège

Doc. 3 La toundra en Alaska

Vocabulaire

La banquise : la couche de glace sur la mer en milieu polaire.

Doc. 4 La banquise*

Doc. 5 La carte de l'Arctique

Doc. 6 Un étrange paysage

Quand on va au pôle Nord, on pense traverser une mer gelée. En réalité, c'est un labyrinthe qui s'étend devant vous. Le chaos qu'est l'océan Arctique, c'est inimaginable. Un chaos de glace. Un labyrinthe sans fin. Jamais vous n'apercevez l'horizon.

J.-L. ÉTIENNE in *Terre Sauvage* n° 114, février 1997.

Doc. 7 Six mois de nuit

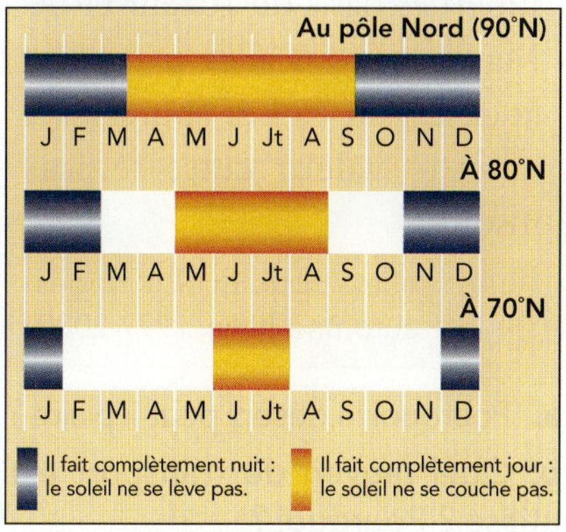

1c · Les nouvelles richesses des déserts

Le Sahara et l'Arctique sont des milieux difficiles, qui sont longtemps restés presque vides. Aujourd'hui, on cherche à exploiter leurs richesses. Les modes de vie traditionnels en sont modifiés.

A. À la conquête du Sahara

Doc. 1 Le désert irrigué à Koufra (Libye)

a. Localise Koufra sur la carte du Sahara (document 3).

b. Comment peut s'expliquer ce type de paysage ?

c. Quelle activité nouvelle est ainsi créée ?

Doc. 2 Le Sahara, destination touristique

Le sud tunisien, ses oasis et ses déserts, dévoile à ses visiteurs une autre Tunisie. Étendues arides, oasis exubérantes, hospitalité chaleureuse, c'est un authentique dépaysement. Depuis l'île de Djerba et la mer Méditerranée jusqu'aux superbes oasis de Tozeur et de Matmata, vous allez parcourir le désert en 4x4 et apprécier à sa juste valeur cette région insolite.

Catalogue *Look Voyages*, automne-hiver 1999-2000.

a. Pourquoi le désert peut-il plaire ?

b. Quel moyen de transport est utilisé ? Pourquoi ?

Doc. 3 Les richesses du Sahara

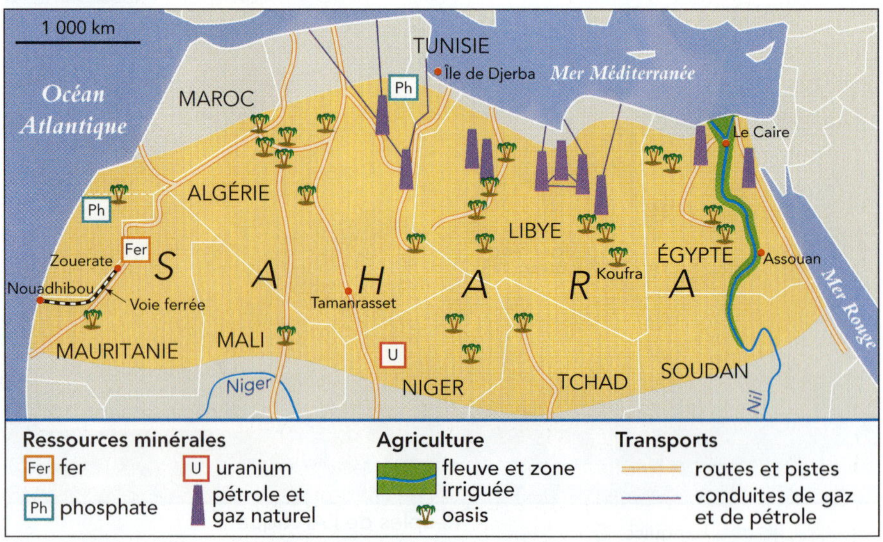

a. Quelle ressource est la plus abondante ?

b. Pourquoi n'y a-t-il qu'une voie ferrée au Sahara ? Pourquoi se trouve-t-elle à cet endroit ?

B. À la conquête de l'Arctique

Doc. 4 Les ressources de l'Arctique

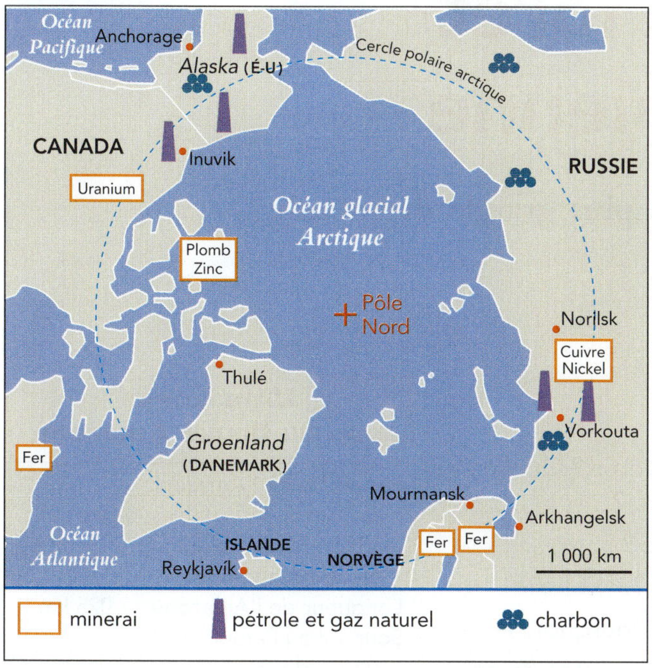

● Quelles sont les ressources de l'Arctique ?

Doc. 5 La pêche industrielle

Pendant les décennies 1950 et 1960, de nouvelles techniques de pêche sont apparues. Les radars ont permis aux bateaux de naviguer sans visibilité et les sonars de détecter les bancs de poissons profonds. Les aides électroniques à la navigation et les dispositifs de positionnement par satellite ont permis aux marins de quadriller la mer avec une précision telle que les navires repèrent les sites où les poissons se concentrent pour la reproduction. La pêche industrielle est devenue si « efficace » que 80 à 90 % du stock disponible sont capturés chaque année.

D'après C. SAFINA, *Pour la science*, janvier 1996.

a. Quelles sont les méthodes de la pêche industrielle ?

b. Quels sont les dangers de ce genre de pêche pour l'équilibre naturel de la mer ?

Doc. 6 L'évolution des modes de vie

Aujourd'hui, les Inuits canadiens et groenlandais sont obligés de travailler pour payer la maison de bois, le combustible et le superflu de la société de consommation. Ils fument cigarette sur cigarette. Les jeunes tournent en rond dans le village sur des scooters des neiges. Beaucoup boivent pour se donner l'illusion de la gaieté perdue.

Certains, par contre, s'accrochent encore aux traditions, entretiennent des activités de chasse, partent l'été avec la tente à la rencontre des narvals. D'autres, en Sibérie, continuent de pousser des troupeaux de rennes à travers la toundra, pêchent le saumon, chassent le phoque… Fragile est l'équilibre, difficile la conversion au monde moderne.

Cependant, celui-ci a aussi ses bons côtés : la famine a pratiquement disparu. Des allocations familiales et une assistance médicale remarquable ont fait grimper la courbe de la population de façon spectaculaire.

D'après *TDC* n° 712, Le Grand Nord », 15-31 mars 1996.

a. Qu'est-ce qui a changé dans la vie des peuples du Grand Nord ?

b. Qu'est-ce que la modernité a de négatif pour ces peuples ? Et de positif ?

je fais le point

Les milieux extrêmes sont difficiles pour l'homme. Les paysages du Sahara varient en fonction de la présence d'eau. Les ergs et les regs sont très secs ; par contre, les paysages d'oasis sont verdoyants. L'Arctique se caractérise par des paysages glacés, la banquise et l'inlandsis. Pendant l'été très bref, l'inlandsis laisse place en partie à la toundra.

Le Sahara et l'Arctique se transforment. Ils sont longtemps restés faiblement peuplés mais les techniques modernes permettent d'affronter le manque d'eau et le froid. L'exploitation des ressources naturelles (pétrole, minerais) et l'ouverture au tourisme créent de nouvelles activités. Les modes de vie traditionnels deviennent plus rares.

2a · La forêt amazonienne

La forêt amazonienne est la plus grande du monde.

Lecture de paysage

Dans l'Amazonie brésilienne

a. Pourquoi appelle-t-on ce paysage « l'enfer vert » ? Quelles sont les couleurs dominantes dans cette nature ?

b. Comment expliques-tu l'aspect de la rivière ?

c. Que représentent les trouées dans la forêt ?

d. La présence humaine est-elle importante ? Pourquoi ?

e. En conclusion, explique quelles sont les contraintes de ce milieu.

Doc. 2 L'Amazonie, bassin du fleuve Amazone

Superficie de l'Amazonie : 7 millions de km^2, c'est-à-dire 13 fois la France. Plus de la moitié se trouve au Brésil
Longueur de l'Amazone : 7 025 km
Source : au Pérou, à 5 238 m d'altitude
Embouchure : océan Atlantique, elle est large de 300 km

Doc. 1 Dans l'Amazonie brésilienne

Doc. 3 **La carte de l'Amazonie**

Doc. 4 **Une région très arrosée**

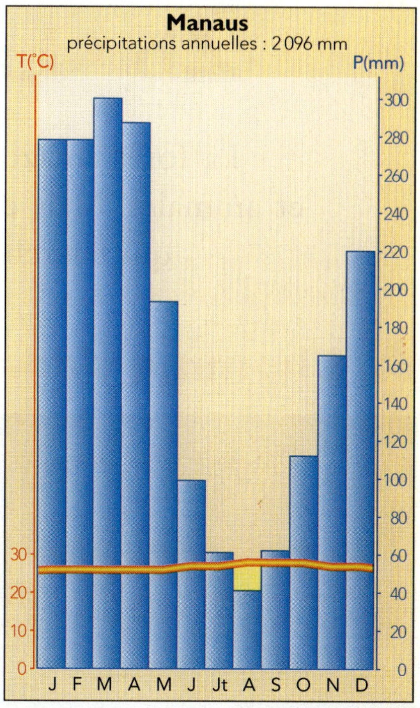

Doc. 5 **Une végétation exceptionnelle**

Doc. 6 **Une faune très riche**

70 % des terres de l'Amazonie sont couvertes par la forêt. L'Amazone est le plus long fleuve du monde. Il charrie 20 % des eaux douces du globe. On trouve dans cette nature particulière 1 500 espèces de poissons, 250 espèces de mammifères et 2 500 variétés de plantes. Comme habitants singuliers du fleuve, signalons les poissons électriques qui émettent des décharges dans les arbres pour récupérer leurs fruits. Dans les arbres vivent aras et toucans, singes et paresseux, papillons aux couleurs folles. N'oublions pas les insectes : mygales géantes, fourmis rouges...

D'après le *Guide du routard Brésil*, Hachette, 1999.

2b · La forêt amazonienne

La forêt amazonienne abrite de nombreuses espèces végétales et animales. Mais cette richesse est menacée par l'action de l'homme, qui cherche à exploiter les ressources de l'Amazonie.

A. L'homme s'adapte à des conditions difficiles

Doc. 1 La forêt aux environs de Manaus (Brésil)

a. Qu'est-ce qui frappe dans ce paysage ?

b. Quelle est l'ombre que l'on aperçoit sur le document ?

c. Pourquoi cet objet est-il très utile dans la forêt amazonienne ?

Doc. 2 Les Indiens de l'Amazonie

a. Quelle est l'activité principale de ces Indiens ?

b. Que portent-ils sur l'épaule ?

Doc. 3 De plus en plus d'habitants

Au fil des années, les vastes espaces amazoniens ont vu arriver des centaines de milliers de colons* attirés par les ambitieux projets de colonisation ouverts en particulier par le gouvernement brésilien. Et l'Amazonie des fleuves est devenue l'Amazonie des routes.

La population de l'Amazonie brésilienne a été multipliée par trois en trente ans, passant de 5,6 millions d'habitants en 1960 à plus de 11 millions en 1980 et près de 17 millions en 1991. Elle devrait atteindre 27 millions en 2010.

M. Droulers, *l'Amazonie*, Nathan, 1995.

● Qu'est-ce qui a changé dans le peuplement de l'Amazonie ?

B. Une région riche mais fragile

Doc. 4 Les richesses de l'Amazonie

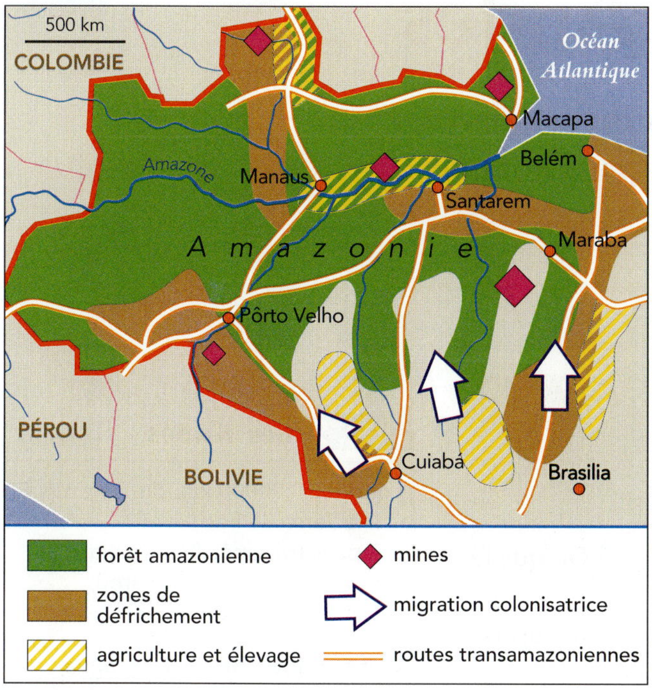

● Quelles richesses de l'Amazonie sont exploitées aujourd'hui ?

Doc. 5 Le recul de la forêt

Photographie satellite prise dans la région de Belém.

a. Quelle est la forme des parcelles nouvellement défrichées ? À quel type d'activités cela correspond-il ?

b. Quels sont les dangers de défrichements trop importants ?

Doc. 6 Les problèmes de la colonisation

Le développement de l'Amazonie ne va pas sans poser des problèmes. Les villes s'accroissent trop vite, les bidonvilles se multiplient. Les petits agriculteurs s'opposent aux éleveurs et leurs conditions de vie se dégradent. Les Indiens sont les principales victimes de cette expansion, même si le gouvernement brésilien tente de leur délimiter un espace protégé. Enfin, les spécialistes de l'environnement s'inquiètent du recul massif de la forêt : l'Amazonie est surnommée le « poumon de la planète » car sa végétation renouvelle une grande partie de l'oxygène de la Terre.

Vocabulaire

Un colon : une personne qui s'installe sur des terrres inhabitées pour les défricher et les cultiver.

● Quels sont les inconvénients de la colonisation ?

je fais le point

La forêt amazonienne est un milieu difficile pour l'homme. La pauvreté du sol le rend difficile à cultiver. La végétation est si dense que les cours d'eau sont les seules voies de circulation. L'Amazonie est donc restée longtemps faiblement peuplée.

L'Amazonie attire des colons, encouragés par les gouvernements. Le Brésil a fait construire des routes transamazoniennes. Les ressources du sous-sol (minerais) et le bois sont aujourd'hui exploités. La forêt est défrichée pour installer des exploitations agricoles ou de l'élevage. Grâce à ces nouvelles activités, la population augmente. Mais l'équilibre écologique est menacé et les droits des Indiens ne sont souvent pas respectés.

3a · Les Andes

Les paysages des hautes montagnes andines ont été aménagés par l'homme.

Lecture de paysage

Dans la région de Pisac (Pérou)

a. Que peux-tu dire du relief de ce paysage ?

b. Où l'homme s'est-il installé ? Pourquoi ?

c. Quels sont les lieux que l'homme a aménagés ? De quelle manière ? Dans quel but ?

d. À ton avis, l'agriculture andine utilise-t-elle beaucoup de machines modernes ?

Doc. 2 Les Andes

Longueur : 8 000 km, du Venezuela à la Terre de Feu ; 7 pays traversés (Venezuela, Colombie, Équateur, Pérou, Bolivie, Chili, Argentine)

Points culminants : l'Aconcagua, au Chili (6 960 m) et l'Ancohuma, en Bolivie (7 000 m)

Doc. 1 Dans la région de Pisac (Pérou)

Doc. 3 Le relief des Andes

Doc. 4 Les densités

Vocabulaire

Une terrasse : une bande de terre horizontale construite par l'homme sur un versant raide pour pouvoir cultiver la terre.

Doc. 5 Un milieu sain

Les montagnes andines bénéficient de l'absence des grandes maladies qui touchent les plaines voisines : la fièvre jaune disparaît à partir de 1 000 mètres, le paludisme au-dessus de 2 000 mètres. Tout ceci explique que dans l'Amérique tropicale les densités étaient et restent supérieures à celles des plaines voisines.

D'après R. BRUNET et O. DOLFUSS, *Mondes Nouveaux*, Géographie universelle, Belin-Reclus, 1995.

Le croquis d'exploitation

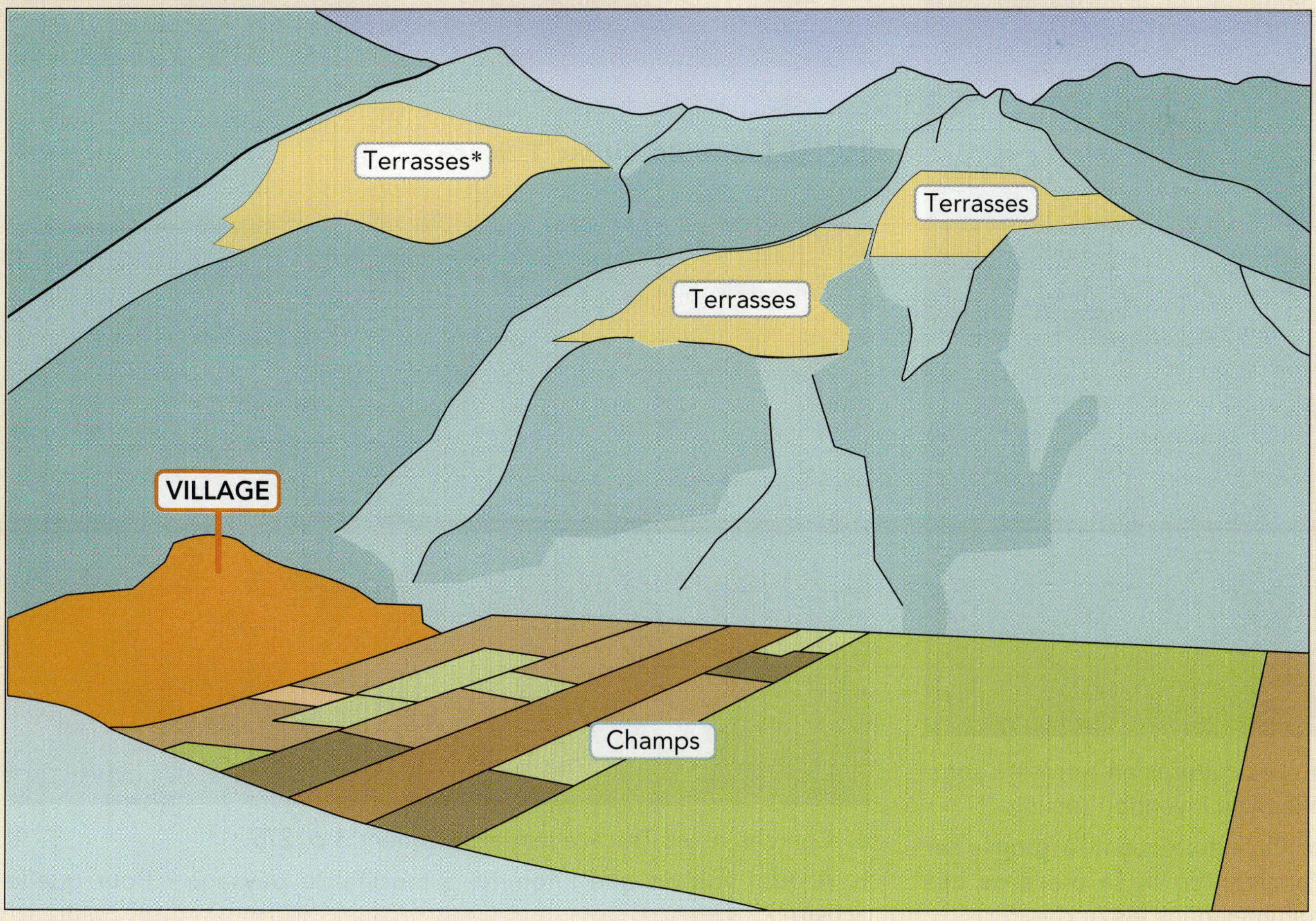

3b · Les Andes

Dans les montagnes andines, les hauts plateaux s'élèvent de 2 000 à 4 000 mètres d'altitude et plusieurs sommets dépassent 6 000 mètres. Pourtant, l'homme habite ce milieu difficile.

A. Une montagne aménagée par l'homme

Doc. 1 L'étagement*

a. Qu'est-ce que l'étagement ?

b. Pourquoi l'utilisation du sol dépend-elle de l'étagement ?

c. Quelles sont les activités agricoles et les cultures que tu peux identifier sur ce document ?

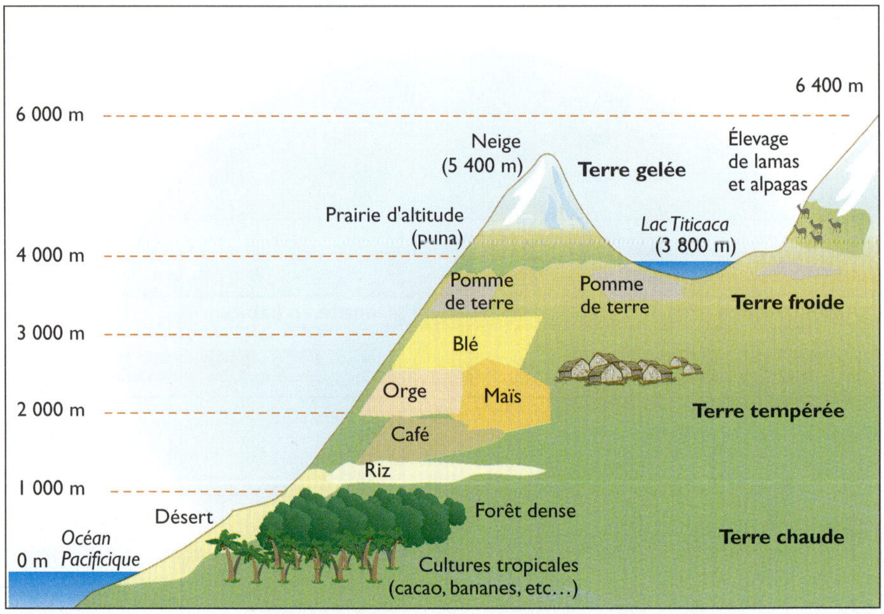

Doc. 2 Les terrasses à Pisac

Pisac, au Pérou, a été fondée par les Incas au XVe siècle.

a. Les cultures en terrasses sont-elles une invention récente ?

b. Qu'est-ce que cela prouve sur l'ancienneté de la présence des hommes dans les Andes ?

Doc. 3 Une île du lac Titicaca

a. Cherche le lac Titicaca sur le document 3 p. 279.

b. À quoi voit-on que l'homme a modifié le paysage ? Pour quelle activité ?

B. Vivre dans les Andes

Doc. 4 S'adapter à l'altitude

La vie dans les Andes est difficile. Les hommes vivent à haute altitude, exposés quotidiennement au froid et à une faible quantité d'oxygène. Ils portent des vêtements protecteurs mais leur corps s'adapte aussi aux contraintes : leur température interne s'abaisse, jusqu'à environ 36 °C. L'ancienneté du peuplement s'est traduite par une adaptation au milieu. Ces Indiens ont une forte capacité thoracique : leurs poumons sont plus développés pour emmagasiner plus d'air. En même temps, leur cœur est plus musclé.

D'après J. Bittel, G. Savourey et R. Deloince, *Sciences naturelles et montagnes*, CTHS, 1993.

- Comment les habitants des Andes se sont-ils adaptés à l'altitude ?

Doc. 5 Une agriculture qui a peu évolué

a. Que fait ce paysan ?
b. Que peux-tu dire des moyens qu'il utilise ?

Doc. 6 La pauvreté dans les Andes

La fièvre de l'or attire dans les plaines de l'Amazonie des milliers de paysans sans travail et sans terre des montagnes andines. La misère est trop grande sur les hauteurs. Les arrivants très nombreux, poussés par la faim, descendent pour tenter de nourrir leur trop grande famille. Mais ces hommes ne s'adaptent pas toujours très bien au climat et au style de vie des plaines où ils souffrent de maladies inconnues en montagne. Ils regrettent leurs villages et leurs familles dont ils sont sans nouvelles. Ils y retournent alors quand ils le peuvent pour les récoltes et redescendent poussés par la nécessité.

D'après M. Niedergang, *le Monde*, 20 janvier 1990.

a. Pourquoi certains paysans descendent-ils dans les plaines ?
b. Quels sont pour eux les avantages et les inconvénients de la vie en plaine ?

Vocabulaire

Un étage : une partie du versant d'une montagne qui présente un paysage différent des parties plus hautes ou plus basses.

je fais le point

La haute montagne andine s'étend sur 8 000 kilomètres en Amérique du Sud. Le froid, l'altitude et la pente rendent la vie difficile, mais le climat est plus sain que dans les plaines. L'homme occupe les Andes depuis longtemps : la montagne a servi de refuge lors de la colonisation européenne. L'organisme des habitants des Andes s'est alors adapté à l'altitude et au manque d'oxygène.

Les paysages andins sont marqués par l'étagement. Il est possible de pratiquer l'agriculture jusqu'à 3 500 m d'altitude : grâce aux terrasses, les hommes cultivent céréales et pommes de terre selon des techniques très anciennes. Ils élèvent aussi des moutons et des lamas jusque vers 4 500 m. Mais ces activités fournissent de faibles revenus et de nombreux paysans des Andes vivent dans la pauvreté.

Exercices

VÉRIFIER SES CONNAISSANCES

1 Je connais l'Arctique et le Sahara

Donne le mot qui correspond à chaque définition.

a. Un désert de pierre.

b. Une couche de glace sur la mer.

c. Un point d'eau au milieu du désert.

d. Une végétation du milieu polaire, formée de mousses et de lichens.

3 Je connais l'Amazonie

Vrai ou faux ?

a. Plus de la moitié de l'Amazonie appartient au Brésil.

b. La population de l'Amazonie diminue.

c. Le lac Titicaca est situé près de l'embouchure de l'Amazone.

d. La transamazonienne est une route qui traverse l'Amazonie.

2 Je connais les hautes montagnes andines

a. Sur quel continent sont situées les Andes ?

b. Quelle est la direction générale de la cordillère des Andes ?

c. Quelles sont les principales difficultés de la vie en haute montagne ?

d Pourquoi les hommes préfèrent-ils affronter ces difficultés plutôt que de vivre dans les plaines voisines ?

e. Comment les hommes se sont-ils physiquement adaptés à la vie en haute altitude ?

f. Pourquoi parle-t-on d'étagement des cultures et des activités dans les Andes ?

Dessine sur ton cahier le schéma de l'étagement dans les Andes. Donne le nom d'une céréale cultivée dans les Andes et précise jusqu'à quelle altitude.

ALLER PLUS LOIN

4 J'étudie d'autres hautes montagnes : l'Himalaya

Le relief de l'Himalaya

a. Sur quel continent se trouve l'Himalaya ?

b. Quelle est la direction générale de cette chaîne ?

c. Compare les altitudes maximales des Andes et de l'Himalaya : lesquelles sont les plus élevées ?

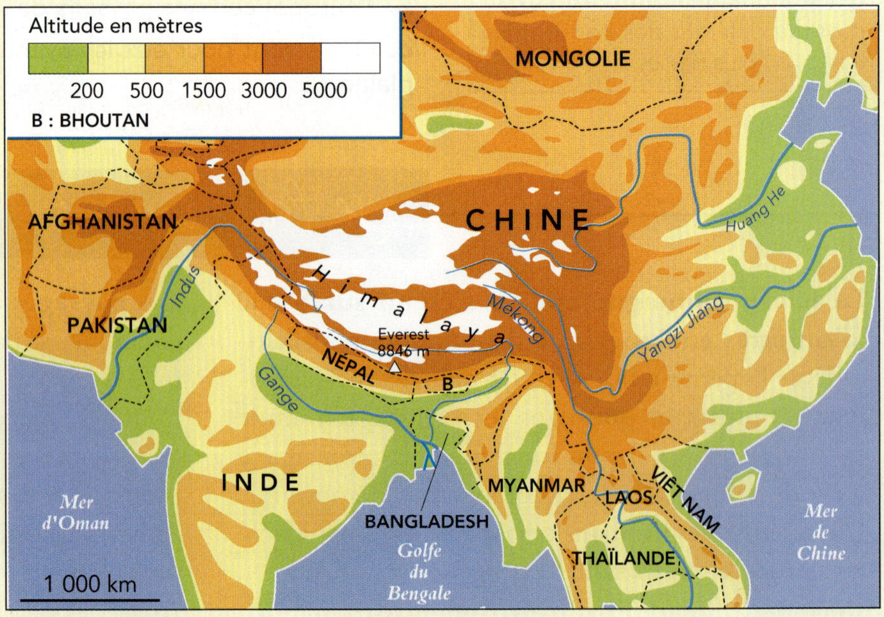

5 J'étudie le tourisme dans l'Himalaya

Au Népal, les avantages et les inconvénients du tourisme de masse

À l'automne, tandis que s'achèvent les travaux des champs et le pâturage des vaches et des yacks, revient la saison du portage et du trekking. Sonam, sherpa paysan de 69 ans, voit alors partir ses enfants et petits-enfants, garçons et filles. Ils vont chercher le marcheur occidental ou japonais au petit aéroport de Lukla. Chaque porteur gagne ainsi jusqu'à 1 000 francs par saison touristique, ce qui représente pour lui une petite fortune, bien supérieure à ce que peut lui rapporter sa modeste activité agricole.

D'après *Géo* n° 201, novembre 1995.

Un total de 70 000 randonneurs, toutes nationalités confondues, arpentent les montagnes du Népal chaque année. Plus de 85 % d'entre eux se concentrent sur trois régions. L'afflux de randonneurs menace le fragile équilibre écologique de l'Himalaya. Les étrangers demandent plus de ressources naturelles que la région ne peut en fournir. Seulement 20 % des quelques dollars dépensés quotidiennement par le trekker moyen sont directement injectés dans l'économie locale. Le reste sert à payer les denrées et services importés de Katmandou ou Pokhora, voire du pays d'origine des randonneurs.

D'après *le Petit Futé Country Guide Himalaya*, Nouvelles éditions de l'université, 1996.

a. Cherche ce qu'est le trekking.

b. Pourquoi les porteurs voient-ils avec plaisir la saison touristique approcher ?

c. Le tourisme profite-t-il à tous les Népalais ?

d. Pourquoi le tourisme peut-il être une menace pour le Népal ?

Au Bhoutan, le tourisme maîtrisé

Contrairement à la plupart des pays de la région, le Bhoutan n'accepte les visiteurs étrangers qu'au compte-gouttes. Ce petit royaume se sait un joyau fragile et veut se protéger des inconvénients d'un tourisme à grande échelle.

Préférant s'écarter des « modèles » népalais ou thaïlandais, le pays a choisi la voie de la sagesse en limitant la pression touristique. Ainsi, seuls 2 000 à 4 000 privilégiés visitent annuellement le pays, volume considéré comme acceptable par les autorités.

Tout voyageur doit payer un montant de 200 dollars minimum par jour. C'est avant tout pour ne pas troubler l'identité culturelle de ses 600 000 habitants que de telles mesures ont été prises. Plus de 35 % de ces sommes servent directement les Bhoutanais sous forme d'accès gratuit aux soins ou à l'instruction.

D'après J.-B. Carillet, « Bhoutan, l'Asie hors du temps », *le Monde de l'éducation*, février 2000.

a. Repère le Bhoutan, indiqué par un B, sur la carte de l'Himalaya (exercice 4).

b. Le Bhoutan a-t-il la même attitude que le Népal vis-à-vis du tourisme ?

c. Quels sont les avantages de cette manière de faire ?

Des trekkers au Népal

S'EXERCER À RÉDIGER

6 Préférerais-tu partir au Sahara, en Arctique, dans l'Amazonie ou dans les Andes ? Explique ton choix. Que mettras-tu dans ta valise et quel moyen de transport utiliseras-tu sur place ?

Un désert de glace pour État

Autrefois, on les appelait les Esquimaux, un nom que leur avaient donné les Indiens algonquins et qui signifie « mangeurs de viande crue ». Aujourd'hui, ils ont retrouvé celui qu'ils se donnent eux-mêmes, Inuit – les personnes.

Un grand désert blanc

Ils vivent dans les régions du cercle polaire, partagés entre l'Alaska, le Groenland et le Canada. Dans ce dernier pays, depuis1998, ils ont leur propre État, le Nunavik. Moins de 10 000 personnes y habitent, sur un territoire pourtant presque aussi grand que la France. Les villes ou les villages sont souvent séparés par près de 200 kilomètres et le moyen de communication le plus facile, c'est l'avion ! Pour les plus petits déplacements, c'est la motoneige ou le 4x4.

Parlons inuit

Inuk : une personne.
Inuuk : terme employé pour parler de deux personnes.
Inuit : mot qui désigne trois personnes et plus.
La langue des Inuit s'écrit. Elle a emprunté ses signes aux Indiens Crees. C'est un système d'idéogrammes où chaque symbole correspond à un son.

Un mode de vie transformé

Autrefois, les Inuit vivaient dans des igloos l'hiver et dans des huttes en bois recouvertes de peaux de caribous l'été. Les maisons du Nunavik sont maintenant en préfabriqué, mais de toutes les couleurs : vertes, rouges, bleues, orange... Elles ont un salon, une salle à manger, une cuisine, une salle de bains et des chambres. Mais l'eau potable est apportée par un camion qui évacue aussi les eaux usées. Et si l'on trouve tout au magasin central du village, même des légumes frais, vu leur prix, il vaut mieux préférer la viande de caribou !

Une communication moderne

Les enfants du Nunavik parlent le français et l'anglais, comme au Canada, et leur langue maternelle, l'inuktitut. Ils reçoivent la télévision, jouent aux jeux vidéo, sont branchés sur Internet où ils créent des sites pour que les enfants d'ailleurs fassent leur connaissance et correspondent avec eux. Mais le gouvernement veille à ce qu'ils n'y perdent pas la mémoire de leur civilisation. Alors, une fois par an, des festivals sont organisés. De grandes fêtes où les Anciens font entendre des « chants de gorge » qui racontent, sur fond de tambour, les vingt façons différentes de désigner la neige, tandis que les jeunes chantent du rock en inuktitut.

le carnet du géographe

Les paysages de faible occupation humaine

Sur la Terre, l'homme rencontre parfois des milieux naturels très hostiles : le froid permanent des zones polaires ou des hautes montagnes, la chaleur sèche des déserts, l'humidité chaude des zones équatoriales. Pourtant, des groupes humains ont réussi à y survivre, depuis des centaines d'années. Les géographes ont découvert ces peuples tardivement, quand les explorateurs pénétrèrent ces territoires lointains et inaccessibles. Exploration encore inachevée : la jungle d'Indonésie ou la forêt amazonienne n'ont pas livré tous leurs secrets. Ces peuples, Inuit, Touareg, Indiens des Andes ou d'Amazonie, font preuve d'une grande adaptation au milieu naturel. Ils savent lutter contre le chaud ou le froid et utilisent les moindres ressources de la végétation et de la faune. Sur les hauts plateaux andins, l'adaptation est même allée jusqu'à une augmentation des capacités respiratoires des hommes, pour répondre aux faibles ressources en oxygène. Cette adaptation à des conditions de vie difficiles associe généralement le respect des contraintes de la nature à des groupes humains peu nombreux. Lesquels ont souvent la volonté de perpétuer des modes de vie et des coutumes traditionnels.

L'arrivée des explorateurs et des géographes a bouleversé ce monde. Ces terres inexplorées ont révélé des richesses insoupçonnées, le pétrole et le gaz du Sahara et de l'Alaska, les ressources minières des Andes. La forêt amazonienne est apparue comme un immense territoire à défricher, riche en bois et en terres à mettre en culture. Plus tard, ces espaces peu peuplés sont aussi devenus des lieux convoités par les touristes des pays riches qui y recherchent l'aventure ou l'authenticité de civilisations que l'on imagine coupées du monde moderne. Les voitures du Paris-Dakar parcourent aujourd'hui à toute vitesse les pistes du désert. Des bateaux de croisière longent la banquise. Des cars de touristes sillonnent les hauts plateaux du Pérou. Des troupes d'alpinistes se lancent à l'assaut de l'Himalaya, leurs bagages portés par des Tibétains.

Ce nouvel intérêt pour leurs régions fera-t-il perdre à ces peuples l'étroite union avec leur milieu ? Certains Inuit voulaient interdire la télévision à leurs enfants pour qu'ils continuent à apprendre les méthodes ancestrales de chasse au phoque… La préservation de ces zones peu habitées et des cultures qui ont su s'y adapter est comme le symbole de notre monde : l'homme a tiré parti de tous les milieux, mais saura-t-il maintenir un équilibre écologique et humain sur la planète ?

Index des mots définis

HISTOIRE

GÉOGRAPHIE

CRÉDITS PHOTOGRAPHIQUES

Couverture : tombe de Mennah (Louqsor), XVe siècle av. I.-C. Ph © AKG, Paris ; Ph. © Dagli Orti (fond). **4e de couverture :** oasis de Taghit (Algérie). Ph. © Explorer. **Carte de la page de garde :** © Crivellari, 2000, Adaptation du relief de Mountain High Marps © 1993 Digital Wisdom, Inc.. **p. 6-7 :** Ph. © Scala. **p. 8 :** *h* Ph. © DR ; *bg* Ph. © Corbis/Sygma ; *bd* Ph. © Y. Arthus-Bertrand/Altitude. **p. 9 :** Ph. © 2000-Les Éditions Albert René/Goscinny-Uderzo. **p. 10 :** Ph. © Plailly/Eurelios. **p. 12 :** *mg* Ph. © J.M. Labat/Archives Larbor ; *bg* Ph. © J.G. Berizzi/RMN ; *md* Ph. © G. Blot/RMN ; *bd* Ph. © E. Lessing/Magnum. **p. 13 :** Ph. © DR. **p. 14 :** *hg* Ph. © M.E. Boucher/Artephot ; *bd* Ph. © F. Raux/RMN. **p. 15 :** Ph. © RMN. **p. 16 :** Ph. © Ch. Larrieu/RMN. **p. 17 :** Ph. © Roger-Viollet. **p. 18 :** *h* Ph.© H. Josse/Archives Larbor ; *m* Ph. © RMN ; *b* Ph. © Arnaudet ; Schorma/RMN. **p. 19 :** Ph. © P. Lorne/Explorer. **p. 21 :** Ph. © RMN. **p. 22 :** Ph. © Y. Arthus-Bertrand/Altitude. **p. 24 :** *h* Ph. © G. Sioen/Rapho ; *b* Ph. © The Bridgeman Art Library. **p. 26 :** Ph. M. Chuzeville/Archives Larbor. **p. 27 :** Ph. © G. Dagli Orti, Paris. **p. 28 :** *h* Ph. © G. Dagli Orti, Paris ; *b* Ph. © AKG, Paris. **p. 29 :** Ph. © H. Lewandowski/RMN. **p. 30 :** Ph. © G. Dagli Orti, Paris. **p. 31 :** *h* Ph. © Y. Arthus Bertrand/Altitude ; *b* Ph. © de Wilde/Hoa-Qui. **p. 32 :** et détail p. 39 : Ph. © The Bridgeman Art Library. **p. 33 :** Ph. © The Bridgeman Art Library. **p. 34 :** *g* Ph. Elleen Tweedy © Archives Larbor ; *d* Ph. Jeanbor © Archives Larbor. **p. 36 :** *h* Ph. © AKG, Paris ; *b* Ph. © Ch. Larrieu/RMN. **p. 37 :** Ph. © E. Lessing/Magnum. **p. 40 :** et détail p. 55 : Ph. © G. Degeorge. **p. 42 :** *g* Ph. © R. Tournus ; *d* Ph. © G. Degeorge. **p. 43 :** Ph. © G. Blot/RMN © ADAGP, Paris, 2000. **p. 44 :** Ph. © The Bridgeman Art Library. **p. 45 :** *h* Ph. © C. Lènars/Explorer ; *b* Ph. © G. Dagli Orti, Paris. **p. 46 :** Ph. © Zev Radovan, Jérusalem. **p. 49 :** *h* Ph. © E. Lessing/Magnum ; *b* Ph. © Gamma. **p. 50 :** Ph. © J. Polleross/Anzenberger/Cosmos. **p. 51 :** Ph. © M. Westermann/Anzenberger/Cosmos. **p. 52 :** *hg* Ph. © Stockshooter/Hoa Qui ; *hd* Ph. © A. Held/Artephot ; *b* Ph. © J. Polleross/Anzenberger/Cosmos. **p. 53 :** Ph. © The Bridgeman Art Library. **p. 56 :** Ph. © Dagli Orti. **p. 58 :** *hg* Ph. © P. Wysocki/Explorer ; *hd* et détail p.69 : Ph. © The Bridgeman Art Library ; *b* Ph. © G. Dagli Orti, Paris. **p. 60 :** et p. 66 : Ph. © Alain Barbé. **p. 61 :** Ph. © A. Le Bacquer/Explorer. **p. 62 :** Ph. © G. Dagli Orti, Paris. **p. 63 :** Ph. © G. Dagli Orti, Paris. **p. 64 :** Ph. R. Pedicini © Archives Larbor. **p. 65 :** Ph. © Scala. **p. 67 :** *h* Ph. © British Museum, Londres ; *b* Réalisation de F et F Trouvé. Coll Musée d'Histoire de Marseille. Ph. © Ville de Marseille. **p. 70 :** Ph. © Percheron/Artephot. **p. 72 :** *g* Ph. © H. lewandowski/RMN ; *d* Ph. © H. Lewandowski/RMN. **p. 73 :** Ph. © G. Dagli Orti, Paris. **p. 74 :** et reprise p.74 : Ph. © Archives Nathan. **p. 77 :** Ph. © G. Dagli Orti, Paris. **p. 78 :** Ph. © The Bridgeman Art Library. **p. 79 :** Ph. © Collection Viollet. **p. 80 :** Ph. © Percheron/Artephot. **p. 81 :** Ph. © G. Dagli Orti, Paris. **p. 84 :** Ph.© G. Dagli Orti, Paris. **p. 86 :** Ph. © G. Dagli Orti, Paris. **p. 88 :** *h* et reprise p. 93 : Dessin de JC Golvin/CNRS © Éditions Errance ; *b* Dessin de JC Golvin/CNRS © Éditions Errance. **p. 89 :** *g* Ph. © Metropolitan Museum of Art ; *d* Ph. © H. Lewandowski/RMN. **p. 90 :** Ph. © The Bridgeman Art Library. **p. 91 :** *h* Ph. © Bildarchiv Preussischer Kulturbesitz, Berlin ; *b* Ph. © E. Lessing/Magnum. **p. 94 :** Ph. © Scala. **p. 96 :** *h* Ph. © Dagli Orti ; *b* Ph. © Scala. **p. 99 :** Ph. © G. Dagli Orti, Paris. **p. 101 :** et reprise p. 109 : Ph. © G. Dagli Orti, Paris. **p. 102 :** Ph. © G. Dagli Orti, Paris. **p. 104 :** Ph. © E. Lessing/Magnum. **p. 106 :** Ph. © 2000-Éditions Albert René/Goscinny-Uderzo. **p. 107 :** Ph. © 2000-Éditions Albert René/Goscinny-Uderzo. **p. 110 :** Ph. © G. Dagli Orti, Paris. **p. 112 :** *g* Ph. © G. Gerster/Rapho ; *d* Ph. © G. Dagli Orti, Paris. **p. 113 :** *h* Ph. © Dixon-DR ; *b* Ph. © R. Tournus. **p. 114 :** *g* Ph. © Guido Alberto Rossi/Altitude ; *d* Ph. © Dagli Orti. **p. 115 :** *h* Ph. © Dagli Orti ; *b* Ph. © Artephot/PAF. **p. 116 :** Ph. © P. Bourseiller/Altitude. **p. 117 :** *g* Ph. © Philippon/Explorer ; *d* Ph. © A. Tovy/Explorer. **p. 118 :** *hd* Ph. © G. Dagli Orti, Paris ; *bg* Ph. © MusÈes Gaumais, Virton. **p. 119 :** et reprise p. 123 : Ph. © G. Dagli Orti, Paris. **p. 124 :** Ph. © A. Held/Artephot. **p. 126 :** Ph. © E. Lessing/Magnum. **p. 127 :** Ph. © The Bridgeman Art Library. **p. 128 :** Ph. © Lessing/Magnum. **p. 129 :** et reprise p. 137 : Ph. © AKG, Paris. **p. 130 :** *g* Ph. © R. Tournus ; *d* Ph. © E. Lessing/Magnum. **p. 131 :** Ph. © G. Dagli Orti, Paris. **p. 132 :** Ph. © R. Percheron/Artephot. **p. 133 :** *g* Ph. © G. Dagli Orti, Paris ; *d* Ph. © RMN. **p. 134 :** *g* Ph. © JP Dumontier/Artephot ; *m* et *d* Ph. © The Bridgeman Art Library. **p. 135 :** Ph. © The British Museum, Londres. **p. 138 :** Ph. © Oronoz/Artephot. **p. 141 :** *h* Ph. © G. Dagli Orti, Paris ; *b* Ph. © Fabbri/Artephot. **p. 142 :** et reprise p. 147 : Ph. © G. Dagli Orti. **p. 144 :** *hg* Ph. © Bernand ; *hd* Ph. © G. Thouvenin/Explorer ; *bg* Ph. © Dagli Orti ; *bm* Ph. © G. Bassignac/Gamma ; *bd* Ph. © J. L Charmet. **p. 145 :** Ph. © DR. **p. 146 -147 :** Ph. © Keren Su/Corbis-Sygma. **p. 150 - 151 :** Ph. © Tom Van Sant/Geosphere project, Santa Monica/SPL/Cosmos. **p. 153 :** Ph. © Renault/Hoa-Qui. **p. 154 :** *h* Ph. © Lovat/Rapho ; *b* Ph. © Salou/Explorer. **p. 155 :** *d* Ph. © G. Gerster/Rapho ; *g* Ph. © Mopy/Rapho. **p. 160 -161 :** Ph. © JM Charles/Rapho. **p. 162 :** *h* Ph. © M. Gunther/Bios ; *b* Ph. © P. Reimbold/Hoa-Qui. **p. 163 :** *g* Ph. © Kim Hart/Rapho ; *d* Ph. © Guido Albert Rossi/Altitude. **p. 166 :** *h* Ph. © Mc Intyre/Picture researcher/Explorer ; *b* Ph. © S. Cordier/Explorer. **p. 167 :** *g* Ph. © Y. Arthus-Bertrand/Altitude ; *d* Ph. © Matsumoto/Explorer. **p. 168 :** Ph. © Y. Althus-Bertrand/Altitude. **p. 169 :** Ph. © K. Straiton/Explorer. **p. 170 :** *h* Ph. © G. Boutin/Explorer ; *b* Ph. © G. Gerster/Rapho. **p. 171 :** *g* Ph. © P. Roy/Explorer ; *d* Ph.© R. Mattes/Explorer. **p. 172 :** Ph. © Gamma. **p. 173 :** Ph. © Le Diascorn/Rapho. **p. 174 :** *h* Ph. © H. Veiller/Explorer ; *b* Ph. © G. Sioen/Rapho. **p. 175 :** *g* Ph. © D. Dorval/Explorer ; *d* Ph.© Psihoyos/Matrix/Cosmos. **p. 176 :** Ph. © H. Donnezan/Rapho. **p. 177 :** Ph. © H. A Segalen/Rapho. **p. 178 :** Ph. © Plantu. **p. 182 -183 :** Ph. © de Wilde/Hoa-Qui. **p. 184 :** *h* Ph. © Alexander/Cosmos ; *b* Ph. © S. Grandadam/Hoa-Qui. **p. 185 :** *g* Ph. © Le Toquin/Explorer ; *d* Ph. © Le Toquin/Explorer. **p. 187 :** *g* Ph. © P. Poincelet/Hoa-Qui ; *d* Ph. © B. Perousse/Hoa-Qui. **p. 188 :** *h* Ph. © Nooran/Still Pictures/Bios ; *b* Ph. © Gerster/Rapho. **p. 189 :** *g* Ph. © M. Henley/Cosmos ; *d* Ph. © P. Leroux/Explorer. **p. 190 :** *g* Ph. © M. Steber/Aurora/Cosmos ; *d* Ph. © F. Perri/Cosmos. **p. 191 :** *hg* Ph. © Wong How Man/Westlight/Cosmos ; *hd* Ph. © Gerster/Rapho ; *b* Ph. © Mopy/Rapho. **p. 192 :** *h* Ph. © Philippon/Explorer ; *b* Ph. © JP Sylvestre/Bios. **p. 193 :** *g* Ph. © Gutierrez/Explorer ; *d* Ph. © Lescouret/Explorer. **p. 195 :** Ph. © S. Fraser/SPL/Cosmos. **p. 196 :** *h* Ph. © H. Klein/Bios ; *b* Ph. © JJ Etienne/Bios. **p. 197 :** *g* Ph. © R. Valarcher/Bios ; *d* Ph. © J. J Alcalay/Bios. **p. 198 :** *h* et reprise p. 203 : Ph. © de Wilde/Hoa-Qui ; *bg* Ph. © Bartschi/WWF/Bios ; *bd* Ph. © JP Hervy/Explorer. **p. 199 :** Ph. © P. Bertrand/Bios. **p. 200 :** *h* Ph. © M. Harvey/Bios ; *b* Ph. © Denis-Huot/Bios. **p. 204-205** et reprise p. 215 : Ph. © E. Simanor/Hoa Qui. **p. 206 :** *h* Ph. © E. Alesion/Altitude ; *b* Ph. © J. C Cochet/Explorer. **p. 207 :** *g* Ph. © G. Gerster/Rapho ; *d* Ph. © J. M Bertrand/Explorer. **p. 208 :** Ph. © W. Buss/Hoa Qui-Altitude. **p. 209 :** *h* Ph. © P. Roy/Hoa Qui ; *b* Ph. © C. Vaisse/Hoa Qui. **p. 210 :** *g* Ph. © J. F Lanzarone/Hoa Qui ; *d* Ph. © D. Philippe/Altitude. **p. 211 :** Ph. © O. Martel/Hoa Qui. **p. 212 :** *g* Ph. © G. Gerster/Rapho ; *d* Ph. © X. Richer/Hoa Qui. **p. 213 :** Ph. © Gilles Achard. **p. 216 -217 :** Ph. © K. Straitonm/Explorer. **p. 218 :** Ph. © Yann Arthus-Bertand/Altitude. **p. 220 :** *h* Ph. © Yann Arthus-Bertrand/Altitude ; *b* Ph. © A. Wolf/Explorer. **p. 221 :** *h* Ph. © DR ; *b* Ph. © L. Conchon/Bios. **p. 222 :** Ph. © M. Baret/Rapho. **p. 223 :** Ph. © D. Reperant/Rapho. **p. 224 :** Ph. © Y. Arthus-Bertrand/Altitude. **p. 226 :** Ph. © Photo researchers/Explorer. **p. 227 :** *g* Ph ; © Liaison/Hoa Qui ; *d* Ph. © L. Giraudon/Explorer. **p. 228 :** et reprise p. 243 : Ph. © B. Barbey/Magnum. **p. 230 :** Ph. © Abbas/Magnum. **p. 231 :** Ph. © Rojon/Rapho. **p. 232 :** Ph. © F. Chazot/Explorer. **p. 234 :** Ph. © Daudier/Jerrican. **p. 235 :** Ph. © H. Donnezan/Rapho. **p. 236 :** Ph. © Berenguier/Jerrican. **p. 238 :** *h* Ph. © Testelin/Rapho ; *b* Ph. © Cuny/Rapho. **p. 239 :** Ph. © M. Baret/Rapho. **p. 240 :** *g* Ph. © F. Chazot/Explorer ; *d* Ph. © Abbas/Magnum. **p. 241 :** Ph. © H. Donnezan/Rapho. **p. 244 -245 :** Ph. © B. Morandi/Hoa-Qui. **p. 246 :** Ph. © M. Yamashita/Rapho. **p. 248 :** Ph. © D. Renavand/Explorer. **p. 250 :** Ph. © Hervy/Explorer. **p. 252 :** *hg* Ph. © Yann Arthus-Bertrand/Altitude ; *d* Ph. © S. Grandadam/Hoa-Qui ; *b* Ph. © P. Cassard/Hoa Qui. **p. 253 :** Ph. © G. Boutin/Explorer. **p. 254 :** Ph. © Gilles Achard. **p. 256 :** *h* Ph. © Gilles Achard ; *d* Ph. © Gilles Achard. **p. 257 :** *h* Ph. © Gilles Achard ; *b* Ph. © Gilles Achard. **p. 258 :** Ph. © Pick/Rapho. **p. 259 :** Ph. © M. Melford/Cosmos. **p. 260 :** *h* Ph. © G. Gerster/Rapho ; *b* Ph. © P. Menzel/Cosmos. **p. 261 :** *h* Ph. © Debra Ferguson/Agstock/SPL/Cosmos ; *b* Ph. © G. Gerster/Rapho. **p. 262 :** Ph. © Annie Marouzé. **p. 263 :** *h* Ph. © L. Salou/Explorer ; *b* Ph. © F. lechenet/Altitude. **p. 266 -267 :** Ph. © A. Koenig/Explorer. **p. 268 :** Ph. © Le Floch/Explorer. **p. 269 :** *h* Ph. © Cisowski/Rapho ; *b* Ph. © F. Hache/Explorer. **p. 270 :** Ph. © Alexander/Cosmos. **p. 271 :** *g* Ph. © R. Valarcher/Bios ; *d* Ph. © F. Latreille/Hoa-Qui. **p. 272 :** Ph. © Bayes/Aspect/Cosmos. **p. 274 :** Ph. © S. Gutierrez/Explorer. **p. 276 :** *h* Ph. © J. E Molina/Bios ; *b* Ph. © Dubois/Explorer. **p. 277 :** Ph. © CNES/Dist Spot Image/Explorer. **p. 278** et reprise p. 285 : Ph. © M. Vautier/ANA. **p. 280 :** *g* Ph. © M. Vautier/ANA ; *d* Ph. © G. Sioen/Rapho. **p. 281 :** Ph. © M. Vautier/ANA. **p. 283 :** Ph. © S. Amantini/ANA.

Conception maquette : Jean-Louis Couturier
Réalisation : Michel Ganne
Édition : Christelle Javary, Françoise Lepage
Couverture : Élisabeth Maréchal
Iconographie : Laure Bacchetta
Cartographie, plans et croquis d'exploitation : Jean-Pierre Crivellari sauf p. 88, 133, 218, 224, 228, 232, 250, 254, 270 (CART) et p. 31, 60, 63, 76 (Laurent Blondel)
Frises, schémas, graphiques et coupes : CART sauf p. 13, 14, 24, 25, 35, 60 (Laurent Blondel)
Illustrations : Laurent Blondel, Jean-Marc Pau (p. 48), Jean-Pierre Crivellari (p. 156, 164, 201, 208, 210), Christian Maucler (pages Enquête histoire), Emmanuel Bazin (pages Enquête géographie)

N° d'Éditeur : 10071835-1-(52)-CSBL-70-PFC/CTF - Avril 2000
Imprimé en Italie par Rotolito Lombarda

LES ÉTATS DU MONDE EN 2000